LA PAIE 2023, TEXTES OFFICIELS

Gilles MASSON & Aurélie LEMENAGER

ENOES

Le groupe Studyrama, partenaire de votre avenir.

En tant qu'acteur référent du monde de l'orientation et de l'aide à la réussite aux examens et aux concours, **notre vocation est de vous accompagner** et de vous conseiller tout au long de votre parcours étudiant et professionnel.

Convaincus que **la formation est la clé de votre employabilité**, nous avons créé un écosystème pertinent pour vous aider dans les décisions déterminantes pour votre avenir :

- Chaque année, **nos 140 salons** permettent à plus de 500.000 jeunes de trouver la formation et l'établissement qui les mèneront vers la réussite.
- 4,5 millions de lycéens, étudiants et professionnels trouvent chaque mois, sur **nos sites web et applis**, les réponses à leurs questions grâce à des contenus d'experts sur l'orientation, la formation, les révisions, l'évolution de carrière, l'efficacité professionnelle…
- **Nos ouvrages**, rédigés par les meilleurs spécialistes, facilitent le choix d'orientation de nos lecteurs et apportent un soutien efficace dans la préparation des concours et des examens.
- Le service d'accompagnement sur-mesure de **notre réseau de conseillers d'orientation tonavenir.net** guide des milliers de jeunes afin qu'ils trouvent la voie du succès.

Notre démarche est fondée sur trois objectifs majeurs : fournir une information de qualité et actualisée, créer les rencontres décisives pour votre évolution et vous offrir les meilleurs conseils d'experts et services personnalisés.

Et comme **c'est ensemble que nous avançons**, nous sommes à votre écoute permanente pour optimiser nos produits et nos offres, afin d'être le partenaire de votre avenir à chaque étape de votre vie !

Pour découvrir l'univers de Studyrama :

- Le site référent de l'orientation : studyrama.com
- L'agenda de nos 140 salons : studyrama.com/salons
- Nos conseillers d'orientation dans toute la France : tonavenir.net
- Nos maisons d'édition : librairie.studyrama.com

Pour nous contacter : info@studyrama.com

PARTIE VI

PARTIE VII

PARTIE VIII

PARTIE IX

Remarque préalable

Quand il n'y a pas de précision d'origine, l'article cité est issu du Code du travail. Tous les articles sont à jour au 7 février 2023.

L'ENVIRONNEMENT JURIDIQUE

PARTIE I

Synthèse des sources
du droit du travail sous forme pyramidale

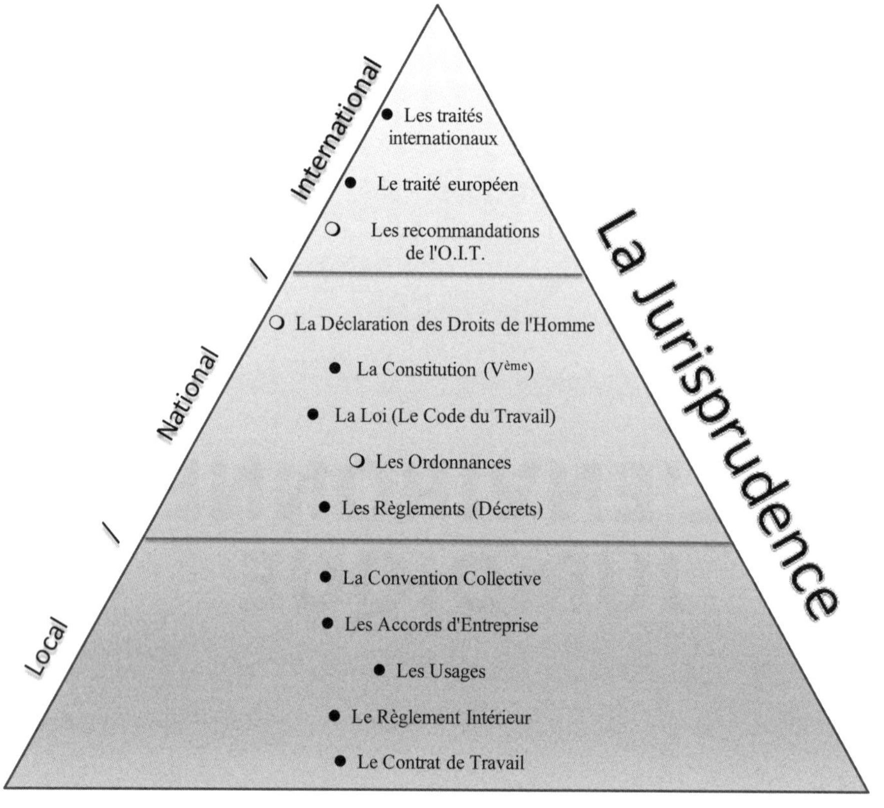

1. Les sources internationales

Art. 55 de la Ve Constitution (Version en vigueur depuis le 05 octobre 1958) :
Les traités ou accords régulièrement ratifiés ou approuvés ont, dès leur publication, une autorité supérieure à celle des lois, sous réserve, pour chaque accord ou traité, de son application par l'autre partie.

2. Les sources étatiques

Article L. 1132-1 (Modifié par Loi n° 2022-401 du 21 mars 2022 - art. 10) :
Aucune personne ne peut être écartée d'une procédure de recrutement ou de nomination ou de l'accès à un stage ou à une période de formation en entreprise, aucun salarié ne peut être sanctionné, licencié ou faire l'objet d'une mesure discriminatoire, directe ou indirecte, telle que définie à l'article 1er de la loi n° 2008-496 du 27 mai 2008 portant diverses dispositions d'adaptation au droit communautaire dans le domaine de la lutte contre les discriminations, notamment en matière de rémunération, au sens de l'article L. 3221-3, de mesures d'intéressement ou de distribution d'actions, de formation, de reclassement, d'affectation, de qualification, de classification, de promotion professionnelle, d'horaires de travail, d'évaluation de la performance, de mutation ou de renouvellement de contrat en raison de son origine, de son sexe, de ses mœurs, de son orientation sexuelle, de son identité de genre, de son âge, de sa situation de famille ou de sa grossesse, de ses caractéristiques génétiques, de la particulière vulnérabilité résultant de sa situation économique, apparente ou connue de son auteur, de son appartenance ou de sa non-appartenance, vraie ou supposée, à une ethnie, une nation ou une prétendue race, de ses opinions politiques, de ses activités syndicales ou mutualistes, de son exercice d'un mandat électif, de ses convictions religieuses, de son apparence physique, de son nom de famille, de son lieu de résidence ou de sa domiciliation bancaire, ou en raison de son état de santé, de sa perte d'autonomie ou de son handicap, de sa capacité à s'exprimer dans une langue autre que le français, de sa qualité de lanceur d'alerte, de facilitateur ou de personne en lien avec un lanceur d'alerte, au sens, respectivement, du I de l'article 6 et des 1° et 2° de l'article 6-1 de la loi n° 2016-1691 du 9 décembre 2016 relative à la transparence, à la lutte contre la corruption et à la modernisation de la vie économique.

La Déclaration des droits de l'homme

Les représentants du peuple français, constitués en Assemblée nationale, considérant que l'ignorance, l'oubli ou le mépris des droits de l'homme sont les seules causes des malheurs publics et de la corruption des gouvernements, ont résolu d'exposer, dans une déclaration solennelle les droits naturels, inaliénables et sacrés de l'homme, afin que cette déclaration constamment présente à tous les membres du corps social, leur rappelle sans cesse leurs droits et leurs devoirs; afin que les actes du pouvoir législatif et ceux du pouvoir exécutif, pouvant être à chaque instant comparés avec le but de toute institution politique, en soient plus respectés; afin que les réclamations des citoyens, fondées désormais sur des principes simples et incontestables, tournent toujours au maintien de la Constitution et au bonheur de tous. En conséquence, l'Assemblée nationale reconnaît et déclare, en présence et sous les auspices de l'Être suprême, les droits suivants de l'homme et du citoyen.

Article 1.
Les hommes naissent et demeurent libres et égaux en droits. Les distinctions sociales ne peuvent être fondées que sur l'utilité commune.

Article 2.
Le but de toute association politique est la conservation des droits naturels et imprescriptibles de l'homme. Ces droits sont la liberté, la propriété, la sûreté et la résistance à l'oppression.

Article 3.
Le principe de toute souveraineté réside essentiellement dans la nation. Nul corps, nul individu ne peut exercer d'autorité qui n'en émane expressément.

Article 4.
La liberté consiste à pouvoir faire tout ce qui ne nuit pas à autrui; ainsi, l'exercice des droits naturels de chaque homme n'a de bornes que celles qui assurent aux autres membres de la société la jouissance de ces mêmes droits. Ces bornes ne peuvent être déterminées que par la loi.

Article 5.
La loi n'a le droit de défendre que les actions nuisibles à la société. Tout ce qui n'est pas défendu par la loi ne peut être empêché et nul ne peut être contraint à faire ce qu'elle n'ordonne pas.

Article 6.
La loi est l'expression de la volonté générale. Tous les citoyens ont le droit de concourir personnellement ou par leurs représentants à sa formation. Elle doit être la même pour tous, soit qu'elle protège, soit qu'elle punisse. Tous les citoyens étant égaux à ses yeux sont également admissibles à toutes dignités, places et emplois publics, selon leur capacité et sans autre distinction que celle de leurs vertus et de leurs talents.

Article 7.
Nul homme ne peut être accusé, arrêté ni détenu que dans les cas déterminés par la loi et selon les formes qu'elle a prescrites; ceux qui sollicitent, expédient, exécutent ou font exécuter des ordres arbitraires doivent être punis, mais tout citoyen appelé ou saisi en vertu de la loi doit obéir à l'instant : il se rend coupable par la résistance.

Article 8.
La loi ne doit établir que des peines strictement et évidemment nécessaires et nul ne peut être puni qu'en vertu d'une loi établie et promulguée antérieurement au délit.

Article 9.
Tout homme étant présumé innocent jusqu'à ce qu'il ait été déclaré coupable, s'il est jugé indispensable de l'arrêter, toute rigueur qui ne serait pas nécessaire pour s'assurer de sa personne doit être sévèrement réprimée par la loi.

Article 10.
Nul ne doit être inquiété pour ses opinions, mêmes religieuses, pourvu que leur manifestation ne trouble pas l'ordre public établi par la loi.

Article 11.
La libre communication des pensées et des opinions est un des droits les plus précieux de l'homme; tout citoyen peut donc parler, écrire, imprimer librement, sauf à répondre de l'abus de cette liberté, dans les cas déterminés par la loi.

Article 12.
La garantie des droits de l'homme et du citoyen nécessite une force publique; cette force est donc instituée pour l'avantage de tous et non pour l'utilité particulière de ceux auxquels elle est confiée.

Article 13.
Pour l'entretien de la force publique et pour les dépenses d'administration, une contribution commune est indispensable : elle doit être également répartie entre tous les citoyens.

Article 14.
Tous les citoyens ont le droit de constater, par eux-mêmes ou par leurs représentants, la nécessité de la contribution publique, de la consentir librement, d'en suivre l'emploi et d'en déterminer la qualité, l'assiette, le recouvrement et la durée.

Article 15.
La société a le droit de demander compte à tout agent public de son administration.

Article 16.
Toute société dans laquelle la garantie des droits n'est pas assurée, ni la séparation des pouvoirs déterminée n'a point de Constitution.

Article 17.
La propriété étant un droit inviolable et sacré, nul ne peut en être privé, si ce n'est lorsque la nécessité publique l'exige.

Art. 49 de la Ve Constitution (Modifié par Loi constitutionnelle n° 2008-724 du 23 juillet 2008 de modernisation des institutions de la Ve République - art. 24)

Article 49.1
Le Premier ministre, après délibération du Conseil des ministres, engage devant l'Assemblée nationale la responsabilité du Gouvernement sur son programme ou éventuellement sur une déclaration de politique générale.

Article 49.2
L'Assemblée nationale met en cause la responsabilité du Gouvernement par le vote d'une motion de censure. Une telle motion n'est recevable que si elle est signée par un dixième au moins des membres de l'Assemblée nationale. Le vote ne peut avoir lieu que quarante-huit heures après son dépôt. Seuls sont recensés les votes favorables à la motion de censure qui ne peut être adoptée qu'à la majorité des membres composant l'Assemblée. Sauf dans le cas prévu à l'alinéa ci-dessous, un député ne peut être signataire de plus de trois motions de censure au cours d'une même session ordinaire et de plus d'une au cours d'une même session extraordinaire.

Article 49.3
Le Premier ministre peut, après délibération du Conseil des ministres, engager la responsabilité du Gouvernement devant l'Assemblée nationale sur le vote d'un projet de loi de finances ou de financement de la sécurité sociale. Dans ce cas, ce projet est considéré comme adopté, sauf si une motion de censure, déposée dans les vingt-quatre heures qui suivent, est votée dans les conditions prévues à l'alinéa précédent. Le Premier ministre peut, en outre, recourir à cette procédure pour un autre projet ou une proposition de loi par session.

Article 49.4
Le Premier ministre a la faculté de demander au Sénat l'approbation d'une déclaration de politique générale.

Article L. 2262-1 (Version en vigueur depuis le 1er mai 2008) :
Sans préjudice des effets attachés à l'extension ou à l'élargissement, l'application des conventions et accords est obligatoire pour tous les signataires ou membres des organisations ou groupements signataires.

Article L. 2261-15 (Modifié par Loi n° 2020-1525 du 7 décembre 2020 - art. 19) :
Les stipulations d'une convention de branche ou d'un accord professionnel ou interprofessionnel, répondant aux conditions particulières déterminées par la sous-section 2, peuvent être rendues obligatoires pour tous les salariés et employeurs compris dans le champ d'application de cette convention ou de cet accord, par arrêté du ministre chargé du travail, après avis motivé de la Commission nationale de la négociation collective, de l'emploi et de la formation professionnelle.
L'extension des effets et des sanctions de la convention ou de l'accord se fait pour la durée et aux conditions prévues par la convention ou l'accord en cause.

Article L. 2231-5-1 (Modifié par Ordonnance n° 2019-766 du 24 juillet 2019 - art. 7) :
Les conventions et accords de branche, de groupe, interentreprises, d'entreprise et d'établissement sont rendus publics et versés dans une base de données nationale, dont le contenu est publié en ligne dans un standard ouvert aisément réutilisable. Ils sont publiés dans une version ne comportant pas les noms et prénoms des négociateurs et des signataires.
Après la conclusion de la convention ou de l'accord de groupe, interentreprises, d'entreprise ou d'établissement, les parties peuvent acter qu'une partie de la convention ou de l'accord ne doit pas faire l'objet de la publication prévue au premier alinéa. Cet acte, ainsi que la version intégrale de la convention ou de l'accord et la version de la convention ou de l'accord destinée à la publication, sont joints au dépôt prévu à l'article L. 2231-6. L'employeur peut occulter les éléments portant atteinte aux intérêts stratégiques de l'entreprise.
Les conditions d'application du présent article sont définies par décret en Conseil d'Etat.
Les accords d'intéressement, de participation, les plans d'épargne d'entreprise, interentreprises, les plans d'épargne pour la retraite collectif ou les plans d'épargne retraite d'entreprise collectifs ainsi que les accords mentionnés aux articles L. 1233-24-1 et L. 2254-2 ne font pas l'objet de la publication prévue au présent article.
NOTA : Conformément au I de l'article 9 de l'ordonnance n° 2019-766 du 24 juillet 2019, ces dispositions s'appliquent à compter d'une date fixée par décret et au plus tard le 1er janvier 2020.

Aux termes du II de l'article 9 du décret n° 2019-807 du 30 juillet 2019, la date d'entrée en vigueur mentionnée au I de l'article 9 de l'ordonnance n° 2019-766 du 24 juillet 2019 portant réforme de l'épargne retraite est fixée au 1er octobre 2019.

3. Les sources locales

Les règlements intérieurs

Article L. 1321-1 (Version en vigueur depuis le 1er mai 2008) :
Le règlement intérieur est un document écrit par lequel l'employeur fixe exclusivement :
1) Les mesures d'application de la réglementation en matière de santé et de sécurité dans l'entreprise ou l'établissement, notamment les instructions prévues à l'article L. 4122-1 ;
2) Les conditions dans lesquelles les salariés peuvent être appelés à participer, à la demande de l'employeur, au rétablissement de conditions de travail protectrices de la santé et de la sécurité des salariés, dès lors qu'elles apparaîtraient compromises ;
3) Les règles générales et permanentes relatives à la discipline, notamment la nature et l'échelle des sanctions que peut prendre l'employeur.

Article L. 1321-2 (Modifié par Loi n° 2022-401 du 21 mars 2022 - art. 4) :
Le règlement intérieur rappelle :
1) Les dispositions relatives aux droits de la défense des salariés définis aux articles L. 1332-1 à L. 1332-3 ou par la convention collective applicable ;
2) Les dispositions relatives aux harcèlements moral et sexuel et aux agissements sexistes prévues par le présent code ;
3) L'existence du dispositif de protection des lanceurs d'alerte prévu au chapitre II de la loi n° 2016-1691 du 9 décembre 2016 relative à la transparence, à la lutte contre la corruption et à la modernisation de la vie économique.

Article L. 1321-2-1 (Créé par Loi n° 2016-1088 du 8 août 2016 - art. 2) :
Le règlement intérieur peut contenir des dispositions inscrivant le principe de neutralité et restreignant la manifestation des convictions des salariés si ces restrictions sont justifiées par l'exercice d'autres libertés et droits fondamentaux ou par les nécessités du bon fonctionnement de l'entreprise et si elles sont proportionnées au but recherché.

Article L. 1321-3 (Modifié par Loi n° 2017-86 du 27 janvier 2017 - art. 207) :
Le règlement intérieur ne peut contenir :
1) Des dispositions contraires aux lois et règlements ainsi qu'aux stipulations des conventions et accords collectifs de travail applicables dans l'entreprise ou l'établissement ;
2) Des dispositions apportant aux droits des personnes et aux libertés individuelles et collectives des restrictions qui ne seraient pas justifiées par la nature de la tâche à accomplir ni proportionnées au but recherché ;
3) Des dispositions discriminant les salariés dans leur emploi ou leur travail, à capacité professionnelle égale, en raison de leur origine, de leur sexe, de leurs mœurs, de leur orientation sexuelle ou identité de genre, de leur âge, de leur situation de famille ou de leur grossesse, de leurs caractéristiques génétiques, de leur appartenance ou de leur non-appartenance, vraie ou supposée, à une ethnie, une nation ou une race, de leurs opinions politiques, de leurs activités syndicales ou mutualistes, de leurs convictions religieuses, de leur apparence physique, de leur nom de famille ou en raison de leur état de santé ou de leur handicap.

Article L. 1321-4 (Modifié par Ordonnance n° 2017-1386 du 22 septembre 2017 - art. 4) :
Le règlement intérieur ne peut être introduit qu'après avoir été soumis à l'avis du comité social et économique.
Le règlement intérieur indique la date de son entrée en vigueur. Cette date doit être postérieure d'un mois à l'accomplissement des formalités de dépôt et de publicité.
En même temps qu'il fait l'objet des mesures de publicité, le règlement intérieur, accompagné de l'avis du comité social et économique, est communiqué à l'inspecteur du travail.
Ces dispositions s'appliquent également en cas de modification ou de retrait des clauses du règlement intérieur.

Article L. 1321-5 (Modifié par Ordonnance n° 2017-1386 du 22 septembre 2017 - art. 4) :
Les notes de service ou tout autre document comportant des obligations générales et permanentes dans les matières mentionnées aux articles L. 1321-1 et L. 1321-2 sont, lorsqu'il existe un règlement intérieur, considérées comme des adjonctions à celui-ci. Ils sont, en toute hypothèse, soumis aux dispositions du présent titre.

Toutefois, lorsque l'urgence le justifie, les obligations relatives à la santé et à la sécurité peuvent recevoir application immédiate. Dans ce cas, ces prescriptions sont immédiatement et simultanément communiquées au secrétaire du comité social et économique ainsi qu'à l'inspection du travail.

Article L. 1321-6 (Version en vigueur depuis le 1er mai 2008) :
Le règlement intérieur est rédigé en français. Il peut être accompagné de traductions en une ou plusieurs langues étrangères.
Il en va de même pour tout document comportant des obligations pour le salarié ou des dispositions dont la connaissance est nécessaire pour l'exécution de son travail.
Ces dispositions ne sont pas applicables aux documents reçus de l'étranger ou destinés à des étrangers.

Article R. 1321-1 (Modifié par Décret n° 2016-1417 du 20 octobre 2016 - art. 2) :
Le règlement intérieur est porté, par tout moyen, à la connaissance des personnes ayant accès aux lieux de travail ou aux locaux où se fait l'embauche.

Article R. 1321-2 (Créé par Décret n° 2008-244 du 7 mars 2008 - art. V) :
Le règlement intérieur est déposé, en application du deuxième alinéa de l'article L. 1321-4, au greffe du conseil de prud'hommes du ressort de l'entreprise ou de l'établissement.

Article R. 1321-3 (Créé par Décret n° 2008-244 du 7 mars 2008 - art. V) :
Le délai prévu au deuxième alinéa de l'article L. 1321-4 court à compter de la dernière en date des formalités de publicité et de dépôt définies aux articles R. 1321-1 et R. 1321-2.

Article R. 1321-4 (Créé par Décret n° 2008-244 du 7 mars 2008 - art. V) :
Le texte du règlement intérieur est transmis à l'inspecteur du travail en deux exemplaires.

Article R. 1321-5 (Modifié par Décret n° 2019-1586 du 31 décembre 2019 - art. 2) :
L'obligation prévue au premier alinéa de l'article L. 1311-2 s'applique au terme d'un délai de douze mois à compter de la date à laquelle le seuil de cinquante salariés a été atteint pendant douze mois consécutifs suivant la création de l'entreprise.

Les droits de la défense

Article L. 1322-1 (Version en vigueur depuis le 1er mai 2008) :
L'inspecteur du travail peut à tout moment exiger le retrait ou la modification des dispositions contraires aux articles L. 1321-1 à L. 1321-3 et L. 1321-6.

Article L. 1322-1-1 (Créé par Loi n° 2018-727 du 10 août 2018 - art. 21 (V)) :
L'inspecteur du travail se prononce de manière explicite sur toute demande d'appréciation de la conformité de tout ou partie d'un règlement intérieur aux dispositions des articles L. 1321-1 à L. 1321-3 et L. 1321-6 formulée par un employeur.
La demande mentionnée au premier alinéa n'est pas recevable dès lors que l'autorité administrative s'est déjà prononcée par une décision expresse en application de l'article L. 1322-2.
La décision prend effet dans le périmètre d'application du règlement intérieur concerné et est opposable pour l'avenir à l'autorité administrative tant que la situation de fait exposée dans la demande ou la législation au regard de laquelle la situation a été appréciée n'ont pas été modifiées ou jusqu'à ce que l'inspecteur du travail notifie au demandeur une modification de son appréciation.
La décision de l'inspecteur du travail est motivée. Elle est notifiée à l'employeur et communiquée, pour information, aux membres du comité social et économique. La décision de l'inspecteur du travail peut faire l'objet d'un recours hiérarchique, dans des conditions définies par voie réglementaire. La décision prise sur ce recours est notifiée à l'employeur et communiquée, pour information, aux membres du comité social et économique.
NOTA : Conformément au VIII de l'article 21 de la loi n° 2018-727 du 10 août 2018, un décret en Conseil d'Etat précise les modalités d'application du présent article, notamment le contenu, les modalités de dépôt et d'avis de réception des demandes ainsi que les conditions et délais dans lesquels il y est répondu.

Article L. 1322-2 (Modifié par Ordonnance n° 2017-1386 du 22 septembre 2017 - art. 4) :
La décision de l'inspecteur du travail est motivée.
Elle est notifiée à l'employeur et communiquée, pour information, aux membres du comité social et économique.

Article L. 1322-3 (Modifié par Ordonnance n° 2017-1386 du 22 septembre 2017 - art. 4) :
La décision de l'inspecteur du travail peut faire l'objet d'un recours hiérarchique, dans des conditions déterminées par voie réglementaire.
La décision prise sur ce recours est notifiée à l'employeur et communiquée, pour information, aux membres du comité social et économique.

Article L. 1322-4 (Modifié par Ordonnance n° 2017-1386 du 22 septembre 2017 - art. 4) :
Lorsque, à l'occasion d'un litige individuel, le conseil de prud'hommes écarte l'application d'une disposition contraire aux articles L. 1321-1 à L. 1321-3 et L. 1321-6, une copie du jugement est adressée à l'inspecteur du travail et aux membres du comité social et économique.

Harcèlement sexuel

Article L. 1153-1 (Modifié par Loi n° 2021-1018 du 2 août 2021 - art. 1) :
Aucun salarié ne doit subir des faits :

1) Soit de harcèlement sexuel, constitué par des propos ou comportements à connotation sexuelle ou sexiste répétés qui soit portent atteinte à sa dignité en raison de leur caractère dégradant ou humiliant, soit créent à son encontre une situation intimidante, hostile ou offensante ;
   Le harcèlement sexuel est également constitué :
   a) Lorsqu'un même salarié subit de tels propos ou comportements venant de plusieurs personnes, de manière concertée ou à l'instigation de l'une d'elles, alors même que chacune de ces personnes n'a pas agi de façon répétée ;
   b) Lorsqu'un même salarié subit de tels propos ou comportements, successivement, venant de plusieurs personnes qui, même en l'absence de concertation, savent que ces propos ou comportements caractérisent une répétition ;
2) Soit assimilés au harcèlement sexuel, consistant en toute forme de pression grave, même non répétée, exercée dans le but réel ou apparent d'obtenir un acte de nature sexuelle, que celui-ci soit recherché au profit de l'auteur des faits ou au profit d'un tiers.

Article L. 1153-2 (Modifié par Loi n° 2022-401 du 21 mars 2022 - art. 7 (V)) :
Aucune personne ayant subi ou refusé de subir des faits de harcèlement sexuel définis à l'article L. 1153-1, y compris, dans le cas mentionné au 1° du même article L. 1153-1, si les propos ou comportements n'ont pas été répétés, ou ayant, de bonne foi, témoigné de faits de harcèlement sexuel ou relaté de tels faits ne peut faire l'objet des mesures mentionnées à l'article L. 1121-2.
Les personnes mentionnées au premier alinéa du présent article bénéficient des protections prévues aux I et III de l'article 10-1 et aux articles 12 à 13-1 de la loi n° 2016-1691 du 9 décembre 2016 relative à la transparence, à la lutte contre la corruption et à la modernisation de la vie économique.

Article L. 1153-4 (Modifié par Loi n° 2022-401 du 21 mars 2022 - art. 7 (V)) :
Toute disposition ou tout acte contraire aux dispositions des articles L. 1153-1 à L. 1153-2 est nul.

Article L. 1153-5 (Modifié par Loi n° 2018-771 du 5 septembre 2018 - art. 105 (V)) :
L'employeur prend toutes dispositions nécessaires en vue de prévenir les faits de harcèlement sexuel, d'y mettre un terme et de les sanctionner.
Dans les lieux de travail ainsi que dans les locaux ou à la porte des locaux où se fait l'embauche, les personnes mentionnées à l'article L. 1153-2 sont informées par tout moyen du texte de l'article 222-33 du code pénal ainsi que des actions contentieuses civiles et pénales ouvertes en matière de harcèlement sexuel et des coordonnées des autorités et services compétents. La liste de ces services est définie par décret.
NOTA : Conformément à l'article 105 IV de la loi n° 2018-771 du 5 septembre 2018, les présentes dispositions entrent en vigueur au plus tard le 1er janvier 2019.

Article L. 1153-5-1 (Créé par Loi n° 2018-771 du 5 septembre 2018 - art. 105 (V)) :
Dans toute entreprise employant au moins deux cent cinquante salariés est désigné un référent chargé d'orienter, d'informer et d'accompagner les salariés en matière de lutte contre le harcèlement sexuel et les agissements sexistes.
NOTA : Conformément à l'article 105 IV de la loi n° 2018-771 du 5 septembre 2018, les présentes dispositions entrent en vigueur au plus tard le 1er janvier 2019.

Article L. 1153-6 (Modifié par Loi n° 2012-954 du 6 août 2012 - art. 7) :
Tout salarié ayant procédé à des faits de harcèlement sexuel est passible d'une sanction disciplinaire.

Le contrat de travail

Code civil : Article 1101 (Modifié par Ordonnance n° 2016-131 du 10 février 2016 - art. 2) :
Le contrat est un accord de volontés entre deux ou plusieurs personnes destiné à créer, modifier, transmettre ou éteindre des obligations.

Code civil : Article 1102 (Modifié par Ordonnance n° 2016-131 du 10 février 2016 - art. 2) :
Chacun est libre de contracter ou de ne pas contracter, de choisir son cocontractant et de déterminer le contenu et la forme du contrat dans les limites fixées par la loi.
La liberté contractuelle ne permet pas de déroger aux règles qui intéressent l'ordre public.

Code civil : Article 1103 (Modifié par Ordonnance n° 2016-131 du 10 février 2016 - art. 2) :
Les contrats légalement formés tiennent lieu de loi à ceux qui les ont faits.

Code civil : Article 1104 (Modifié par Ordonnance n° 2016-131 du 10 février 2016 - art. 2) :
Les contrats doivent être négociés, formés et exécutés de bonne foi.
Cette disposition est d'ordre public.

Code civil : Article 1105 (Modifié par Ordonnance n° 2016-131 du 10 février 2016 - art. 2) :
Les contrats, qu'ils aient ou non une dénomination propre, sont soumis à des règles générales, qui sont l'objet du présent sous-titre.
Les règles particulières à certains contrats sont établies dans les dispositions propres à chacun d'eux.
Les règles générales s'appliquent sous réserve de ces règles particulières.

Code civil : Article 1106 (Modifié par Ordonnance n° 2016-131 du 10 février 2016 - art. 2) :
Le contrat est synallagmatique lorsque les contractants s'obligent réciproquement les uns envers les autres.
Il est unilatéral lorsqu'une ou plusieurs personnes s'obligent envers une ou plusieurs autres sans qu'il y ait d'engagement réciproque de celles-ci.

Code civil : Article 1107 (Modifié par Ordonnance n° 2016-131 du 10 février 2016 - art. 2) :
Le contrat est à titre onéreux lorsque chacune des parties reçoit de l'autre un avantage en contrepartie de celui qu'elle procure.
Il est à titre gratuit lorsque l'une des parties procure à l'autre un avantage sans attendre ni recevoir de contrepartie.

Code civil : Article 1108 (Modifié par Ordonnance n° 2016-131 du 10 février 2016 - art. 2) :
Le contrat est commutatif lorsque chacune des parties s'engage à procurer à l'autre un avantage qui est regardé comme l'équivalent de celui qu'elle reçoit.
Il est aléatoire lorsque les parties acceptent de faire dépendre les effets du contrat, quant aux avantages et aux pertes qui en résulteront, d'un événement incertain.

Code civil : Article 1109 (Modifié par Ordonnance n° 2016-131 du 10 février 2016 - art. 2) :
Le contrat est consensuel lorsqu'il se forme par le seul échange des consentements quel qu'en soit le mode d'expression.
Le contrat est solennel lorsque sa validité est subordonnée à des formes déterminées par la loi.
Le contrat est réel lorsque sa formation est subordonnée à la remise d'une chose.

Code civil : Article 1110 (Modifié par Ordonnance n° 2018-287 du 20 avril 2018 - art. 2) :
Le contrat de gré à gré est celui dont les stipulations sont négociables entre les parties.
Le contrat d'adhésion est celui qui comporte un ensemble de clauses non négociables, déterminées à l'avance par l'une des parties.
NOTA : Conformément aux dispositions du I de l'article 16 de la loi n° 2018-287 du 20 avril 2018, les dispositions de l'article 1110 dans leur rédaction résultant de ladite loi sont applicables aux actes juridiques conclus ou établis à compter de son entrée en vigueur.

Code civil : Article 1111 (Modifié par Ordonnance n° 2016-131 du 10 février 2016 - art. 2) :
Le contrat cadre est un accord par lequel les parties conviennent des caractéristiques générales de leurs relations contractuelles futures. Des contrats d'application en précisent les modalités d'exécution.

Code civil : Article 1111-1 (Modifié par Ordonnance n° 2016-131 du 10 février 2016 - art. 2) :
Le contrat à exécution instantanée est celui dont les obligations peuvent s'exécuter en une prestation unique.

Le contrat à exécution successive est celui dont les obligations d'au moins une partie s'exécutent en plusieurs prestations échelonnées dans le temps.

Code civil : Article 1112 (Modifié par Loi n° 2018-287 du 20 avril 2018 - art. 3) :
L'initiative, le déroulement et la rupture des négociations précontractuelles sont libres. Ils doivent impérativement satisfaire aux exigences de la bonne foi.
En cas de faute commise dans les négociations, la réparation du préjudice qui en résulte ne peut avoir pour objet de compenser ni la perte des avantages attendus du contrat non conclu, ni la perte de chance d'obtenir ces avantages.
NOTA : Conformément aux dispositions du I de l'article 16 de la loi n° 2018-287 du 20 avril 2018, les modifications apportées par ladite loi aux dispositions de l'article 1112 ont un caractère interprétatif.

Code civil : Article 1112-1 (Modifié par Ordonnance n° 2016-131 du 10 février 2016 - art. 2) :
Celle des parties qui connaît une information dont l'importance est déterminante pour le consentement de l'autre doit l'en informer dès lors que, légitimement, cette dernière ignore cette information ou fait confiance à son cocontractant.
Néanmoins, ce devoir d'information ne porte pas sur l'estimation de la valeur de la prestation.
Ont une importance déterminante les informations qui ont un lien direct et nécessaire avec le contenu du contrat ou la qualité des parties.
Il incombe à celui qui prétend qu'une information lui était due de prouver que l'autre partie la lui devait, à charge pour cette autre partie de prouver qu'elle l'a fournie.
Les parties ne peuvent ni limiter, ni exclure ce devoir.
Outre la responsabilité de celui qui en était tenu, le manquement à ce devoir d'information peut entraîner l'annulation du contrat dans les conditions prévues aux articles 1130 et suivants.

Code civil : Article 1112-2 (Modifié par Ordonnance n° 2016-131 du 10 février 2016 - art. 2) :
Celui qui utilise ou divulgue sans autorisation une information confidentielle obtenue à l'occasion des négociations engage sa responsabilité dans les conditions du droit commun.

Code civil : Article 1113 (Modifié par Ordonnance n° 2016-131 du 10 février 2016 - art. 2) :
Le contrat est formé par la rencontre d'une offre et d'une acceptation par lesquelles les parties manifestent leur volonté de s'engager.
Cette volonté peut résulter d'une déclaration ou d'un comportement non équivoque de son auteur.

Code civil : Article 1114 (Modifié par Ordonnance n° 2016-131 du 10 février 2016 - art. 2) :
L'offre, faite à personne déterminée ou indéterminée, comprend les éléments essentiels du contrat envisagé et exprime la volonté de son auteur d'être lié en cas d'acceptation. A défaut, il y a seulement invitation à entrer en négociation.

Code civil : Article 1115 (Modifié par Ordonnance n° 2016-131 du 10 février 2016 - art. 2) :
Elle peut être librement rétractée tant qu'elle n'est pas parvenue à son destinataire.

Code civil : Article 1116 (Modifié par Ordonnance n° 2016-131 du 10 février 2016 - art. 2) :
Elle ne peut être rétractée avant l'expiration du délai fixé par son auteur ou, à défaut, l'issue d'un délai raisonnable.
La rétractation de l'offre en violation de cette interdiction empêche la conclusion du contrat.
Elle engage la responsabilité extracontractuelle de son auteur dans les conditions du droit commun sans l'obliger à compenser la perte des avantages attendus du contrat.

Code civil : Article 1117 (Modifié par Ordonnance n° 2018-287 du 20 avril 2018 - art. 4) :
L'offre est caduque à l'expiration du délai fixé par son auteur ou, à défaut, à l'issue d'un délai raisonnable.
Elle l'est également en cas d'incapacité ou de décès de son auteur, ou de décès de son destinataire.
NOTA : Conformément aux dispositions du I de l'article 16 de la loi n° 2018-287 du 20 avril 2018, les dispositions de l'article 1117 dans leur rédaction résultant de ladite loi sont applicables aux actes juridiques conclus ou établis à compter de son entrée en vigueur.

Code civil : Article 1118 (Modifié par Ordonnance n° 2016-131 du 10 février 2016 - art. 2) :
L'acceptation est la manifestation de volonté de son auteur d'être lié dans les termes de l'offre.
Tant que l'acceptation n'est pas parvenue à l'offrant, elle peut être librement rétractée, pourvu que la rétractation parvienne à l'offrant avant l'acceptation.
L'acceptation non conforme à l'offre est dépourvue d'effet, sauf à constituer une offre nouvelle.

Code civil : Article 1119 (Modifié par Ordonnance n° 2016-131 du 10 février 2016 - art. 2) :
Les conditions générales invoquées par une partie n'ont effet à l'égard de l'autre que si elles ont été portées à la connaissance de celle-ci et si elle les a acceptées.
En cas de discordance entre des conditions générales invoquées par l'une et l'autre des parties, les clauses incompatibles sont sans effet.
En cas de discordance entre des conditions générales et des conditions particulières, les secondes l'emportent sur les premières.

Code civil : Article 1120 (Modifié par Ordonnance n° 2016-131 du 10 février 2016 - art. 2) :
Le silence ne vaut pas acceptation, à moins qu'il n'en résulte autrement de la loi, des usages, des relations d'affaires ou de circonstances particulières.

Code civil : Article 1121 (Modifié par Ordonnance n° 2016-131 du 10 février 2016 - art. 2) :
Le contrat est conclu dès que l'acceptation parvient à l'offrant. Il est réputé l'être au lieu où l'acceptation est parvenue.

Code civil : Article 1122 (Modifié par Ordonnance n° 2016-131 du 10 février 2016 - art. 2) :
La loi ou le contrat peuvent prévoir un délai de réflexion, qui est le délai avant l'expiration duquel le destinataire de l'offre ne peut manifester son acceptation ou un délai de rétractation, qui est le délai avant l'expiration duquel son bénéficiaire peut rétracter son consentement.

Code civil : Article 1123 (Modifié par Ordonnance n° 2016-131 du 10 février 2016 - art. 2) :
Le pacte de préférence est le contrat par lequel une partie s'engage à proposer prioritairement à son bénéficiaire de traiter avec lui pour le cas où elle déciderait de contracter.
Lorsqu'un contrat est conclu avec un tiers en violation d'un pacte de préférence, le bénéficiaire peut obtenir la réparation du préjudice subi. Lorsque le tiers connaissait l'existence du pacte et l'intention du bénéficiaire de s'en prévaloir, ce dernier peut également agir en nullité ou demander au juge de le substituer au tiers dans le contrat conclu.
Le tiers peut demander par écrit au bénéficiaire de confirmer dans un délai qu'il fixe et qui doit être raisonnable, l'existence d'un pacte de préférence et s'il entend s'en prévaloir.
L'écrit mentionne qu'à défaut de réponse dans ce délai, le bénéficiaire du pacte ne pourra plus solliciter sa substitution au contrat conclu avec le tiers ou la nullité du contrat.
NOTA : Conformément à l'article 9 de l'ordonnance n° 2016-131 du 10 février 2016, modifié par l'article 16 de la loi n° 2018-287 du 20 avril 2018, les présentes dispositions entreront en vigueur le 1er octobre 2016. Les contrats conclus avant cette date demeurent soumis à la loi ancienne, y compris pour leurs effets légaux et pour les dispositions d'ordre public.
Toutefois, les dispositions des troisième et quatrième alinéas du présent article sont applicables dès l'entrée en vigueur de ladite ordonnance.

Code civil : Article 1124 (Modifié par Ordonnance n° 2016-131 du 10 février 2016 - art. 2) :
La promesse unilatérale est le contrat par lequel une partie, le promettant, accorde à l'autre, le bénéficiaire, le droit d'opter pour la conclusion d'un contrat dont les éléments essentiels sont déterminés, et pour la formation duquel ne manque que le consentement du bénéficiaire.
La révocation de la promesse pendant le temps laissé au bénéficiaire pour opter n'empêche pas la formation du contrat promis.
Le contrat conclu en violation de la promesse unilatérale avec un tiers qui en connaissait l'existence est nul.

Code civil : Article 1125 (Modifié par Ordonnance n° 2016-131 du 10 février 2016 - art. 2) :
La voie électronique peut être utilisée pour mettre à disposition des stipulations contractuelles ou des informations sur des biens ou services.

Code civil : Article 1126 (Modifié par Ordonnance n° 2016-131 du 10 février 2016 - art. 2) :
Les informations qui sont demandées en vue de la conclusion d'un contrat ou celles qui sont adressées au cours de son exécution peuvent être transmises par courrier électronique si leur destinataire a accepté l'usage de ce moyen.

Code civil : Article 1127 (Modifié par Ordonnance n° 2016-131 du 10 février 2016 - art. 2) :
Les informations destinées à un professionnel peuvent lui être adressées par courrier électronique, dès lors qu'il a communiqué son adresse électronique.
Si ces informations doivent être portées sur un formulaire, celui-ci est mis, par voie électronique, à la disposition de la personne qui doit le remplir.

Code civil : Article 1127-1 (Modifié par Ordonnance n° 2016-131 du 10 février 2016 - art. 2) :
Quiconque propose à titre professionnel, par voie électronique, la fourniture de biens ou la prestation de services, met à disposition les stipulations contractuelles applicables d'une manière qui permette leur conservation et leur reproduction.
L'auteur d'une offre reste engagé par elle tant qu'elle est accessible par voie électronique de son fait.
L'offre énonce en outre :
1) Les différentes étapes à suivre pour conclure le contrat par voie électronique ;
2) Les moyens techniques permettant au destinataire de l'offre, avant la conclusion du contrat, d'identifier d'éventuelles erreurs commises dans la saisie des données et de les corriger ;
3) Les langues proposées pour la conclusion du contrat au nombre desquelles doit figurer la langue française ;
4) Le cas échéant, les modalités d'archivage du contrat par l'auteur de l'offre et les conditions d'accès au contrat archivé ;
5) Les moyens de consulter par voie électronique les règles professionnelles et commerciales auxquelles l'auteur de l'offre entend, le cas échéant, se soumettre.

Code civil : Article 1127-2 (Modifié par Ordonnance n° 2016-131 du 10 février 2016 - art. 2) :
Le contrat n'est valablement conclu que si le destinataire de l'offre a eu la possibilité de vérifier le détail de sa commande et son prix total et de corriger d'éventuelles erreurs avant de confirmer celle-ci pour exprimer son acceptation définitive.
L'auteur de l'offre doit accuser réception sans délai injustifié, par voie électronique, de la commande qui lui a été adressée.
La commande, la confirmation de l'acceptation de l'offre et l'accusé de réception sont considérés comme reçus lorsque les parties auxquelles ils sont adressés peuvent y avoir accès.

Code civil : Article 1127-3 (Modifié par Ordonnance n° 2016-131 du 10 février 2016 - art. 2) :
Il est fait exception aux obligations visées aux 1° à 5° de l'article 1127-1 et aux deux premiers alinéas de l'article 1127-2 pour les contrats de fourniture de biens ou de prestation de services qui sont conclus exclusivement par échange de courriers électroniques.
Il peut, en outre, être dérogé aux dispositions des 1° à 5° de l'article 1127-1 et de l'article 1127-2 dans les contrats conclus entre professionnels.

Code civil : Article 1127-4 (Modifié par Loi n° 2016-1321 du 7 octobre 2016 - art. 93) :
Hors les cas prévus aux articles 1125 et 1126, la remise d'un écrit électronique est effective lorsque le destinataire, après avoir pu en prendre connaissance, en a accusé réception.
Si une disposition prévoit que l'écrit doit être lu au destinataire, la remise d'un écrit électronique à l'intéressé dans les conditions prévues au premier alinéa vaut lecture.

Code civil : Article 1128 (Modifié par Ordonnance n° 2016-131 du 10 février 2016 - art. 2) :
Sont nécessaires à la validité d'un contrat :
1° Le consentement des parties;
2° Leur capacité de contracter;
3° Un contenu licite et certain.

Code civil : Article 1129 (Modifié par Ordonnance n° 2016-131 du 10 février 2016 - art. 2) :
Conformément à l'article 414-1, il faut être sain d'esprit pour consentir valablement à un contrat.

Code civil : Article 1130 (Modifié par Ordonnance n° 2016-131 du 10 février 2016 - art. 2) :
L'erreur, le dol et la violence vicient le consentement lorsqu'ils sont de telle nature que, sans eux, l'une des parties n'aurait pas contracté ou aurait contracté à des conditions substantiellement différentes.
Leur caractère déterminant s'apprécie eu égard aux personnes et aux circonstances dans lesquelles le consentement a été donné.

Code civil : Article 1131 (Modifié par Ordonnance n° 2016-131 du 10 février 2016 - art. 2) :
Les vices du consentement sont une cause de nullité relative du contrat.

Code civil : Article 1132 (Modifié par Ordonnance n° 2016-131 du 10 février 2016 - art. 2) :
L'erreur de droit ou de fait, à moins qu'elle ne soit inexcusable, est une cause de nullité du contrat lorsqu'elle porte sur les qualités essentielles de la prestation due ou sur celles du cocontractant.

Code civil : Article 1133 (Modifié par Ordonnance n° 2016-131 du 10 février 2016 - art. 2) :
Les qualités essentielles de la prestation sont celles qui ont été expressément ou tacitement convenues et en considération desquelles les parties ont contracté.

L'erreur est une cause de nullité qu'elle porte sur la prestation de l'une ou de l'autre partie.
L'acceptation d'un aléa sur une qualité de la prestation exclut l'erreur relative à cette qualité.

Code civil : Article 1134 (Modifié par Ordonnance n° 2016-131 du 10 février 2016 - art. 2) :
L'erreur sur les qualités essentielles du cocontractant n'est une cause de nullité que dans les contrats conclus en considération de la personne.

Code civil : Article 1135 (Modifié par Ordonnance n° 2016-131 du 10 février 2016 - art. 2) :
L'erreur sur un simple motif, étranger aux qualités essentielles de la prestation due ou du cocontractant, n'est pas une cause de nullité, à moins que les parties n'en aient fait expressément un élément déterminant de leur consentement.
Néanmoins l'erreur sur le motif d'une libéralité, en l'absence duquel son auteur n'aurait pas disposé, est une cause de nullité.

Code civil : Article 1136 (Modifié par Ordonnance n° 2016-131 du 10 février 2016 - art. 2) :
L'erreur sur la valeur par laquelle, sans se tromper sur les qualités essentielles de la prestation, un contractant fait seulement de celle-ci une appréciation économique inexacte, n'est pas une cause de nullité.

Code civil : Article 1137 (Modifié par Loi n° 2018-287 du 20 avril 2018 - art. 5) :
Le dol est le fait pour un contractant d'obtenir le consentement de l'autre par des manœuvres ou des mensonges.
Constitue également un dol la dissimulation intentionnelle par l'un des contractants d'une information dont il sait le caractère déterminant pour l'autre partie.
Néanmoins, ne constitue pas un dol le fait pour une partie de ne pas révéler à son cocontractant son estimation de la valeur de la prestation.
NOTA : Conformément aux dispositions du I de l'article 16 de la loi n° 2018-287 du 20 avril 2018, les dispositions de l'article 1137 dans leur rédaction résultant de ladite loi sont applicables aux actes juridiques conclus ou établis à compter de son entrée en vigueur.

Code civil : Article 1138 (Modifié par Ordonnance n° 2016-131 du 10 février 2016 - art. 2) :
Le dol est également constitué s'il émane du représentant, gérant d'affaires, préposé ou porte-fort du contractant.
Il l'est encore lorsqu'il émane d'un tiers de connivence.

Code civil : Article 1139 (Modifié par Ordonnance n° 2016-131 du 10 février 2016 - art. 2) :
L'erreur qui résulte d'un dol est toujours excusable; elle est une cause de nullité alors même qu'elle porterait sur la valeur de la prestation ou sur un simple motif du contrat.

Code civil : Article 1140 (Modifié par Ordonnance n° 2016-131 du 10 février 2016 - art. 2) :
Il y a violence lorsqu'une partie s'engage sous la pression d'une contrainte qui lui inspire la crainte d'exposer sa personne, sa fortune ou celles de ses proches à un mal considérable.

Code civil : Article 1141 (Modifié par Ordonnance n° 2016-131 du 10 février 2016 - art. 2) :
La menace d'une voie de droit ne constitue pas une violence. Il en va autrement lorsque la voie de droit est détournée de son but ou lorsqu'elle est invoquée ou exercée pour obtenir un avantage manifestement excessif.

Code civil : Article 1142 (Modifié par Ordonnance n° 2016-131 du 10 février 2016 - art. 2) :
La violence est une cause de nullité qu'elle ait été exercée par une partie ou par un tiers.

Code civil : Article 1143 (Modifié par Loi n° 2018-287 du 20 avril 2018 - art. 5) :
Il y a également violence lorsqu'une partie, abusant de l'état de dépendance dans lequel se trouve son cocontractant à son égard, obtient de lui un engagement qu'il n'aurait pas souscrit en l'absence d'une telle contrainte et en tire un avantage manifestement excessif.
NOTA : Conformément aux dispositions du I de l'article 16 de la loi n° 2018-287 du 20 avril 2018, les modifications apportées par ladite loi aux dispositions de l'article 1143 ont un caractère interprétatif.

Code civil : Article 1144 (Modifié par Ordonnance n° 2016-131 du 10 février 2016 - art. 2) :
Le délai de l'action en nullité ne court, en cas d'erreur ou de dol, que du jour où ils ont été découverts et, en cas de violence, que du jour où elle a cessé.

Code civil : Article 1145 (Modifié par Loi n° 2018-287 du 20 avril 2018 - art. 6) :
Toute personne physique peut contracter sauf en cas d'incapacité prévue par la loi.

La capacité des personnes morales est limitée par les règles applicables à chacune d'entre elles.
NOTA : Conformément aux dispositions du I de l'article 16 de la loi n° 2018-287 du 20 avril 2018, les dispositions de l'article 1145 dans leur rédaction résultant de ladite loi sont applicables aux actes juridiques conclus ou établis à compter de son entrée en vigueur.

Code civil : Article 1146 (Modifié par Ordonnance n° 2016-131 du 10 février 2016 - art. 2) :
Sont incapables de contracter, dans la mesure définie par la loi :
1° Les mineurs non émancipés;
2° Les majeurs protégés au sens de l'article 425.

Code civil : Article 1147 (Modifié par Ordonnance n° 2016-131 du 10 février 2016 - art. 2) :
L'incapacité de contracter est une cause de nullité relative.

Code civil : Article 1148 (Modifié par Ordonnance n° 2016-131 du 10 février 2016 - art. 2) :
Toute personne incapable de contracter peut néanmoins accomplir seule les actes courants autorisés par la loi ou l'usage, pourvu qu'ils soient conclus à des conditions normales.

Code civil : Article 1149 (Modifié par Ordonnance n° 2016-131 du 10 février 2016 - art. 2) :
Les actes courants accomplis par le mineur peuvent être annulés pour simple lésion. Toutefois, la nullité n'est pas encourue lorsque la lésion résulte d'un événement imprévisible.
La simple déclaration de majorité faite par le mineur ne fait pas obstacle à l'annulation.
Le mineur ne peut se soustraire aux engagements qu'il a pris dans l'exercice de sa profession.

Code civil : Article 1150 (Modifié par Ordonnance n° 2016-131 du 10 février 2016 - art. 2) :
Les actes accomplis par les majeurs protégés sont régis par les articles 435,465 et 494-9 sans préjudice des articles 1148,1151 et 1352-4.

Code civil : Article 1151 (Modifié par Ordonnance n° 2016-131 du 10 février 2016 - art. 2) :
Le contractant capable peut faire obstacle à l'action en nullité engagée contre lui en établissant que l'acte était utile à la personne protégée et exempt de lésion ou qu'il a profité à celle-ci.
Il peut aussi opposer à l'action en nullité la confirmation de l'acte par son cocontractant devenu ou redevenu capable.

Code civil : Article 1152 (Modifié par Ordonnance n° 2016-131 du 10 février 2016 - art. 2) :
La prescription de l'action court :
1° A l'égard des actes faits par un mineur, du jour de la majorité ou de l'émancipation ;
2° A l'égard des actes faits par un majeur protégé, du jour où il en a eu connaissance alors qu'il était en situation de les refaire valablement ;
3° A l'égard des héritiers de la personne en tutelle ou en curatelle ou de la personne faisant l'objet d'une habilitation familiale, du jour du décès si elle n'a commencé à courir auparavant.

La nullité du contrat (ancienne condition résolutoire)

Code civil : Article 1183 (Modifié par Ordonnance n° 2016-131 du 10 février 2016 - art. 2) :
Une partie peut demander par écrit à celle qui pourrait se prévaloir de la nullité soit de confirmer le contrat soit d'agir en nullité dans un délai de six mois à peine de forclusion. La cause de la nullité doit avoir cessé.
L'écrit mentionne expressément qu'à défaut d'action en nullité exercée avant l'expiration du délai de six mois, le contrat sera réputé confirmé.
NOTA : Conformément à l'article 9 de l'ordonnance n° 2016-131 du 10 février 2016, les dispositions du présent article sont applicables dès l'entrée en vigueur de ladite ordonnance.

Code civil : Article 1184 (Modifié par Ordonnance n° 2016-131 du 10 février 2016 - art. 2) :
Lorsque la cause de nullité n'affecte qu'une ou plusieurs clauses du contrat, elle n'emporte nullité de l'acte tout entier que si cette ou ces clauses ont constitué un élément déterminant de l'engagement des parties ou de l'une d'elles.
Le contrat est maintenu lorsque la loi répute la clause non écrite, ou lorsque les fins de la règle méconnue exigent son maintien.

Code civil : Article 1185 (Modifié par Ordonnance n° 2016-131 du 10 février 2016 - art. 2) :
L'exception de nullité ne se prescrit pas si elle se rapporte à un contrat qui n'a reçu aucune exécution.

Le contenu du contrat de travail

Article L. 1121-1 (Version en vigueur au 1er mai 2008) :
Nul ne peut apporter aux droits des personnes et aux libertés individuelles et collectives de restrictions qui ne seraient pas justifiées par la nature de la tâche à accomplir ni proportionnées au but recherché.

Le contrat à durée déterminée (CDD)

Article L. 1242-1 (Version en vigueur depuis le 1er mai 2008) :
Un contrat de travail à durée déterminée, quel que soit son motif, ne peut avoir ni pour objet ni pour effet de pourvoir durablement un emploi lié à l'activité normale et permanente de l'entreprise.

Article L. 1242-2 (Modifié par Loi n° 2018-727 du 10 août 2018 - art. 18) :
Sous réserve des dispositions de l'article L. 1242-3, un contrat de travail à durée déterminée ne peut être conclu que pour l'exécution d'une tâche précise et temporaire, et seulement dans les cas suivants :

1) Remplacement d'un salarié en cas :
   a) D'absence ;
   b) De passage provisoire à temps partiel, conclu par avenant à son contrat de travail ou par échange écrit entre ce salarié et son employeur ;
   c) De suspension de son contrat de travail ;
   d) De départ définitif précédant la suppression de son poste de travail après consultation du comité social et économique, s'il existe ;
   e) D'attente de l'entrée en service effective du salarié recruté par contrat à durée indéterminée appelé à le remplacer ;
2) Accroissement temporaire de l'activité de l'entreprise ;
3) Emplois à caractère saisonnier, dont les tâches sont appelées à se répéter chaque année selon une périodicité à peu près fixe, en fonction du rythme des saisons ou des modes de vie collectifs ou emplois pour lesquels, dans certains secteurs d'activité définis par décret ou par convention ou accord collectif de travail étendu, il est d'usage constant de ne pas recourir au contrat de travail à durée indéterminée en raison de la nature de l'activité exercée et du caractère par nature temporaire de ces emplois. Lorsque la durée du contrat de travail est inférieure à un mois, un seul bulletin de paie est émis par l'employeur ;
4) Remplacement d'un chef d'entreprise artisanale, industrielle ou commerciale, d'une personne exerçant une profession libérale, de son conjoint participant effectivement à l'activité de l'entreprise à titre professionnel et habituel ou d'un associé non salarié d'une société civile professionnelle, d'une société civile de moyens d'une société d'exercice libéral ou de toute autre personne morale exerçant une profession libérale ;
5) Remplacement du chef d'une exploitation agricole ou d'une entreprise mentionnée aux 1° à 4° de l'article L. 722-1 du code rural et de la pêche maritime, d'un aide familial, d'un associé d'exploitation, ou de leur conjoint mentionné à l'article L. 722-10 du même code dès lors qu'il participe effectivement à l'activité de l'exploitation agricole ou de l'entreprise ;
6) Recrutement d'ingénieurs et de cadres, au sens des conventions collectives, en vue de la réalisation d'un objet défini lorsqu'un accord de branche étendu ou, à défaut, un accord d'entreprise le prévoit et qu'il définit :
   a) Les nécessités économiques auxquelles ces contrats sont susceptibles d'apporter une réponse adaptée ;
   b) Les conditions dans lesquelles les salariés sous contrat à durée déterminée à objet défini bénéficient de garanties relatives à l'aide au reclassement, à la validation des acquis de l'expérience, à la priorité de réembauche et à l'accès à la formation professionnelle continue et peuvent, au cours du délai de prévenance, mobiliser les moyens disponibles pour organiser la suite de leur parcours professionnel ;
   c) Les conditions dans lesquelles les salariés sous contrat à durée déterminée à objet défini ont priorité d'accès aux emplois en contrat à durée indéterminée dans l'entreprise.

Article L. 1242-3 (Modifié par Loi n° 2020-1674 du 24 décembre 2020 - art. 6 et 7) :
Outre les cas prévus à l'article L. 1242-2, un contrat de travail à durée déterminée peut être conclu :

1) Au titre de dispositions légales destinées à favoriser le recrutement de certaines catégories de personnes sans emploi ;
2) Lorsque l'employeur s'engage, pour une durée et dans des conditions déterminées par décret, à assurer un complément de formation professionnelle au salarié ;

3) Lorsque l'employeur confie des activités de recherche au salarié et participe à sa formation à la recherche et par la recherche dans les conditions fixées à l'article L. 412-3 du code de la recherche ;
4) Lorsque l'employeur confie au salarié, dans les conditions fixées à l'article L. 431-5 du même code, des activités de recherche en vue de la réalisation d'un objet défini et qu'il s'engage à fournir au salarié une expérience professionnelle complémentaire au diplôme de doctorat prévu à l'article L. 612-7 du code de l'éducation.

Article L. 1242-5 (Modifié par Ordonnance n° 2017-1386 du 22 septembre 2017 - art. 4) :
Dans les six mois suivant un licenciement pour motif économique, il est interdit de conclure un contrat de travail à durée déterminée au titre d'un accroissement temporaire de l'activité, y compris pour l'exécution d'une tâche occasionnelle, précisément définie et non durable, ne relevant pas de l'activité normale de l'entreprise.
Cette interdiction porte sur les postes concernés par le licenciement dans l'établissement.
L'interdiction ne s'applique pas :
1) Lorsque la durée du contrat de travail n'est pas susceptible de renouvellement et n'excède pas trois mois ;
2) Lorsque le contrat est lié à la survenance dans l'entreprise, qu'il s'agisse de celle de l'entrepreneur principal ou de celle d'un sous-traitant, d'une commande exceptionnelle à l'exportation dont l'importance nécessite la mise en œuvre de moyens quantitativement ou qualitativement exorbitants de ceux que l'entreprise utilise ordinairement. Cette possibilité de recrutement est subordonnée à l'information et à la consultation préalables du comité social et économique, s'il existe.

Les dérogations prévues aux 1° et 2° n'exonèrent pas l'employeur de respecter la priorité de réembauche prévue à l'article L. 1233-45.

Article L. 1242-7 (Modifié par Loi n° 2016-1088 du 8 août 2016 - art. 86 (V)) :
Le contrat de travail à durée déterminée comporte un terme fixé avec précision dès sa conclusion.
Toutefois, le contrat peut ne pas comporter de terme précis lorsqu'il est conclu dans l'un des cas suivants :
1) Remplacement d'un salarié absent ;
2) Remplacement d'un salarié dont le contrat de travail est suspendu ;
3) Dans l'attente de l'entrée en service effective d'un salarié recruté par contrat à durée indéterminée;
4) Emplois à caractère saisonnier définis au 3° de l'article L. 1242-2 ou pour lesquels, dans certains secteurs d'activité définis par décret ou par voie de convention ou d'accord collectif étendu, il est d'usage constant de ne pas recourir au contrat de travail à durée indéterminée en raison de la nature de l'activité exercée et du caractère par nature temporaire de ces emplois ;
5) Remplacement de l'une des personnes mentionnées aux 4° et 5° de l'article L. 1242-2 ;
6) Recrutement d'ingénieurs et de cadres en vue de la réalisation d'un objet défini, prévu au 6° de l'article L. 1242-2.

Le contrat de travail à durée déterminée est alors conclu pour une durée minimale. Il a pour terme la fin de l'absence de la personne remplacée ou la réalisation de l'objet pour lequel il a été conclu.

Article L. 1242-8-1 (Modifié par Ordonnance n° 2017-1387 du 22 septembre 2017 - art. 22) :
A défaut de stipulation dans la convention ou l'accord de branche conclu en application de l'article L. 1242-8, la durée totale du contrat de travail à durée déterminée ne peut excéder dix-huit mois compte tenu, le cas échéant, du ou des renouvellements intervenant dans les conditions prévues à l'article L. 1243-13 ou, lorsqu'il s'applique, à l'article L. 1243-13-1.
Cette durée est réduite à neuf mois lorsque le contrat est conclu dans l'attente de l'entrée en service effective d'un salarié recruté par contrat à durée indéterminée ou lorsque son objet consiste en la réalisation des travaux urgents nécessités par des mesures de sécurité.
Elle est également de vingt-quatre mois :
1) Lorsque le contrat est exécuté à l'étranger ;
2) Lorsque le contrat est conclu dans le cadre du départ définitif d'un salarié précédant la suppression de son poste de travail ;
3) Lorsque survient dans l'entreprise, qu'il s'agisse de celle de l'entrepreneur principal ou de celle d'un sous-traitant, une commande exceptionnelle à l'exportation dont l'importance nécessite la mise en œuvre de moyens quantitativement ou qualitativement exorbitants de ceux que l'entreprise utilise ordinairement. Dans ce cas, la durée initiale du contrat ne peut être inférieure à six mois et l'employeur doit procéder, préalablement aux recrutements envisagés, à la consultation du comité social et économique, s'il existe.

Les dispositions du présent article ne sont pas applicables au contrat de travail à durée déterminée conclu en application du 6° de l'article L. 1242-2 et de l'article L. 1242-3.

NOTA : Conformément à l'article 40-VIII de l'ordonnance n° 2017-1387 du 22 septembre 2017, ces dispositions sont applicables aux contrats de travail conclus postérieurement à la publication de ladite ordonnance.

Article L. 1242-8-2 (Modifié par Ordonnance n° 2017-1387 du 22 septembre 2017 - art. 22) :
Le contrat de travail à durée déterminée mentionné au 6° de l'article L. 1242-2 est conclu pour une durée minimale de dix-huit mois et une durée maximale de trente-six mois. Il ne peut pas être renouvelé.
NOTA : Conformément à l'article 40-VIII de l'ordonnance n° 2017-1387 du 22 septembre 2017, ces dispositions sont applicables aux contrats de travail conclus postérieurement à la publication de ladite ordonnance.

Article L. 1242-9 (Version en vigueur depuis le 1er mai 2008) :
Lorsque le contrat de travail à durée déterminée est conclu pour remplacer un salarié temporairement absent ou dont le contrat de travail est suspendu ou pour un remplacement effectué au titre des 4° et 5° de l'article L. 1242-2, il peut prendre effet avant l'absence de la personne à remplacer.

Article L. 1242-10 (Version en vigueur depuis le 1er mai 2008) :
Le contrat de travail à durée déterminée peut comporter une période d'essai.
Sauf si des usages ou des stipulations conventionnelles prévoient des durées moindres, cette période d'essai ne peut excéder une durée calculée à raison d'un jour par semaine, dans la limite de deux semaines lorsque la durée initialement prévue au contrat est au plus égale à six mois et d'un mois dans les autres cas.
Lorsque le contrat ne comporte pas de terme précis, la période d'essai est calculée par rapport à la durée minimale du contrat.

Article L. 1242-11 (Version en vigueur depuis le 1er mai 2008) :
Ne sont pas applicables pendant la période d'essai les dispositions relatives :
1) A la prise d'effet du contrat prévue à l'article L. 1242-9 ;
2) A la rupture anticipée du contrat prévue aux articles L. 1243-1 à L. 1243-4 ;
3) Au report du terme du contrat prévu à l'article L. 1243-7 ;
4) A l'indemnité de fin de contrat prévue à l'article L. 1243-8.

Article L. 1242-12 (Version en vigueur depuis le 1er mai 2008) :
Le contrat de travail à durée déterminée est établi par écrit et comporte la définition précise de son motif. A défaut, il est réputé conclu pour une durée indéterminée.
Il comporte notamment :
1) Le nom et la qualification professionnelle de la personne remplacée lorsqu'il est conclu au titre des 1°, 4° et 5° de l'article L. 1242-2 ;
2) La date du terme et, le cas échéant, une clause de renouvellement lorsqu'il comporte un terme précis ;
3) La durée minimale pour laquelle il est conclu lorsqu'il ne comporte pas de terme précis ;
4) La désignation du poste de travail en précisant, le cas échéant, si celui-ci figure sur la liste des postes de travail présentant des risques particuliers pour la santé ou la sécurité des salariés prévue à l'article L. 4154-2, la désignation de l'emploi occupé ou, lorsque le contrat est conclu pour assurer un complément de formation professionnelle au salarié au titre du 2° de l'article L. 1242-3, la désignation de la nature des activités auxquelles participe le salarié dans l'entreprise ;
5) L'intitulé de la convention collective applicable ;
6) La durée de la période d'essai éventuellement prévue ;
7) Le montant de la rémunération et de ses différentes composantes, y compris les primes et accessoires de salaire s'il en existe ;
8) Le nom et l'adresse de la caisse de retraite complémentaire ainsi que, le cas échéant, ceux de l'organisme de prévoyance.

Article L. 1242-12-1 (Créé par Loi n° 2014-1545 du 20 décembre 2014 - art. 6) :
Lorsque le contrat de travail à durée déterminée est conclu en application du 6° de l'article L. 1242-2, il comporte également :
1) La mention « contrat à durée déterminée à objet défini « ;
2) L'intitulé et les références de l'accord collectif qui institue ce contrat ;
3) Une clause descriptive du projet et la mention de sa durée prévisible ;
4) La définition des tâches pour lesquelles le contrat est conclu ;

5) L'évènement ou le résultat objectif déterminant la fin de la relation contractuelle ;
6) Le délai de prévenance de l'arrivée au terme du contrat et, le cas échéant, de la proposition de poursuite de la relation de travail en contrat à durée indéterminée ;
7) Une clause mentionnant la possibilité de rupture à la date anniversaire de la conclusion du contrat, par l'une ou l'autre partie, pour un motif réel et sérieux et le droit pour le salarié, lorsque cette rupture est à l'initiative de l'employeur, à une indemnité égale à 10 % de la rémunération totale brute du salarié.

Article L. 1242-13 (Version en vigueur depuis le 1er mai 2008) :
Le contrat de travail est transmis au salarié, au plus tard, dans les deux jours ouvrables suivant l'embauche.

Article L. 3221-2 (Version en vigueur depuis le 1er mai 2008) :
Tout employeur assure, pour un même travail ou pour un travail de valeur égale, l'égalité de rémunération entre les femmes et les hommes.

Article L. 1242-14 (Version en vigueur depuis le 1er mai 2008) :
Les dispositions légales et conventionnelles ainsi que celles résultant des usages applicables aux salariés titulaires d'un contrat de travail à durée indéterminée s'appliquent également aux salariés titulaires d'un contrat à durée déterminée, à l'exception des dispositions concernant la rupture du contrat de travail.

Article L. 1243-4 (Modifié par Loi n° 2011-525 du 17 mai 2011 - art. 49) :
La rupture anticipée du contrat de travail à durée déterminée qui intervient à l'initiative de l'employeur, en dehors des cas de faute grave ou de force majeure, ouvre droit pour le salarié à des dommages et intérêts d'un montant au moins égal aux rémunérations qu'il aurait perçues jusqu'au terme du contrat, sans préjudice de l'indemnité de fin de contrat prévue à l'article L. 1243-8.
Toutefois, lorsque le contrat de travail est rompu avant l'échéance du terme en raison d'un sinistre relevant d'un cas de force majeure, le salarié a également droit à une indemnité compensatrice dont le montant est égal aux rémunérations qu'il aurait perçues jusqu'au terme du contrat. Cette indemnité est à la charge de l'employeur.

Article L. 1243-5 (Modifié par Loi n° 2014-1545 du 20 décembre 2014 - art. 6) :
Le contrat de travail à durée déterminée cesse de plein droit à l'échéance du terme.
Toutefois, ce principe ne fait pas obstacle à l'application des dispositions relatives à la rupture du contrat de travail à durée déterminée :
1° Des salariés victimes d'un accident du travail ou d'une maladie professionnelle, prévues à l'article L. 1226-19 ;
2° Des salariés titulaires d'un mandat de représentation mentionnés à l'article L. 2412-1.

Article L. 1243-6 (Version en vigueur depuis le 1er mai 2008) :
La suspension du contrat de travail à durée déterminée ne fait pas obstacle à l'échéance du terme.

Article L. 1243-7 (Version en vigueur depuis le 1er mai 2008) :
Lorsque le contrat de travail à durée déterminée est conclu pour remplacer un salarié temporairement absent ou dont le contrat de travail est suspendu ou pour un remplacement effectué au titre des 4° et 5° de l'article L. 1242-2, le terme du contrat initialement fixé peut être reporté jusqu'au surlendemain du jour où la personne remplacée reprend son emploi.

Article L. 1243-8 (Version en vigueur depuis le 1er mai 2008) :
Lorsque, à l'issue d'un contrat de travail à durée déterminée, les relations contractuelles de travail ne se poursuivent pas par un contrat à durée indéterminée, le salarié a droit, à titre de complément de salaire, à une indemnité de fin de contrat destinée à compenser la précarité de sa situation.
Cette indemnité est égale à 10 % de la rémunération totale brute versée au salarié.
Elle s'ajoute à la rémunération totale brute due au salarié. Elle est versée à l'issue du contrat en même temps que le dernier salaire et figure sur le bulletin de salaire correspondant.

Article L. 1243-9 (Modifié par Loi n° 2018-771 du 5 septembre 2018 - art. 45) :
En vue d'améliorer la formation professionnelle des salariés titulaires de contrat de travail à durée déterminée, une convention ou un accord collectif de branche étendu ou une convention ou un accord d'entreprise ou d'établissement peut également prévoir de limiter le montant de l'indemnité de fin de contrat à hauteur de 6 %, dès lors que des contreparties sont offertes à ces salariés, notamment sous la forme d'un accès privilégié à la formation professionnelle. Dans ce cas, la convention ou l'accord peut prévoir les conditions dans lesquelles ces salariés peuvent suivre, en dehors du temps de travail effectif, un bilan de compétences. Ce bilan de compétences est réalisé dans le cadre du plan de formation.

La période d'essai

Article L. 1221-19 (Créé par Loi n° 2008-596 du 25 juin 2008 - art. 2(V)) :
Le contrat de travail à durée indéterminée peut comporter une période d'essai dont la durée maximale est :
1) Pour les ouvriers et les employés, de deux mois ;
2) Pour les agents de maîtrise et les techniciens, de trois mois ;
3) Pour les cadres, de quatre mois.

Article L. 1221-20 (Créé par Loi n° 2008-596 du 25 juin 2008 - art. 2(V)) :
La période d'essai permet à l'employeur d'évaluer les compétences du salarié dans son travail, notamment au regard de son expérience, et au salarié d'apprécier si les fonctions occupées lui conviennent.

Article L. 1221-21 (Créé par Loi n° 2008-596 du 25 juin 2008 - art. 2(V)) :
La période d'essai peut être renouvelée une fois si un accord de branche étendu le prévoit. Cet accord fixe les conditions et les durées de renouvellement.
La durée de la période d'essai, renouvellement compris, ne peut pas dépasser :
1) Quatre mois pour les ouvriers et employés ;
2) Six mois pour les agents de maîtrise et techniciens ;
3) Huit mois pour les cadres.

Article L. 1221-22 (Créé par Loi n° 2008-596 du 25 juin 2008 - art. 2(V)) :
Les durées des périodes d'essai fixées par les articles L. 1221-19 et L. 1221-21 ont un caractère impératif, à l'exception :
- de durées plus longues fixées par les accords de branche conclus avant la date de publication de la loi n° 2008-596 du 25 juin 2008 portant modernisation du marché du travail ;
- de durées plus courtes fixées par des accords collectifs conclus après la date de publication de la loi n° 2008-596 du 25 juin 2008 précitée ;
- de durées plus courtes fixées dans la lettre d'engagement ou le contrat de travail.

Article L. 1221-23 (Créé par Loi n° 2008-596 du 25 juin 2008 - art. 2(V)) :
La période d'essai et la possibilité de la renouveler ne se présument pas. Elles sont expressément stipulées dans la lettre d'engagement ou le contrat de travail.

Article L. 1221-24 (Modifié par Loi n° 2014-788 du 10 juillet 2014 - art. 4) :
En cas d'embauche dans l'entreprise dans les trois mois suivant l'issue du stage intégré à un cursus pédagogique réalisé lors de la dernière année d'études, la durée de ce stage est déduite de la période d'essai, sans que cela ait pour effet de réduire cette dernière de plus de la moitié, sauf accord collectif prévoyant des stipulations plus favorables. Lorsque cette embauche est effectuée dans un emploi en correspondance avec les activités qui avaient été confiées au stagiaire, la durée du stage est déduite intégralement de la période d'essai.
Lorsque le stagiaire est embauché par l'entreprise à l'issue d'un stage d'une durée supérieure à deux mois, au sens de l'article L. 124-6 du code de l'éducation, la durée de ce stage est prise en compte pour l'ouverture et le calcul des droits liés à l'ancienneté.

Article L. 1221-25 (Modifié par Ordonnance n° 2014-699 du 26 juin 2014 - art. 19) :
Lorsqu'il est mis fin, par l'employeur, au contrat en cours ou au terme de la période d'essai définie aux articles L. 1221-19 à L. 1221-24 ou à l'article L. 1242-10 pour les contrats stipulant une période d'essai d'au moins une semaine, le salarié est prévenu dans un délai qui ne peut être inférieur à :
1) Vingt-quatre heures en deçà de huit jours de présence ;
2) Quarante-huit heures entre huit jours et un mois de présence ;
3) Deux semaines après un mois de présence ;
4) Un mois après trois mois de présence.
La période d'essai, renouvellement inclus, ne peut être prolongée du fait de la durée du délai de prévenance.
Lorsque le délai de prévenance n'a pas été respecté, son inexécution ouvre droit pour le salarié, sauf s'il a commis une faute grave, à une indemnité compensatrice. Cette indemnité est égale au montant des salaires et avantages que le salarié aurait perçus s'il avait accompli son travail jusqu'à l'expiration du délai de prévenance, indemnité compensatrice de congés payés comprise.

Article L. 1221-26 (Créé par Loi n° 2008-596 du 25 juin 2008 - art. 2(V)) :
Lorsqu'il est mis fin à la période d'essai par le salarié, celui-ci respecte un délai de prévenance de quarante-huit heures. Ce délai est ramené à vingt-quatre heures si la durée de présence du salarié dans l'entreprise est inférieure à huit jours.

Article L. 6222-16 (Modifié par Loi n° 2011-893 du 28 juillet 2011 - art. 8) :
Si le contrat d'apprentissage est suivi de la signature d'un contrat de travail à durée indéterminée, d'un contrat à durée déterminée ou d'un contrat de travail temporaire dans la même entreprise, aucune période d'essai ne peut être imposée, sauf dispositions conventionnelles contraires.
La durée du contrat d'apprentissage est prise en compte pour le calcul de la rémunération et l'ancienneté du salarié.

Article L. 3123-9 (Modifié par Loi n° 2016-1088 du 8 août 2016 - art. 8(V)) :
Les heures complémentaires ne peuvent avoir pour effet de porter la durée de travail accomplie par un salarié à temps partiel au niveau de la durée légale du travail ou, si elle est inférieure, au niveau de la durée de travail fixée conventionnellement.

Article L. 1251-14 (Version en vigueur depuis le 1er mai 2008) :
Le contrat de mission peut comporter une période d'essai dont la durée est fixée par convention ou accord professionnel de branche étendu ou par convention ou accord d'entreprise ou d'établissement.
A défaut de convention ou d'accord, cette durée ne peut excéder :
1) Deux jours si le contrat est conclu pour une durée inférieure ou égale à un mois ;
2) Trois jours si le contrat est conclu pour une durée supérieure à un mois et inférieure ou égale à deux mois ;
3) Cinq jours si le contrat est conclu pour une durée supérieure à deux mois.

Article L. 7313-5 (Version en vigueur depuis le 1er mai 2008) :
Le contrat de travail peut comporter une période d'essai dont la durée ne peut être supérieure à trois mois.

Article L. 6222-18 (Modifié par Loi n° 2018-771 du 5 septembre 2018 - art. 16) :
Le contrat d'apprentissage peut être rompu par l'une ou l'autre des parties jusqu'à l'échéance des quarante-cinq premiers jours, consécutifs ou non, de formation pratique en entreprise effectuée par l'apprenti.
Passé ce délai, le contrat peut être rompu par accord écrit signé des deux parties.
A défaut, le contrat peut être rompu en cas de force majeure, de faute grave de l'apprenti, d'inaptitude constatée par le médecin du travail dans les conditions définies à l'article L. 4624-4 ou en cas de décès d'un employeur maître d'apprentissage dans le cadre d'une entreprise unipersonnelle. La rupture prend la forme d'un licenciement prononcé selon les modalités prévues aux articles L. 1232-2 à L. 1232-6 et L. 1332-3 à L. 1332-5. En cas d'inaptitude constatée par le médecin du travail, l'employeur n'est pas tenu à une obligation de reclassement.
Au-delà de la période prévue au premier alinéa du présent article, la rupture du contrat d'apprentissage peut intervenir à l'initiative de l'apprenti et après respect d'un préavis, dans des conditions déterminées par décret. L'apprenti doit, au préalable, solliciter le médiateur mentionné à l'article L. 6222-39 ou, pour les apprentis du secteur public non industriel et commercial, le service désigné comme étant chargé de la médiation. Si l'apprenti est mineur, l'acte de rupture doit être conjointement signé par son représentant légal. Lorsque l'apprenti mineur ne parvient pas à obtenir de réponse de son représentant légal, il peut solliciter le médiateur mentionné au même article L. 6222-39. Le médiateur intervient, dans un délai maximum de quinze jours calendaires consécutifs à la demande de l'apprenti, afin d'obtenir l'accord ou non du représentant légal sur l'acte de rupture du contrat. Une copie de cet acte est adressée, pour information, à l'établissement de formation dans lequel l'apprenti est inscrit.
En cas de liquidation judiciaire sans maintien de l'activité ou lorsqu'il est mis fin au maintien de l'activité en application du dernier alinéa de l'article L. 641-10 du code de commerce et qu'il doit être mis fin au contrat d'apprentissage, le liquidateur notifie la rupture du contrat à l'apprenti. Dans cette hypothèse, les dispositions de l'article L. 1243-4 du présent code s'appliquent, à l'exception de celles relatives à l'indemnité prévue à l'article L. 1243-8.
NOTA : Conformément à l'article 46 II de la loi n° 2018-771 du 5 septembre 2018, les présentes dispositions ne sont pas applicables aux contrats conclus avant le 1er janvier 2019.

La déclaration préalable à l'embauche

Article L. 1221-10 (Version en vigueur depuis le 1er mai 2008) :
L'embauche d'un salarié ne peut intervenir qu'après déclaration nominative accomplie par l'employeur auprès des organismes de protection sociale désignés à cet effet.
L'employeur accomplit cette déclaration dans tous les lieux de travail où sont employés des salariés.

Article L. 1221-11 (Version en vigueur depuis le 1er mai 2008) :
Le non-respect de l'obligation de déclaration préalable à l'embauche, constaté par les agents mentionnés à l'article L. 8271-7, entraîne une pénalité dont le montant est égal à trois cents fois le taux horaire du minimum garanti prévu à l'article L. 3231-12.

Article L. 3231-12 (Version en vigueur depuis le 1er mai 2008) :
Un minimum garanti est déterminé en fonction de l'évolution de l'indice national des prix à la consommation par application des dispositions de l'article L. 3231-4. Il intervient notamment pour l'évaluation des avantages en nature.
Ce minimum garanti peut être porté, par voie réglementaire, à un niveau supérieur à celui résultant de l'application du premier alinéa.

4. Le bulletin de paie

Article L. 3243-1 (Version en vigueur depuis le 1er mai 2008) :
Les dispositions du présent chapitre s'appliquent à toutes les personnes salariées ou travaillant à quelque titre ou en quelque lieu que ce soit pour un ou plusieurs employeurs et quels que soient le montant et la nature de leurs rémunérations, la forme, ou la validité de leur contrat.

Article L. 3243-2 (Modifié par Loi n° 2016-1088 du 8 août 2016 - art. 54) :
Lors du paiement du salaire, l'employeur remet aux personnes mentionnées à l'article L. 3243-1 une pièce justificative dite bulletin de paie. Il ne peut exiger aucune formalité de signature ou d'émargement autre que celle établissant que la somme reçue correspond bien au montant net figurant sur ce bulletin.
Sauf opposition du salarié, l'employeur peut procéder à la remise du bulletin de paie sous forme électronique, dans des conditions de nature à garantir l'intégrité, la disponibilité pendant une durée fixée par décret et la confidentialité des données ainsi que leur accessibilité dans le cadre du service associé au compte mentionné au 2° du II de l'article L. 5151-6. Un décret en Conseil d'Etat pris après avis de la Commission nationale de l'informatique et des libertés détermine les modalités de cette accessibilité afin de préserver la confidentialité des données.
Les mentions devant figurer sur le bulletin ou y être annexées sont déterminées par décret en Conseil d'Etat.

Article L. 3243-3 (Modifié par Loi n° 2008-561 du 17 juin 2008 - art. 16) :
L'acceptation sans protestation ni réserve d'un bulletin de paie par le travailleur ne peut valoir de sa part renonciation au paiement de tout ou partie du salaire et des indemnités ou accessoires de salaire qui lui sont dus en application de la loi, du règlement, d'une convention ou d'un accord collectif de travail ou d'un contrat.
Cette acceptation ne peut valoir non plus compte arrêté et réglé au sens de l'article 1269 du code de procédure civile.

LE SALAIRE ET LES PRIMES

PARTIE II

1. Le salaire

Article L. 3221-3 (Version en vigueur depuis le 1er mai 2008) :
Constitue une rémunération au sens du présent chapitre, le salaire ou traitement ordinaire de base ou minimum et tous les autres avantages et accessoires payés, directement ou indirectement, en espèces ou en nature, par l'employeur au salarié en raison de l'emploi de ce dernier.

Article L. 3312-4 (Modifié par Ordonnance n° 2018-474 du 12 juin 2018 - art. 6) :
Les sommes attribuées aux bénéficiaires en application de l'accord d'intéressement ou au titre du supplément d'intéressement mentionné à l'article L. 3314-10 sont exclues des assiettes des cotisations définies aux articles L. 131-6 et L. 242-1 du code de la sécurité sociale et aux articles L. 731-14, L. 731-15 et L. 741-10 du code rural et de la pêche maritime. Ces sommes ne peuvent se substituer à aucun des éléments de rémunération, au sens des mêmes articles, en vigueur dans l'entreprise ou qui deviennent obligatoires en vertu de dispositions légales ou de clauses contractuelles.
Toutefois, en cas de suppression totale ou partielle d'un élément de rémunération, cette règle de non-substitution ne peut avoir pour effet de remettre en cause les exonérations prévues tant au présent article qu'aux articles L. 3315-1 à L. 3315-3, dès lors qu'un délai de douze mois s'est écoulé entre le dernier versement de cet élément de rémunération et la date d'effet de cet accord.
Les sommes mentionnées au premier alinéa n'ont pas le caractère d'élément de salaire pour l'application de la législation du travail.
NOTA : Conformément à l'article 16 de l'ordonnance n° 2018-474 du 12 juin 2018, les présentes dispositions s'appliquent aux cotisations et contributions dues pour les périodes courant à compter du 1er septembre 2018.

Article L. 3231-1 (Version en vigueur depuis le 1er mai 2008) :
Les dispositions du présent chapitre sont applicables, outre aux employeurs et salariés mentionnés à l'article L. 3211-1, au personnel des établissements publics à caractère industriel et commercial et au personnel de droit privé des établissements publics administratifs.

Article L. 3231-2 (Version en vigueur depuis le 1er mai 2008) :
Le salaire minimum de croissance assure aux salariés dont les rémunérations sont les plus faibles :
1° La garantie de leur pouvoir d'achat ;
2° Une participation au développement économique de la nation.

Article L. 3231-3 (Version en vigueur depuis le 1er mai 2008) :
Sont interdites, dans les conventions ou accords collectifs de travail, les clauses comportant des indexations sur le salaire minimum de croissance ou des références à ce dernier en vue de la fixation et de la révision des salaires prévus par ces conventions ou accords.

Article L. 3231-4 (Version en vigueur depuis le 1er mai 2008) :
La garantie du pouvoir d'achat des salariés prévue au 1° de l'article L. 3231-2 est assurée par l'indexation du salaire minimum de croissance sur l'évolution de l'indice national des prix à la consommation institué comme référence par voie réglementaire.

Article L. 3231-5 (Version en vigueur depuis le 1er mai 2008) :
Lorsque l'indice national des prix à la consommation atteint un niveau correspondant à une hausse d'au moins 2 % par rapport à l'indice constaté lors de l'établissement du salaire minimum de croissance immédiatement antérieur, le salaire minimum de croissance est relevé dans la même proportion à compter du premier jour du mois qui suit la publication de l'indice entraînant ce relèvement.

Article L. 3231-6 (Modifié par Loi n° 2008-1258 du 3 décembre 2008 - art. 24(V)) :
La participation des salariés au développement économique de la nation prévue au 2° de l'article L. 3231-2 est assurée, indépendamment de l'application de l'article L. 3231-4, par la fixation du salaire minimum de croissance, chaque année avec effet au 1er janvier.
NOTA : Loi n° 2008-1258 du 3 décembre 2008 article 24 III : L'article L. 3231-6 du code du travail, dans sa rédaction issue de la présente loi, est applicable à compter du 1er janvier 2010. La date d'effet de la fixation du salaire minimum de croissance pour l'année 2009 est maintenue au 1er juillet.

Article L. 3231-7 (Version en vigueur depuis le 1er mai 2008) :
Le taux du salaire minimum de croissance est fixé par voie réglementaire à l'issue d'une procédure déterminée par décret.

Article L. 3231-8 (Version en vigueur depuis le 1er mai 2008) :
En aucun cas, l'accroissement annuel du pouvoir d'achat du salaire minimum de croissance ne peut être inférieur à la moitié de l'augmentation du pouvoir d'achat des salaires horaires moyens enregistrés par l'enquête trimestrielle du ministère chargé du travail.
L'indice de référence peut être modifié par voie réglementaire.

Article L. 3231-9 (Version en vigueur depuis le 1er mai 2008) :
Les relèvements annuels successifs du salaire minimum de croissance doivent tendre à éliminer toute distorsion durable entre sa progression et l'évolution des conditions économiques générales et des revenus.

Article L. 3231-10 (Version en vigueur depuis le 1er mai 2008) :
En cours d'année, le salaire minimum de croissance peut être porté, par voie réglementaire, à un niveau supérieur à celui qui résulte de l'application des dispositions de l'article L. 3231-5.

Article D. 3231-3 (Créé par Décret n° 2008-244 du 7 mars 2008 - art. (V)) :
Le salaire minimum de croissance applicable aux jeunes travailleurs de moins de dix-huit ans comporte un abattement fixé à :
1) 20 % Avant dix-sept ans ;
2) 10 % Entre dix-sept et dix-huit ans.
Cet abattement est supprimé pour les jeunes travailleurs justifiant de six mois de pratique professionnelle dans la branche d'activité dont ils relèvent.

Article D. 3231-5 (Créé par Décret n° 2008-244 du 7 mars 2008 - art. (V)) :
Les salariés définis à l'article L. 3231-1 âgés de dix-huit ans révolus, reçoivent de leurs employeurs, lorsque leur salaire horaire contractuel est devenu inférieur au salaire minimum de croissance en vigueur, un complément calculé de façon à porter leur rémunération au montant de ce salaire minimum de croissance.

Article D. 3231-6 (Créé par Décret n° 2008-244 du 7 mars 2008 - art. (V)) :
Le salaire horaire à prendre en considération pour l'application de l'article D. 3231-5 est celui qui correspond à une heure de travail effectif compte tenu des avantages en nature et des majorations diverses ayant le caractère de fait d'un complément de salaire.
Sont exclues les sommes versées à titre de remboursement de frais, les majorations pour heures supplémentaires prévues par la loi et la prime de transport.

Article L. 5212-1 (Modifié par Loi n° 2021-1900 du 30 décembre 2021 - art. 119) :
La mobilisation en faveur de l'emploi des travailleurs handicapés concerne tous les employeurs. A ce titre, ces derniers déclarent l'effectif total des bénéficiaires de l'obligation d'emploi mentionnés à l'article L. 5212-13 qu'ils emploient, selon des modalités fixées par décret.
Les articles L. 5212-2 à L. 5212-17 s'appliquent à tout employeur occupant au moins vingt salariés, y compris les établissements publics industriels et commerciaux.
Pour l'application des dispositions du présent chapitre, l'effectif salarié et le franchissement de seuil sont déterminés selon les modalités prévues à l'article L. 130-1 du code de la sécurité sociale. Toutefois, dans les entreprises de travail temporaire, les entreprises de portage salarial et les groupements d'employeurs, l'effectif salarié ne prend pas en compte les salariés mis à disposition ou portés. Par dérogation au I de l'article L. 130-1 du code de la sécurité sociale, la période à retenir pour apprécier le nombre de salariés est l'année au titre de laquelle la contribution prévue aux articles L. 5212-9 à L. 5212-11 du présent code est due.
Le nombre de bénéficiaires de l'obligation d'emploi est déterminé selon les modalités prévues au même article L. 130-1, sous réserve des dispositions particulières prévues aux articles L. 5212-6 à L. 5212-7-2 du présent code.

Le minimum conventionnel

Article L. 2261-22 (Modifié par Ordonnance n° 2017-1491 du 25 octobre 2017 - art. 3) :
I.– Pour pouvoir être étendue, la convention de branche conclue au niveau national contient des clauses portant sur la détermination des règles de négociation et de conclusion, prévues aux articles :
1° L. 2222-1 et L. 2222-2, relatifs au champ d'application territorial et professionnel ;
2° L. 2222-5 et L. 2222-6, relatifs aux modalités de renouvellement, de révision et de dénonciation ;
3° L. 2232-3 et L. 2232-9, relatifs aux garanties accordées aux salariés participant à la négociation.

II.– Elle contient en outre des clauses portant sur :

1) L'exercice du droit syndical et la liberté d'opinion des salariés, le déroulement de carrière des salariés exerçant des responsabilités syndicales et l'exercice de leurs fonctions ;
2) Les comités sociaux et économiques et, le cas échéant, le financement des activités sociales et culturelles gérées par eux ;
3) Les éléments essentiels servant à la détermination des classifications professionnelles et des niveaux de qualification ;
4) Le salaire minimum national professionnel des salariés sans qualification et l'ensemble des éléments affectant le calcul du salaire applicable par catégories professionnelles, ainsi que les procédures et la périodicité prévues pour sa révision ;
5) Les congés payés ;
6) Les conditions de recrutement des salariés ;
7) Les conditions de la rupture du contrat de travail ;
8) Les modalités d'organisation et de fonctionnement de la formation professionnelle tout au long de la vie ;
9) L'égalité professionnelle entre les femmes et les hommes, la suppression des écarts de rémunération et les mesures tendant à remédier aux inégalités constatées ;
10) L'égalité de traitement entre salariés et la prévention des discriminations ;
11) Les conditions propres à concrétiser le droit au travail des personnes handicapées ;
12) En tant que de besoin dans la branche :
    a) Les conditions particulières de travail des femmes enceintes, venant d'accoucher ou allaitant et des jeunes travailleurs ;
    b) Les conditions d'emploi et de rémunération du personnel à temps partiel ;
    c) Les conditions d'emploi et de rémunération des travailleurs à domicile ;
    d) Les garanties des salariés appelés à exercer leur activité à l'étranger ;
    e) Les conditions d'emploi des salariés temporaires ou d'entreprises extérieures ;
    f) Les conditions de rémunération des salariés, auteurs d'une invention dévolue à l'employeur en vertu des dispositions du troisième alinéa de l'article L. 611-7 du code de la propriété intellectuelle ;
    g) Les garanties des salariés résidant dans un département métropolitain et appelés à travailler en Guadeloupe, en Guyane, en Martinique, à Mayotte, à La Réunion, à Saint-Barthélemy, à Saint-Martin ou à Saint-Pierre-et-Miquelon, Wallis-et-Futuna et dans les Terres australes et antarctiques françaises ;
13) Les procédures conventionnelles de conciliation suivant lesquelles seront réglés les conflits collectifs de travail susceptibles de survenir entre les employeurs et les salariés liés par la convention ;
14) Les modalités d'accès à un régime de prévoyance ou à un régime de remboursements complémentaires de frais occasionnés par une maladie, une maternité ou un accident dans des conditions au moins aussi favorables que celles prévues au II de l'article L. 911-7 du code de la sécurité sociale ;
15) Les modalités de mise en œuvre des dispositifs d'intéressement, de participation et d'épargne salariale ;
16) Les modalités de prise en compte dans la branche ou l'entreprise des demandes relatives aux thèmes de négociation émanant d'une ou des organisations syndicales de salariés représentatives.

Article L. 2261-23 (Version en vigueur depuis le 1er mai 2008) :
A défaut de convention au niveau national, les conditions d'extension prévues à l'article L. 2261-22 sont applicables aux conventions de branche conclues à d'autres niveaux territoriaux, sous réserve des adaptations nécessitées par les conditions propres aux secteurs territoriaux considérés.

Article L. 2271-1 (Modifié par Loi n° 2020-1525 du 7 décembre 2020 - art. 19) :
La Commission nationale de la négociation collective de l'emploi et de la formation professionnelle est chargée :

1) De proposer au ministre chargé du travail toutes mesures de nature à faciliter le développement de la négociation collective, en particulier en vue d'harmoniser les définitions conventionnelles des branches ;
2) D'émettre un avis sur les projets de loi, d'ordonnance et de décret relatifs aux règles générales portant sur les relations individuelles et collectives du travail, notamment celles concernant la négociation collective et les dispositifs d'intéressement, de participation et d'épargne salariale relevant du livre III de la troisième partie, ainsi que dans le domaine de la politique de l'emploi, de l'orientation et de la formation professionnelle initiale et continue ;
3) De donner un avis motivé au ministre chargé du travail sur l'extension et l'élargissement des conventions et accords collectifs ainsi que sur l'abrogation des arrêtés d'extension ou d'élargissement ;

4) De donner, à la demande d'au moins la moitié des membres de la commission d'interprétation compétente préalablement saisie, un avis sur l'interprétation de clauses d'une convention ou d'un accord collectif;
5) De donner, après avoir pris connaissance du rapport annuel établi par un groupe d'experts désigné à cet effet, un avis motivé au ministre chargé du travail sur la fixation du salaire minimum de croissance dans les cas prévus par les articles L. 3231-6 et L. 3231-10;
6) De suivre l'évolution des salaires effectifs et des rémunérations minimales déterminées par les conventions et accords collectifs ainsi que l'évolution des rémunérations dans les entreprises publiques;
7) D'examiner le bilan annuel de la négociation collective;
8) De suivre annuellement l'application dans les conventions collectives du principe « à travail égal salaire égal «, du principe de l'égalité professionnelle entre les femmes et les hommes et du principe d'égalité de traitement entre les salariés sans considération d'appartenance ou de non-appartenance, vraie ou supposée, à une ethnie, une nation ou une race, ainsi que des mesures prises en faveur du droit au travail des personnes handicapées, de constater les inégalités éventuellement persistantes et d'en analyser les causes. La Commission nationale a qualité pour faire au ministre chargé du travail toute proposition pour promouvoir dans les faits et dans les textes ces principes d'égalité;
9) De suivre annuellement l'évolution du taux d'activité des personnes de plus de cinquante ans afin de faire au ministre chargé du travail toute proposition de nature à favoriser leur maintien ou leur retour dans l'emploi;
10) D'émettre un avis sur:
    a) Le projet de convention pluriannuelle définie à l'article L. 5312-3;
    b) L'agrément des accords d'assurance chômage mentionnés à l'article L. 5422-20;
    c) Les plans de formations organisés par l'Etat en application des I et II de l'article L. 6122-1.

2. Les différents salaires

Article L. 3244-1 (Version en vigueur depuis le 1er mai 2008):
Dans tous les établissements commerciaux où existe la pratique du pourboire, toutes les perceptions faites « pour le service » par l'employeur sous forme de pourcentage obligatoirement ajouté aux notes des clients ou autrement, ainsi que toutes sommes remises volontairement par les clients pour le service entre les mains de l'employeur, ou centralisées par lui, sont intégralement versées au personnel en contact avec la clientèle et à qui celle-ci avait coutume de les remettre directement.

Article L. 3244-2 (Version en vigueur depuis le 1er mai 2008):
Les sommes mentionnées à l'article L. 3244-1 s'ajoutent au salaire fixe, sauf dans le cas où un salaire minimum a été garanti par l'employeur.

Article L. 7121-8 (Version en vigueur depuis le 1er mai 2008):
La rémunération due à l'artiste à l'occasion de la vente ou de l'exploitation de l'enregistrement de son interprétation, exécution ou présentation par l'employeur ou tout autre utilisateur n'est pas considérée comme salaire dès que la présence physique de l'artiste n'est plus requise pour exploiter cet enregistrement et que cette rémunération n'est pas fonction du salaire reçu pour la production de son interprétation, exécution ou présentation, mais est fonction du produit de la vente ou de l'exploitation de cet enregistrement.

3. Le paiement du salaire

Article L. 3242-3 (Version en vigueur depuis le 1er mai 2008):
Les salariés ne bénéficiant pas de la mensualisation sont payés au moins deux fois par mois, à seize jours au plus d'intervalle.

Article L. 3242-4 (Version en vigueur depuis le 1er mai 2008):
Pour tout travail aux pièces dont l'exécution dure plus d'une quinzaine, les dates de paiement peuvent être fixées d'un commun accord. Toutefois, le salarié reçoit des acomptes chaque quinzaine et est intégralement payé dans la quinzaine qui suit la livraison de l'ouvrage.

Article L. 7313-7 (Version en vigueur depuis le 1er mai 2008):
Les commissions dues au voyageur, représentant ou placier du commerce sont payées au moins tous les trois mois.

Article R. 3246-2 (Modifié par Décret n° 2016-1762 du 16 décembre 2016 - art 2) :
Le fait de méconnaître les dispositions relatives au bulletin de paie des articles L. 3243-1, L. 3243-2 et L. 3243-4 et des articles R. 3243-1 à D. 3243-8, est puni de l'amende prévue pour les contraventions de la troisième classe.

Article L. 3243-1 (Version en vigueur depuis le 1er mai 2008) :
Les dispositions du présent chapitre s'appliquent à toutes les personnes salariées ou travaillant à quelque titre ou en quelque lieu que ce soit pour un ou plusieurs employeurs et quels que soient le montant et la nature de leurs rémunérations, la forme, ou la validité de leur contrat.

Article L. 3243-2 (Modifié par Loi n° 2016-1088 du 8 août 2016 - art 54) :
Lors du paiement du salaire, l'employeur remet aux personnes mentionnées à l'article L. 3243-1 une pièce justificative dite bulletin de paie. Il ne peut exiger aucune formalité de signature ou d'émargement autre que celle établissant que la somme reçue correspond bien au montant net figurant sur ce bulletin.
Sauf opposition du salarié, l'employeur peut procéder à la remise du bulletin de paie sous forme électronique, dans des conditions de nature à garantir l'intégrité, la disponibilité pendant une durée fixée par décret et la confidentialité des données ainsi que leur accessibilité dans le cadre du service associé au compte mentionné au 2° du II de l'article L. 5151-6. Un décret en Conseil d'Etat pris après avis de la Commission nationale de l'informatique et des libertés détermine les modalités de cette accessibilité afin de préserver la confidentialité des données.
Les mentions devant figurer sur le bulletin ou y être annexées sont déterminées par décret en Conseil d'Etat.

Article L. 3245-1 (Modifié par Loi n° 2013-504 du 14 juin 2013 - art. 21) :
L'action en paiement ou en répétition du salaire se prescrit par trois ans à compter du jour où celui qui l'exerce a connu ou aurait dû connaître les faits lui permettant de l'exercer. La demande peut porter sur les sommes dues au titre des trois dernières années à compter de ce jour ou, lorsque le contrat de travail est rompu, sur les sommes dues au titre des trois années précédant la rupture du contrat.

Article L. 1471-1 (Modifié par Loi n° 2018-217 du 29 mars 2018 - art. 11) :
Toute action portant sur l'exécution du contrat de travail se prescrit par deux ans à compter du jour où celui qui l'exerce a connu ou aurait dû connaître les faits lui permettant d'exercer son droit.
Toute action portant sur la rupture du contrat de travail se prescrit par douze mois à compter de la notification de la rupture.
Les deux premiers alinéas ne sont toutefois pas applicables aux actions en réparation d'un dommage corporel causé à l'occasion de l'exécution du contrat de travail, aux actions en paiement ou en répétition du salaire et aux actions exercées en application des articles L. 1132-1, L. 1152-1 et L. 1153-1. Elles ne font obstacle ni aux délais de prescription plus courts prévus par le présent code et notamment ceux prévus aux articles L. 1233-67, L. 1234-20, L. 1235-7, L. 1237-14 et L. 1237-19-8, ni à l'application du dernier alinéa de l'article L. 1134-5.
NOTA : Conformément à l'article 40-II de l'ordonnance n° 2017-1387 du 22 septembre 2017, ces dispositions s'appliquent aux prescriptions en cours à compter de la date de publication de ladite ordonnance, sans que la durée totale de la prescription puisse excéder la durée prévue par la loi antérieure. Lorsqu'une instance a été introduite avant la publication de ladite ordonnance, l'action est poursuivie et jugée conformément à la loi ancienne y compris en appel et en cassation.

4. Les primes et les compléments de salaire

Article L. 6222-23 (Version en vigueur depuis le 1er mai 2008) :
L'apprenti bénéficie des dispositions applicables à l'ensemble des salariés dans la mesure où elles ne sont pas contraires à celles qui sont liées à sa situation de jeune travailleur en formation.

Article L. 5213-15 (Version en vigueur depuis le 1er mai 2008) :
Le travailleur handicapé employé dans une entreprise adaptée reçoit un salaire fixé compte tenu de l'emploi qu'il occupe et de sa qualification par référence aux dispositions légales ou stipulations conventionnelles applicables dans la branche d'activité.
Ce salaire ne peut être inférieur au salaire minimum de croissance déterminé en application des articles L. 3231-1 et suivants.
Le travailleur en entreprise adaptée bénéficie en outre des dispositions prévues au livre III de la troisième partie relatives à l'intéressement, à la participation et à l'épargne salariale.

Article L. 3221-4 (Version en vigueur depuis le 1er mai 2008) :
Sont considérés comme ayant une valeur égale, les travaux qui exigent des salariés un ensemble comparable de connaissances professionnelles consacrées par un titre, un diplôme ou une pratique professionnelle, de capacités découlant de l'expérience acquise, de responsabilités et de charge physique ou nerveuse.

Article L. 3221-5 (Version en vigueur depuis le 1er mai 2008) :
Les disparités de rémunération entre les établissements d'une même entreprise ne peuvent pas, pour un même travail ou pour un travail de valeur égale, être fondées sur l'appartenance des salariés de ces établissements à l'un ou l'autre sexe.

Article L. 3221-6 (Modifié par Loi n° 2018-771 du 5 septembre 2018 - art. 104 (V) :
Les différents éléments composant la rémunération sont établis selon des normes identiques pour les femmes et pour les hommes.
Les catégories et les critères de classification et de promotion professionnelles ainsi que toutes les autres bases de calcul de la rémunération, notamment les modes d'évaluation des emplois, sont établis selon des règles qui assurent l'application du principe fixé à l'article L. 3221-2.

Article L. 3221-7 (Version en vigueur depuis le 1er mai 2008) :
Est nulle de plein droit toute disposition figurant notamment dans un contrat de travail, une convention ou accord collectif de travail, un accord de salaires, un règlement ou barème de salaires résultant d'une décision d'un employeur ou d'un groupement d'employeurs et qui, contrairement aux articles L. 3221-2 à L. 3221-6, comporte, pour un ou des salariés de l'un des deux sexes, une rémunération inférieure à celle de salariés de l'autre sexe pour un même travail ou un travail de valeur égale.
La rémunération plus élevée dont bénéficient ces derniers salariés est substituée de plein droit à celle que comportait la disposition entachée de nullité.

Code de la S.S. L. 242-1 (Modifié par Loi n° 2021-1754 du 23 décembre 2021 - art. 16 (V)) :

I.– Les cotisations de sécurité sociale dues au titre de l'affiliation au régime général des personnes mentionnées aux articles L. 311-2 et L. 311-3 sont assises sur les revenus d'activité tels qu'ils sont pris en compte pour la détermination de l'assiette définie à l'article L. 136-1-1. Elles sont dues pour les périodes au titre desquelles ces revenus sont attribués.

II.– Par dérogation au I, sont exclus de l'assiette des cotisations de sécurité sociale :
1) Les sommes allouées au salarié au titre de l'intéressement prévu à l'article L. 3312-4 du code du travail ;
2) Les sommes réparties au titre de la réserve spéciale de participation conformément aux dispositions de l'article L. 3324-5 du même code ;
3) Les sommes versées par l'employeur à un plan d'épargne en application de l'article L. 3332-11 du même code et de l'article L. 224-21 du code monétaire et financier ;
4) Les contributions des employeurs destinées au financement des prestations de protection sociale complémentaire entrant dans le champ des articles L. 911-1 et L. 911-2 du présent code, servies au bénéfice de leurs salariés, anciens salariés et de leurs ayants droit, par des institutions de prévoyance, par des institutions de gestion de retraite supplémentaire, par des mutuelles et unions pratiquant des opérations d'assurance et de capitalisation, par des entreprises régies par le code des assurances ou par tout gestionnaire d'un plan d'épargne retraite mentionné à l'article L. 224-8 du code monétaire et financier, lorsque les garanties revêtent un caractère obligatoire et bénéficient à titre collectif à l'ensemble des salariés ou à une partie d'entre eux, sous réserve qu'ils appartiennent à une catégorie établie à partir de critères objectifs déterminés par décret en Conseil d'Etat :
   a) Dans des limites fixées par décret, pour les contributions au financement de prestations de retraite supplémentaire déterminées par décret. L'abondement de l'employeur à un plan d'épargne pour la retraite collectif exonéré aux termes de l'article L. 3334-6 du code du travail et à un plan d'épargne retraite d'entreprise exonéré aux termes du 3° du II du présent article sont pris en compte pour l'application de ces limites ;
   b) Dans des limites fixées par décret, pour les contributions au financement de prestations complémentaires de prévoyance, à condition, lorsque ces contributions financent des garanties portant sur la prise en charge de frais de santé, que ces garanties soient conformes aux dispositions de l'article L. 871-1 du présent code. L'exclusion d'assiette est aussi applicable au versement de l'employeur mentionné à l'article L. 911-7-1.

   Les dispositions du présent 4° ne sont pas applicables lorsque les contributions des employeurs se substituent à d'autres revenus d'activité qui ont été soumis à cotisations en application du I du présent article et versés au cours des douze derniers mois ;

4 *bis*) Dans des limites fixées par décret, la participation d'un employeur public au titre d'un contrat collectif de protection sociale complémentaire, versée obligatoirement en application d'un accord prévu au II de l'article 22 bis de la loi n° 83-634 du 13 juillet 1983 portant droits et obligations des fonctionnaires ou en application de l'arrêté mentionné au II de l'article L. 4123-3 du code de la défense, destinée au financement des garanties de protection sociale complémentaire. Cette participation est exclue de l'assiette des cotisations lorsque les agents de l'employeur public qu'il assure souscrivent obligatoirement à ce contrat;

5) La contribution de l'employeur d'une entreprise de moins de cinquante salariés à l'acquisition des chèques-vacances, dans les conditions fixées aux articles L. 411-9 et L. 411-10 du code du tourisme;

6) Les avantages mentionnés au I des articles 80 bis et 80 quaterdecies du code général des impôts. L'avantage correspondant à la différence définie au II de l'article 80 bis du même code est pris en compte dans la détermination de l'assiette définie au I du présent article lors de la levée de l'option;

7) Dans la limite de deux fois le montant annuel du plafond défini à l'article L. 241-3 du présent code, les indemnités versées à l'occasion de la rupture du contrat de travail ou de la cessation forcée des fonctions de mandataires sociaux, dirigeants et personnes mentionnées à l'article 80 ter du code général des impôts qui ne sont pas imposables en application de l'article 80 duodecies du même code. Toutefois, sont intégralement assujetties à cotisations les indemnités versées à l'occasion de la cessation forcée des fonctions de mandataires sociaux, dirigeants et personnes mentionnées à l'article 80 ter du même code d'un montant supérieur à cinq fois le montant annuel du plafond défini à l'article L. 241-3 du présent code, ainsi que celles versées à l'occasion de la rupture du contrat de travail d'un montant supérieur à dix fois le montant de ce même plafond. En cas de cumul d'indemnités versées à l'occasion de la cessation forcée des fonctions et de la rupture du contrat de travail, il est fait masse de l'ensemble de ces indemnités; lorsque le montant de celles-ci est supérieur à cinq fois le montant annuel du plafond défini à l'article L. 241-3, ces indemnités sont intégralement assujetties à cotisations.

NOTA : Conformément au IV de l'article 16 de la loi n° 2021-1754 du 23 décembre 2021, ces dispositions entrent en vigueur le 1er janvier 2022.

5. Les avantages en nature

Article L. 6222-23 (Version en vigueur depuis le 1er mai 2008) :
L'apprenti bénéficie des dispositions applicables à l'ensemble des salariés dans la mesure où elles ne sont pas contraires à celles qui sont liées à sa situation de jeune travailleur en formation.

Article D. 3231-9 (Créé par Décret n° 2008-244 du 7 mars 2008 - art. (V)) :
Lorsque la rémunération d'un salarié est, de manière habituelle, constituée, pour partie, par la fourniture de la nourriture et du logement ou d'autres avantages en nature, le salaire minimum en espèces garanti est déterminé en déduisant du salaire minimum de croissance les sommes fixées pour évaluer l'avantage en nature.

Article D. 3231-10 (Créé par Décret n° 2008-244 du 7 mars 2008 - art. (V)) :
Lorsque l'employeur fournit la nourriture, toute ou partie, cette prestation en nature est évaluée par convention ou accord collectif de travail.
A défaut, la nourriture est évaluée par journée à deux fois le minimum garanti ou, pour un seul repas, à une fois ce minimum.

Article D. 3231-11 (Créé par Décret n° 2008-244 du 7 mars 2008 - art. (V)) :
Pour les salariés auxquels l'employeur fournit le logement, cette prestation en nature est évaluée par convention ou accord collectif de travail.
A défaut, le logement est évalué à 0,02 euros par jour.

Article D. 3231-12 (Créé par Décret n° 2008-244 du 7 mars 2008 - art. (V)) :
Les avantages en nature, autres que la nourriture ou le logement, sont évalués d'après leur valeur réelle, au prix de revient pour l'employeur.

Article D. 3231-13 (Créé par Décret n° 2008-244 du 7 mars 2008 - art. (V)) :
Pour le personnel des hôtels, cafés, restaurants et des établissements ou organismes dans lesquels des denrées alimentaires ou des boissons sont consommées sur place et pour le personnel de cuisine des autres établissements, qui en raison des conditions particulières de leur travail ou des usages, sont nourris gratuitement par l'employeur ou reçoivent

une indemnité compensatrice, la nourriture calculée conformément aux dispositions de l'article D. 3231-10, n'entre en compte que pour la moitié de sa valeur.

Article D. 3231-14 (Créé par Décret n° 2008-244 du 7 mars 2008 - art. (V)):
Lorsque la rémunération d'un salarié est, de manière habituelle, constituée, pour partie, par la fourniture de la nourriture et du logement ou d'autres avantages en nature, le salaire minimum en espèces garanti est déterminé en déduisant du salaire minimum de croissance les sommes fixées pour évaluer l'avantage en nature.

Article R. 4228-19 (Créé par Décret n° 2008-244 du 7 mars 2008 - art. (V)):
Il est interdit de laisser les travailleurs prendre leur repas dans les locaux affectés au travail.

Article R. 4228-20 (Modifié par Décret n° 2014-754 du 1er juillet 2014 - art. 1):
Aucune boisson alcoolisée autre que le vin, la bière, le cidre et le poiré n'est autorisée sur le lieu de travail.
Lorsque la consommation de boissons alcoolisées, dans les conditions fixées au premier alinéa, est susceptible de porter atteinte à la sécurité et la santé physique et mentale des travailleurs, l'employeur, en application de l'article L. 4121-1 du code du travail, prévoit dans le règlement intérieur ou, à défaut, par note de service les mesures permettant de protéger la santé et la sécurité des travailleurs et de prévenir tout risque d'accident. Ces mesures, qui peuvent notamment prendre la forme d'une limitation voire d'une interdiction de cette consommation, doivent être proportionnées au but recherché.

Article R. 4228-21 (Créé par Décret n° 2008-244 du 7 mars 2008 - art. (V)):
Il est interdit de laisser entrer ou séjourner dans les lieux de travail des personnes en état d'ivresse.

Article R. 4228-22 (Modifié par Décret n° 2019-1586 du 31 décembre 2019 - art. 2):
Dans les établissements d'au moins cinquante salariés, l'employeur, après avis du comité social et économique, met à leur disposition un local de restauration.
L'effectif salarié et le franchissement du seuil de cinquante salariés sont déterminés selon les modalités prévues à l'article L. 130-1 du code de la sécurité sociale. Lorsque l'entreprise comporte plusieurs établissements, les effectifs sont décomptés par établissement.
Le local de restauration mentionné au premier alinéa est pourvu de sièges et de tables en nombre suffisant et comporte un robinet d'eau potable, fraîche et chaude, pour dix usagers.
Il est doté d'un moyen de conservation ou de réfrigération des aliments et des boissons et d'une installation permettant de réchauffer les plats.

Article R. 3262-8 (Modifié par Décret n° 2014-294 du 6 mars 2014 - art. 5):
Les titres-restaurant ne sont pas utilisables les dimanches et jours fériés, sauf décision contraire de l'employeur au bénéfice exclusif des salariés travaillant pendant ces mêmes jours. Lorsque les titres sont émis sur support papier, cette décision fait l'objet d'une mention très apparente sur les titres. Lorsque les titres sont émis sous forme dématérialisée, l'employeur informe par tout moyen les salariés concernés de la décision mentionnée ci-dessus, avant l'émission du titre.

Article R. 3262-9 (Créé par Décret n° 2008-244 du 7 mars 2008 - art. (V)):
Les titres-restaurant ne peuvent être utilisés que dans le département du lieu de travail des salariés bénéficiaires et les départements limitrophes, à moins qu'ils ne portent de manière très apparente une mention contraire apposée par l'employeur, sous sa responsabilité, au bénéfice exclusif de ceux des salariés qui sont, du fait de leurs fonctions, appelés à des déplacements à longue distance.

Article R. 3262-10 (Modifié par Décret n° 2022-1266 du 29 septembre 2022 - art. 1):
L'utilisation des titres-restaurant est limitée à un montant maximum de vingt-cinq euros par jour.
Lorsque les titres-restaurant sont émis sous forme dématérialisée, le salarié est débité de la somme exacte à payer, dans la limite du montant maximum journalier mentionné au premier alinéa.

Article L. 1251-24 (Modifié par Ordonnance n° 2017-1386 du 22 septembre 2017 - art. 4):
Les salariés temporaires ont accès, dans l'entreprise utilisatrice, dans les mêmes conditions que les salariés de cette entreprise, aux moyens de transport collectifs et aux installations collectives, notamment de restauration, dont peuvent bénéficier ces salariés.
Lorsque des dépenses supplémentaires incombent au comité d'entreprise, celles-ci lui sont remboursées suivant des modalités définies au contrat de mise à disposition.

LE TEMPS DE TRAVAIL

PARTIE III

1. La durée légale du travail

Article L. 3121-27 (Modifié par Loi n° 2016-1088 du 8 août 2016 - art. 8(V)) :
La durée légale de travail effectif des salariés à temps complet est fixée à trente-cinq heures par semaine.

Le temps de travail effectif

Article L. 3121-1 (Modifié par Loi n° 2016-1088 du 8 août 2016 - art. 8(V)) :
La durée du travail effectif est le temps pendant lequel le salarié est à la disposition de l'employeur et se conforme à ses directives sans pouvoir vaquer librement à des occupations personnelles.

Les pauses et repas

Article L. 3121-2 (Modifié par Loi n° 2016-1088 du 8 août 2016 - art. 8(V)) :
Le temps nécessaire à la restauration ainsi que les temps consacrés aux pauses sont considérés comme du temps de travail effectif lorsque les critères définis à l'article L. 3121-1 sont réunis.

Article L. 3121-6 (Version en vigueur depuis le 10 août 2016) :
Une convention ou un accord d'entreprise ou d'établissement ou, à défaut, une convention ou un accord de branche peut prévoir une rémunération des temps de restauration et de pause mentionnés à l'article L. 3121-2, même lorsque ceux-ci ne sont pas reconnus comme du temps de travail effectif.

L'habillage et le déshabillage

Article L. 3121-3 (Modifié par Loi n° 2016-1088 du 8 août 2016 - art. 8(V)) :
Le temps nécessaire aux opérations d'habillage et de déshabillage, lorsque le port d'une tenue de travail est imposé par des dispositions légales, des stipulations conventionnelles, le règlement intérieur ou le contrat de travail et que l'habillage et le déshabillage doivent être réalisés dans l'entreprise ou sur le lieu de travail, fait l'objet de contreparties. Ces contreparties sont accordées soit sous forme de repos, soit sous forme financière.

Les déplacements

Article L. 3121-4 (Version en vigueur depuis le 10 août 2016) :
Le temps de déplacement professionnel pour se rendre sur le lieu d'exécution du contrat de travail n'est pas un temps de travail effectif.
Toutefois, s'il dépasse le temps normal de trajet entre le domicile et le lieu habituel de travail, il fait l'objet d'une contrepartie soit sous forme de repos, soit sous forme financière. La part de ce temps de déplacement professionnel coïncidant avec l'horaire de travail n'entraîne aucune perte de salaire.

Article L. 3121-5 (Version en vigueur depuis le 10 août 2016) :
Si le temps de trajet entre le domicile et le lieu habituel de travail est majoré du fait d'un handicap, il peut faire l'objet d'une contrepartie sous forme de repos.

Article L. 3121-7 (Version en vigueur depuis le 10 août 2016) :
Une convention ou un accord d'entreprise ou d'établissement ou, à défaut, une convention ou un accord de branche prévoit soit d'accorder des contreparties aux temps d'habillage et de déshabillage mentionnés à l'article L. 3121-3, soit d'assimiler ces temps à du temps de travail effectif.
Une convention ou un accord d'entreprise ou d'établissement ou, à défaut, une convention ou un accord de branche prévoit des contreparties lorsque le temps de déplacement professionnel mentionné à l'article L. 3121-4 dépasse le temps normal de trajet.

Article L. 3121-8 (Modifié par Ordonnance n° 2017-1386 du 22 septembre 2017 - art. 4) :
A défaut d'accords prévus aux articles L. 3121-6 et L. 3121-7 :

1° Le contrat de travail peut fixer la rémunération des temps de restauration et de pause ;
2° Le contrat de travail prévoit soit d'accorder des contreparties aux temps d'habillage et de déshabillage mentionnés à l'article L. 3121-3, soit d'assimiler ces temps à du temps de travail effectif ;

3° Les contreparties prévues au second alinéa de l'article L. 3121-7 sont déterminées par l'employeur après consultation du comité social et économique.

Le régime des astreintes

Article L. 3121-9 (Modifié par Loi n° 2016-1088 du 8 août 2016 - art. 8(V)) :
Une période d'astreinte s'entend comme une période pendant laquelle le salarié, sans être sur son lieu de travail et sans être à la disposition permanente et immédiate de l'employeur, doit être en mesure d'intervenir pour accomplir un travail au service de l'entreprise.
La durée de cette intervention est considérée comme un temps de travail effectif.
La période d'astreinte fait l'objet d'une contrepartie, soit sous forme financière, soit sous forme de repos.
Les salariés concernés par des périodes d'astreinte sont informés de leur programmation individuelle dans un délai raisonnable.

Article L. 3121-10 (Modifié par Loi n° 2016-1088 du 8 août 2016 - art. 8(V)) :
Exception faite de la durée d'intervention, la période d'astreinte est prise en compte pour le calcul de la durée minimale de repos quotidien prévue à l'article L. 3131-1 et des durées de repos hebdomadaire prévues aux articles L. 3132-2 et L. 3164-2.

Article L. 3121-11 (Modifié par Loi n° 2016-1088 du 8 août 2016 - art. 8(V)) :
Une convention ou un accord d'entreprise ou d'établissement ou, à défaut, une convention ou un accord de branche peut mettre en place les astreintes. Cette convention ou cet accord fixe le mode d'organisation des astreintes, les modalités d'information et les délais de prévenance des salariés concernés ainsi que la compensation sous forme financière ou sous forme de repos à laquelle elles donnent lieu.

Article L. 3121-12 (Modifié par Ordonnance n° 2017-1386 du 22 septembre 2017 - art. 4) :
A défaut d'accord prévu à l'article L. 3121-11 :

1° Le mode d'organisation des astreintes et leur compensation sont fixés par l'employeur, après avis du comité social et économique, et après information de l'agent de contrôle de l'inspection du travail ;
2° Les modalités d'information des salariés concernés sont fixées par décret en Conseil d'Etat et la programmation individuelle des périodes d'astreinte est portée à leur connaissance quinze jours à l'avance, sauf circonstances exceptionnelles et sous réserve qu'ils en soient avertis au moins un jour franc à l'avance.

Article R. 3121-2 (Modifié par Décret n° 2016-1551 du 18 novembre 2016 - art. 2) :
En fin de mois, l'employeur remet à chaque salarié intéressé un document récapitulant le nombre d'heures d'astreinte accomplies par celui-ci au cours du mois écoulé ainsi que la compensation correspondante.

Les horaires d'équivalence

Article L. 3121-13 (Modifié par Loi n° 2016-1088 du 8 août 2016 - art. 8(V)) :
Le régime d'équivalence constitue un mode spécifique de détermination du temps de travail effectif et de sa rémunération pour des professions et des emplois déterminés comportant des périodes d'inaction.

Article L. 3121-14 (Modifié par Loi n° 2016-1088 du 8 août 2016 - art. 8(V)) :
Une convention ou un accord de branche étendu peut instituer une durée du travail équivalente à la durée légale pour les professions et emplois mentionnés à l'article L. 3121-13.
Cette convention ou cet accord détermine la rémunération des périodes d'inaction.

Article L. 3121-16 (Modifié par Loi n° 2016-1088 du 8 août 2016 - art. 8(V)) :
Dès que le temps de travail quotidien atteint six heures, le salarié bénéficie d'un temps de pause d'une durée minimale de vingt minutes consécutives.

Article L. 3121-17 (Modifié par Loi n° 2016-1088 du 8 août 2016 - art. 8(V)) :
Une convention ou un accord d'entreprise ou d'établissement ou, à défaut, une convention ou un accord de branche peut fixer un temps de pause supérieur.

Article L. 3121-18 (Modifié par Loi n° 2016-1088 du 8 août 2016 - art. 8(V)) :
La durée quotidienne de travail effectif par salarié ne peut excéder dix heures, sauf :

1° En cas de dérogation accordée par l'inspecteur du travail dans des conditions déterminées par décret ;
2° En cas d'urgence, dans des conditions déterminées par décret ;
3° Dans les cas prévus à l'article L. 3121-19.

Article L. 3121-19 (Modifié par Loi n° 2016-1088 du 8 août 2016 - art. 8(V)) :
Une convention ou un accord d'entreprise ou d'établissement ou, à défaut, une convention ou un accord de branche peut prévoir le dépassement de la durée maximale quotidienne de travail effectif, en cas d'activité accrue ou pour des motifs liés à l'organisation de l'entreprise, à condition que ce dépassement n'ait pas pour effet de porter cette durée à plus de douze heures.

Article L. 3121-20 (Modifié par Loi n° 2016-1088 du 8 août 2016 - art. 8(V)) :
Au cours d'une même semaine, la durée maximale hebdomadaire de travail est de quarante-huit heures.

Article L. 3121-21 (Modifié par Ordonnance n° 2017-1386 du 22 septembre 2017 - art. 4) :
En cas de circonstances exceptionnelles et pour la durée de celles-ci, le dépassement de la durée maximale définie à l'article L. 3121-20 peut être autorisé par l'autorité administrative, dans des conditions déterminées par décret en Conseil d'Etat, sans toutefois que ce dépassement puisse avoir pour effet de porter la durée du travail à plus de soixante heures par semaine. Le comité social et économique donne son avis sur les demandes d'autorisation formulées à ce titre. Cet avis est transmis à l'agent de contrôle de l'inspection du travail.

Article L. 3121-22 (Modifié par Loi n° 2016-1088 du 8 août 2016 - art. 8(V)) :
La durée hebdomadaire de travail calculée sur une période quelconque de douze semaines consécutives ne peut dépasser quarante-quatre heures, sauf dans les cas prévus aux articles L. 3121-23 à L. 3121-25.

Article L. 3121-23 (Modifié par Loi n° 2016-1088 du 8 août 2016 - art. 8(V)) :
Une convention ou un accord d'entreprise ou d'établissement ou, à défaut, une convention ou un accord de branche peut prévoir le dépassement de la durée hebdomadaire de travail de quarante-quatre heures calculée sur une période de douze semaines consécutives, à condition que ce dépassement n'ait pas pour effet de porter cette durée, calculée sur une période de douze semaines, à plus de quarante-six heures.

Article L. 3121-24 (Modifié par Loi n° 2016-1088 du 8 août 2016 - art. 8(V)) :
A défaut d'accord prévu à l'article L. 3121-23, le dépassement de la durée maximale hebdomadaire prévue à l'article L. 3121-22 est autorisé par l'autorité administrative dans des conditions déterminées par décret en Conseil d'Etat, dans la limite d'une durée totale maximale de quarante-six heures.

Article L. 3121-25 (Modifié par Loi n° 2016-1088 du 8 août 2016 - art. 8(V)) :
A titre exceptionnel, dans certains secteurs, dans certaines régions ou dans certaines entreprises, le dépassement de la durée maximale de quarante-six heures prévue aux articles L. 3121-23 et L. 3121-24 peut être autorisé pendant des périodes déterminées, dans des conditions déterminées par décret en Conseil d'Etat.

Article L. 4228-1 (version en vigueur depuis le 1er mai 2008) :
L'employeur met à la disposition des travailleurs les moyens d'assurer leur propreté individuelle, notamment des vestiaires, des lavabos, des cabinets d'aisance et, le cas échéant des douches.

2. Les temps non travaillés assimilés à du temps de travail effectif

La Visite d'Information et de Prévention (VIP) et les examens médicaux obligatoires

Article L. 4624-1 (Modifié par Loi n° 2021-1018 du 2 août 2021 - art. 31 (VD)) :
I.– Tout travailleur bénéficie, au titre de la surveillance de l'état de santé des travailleurs prévue à l'article L. 4622-2, d'un suivi individuel de son état de santé assuré par le médecin du travail, le médecin praticien correspondant et, sous l'autorité du médecin du travail, par le collaborateur médecin mentionné à l'article L. 4623-1, l'interne en médecine du travail et l'infirmier.
Ce suivi comprend une visite d'information et de prévention effectuée après l'embauche par l'un des professionnels de santé mentionnés au premier alinéa du présent article. Cette visite donne lieu à la délivrance d'une attestation. Un décret en Conseil d'Etat fixe le délai de cette visite. Le modèle de l'attestation est défini par arrêté.

Le professionnel de santé qui réalise la visite d'information et de prévention peut orienter le travailleur sans délai vers le médecin du travail, dans le respect du protocole élaboré par ce dernier.
Les modalités et la périodicité de ce suivi prennent en compte les conditions de travail, l'état de santé et l'âge du travailleur, ainsi que les risques professionnels auxquels il est exposé.
Tout travailleur qui déclare, lors de la visite d'information et de prévention, être considéré comme travailleur handicapé au sens de l'article L. 5213-1 du présent code et être reconnu par la commission des droits et de l'autonomie des personnes handicapées mentionnée à l'article L. 146-9 du code de l'action sociale et des familles, ainsi que tout travailleur qui déclare être titulaire d'une pension d'invalidité attribuée au titre du régime général de sécurité sociale ou de tout autre régime de protection sociale obligatoire, est orienté sans délai vers le médecin du travail et bénéficie d'un suivi individuel adapté de son état de santé.
Tout salarié peut, lorsqu'il anticipe un risque d'inaptitude, solliciter une visite médicale dans l'objectif d'engager une démarche de maintien dans l'emploi.
Tout travailleur de nuit bénéficie d'un suivi individuel régulier de son état de santé. La périodicité de ce suivi est fixée par le médecin du travail en fonction des particularités du poste occupé et des caractéristiques du travailleur, selon des modalités déterminées par décret en Conseil d'Etat.

II.– Les professionnels de santé mentionnés au premier alinéa du I peuvent recourir à des pratiques médicales ou de soins à distance utilisant les technologies de l'information et de la communication pour le suivi individuel du travailleur, compte tenu de son état de santé physique et mentale. Le consentement du travailleur est recueilli préalablement. La mise en œuvre de ces pratiques garantit le respect de la confidentialité des échanges entre le professionnel de santé et le travailleur. Les services de prévention et de santé au travail et les professionnels de santé mentionnés au même premier alinéa, utilisateurs des technologies de l'information et de la communication pour le suivi individuel du travailleur, s'assurent que l'usage de ces technologies est conforme aux référentiels d'interopérabilité et de sécurité mentionnés à l'article L. 1470-5 du code de la santé publique, le cas échéant adaptés aux spécificités de l'activité des services de prévention et de santé au travail.
S'il considère que l'état de santé du travailleur ou les risques professionnels auxquels celui-ci est exposé le justifient, le professionnel de santé recourant aux technologies de l'information et de la communication pour le suivi individuel du travailleur peut proposer à ce dernier que son médecin traitant ou un professionnel de santé choisi par le travailleur participe à la consultation ou à l'entretien à distance. En cas de consentement du travailleur, le médecin traitant ou le professionnel de santé choisi par le travailleur peut participer, à distance ou auprès de celui-ci, à la consultation ou à l'entretien.
Les modalités d'application du présent II sont déterminées par décret en Conseil d'Etat.

NOTA : Conformément au II de l'article 31 de la loi n° 2021-1018 du 2 août 2021, ces dispositions entrent en vigueur à compter d'une date fixée par décret, et au plus tard le 1er janvier 2023.

Article L. 4624-1-1 (Créé par Loi n° 2021-1018 du 2 août 2021 - art. 25) :
En cas de pluralité d'employeurs, le suivi de l'état de santé des travailleurs occupant des emplois identiques est mutualisé suivant des modalités définies par décret.
NOTA : Conformément au I de l'article 40 de la loi n° 2021-1018 du 2 août 2021, ces dispositions entrent en vigueur le 31 mars 2022. Se reporter aux conditions d'application prévues par le II de l'article susmentionné.

Article L. 4624-2 (Modifié par Loi n° 2016-1088 du 8 août 2016 - art. 102 (V) :

I.– Tout travailleur affecté à un poste présentant des risques particuliers pour sa santé ou sa sécurité ou pour celles de ses collègues ou des tiers évoluant dans l'environnement immédiat de travail bénéficie d'un suivi individuel renforcé de son état de santé. Ce suivi comprend notamment un examen médical d'aptitude, qui se substitue à la visite d'information et de prévention prévue à l'article L. 4624-1.

II.– L'examen médical d'aptitude permet de s'assurer de la compatibilité de l'état de santé du travailleur avec le poste auquel il est affecté, afin de prévenir tout risque grave d'atteinte à sa santé ou à sa sécurité ou à celles de ses collègues ou des tiers évoluant dans l'environnement immédiat de travail. Il est réalisé avant l'embauche et renouvelé périodiquement. Il est effectué par le médecin du travail, sauf lorsque des dispositions spécifiques le confient à un autre médecin.

Article L. 4624-2-1 (Modifié par Loi n° 2021-1018 du 2 août 2021 - art. 5) :
Les travailleurs bénéficiant du dispositif de suivi individuel renforcé prévu à l'article L. 4624-2, ou qui ont bénéficié d'un tel suivi au cours de leur carrière professionnelle sont examinés par le médecin du travail au cours d'une visite médicale, dans les meilleurs délais après la cessation de leur exposition à des risques particuliers pour leur santé ou leur sécurité ou, le cas échéant, avant leur départ à la retraite.

Cet examen médical vise à établir une traçabilité et un état des lieux, à date, des expositions à un ou plusieurs facteurs de risques professionnels mentionnés à l'article L. 4161-1 auxquelles a été soumis le travailleur. S'il constate une exposition du travailleur à certains risques dangereux, notamment chimiques, mentionnés au a du 2° du I du même article L. 4161-1, le médecin du travail met en place une surveillance post-exposition ou post-professionnelle, en lien avec le médecin traitant et le médecin conseil des organismes de sécurité sociale. Cette surveillance tient compte de la nature du risque, de l'état de santé et de l'âge de la personne concernée.
Les modalités d'application du présent article sont précisées par décret en Conseil d'Etat.
NOTA : Conformément au I de l'article 40 de la loi n° 2021-1018 du 2 août 2021, ces dispositions entrent en vigueur le 31 mars 2022. Se reporter aux conditions d'application prévues par le II de l'article susmentionné.

Article L. 4624-2-2 (Créé par Loi n° 2021-1018 du 2 août 2021 - art. 22) :

I.– Le travailleur est examiné par le médecin du travail au cours d'une visite médicale de mi-carrière organisée à une échéance déterminée par accord de branche ou, à défaut, durant l'année civile du quarante-cinquième anniversaire du travailleur.
Cet examen médical peut être anticipé et organisé conjointement avec une autre visite médicale lorsque le travailleur doit être examiné par le médecin du travail deux ans avant l'échéance prévue au premier alinéa du présent I. Il peut être réalisé dès le retour à l'emploi du travailleur dès lors qu'il satisfait aux conditions déterminées par l'accord de branche prévu au même premier alinéa ou, à défaut, qu'il est âgé d'au moins quarante-cinq ans.
L'examen médical vise à :
1° Etablir un état des lieux de l'adéquation entre le poste de travail et l'état de santé du travailleur, à date, en tenant compte des expositions à des facteurs de risques professionnels auxquelles il a été soumis ;
2° Evaluer les risques de désinsertion professionnelle, en prenant en compte l'évolution des capacités du travailleur en fonction de son parcours professionnel, de son âge et de son état de santé ;
3° Sensibiliser le travailleur aux enjeux du vieillissement au travail et sur la prévention des risques professionnels.
Le médecin du travail peut proposer, par écrit et après échange avec le travailleur et l'employeur, les mesures prévues à l'article L. 4624-3.

II.– La visite médicale de mi-carrière peut être réalisée par un infirmier de santé au travail exerçant en pratique avancée. Celui-ci ne peut proposer les mesures mentionnées au dernier alinéa du I. A l'issue de la visite, l'infirmier peut, s'il l'estime nécessaire, orienter sans délai le travailleur vers le médecin du travail.

NOTA : Conformément au I de l'article 40 de la loi n° 2021-1018 du 2 août 2021, ces dispositions entrent en vigueur le 31 mars 2022. Se reporter aux conditions d'application prévues par le II de l'article susmentionné.

Article L. 4624-2-3 (Créé par Loi n° 2021-1018 du 2 août 2021 - art. 27) :
Après un congé de maternité ou une absence au travail justifiée par une incapacité résultant de maladie ou d'accident et répondant à des conditions fixées par décret, le travailleur bénéficie d'un examen de reprise par un médecin du travail dans un délai déterminé par décret.
NOTA : Conformément au I de l'article 40 de la loi n° 2021-1018 du 2 août 2021, ces dispositions entrent en vigueur le 31 mars 2022. Se reporter aux conditions d'application prévues par le II de l'article susmentionné.

Article L. 4624-2-4 (Créé par Loi n° 2021-1018 du 2 août 2021 - art. 27) :
En cas d'absence au travail justifiée par une incapacité résultant de maladie ou d'accident d'une durée supérieure à une durée fixée par décret, le travailleur peut bénéficier d'un examen de pré-reprise par le médecin du travail, notamment pour étudier la mise en œuvre des mesures d'adaptation individuelles prévues à l'article L. 4624-3, organisé à l'initiative du travailleur, du médecin traitant, des services médicaux de l'assurance maladie ou du médecin du travail, dès lors que le retour du travailleur à son poste est anticipé. L'employeur informe le travailleur de la possibilité pour celui-ci de solliciter l'organisation de l'examen de pré-reprise.
NOTA : Conformément au I de l'article 40 de la loi n° 2021-1018 du 2 août 2021, ces dispositions entrent en vigueur le 31 mars 2022. Se reporter aux conditions d'application prévues par le II de l'article susmentionné.

Article L. 4624-3 (Modifié par Loi n° 2016-1088 du 8 août 2016 - art. 102 (V) :
Le médecin du travail peut proposer, par écrit et après échange avec le salarié et l'employeur, des mesures individuelles d'aménagement, d'adaptation ou de transformation du poste de travail ou des mesures d'aménagement du temps de travail justifiées par des considérations relatives notamment à l'âge ou à l'état de santé physique et mental du travailleur.

Article L. 4624-4 (Modifié par Loi n° 2016-1088 du 8 août 2016 - art. 102 (V) :
Après avoir procédé ou fait procéder par un membre de l'équipe pluridisciplinaire à une étude de poste et après avoir échangé avec le salarié et l'employeur, le médecin du travail qui constate qu'aucune mesure d'aménagement, d'adap-

tation ou de transformation du poste de travail occupé n'est possible et que l'état de santé du travailleur justifie un changement de poste déclare le travailleur inapte à son poste de travail. L'avis d'inaptitude rendu par le médecin du travail est éclairé par des conclusions écrites, assorties d'indications relatives au reclassement du travailleur.

Article L. 4624-5 (Modifié par Loi n° 2016-1088 du 8 août 2016 - art. 102 (V) :
Pour l'application des articles L. 4624-3 et L. 4624-4, le médecin du travail reçoit le salarié, afin d'échanger sur l'avis et les indications ou les propositions qu'il pourrait adresser à l'employeur.
Le médecin du travail peut proposer à l'employeur l'appui de l'équipe pluridisciplinaire ou celui d'un organisme compétent en matière de maintien en emploi pour mettre en œuvre son avis et ses indications ou ses propositions.

Article L. 4624-6 (Créé par Loi n° 2016-1088 du 8 août 2016 - art. 102 (V) :
L'employeur est tenu de prendre en considération l'avis et les indications ou les propositions émis par le médecin du travail en application des articles L. 4624-2 à L. 4624-4. En cas de refus, l'employeur fait connaître par écrit au travailleur et au médecin du travail les motifs qui s'opposent à ce qu'il y soit donné suite.

Article L. 4624-7 (Modifié par Loi n° 2021-1018 du 2 août 2021 - art. 15) :
I.– Le salarié ou l'employeur peut saisir le conseil de prud'hommes selon la procédure accélérée au fond d'une contestation portant sur les avis, propositions, conclusions écrites ou indications émis par le médecin du travail reposant sur des éléments de nature médicale en application des articles L. 4624-2, L. 4624-3 et L. 4624-4. Le médecin du travail, informé de la contestation par l'employeur, n'est pas partie au litige.
II.– Le conseil de prud'hommes peut confier toute mesure d'instruction au médecin inspecteur du travail territorialement compétent pour l'éclairer sur les questions de fait relevant de sa compétence. Celui-ci, peut, le cas échéant, s'adjoindre le concours de tiers. A la demande de l'employeur, les éléments médicaux ayant fondé les avis, propositions, conclusions écrites ou indications émis par le médecin du travail, à l'exception des données recueillies dans le dossier médical partagé en application du IV de l'article L. 1111-17 du code de la santé publique, peuvent être notifiés au médecin que l'employeur mandate à cet effet. Le salarié est informé de cette notification.
III.– La décision du conseil de prud'hommes se substitue aux avis, propositions, conclusions écrites ou indications contestés.
IV.– Le conseil de prud'hommes peut décider, par décision motivée, de ne pas mettre tout ou partie des honoraires et frais d'expertise à la charge de la partie perdante, dès lors que l'action en justice n'est pas dilatoire ou abusive. Ces honoraires et frais sont réglés d'après le tarif fixé par un arrêté conjoint des ministres chargés du travail et du budget.
V.– Les conditions et les modalités d'application du présent article sont définies par décret en Conseil d'Etat.
NOTA : Conformément au I de l'article 40 de la loi n° 2021-1018 du 2 août 2021, ces dispositions entrent en vigueur le 31 mars 2022. Se reporter aux conditions d'application prévues par le II de l'article susmentionné.

Article L. 4624-8 (Modifié par Loi n° 2021-1018 du 2 août 2021 - art. 16 (VD)) :
Un dossier médical en santé au travail, constitué par le médecin du travail ou, le cas échéant, un des professionnels de santé mentionnés au premier alinéa du I de l'article L. 4624-1, retrace dans le respect du secret médical les informations relatives à l'état de santé du travailleur, aux expositions auxquelles il a été soumis ainsi que les avis et propositions du médecin du travail, notamment celles formulées en application des articles L. 4624-3 et L. 4624-4. En cas de risque pour la santé publique ou à sa demande, le médecin du travail le transmet au médecin inspecteur du travail. Le travailleur, ou en cas de décès de celui-ci toute personne autorisée par les articles L. 1110-4 et L. 1111-7 du code de la santé publique, peut demander la communication de ce dossier.
Pour chaque titulaire, l'identifiant du dossier médical en santé au travail est l'identifiant de santé mentionné à l'article L. 1111-8-1 du même code, lorsqu'il dispose d'un tel identifiant.
Le dossier médical en santé au travail est accessible au médecin praticien correspondant et aux professionnels de santé chargés d'assurer, sous l'autorité du médecin du travail, le suivi de l'état de santé d'une personne en application du premier alinéa du I de l'article L. 4624-1 du présent code, sauf opposition de l'intéressé.
Le médecin du travail ou, le cas échéant, l'un des professionnels de santé mentionnés au même premier alinéa saisit dans le dossier médical en santé au travail l'ensemble des données d'exposition du travailleur à un ou plusieurs facteurs de risques professionnels mentionnés à l'article L. 4161-1 ou toute autre donnée d'exposition à un risque professionnel qu'il estime de nature à affecter l'état de santé du travailleur. Pour la collecte de ces données, le médecin du travail ou le professionnel de santé tient compte des études de poste, des fiches de données de sécurité transmises par l'employeur, du document unique d'évaluation des risques professionnels mentionné à l'article L. 4121-3-1 et de la fiche d'entreprise. Les informations relatives à ces expositions sont confidentielles et ne peuvent pas être communiquées à un employeur auprès duquel le travailleur sollicite un emploi.

Lorsque le travailleur relève de plusieurs services de prévention et de santé au travail ou cesse de relever d'un de ces services, son dossier médical en santé au travail est accessible au service compétent pour assurer la continuité du suivi, sauf refus du travailleur.
Un décret en Conseil d'Etat, pris après avis de la Commission nationale de l'informatique et des libertés, fixe les modalités de mise en œuvre du présent article.
NOTA : Conformément au I de l'article 40 de la loi n° 2021-1018 du 2 août 2021, ces dispositions entrent en vigueur le 31 mars 2022. Se reporter aux conditions d'application prévues par le II de l'article susmentionné.

Article L. 4624-8-1 (Créé par Loi n° 2021-1018 du 2 août 2021 - art. 15) :
Le travailleur peut s'opposer à l'accès du médecin du travail chargé du suivi de son état de santé à son dossier médical partagé mentionné à l'article L. 1111-14 du code de la santé publique. Ce refus ne constitue pas une faute et ne peut servir de fondement à l'avis d'inaptitude mentionné à l'article L. 4624-4 du présent code. Il n'est pas porté à la connaissance de l'employeur.
NOTA : Conformément au I de l'article 40 de la loi n° 2021-1018 du 2 août 2021, ces dispositions entrent en vigueur le 31 mars 2022. Se reporter aux conditions d'application prévues par le II de l'article susmentionné.

Article L. 4624-9 (Modifié par Ordonnance n° 2017-1386 du 22 septembre 2017 - art. 4) :
I.– Lorsque le médecin du travail constate la présence d'un risque pour la santé des travailleurs, il propose par un écrit motivé et circonstancié des mesures visant à la préserver.
L'employeur prend en considération ces propositions et, en cas de refus, fait connaître par écrit les motifs qui s'opposent à ce qu'il y soit donné suite.
II.– Lorsque le médecin du travail est saisi par un employeur d'une question relevant des missions qui lui sont dévolues en application de l'article L. 4622-3, il fait connaître ses préconisations par écrit.
III.– Les propositions et les préconisations du médecin du travail et la réponse de l'employeur, prévues aux I et II du présent article, sont transmises au comité d'hygiène, de sécurité et des conditions de travail ou, à défaut, aux délégués du personnel, à l'agent de contrôle de l'inspection du travail mentionné à l'article L. 8112-1, au médecin inspecteur du travail ou aux agents des services de prévention des organismes de sécurité sociale et des organismes mentionnés à l'article L. 4643-1.

Article L. 4624-10 (Modifié par Loi n° 2021-1018 du 2 août 2021 - art. 1) :
Des décrets en Conseil d'Etat précisent les modalités d'action des personnels concourant aux services de prévention et de santé au travail ainsi que les conditions d'application du présent chapitre, notamment les modalités du suivi individuel prévu à l'article L. 4624-1, les modalités d'identification des travailleurs mentionnés à l'article L. 4624-2 et les modalités du suivi individuel renforcé dont ils bénéficient.
NOTA : Conformément au I de l'article 40 de la loi n° 2021-1018 du 2 août 2021, ces dispositions entrent en vigueur le 31 mars 2022. Se reporter aux conditions d'application prévues par le II de l'article susmentionné.

Article R. 4624-10 (Modifié par Décret n° 2016-1908 du 27 décembre 2016 - art. 1) :
Tout travailleur bénéficie d'une visite d'information et de prévention, réalisée par l'un des professionnels de santé mentionnés au premier alinéa de l'article L. 4624-1 dans un délai qui n'excède pas trois mois à compter de la prise effective du poste de travail.

Article R. 4624-11 (Modifié par Décret n° 2016-1908 du 27 décembre 2016 - art. 1) :
La visite d'information et de prévention dont bénéficie le travailleur est individuelle. Elle a notamment pour objet :
1° D'interroger le salarié sur son état de santé ;
2° De l'informer sur les risques éventuels auxquels l'expose son poste de travail ;
3° De le sensibiliser sur les moyens de prévention à mettre en œuvre ;
4° D'identifier si son état de santé ou les risques auxquels il est exposé nécessitent une orientation vers le médecin du travail ;
5° De l'informer sur les modalités de suivi de son état de santé par le service et sur la possibilité dont il dispose, à tout moment, de bénéficier d'une visite à sa demande avec le médecin du travail.

Article R. 4624-13 (Modifié par Décret n° 2016-1908 du 27 décembre 2016 - art. 1) :
A l'issue de toute visite d'information et de prévention, si elle n'a pas été réalisée par le médecin du travail, le professionnel de santé qui a effectué cette visite peut, s'il l'estime nécessaire, orienter sans délai le travailleur vers le médecin du travail dans le respect du protocole prévu au troisième alinéa de l'article L. 4624-1. Cette nouvelle visite, effectuée

par le médecin du travail, a notamment pour objet de proposer, si elles sont nécessaires, des adaptations du poste ou l'affectation à d'autres postes.

Article R. 4624-14 (Modifié par Décret n° 2016-1908 du 27 décembre 2016 - art. 1) :
Le professionnel de santé délivre une attestation de suivi au travailleur et à l'employeur à l'issue de toute visite d'information et de prévention.

Article R. 4624-15 (Modifié par Décret n° 2016-1908 du 27 décembre 2016 - art. 1) :
Lorsque le travailleur a bénéficié d'une visite d'information et de prévention dans les cinq ans ou, pour le travailleur mentionné à l'article R. 4624-17, dans les trois ans précédant son embauche, l'organisation d'une nouvelle visite d'information et de prévention n'est pas requise dès lors que l'ensemble des conditions suivantes sont réunies :

1° Le travailleur est appelé à occuper un emploi identique présentant des risques d'exposition équivalents ;
2° Le professionnel de santé mentionné au premier alinéa de l'article L. 4624-1 est en possession de la dernière attestation de suivi ou du dernier avis d'aptitude ;
3° Aucune mesure formulée au titre de l'article L. 4624-3 ou aucun avis d'inaptitude rendu en application L. 4624-4 n'a été émis au cours des cinq dernières années ou, pour le travailleur mentionné à l'article R. 4624-17, au cours des trois dernières années.

Article R. 4624-16 (Modifié par Décret n° 2016-1908 du 27 décembre 2016 - art. 1) :
Le travailleur bénéficie d'un renouvellement de la visite d'information et de prévention initiale, réalisée par un professionnel de santé mentionné au premier alinéa de l'article L. 4624-1, selon une périodicité qui ne peut excéder cinq ans. Ce délai, qui prend en compte les conditions de travail, l'âge et l'état de santé du salarié, ainsi que les risques auxquels il est exposé, est fixé par le médecin du travail dans le cadre du protocole mentionné à l'article L. 4624-1.

Article R. 4624-17 (Modifié par Décret n° 2016-1908 du 27 décembre 2016 - art. 1) :
Tout travailleur dont l'état de santé, l'âge, les conditions de travail ou les risques professionnels auxquels il est exposé le nécessitent, notamment les travailleurs handicapés, les travailleurs qui déclarent être titulaires d'une pension d'invalidité et les travailleurs de nuit mentionnés à l'article L. 3122-5, bénéficie, à l'issue de la visite d'information et de prévention, de modalités de suivi adaptées déterminées dans le cadre du protocole écrit prévu au troisième alinéa de l'article L. 4624-1, selon une périodicité qui n'excède pas une durée de trois ans.

Article R. 4624-18 (Modifié par Décret n° 2016-1908 du 27 décembre 2016 - art. 1) :
Tout travailleur de nuit mentionné à l'article L. 3122-5 et tout travailleur âgé de moins de dix-huit ans bénéficie d'une visite d'information et de prévention réalisée par un professionnel de santé mentionné au premier alinéa de l'article L. 4624-1 préalablement à son affectation sur le poste.

Article R. 4624-19 (Modifié par Décret n° 2022-679 du 26 avril 2022 - art. 2) :
Toute femme enceinte, venant d'accoucher ou allaitante est, à l'issue de la visite d'information et de prévention, ou, à tout moment si elle le souhaite, orientée sans délai vers le médecin du travail dans le respect du protocole mentionné à l'article L. 4624-1. Cette nouvelle visite, effectuée par le médecin du travail, a notamment pour objet de proposer, si elles sont nécessaires, des adaptations du poste ou l'affectation à d'autres postes.

Article R. 4624-20 (Modifié par Décret n° 2016-1908 du 27 décembre 2016 - art. 1) :
Lors de la visite d'information et de prévention, tout travailleur handicapé ou qui déclare être titulaire d'une pension d'invalidité mentionné au cinquième alinéa de l'article L. 4624-1 est orienté sans délai vers le médecin du travail, qui peut préconiser des adaptations de son poste de travail. Le médecin du travail, dans le cadre du protocole mentionné à l'article L. 4624-1, détermine la périodicité et les modalités du suivi de son état de santé qui peut être réalisé par un professionnel de santé mentionné au premier alinéa de l'article L. 4624-1.

Article R. 4624-21 (Modifié par Décret n° 2016-1908 du 27 décembre 2016 - art. 1) :
Si le médecin du travail est informé et constate que le travailleur est affecté à un poste présentant des risques particuliers pour sa santé ou sa sécurité ou pour celles de ses collègues ou des tiers évoluant dans l'environnement immédiat de travail défini à l'article R. 4624-23, le travailleur bénéficie sans délai des modalités de suivi individuel renforcé prévues à la sous-section 2.

Article R. 4624-22 (Modifié par Décret n° 2016-1908 du 27 décembre 2016 - art. 1) :
Tout travailleur affecté à un poste présentant des risques particuliers pour sa santé ou sa sécurité ou pour celles de ses collègues ou des tiers évoluant dans l'environnement immédiat de travail défini à l'article R. 4624-23 bénéficie d'un suivi individuel renforcé de son état de santé selon des modalités définies par la présente sous-section.

Article R. 4624-23 (Modifié par Décret n° 2022-679 du 26 avril 2022 - art. 2) :

I.– Les postes présentant des risques particuliers mentionnés au premier alinéa de l'article L. 4624-2 sont ceux exposant les travailleurs :

1° A l'amiante ;

2° Au plomb dans les conditions prévues à l'article R. 4412-160 ;

3° Aux agents cancérogènes, mutagènes ou toxiques pour la reproduction mentionnés à l'article R. 4412-60 ;

4° Aux agents biologiques des groupes 3 et 4 mentionnés à l'article R. 4421-3 ;

5° Aux rayonnements ionisants ;

6° Au risque hyperbare ;

7° Au risque de chute de hauteur lors des opérations de montage et de démontage d'échafaudages.

II.– Présente également des risques particuliers tout poste pour lequel l'affectation sur celui-ci est conditionnée à un examen d'aptitude spécifique prévu par le présent code.

III.– S'il le juge nécessaire, l'employeur complète la liste des postes entrant dans les catégories mentionnées au I. par des postes présentant des risques particuliers pour la santé ou la sécurité du travailleur ou pour celles de ses collègues ou des tiers évoluant dans l'environnement immédiat de travail mentionnés au premier alinéa de l'article L. 4624-2, après avis du ou des médecins concernés et du comité social et économique s'il existe, en cohérence avec l'évaluation des risques prévue à l'article L. 4121-3 et, le cas échéant, la fiche d'entreprise prévue à l'article R. 4624-46. Cette liste est transmise au service de santé au travail, tenue à disposition du directeur régional des entreprises, de la concurrence, de la consommation, du travail et de l'emploi et des services de prévention des organismes de sécurité sociale et mise à jour tous les ans. L'employeur motive par écrit l'inscription de tout poste sur cette liste.

IV.– Le Conseil d'orientation des conditions de travail est consulté tous les trois ans sur la mise à jour éventuelle de la liste mentionnée au I du présent article.

Article R. 4624-24 (Modifié par Décret n° 2016-1908 du 27 décembre 2016 - art. 1) :

Le suivi individuel renforcé comprend un examen médical d'aptitude, qui se substitue à la visite d'information et de prévention prévue à l'article R. 4624-10. Il est effectué par le médecin du travail préalablement à l'affectation sur le poste.

Cet examen a notamment pour objet :

1° De s'assurer que le travailleur est médicalement apte au poste de travail auquel l'employeur envisage de l'affecter, notamment en vérifiant la compatibilité du poste avec l'état de santé du travailleur qui y est affecté, afin de prévenir tout risque grave d'atteinte à sa santé ou à sa sécurité ou à celles de ses collègues ou des tiers évoluant dans l'environnement immédiat de travail ;

2° De rechercher si le travailleur n'est pas atteint d'une affection comportant un danger pour les autres travailleurs ;

3° De proposer éventuellement les adaptations du poste ou l'affectation à d'autres postes ;

4° D'informer le travailleur sur les risques des expositions au poste de travail et le suivi médical nécessaire ;

5° De sensibiliser le travailleur sur les moyens de prévention à mettre en œuvre.

Article R. 4624-25 (Modifié par Décret n° 2016-1908 du 27 décembre 2016 - art. 1) :

Cet examen ainsi que son renouvellement donnent lieu à la délivrance par le médecin du travail d'un avis d'aptitude ou d'inaptitude rendu conformément aux dispositions de l'article L. 4624-4. Cet avis d'aptitude ou d'inaptitude est transmis au travailleur et à l'employeur et versé au dossier médical en santé au travail de l'intéressé.

Article R. 4624-26 (Modifié par Décret n° 2016-1908 du 27 décembre 2016 - art. 1) :

Lors de cette visite, un dossier médical en santé au travail est constitué par le médecin du travail dans les conditions prévues à l'article L. 4624-8.

Article R. 4624-27 (Modifié par Décret n° 2016-1908 du 27 décembre 2016 - art. 1) :

Lorsque le travailleur a bénéficié d'une visite médicale d'aptitude dans les deux ans précédant son embauche, l'organisation d'un nouvel examen médical d'aptitude n'est pas requise dès lors que l'ensemble des conditions suivantes sont réunies :

1° Le travailleur est appelé à occuper un emploi identique présentant des risques d'exposition équivalents ;

2° Le médecin du travail intéressé est en possession du dernier avis d'aptitude du travailleur ;

3° Aucune mesure formulée au titre de l'article L. 4624-3 ou aucun avis d'inaptitude rendu en application L. 4624-4 n'a été émis au cours des deux dernières années.

Article R. 4624-28 (Modifié par Décret n° 2016-1908 du 27 décembre 2016 - art. 1) :

Tout travailleur affecté à un poste présentant des risques particuliers pour sa santé ou sa sécurité ou pour celles de ses collègues ou des tiers évoluant dans l'environnement immédiat de travail, tels que définis à l'article R. 4624-23, bénéficie, à l'issue de l'examen médical d'embauche, d'un renouvellement de cette visite, effectuée par le médecin du travail selon une périodicité qu'il détermine et qui ne peut être supérieure à quatre ans. Une visite intermédiaire est effectuée par un professionnel de santé mentionné au premier alinéa de l'article L. 4624-1 au plus tard deux ans après la visite avec le médecin du travail.

Article R. 4624-28-1 (Modifié par Décret n° 2022-372 du 16 mars 2022 - art. 3):
La visite médicale prévue à l'article L. 4624-2-1 est organisée pour les catégories de travailleurs suivantes:
1° Les travailleurs bénéficiant ou ayant bénéficié d'un suivi individuel renforcé de leur état de santé prévu à l'article L. 4624-2;
2° Les travailleurs ayant été exposés à un ou plusieurs des risques mentionnés au I de l'article R. 4624-23 antérieurement à la mise en œuvre du dispositif de suivi individuel renforcé.
NOTA: Conformément à l'article 6 du décret n° 2022-372 du 16 mars 2022, ces dispositions entrent en vigueur le 31 mars 2022 et s'appliquent aux travailleurs dont la cessation d'exposition a été constatée à compter de cette date.

Article R. 4624-28-2 (Modifié par Décret n° 2022-372 du 16 mars 2022 - art. 2):
Pour l'organisation de la visite prévue à l'article L. 4624-2-1, l'employeur informe son service de prévention et de santé au travail, dès qu'il en a connaissance, de la cessation de l'exposition d'un des travailleurs de l'entreprise à des risques particuliers pour sa santé ou sa sécurité justifiant un suivi individuel renforcé, de son départ ou de sa mise à la retraite. Il avise sans délai le travailleur concerné de la transmission de cette information.
Lorsqu'un travailleur estime remplir les conditions définies à l'article R. 4624-28-1 et n'a pas été avisé de la transmission de cette information par l'employeur, il peut, durant le mois précédant la date de la cessation de l'exposition ou son départ et jusqu'à six mois après la cessation de l'exposition, demander à bénéficier de cette visite directement auprès de son service de prévention et de santé au travail. Il informe son employeur de sa démarche.
Informé de la cessation de l'exposition, du départ ou de la mise à la retraite du travailleur, le service de prévention et de santé au travail détermine, par tout moyen, si le travailleur remplit les conditions définies à l'article R. 4624-28-1 et organise la visite lorsqu'il les estime remplies.

Article R. 4624-28-3 (Modifié par Décret n° 2022-372 du 16 mars 2022 - art. 3):
Le médecin du travail établit un état des lieux des expositions du travailleur aux facteurs de risques professionnels mentionnés à l'article L. 4161-1.
Cet état des lieux est établi, notamment, sur la base des informations contenues dans le dossier médical en santé au travail prévu à l'article L. 4624-8, des déclarations du travailleur et de celles de ses employeurs successifs.
A l'issue de la visite, le médecin du travail remet le document dressant l'état des lieux et le verse au dossier médical en santé au travail. Lorsque le document fait état de l'exposition à un ou plusieurs facteurs de risques professionnels mentionnés à l'article L. 4161-1 ou que l'examen auquel il procède fait apparaître d'autres risques professionnels, le médecin du travail met en place, le cas échéant, la surveillance post-exposition mentionnée à l'article L. 4624-2-1 ou post-professionnelle mentionnée à l'article L. 4621-2-1. A cette fin, il transmet, s'il le juge nécessaire et avec l'accord du travailleur, le document et, le cas échéant, les informations complémentaires au médecin traitant. Les documents transmis sont alors assortis de préconisations et de toutes informations utiles à la prise en charge médicale ultérieure.
Lorsque le travailleur remplit les conditions pour bénéficier du dispositif de surveillance post-exposition mentionnée à l'article L. 4624-2-1 ou post-professionnelle défini sur le fondement de l'article L. 461-7 du code de la sécurité sociale, le médecin du travail l'informe des démarches à effectuer pour ce faire.
NOTA: Conformément à l'article 6 du décret n° 2022-372 du 16 mars 2022, ces dispositions entrent en vigueur le 31 mars 2022 et s'appliquent aux travailleurs dont la cessation d'exposition a été constatée à compter de cette date.

Article R. 4624-29 (Modifié par Décret n° 2022-372 du 16 mars 2022 - art. 5):
En vue de favoriser le maintien dans l'emploi, les travailleurs en arrêt de travail d'une durée de plus de trente jours peuvent bénéficier d'une visite de pré-reprise.
NOTA: Conformément à l'article 6 du décret n° 2022-372 du 16 mars 2022, ces dispositions entrent en vigueur le 31 mars 2022 et s'appliquent aux arrêts de travail commençant après cette date.

Article R. 4624-30 (Modifié par Décret n° 2022-679 du 26 avril 2022 - art. 2):
Au cours de l'examen de pré-reprise, le médecin du travail peut recommander:
1° Des aménagements et adaptations du poste de travail;
2° Des préconisations de reclassement;
3° Des formations professionnelles à organiser en vue de faciliter le reclassement du travailleur ou sa réorientation professionnelle.

A cet effet, il s'appuie en tant que de besoin sur le service social du travail du service de prévention et de santé au travail interentreprises ou sur celui de l'entreprise.
Il informe, sauf si le travailleur s'y oppose, l'employeur et le médecin conseil de ces recommandations afin que toutes les mesures soient mises en œuvre en vue de favoriser le maintien dans l'emploi du travailleur.

Article R. 4624-31 (Modifié par Décret n° 2022-679 du 26 avril 2022 - art. 2):
Le travailleur bénéficie d'un examen de reprise du travail par le médecin du travail:
1° Après un congé de maternité;
2° Après une absence pour cause de maladie professionnelle;
3° Après une absence d'au moins trente jours pour cause d'accident du travail, de maladie ou d'accident non professionnel.
Dès que l'employeur a connaissance de la date de la fin de l'arrêt de travail, il saisit le service de prévention et de santé au travail qui organise l'examen de reprise le jour de la reprise effective du travail par le travailleur, et au plus tard dans un délai de huit jours qui suivent cette reprise.
NOTA: Conformément à l'article 6 du décret n° 2022-372 du 16 mars 2022, ces dispositions entrent en vigueur le 31 mars 2022 et s'appliquent aux arrêts de travail commençant après cette date.

Article R. 4624-32 (Modifié par Décret n° 2022-372 du 16 mars 2022 - art. 5):
L'examen de reprise a pour objet:
1° De vérifier si le poste de travail que doit reprendre le travailleur ou le poste de reclassement auquel il doit être affecté est compatible avec son état de santé;
2° D'examiner les propositions d'aménagement ou d'adaptation du poste repris par le travailleur ou de reclassement faites par l'employeur à la suite des préconisations émises le cas échéant par le médecin du travail lors de la visite de pré-reprise;
3° De préconiser l'aménagement, l'adaptation du poste ou le reclassement du travailleur;
4° D'émettre, le cas échéant, un avis d'inaptitude.

Article R. 4624-33 (Modifié par Décret n° 2022-372 du 16 mars 2022 - art. 5):
Le médecin du travail est informé par l'employeur de tout arrêt de travail d'une durée inférieure à trente jours pour cause d'accident du travail afin de pouvoir apprécier, notamment, l'opportunité d'un nouvel examen médical et, avec l'équipe pluridisciplinaire, de préconiser des mesures de prévention des risques professionnels.

Article R. 4624-33-1 (Créé par Décret n° 2022-679 du 26 avril 2022 - art. 2):
Les personnels des services de prévention et de santé au travail chargés de la prévention des risques professionnels ou du suivi individuel de l'état de santé participent en tant que de besoin au rendez-vous de liaison mentionné à l'article L. 1226-1-3.

Article R. 4624-34 (Modifié par Décret n° 2022-679 du 26 avril 2022 - art. 2):
Indépendamment des examens d'aptitude à l'embauche et périodiques ainsi que des visites d'information et de prévention, le travailleur bénéficie, à sa demande ou à celle de l'employeur, d'un examen par le médecin du travail ou par un autre professionnel de santé mentionné à l'article L. 4624-1, au choix du travailleur, dans les conditions prévues par l'article R. 4623-14.
Le travailleur peut solliciter notamment une visite médicale, lorsqu'il anticipe un risque d'inaptitude, dans l'objectif d'engager une démarche de maintien en emploi et de bénéficier d'un accompagnement personnalisé.
La demande du travailleur ne peut motiver aucune sanction.
Le médecin du travail peut également organiser une visite médicale pour tout travailleur le nécessitant.

Article R. 4624-35 (Modifié par Décret n° 2016-1908 du 27 décembre 2016 - art. 1):
Le médecin du travail peut réaliser ou prescrire les examens complémentaires nécessaires:
1° A la détermination de la compatibilité entre le poste de travail et l'état de santé du travailleur, notamment au dépistage des affections pouvant entraîner une contre-indication à ce poste de travail;
2° Au dépistage d'une maladie professionnelle ou à caractère professionnel susceptible de résulter de l'activité professionnelle du travailleur;
3° Au dépistage des maladies dangereuses pour l'entourage professionnel du travailleur.

Article R. 4624-36 (Modifié par Décret n° 2022-679 du 26 avril 2022 - art. 2):
Les examens complémentaires sont à la charge de l'employeur lorsqu'il dispose d'un service autonome de prévention et de santé au travail et du service de santé au travail interentreprises dans les autres cas.

Le médecin du travail réalise ou fait réaliser ces examens au sein du service de santé au travail, ou choisit l'organisme chargé de pratiquer les examens
Ces derniers sont réalisés dans des conditions garantissant le respect de leur anonymat.

Article R. 4624-37 (Modifié par Décret n° 2016-1908 du 27 décembre 2016 - art. 1) :
Dans le cadre du suivi des travailleurs de nuit, le médecin du travail peut prescrire, s'il le juge utile, des examens spécialisés complémentaires, qui sont à la charge de l'employeur.

Article R. 4624-38 (Modifié par Décret n° 2016-1908 du 27 décembre 2016 - art. 1) :
En cas de désaccord entre l'employeur et le médecin du travail sur la nature et la fréquence de ces examens, la décision est prise par le médecin inspecteur du travail.

Article R. 4624-39 (Modifié par Décret n° 2022-679 du 26 avril 2022 - art. 2) :
Le temps nécessité par les visites et les examens médicaux, y compris les examens complémentaires, est soit pris sur les heures de travail des travailleurs sans qu'aucune retenue de salaire puisse être opérée, soit rémunéré comme temps de travail effectif lorsque ces examens ne peuvent avoir lieu pendant les heures de travail.
Le temps et les frais de transport nécessités par ces visites et ces examens sont pris en charge par l'employeur.

Article L. 3221-2 (Version en vigueur depuis le 1er mai 2008) :
Tout employeur assure, pour un même travail ou pour un travail de valeur égale, l'égalité de rémunération entre les femmes et les hommes.

Les heures de délégation des représentants du personnel (CSE)

Article L. 2311-1 (Modifié par Ordonnance n° 2017-1386 du 22 septembre 2017 - art. 1) :
Les dispositions du présent titre sont applicables aux employeurs de droit privé ainsi qu'à leurs salariés.
Elles sont également applicables :
1° Aux établissements publics à caractère industriel et commercial ;
2° Aux établissements publics à caractère administratif lorsqu'ils emploient du personnel dans les conditions du droit privé.
Ces dispositions peuvent, compte tenu des caractères particuliers de certains des établissements mentionnés aux 1° et 2° et des instances de représentation du personnel éventuellement existantes, faire l'objet d'adaptations, par décrets en Conseil d'Etat, sous réserve d'assurer les mêmes garanties aux salariés de ces établissements.

Article L. 2311-2 (Modifié par Ordonnance n° 2017-1386 du 22 septembre 2017 - art. 1) :
Un comité social et économique est mis en place dans les entreprises d'au moins onze salariés.
Sa mise en place n'est obligatoire que si l'effectif d'au moins onze salariés est atteint pendant douze mois consécutifs.
Les modalités de calcul des effectifs sont celles prévues aux articles L. 1111-2 et L. 1251-54.

Article L. 2312-5 (Modifié par Loi n° 2021-1018 du 2 août 2021 - art. 6(V)) :
La délégation du personnel au comité social et économique a pour mission de présenter à l'employeur les réclamations individuelles ou collectives relatives aux salaires, à l'application du code du travail et des autres dispositions légales concernant notamment la protection sociale, ainsi que des conventions et accords applicables dans l'entreprise.
Elle contribue à promouvoir la santé, la sécurité et l'amélioration des conditions de travail dans l'entreprise et réalise des enquêtes en matière d'accidents du travail ou de maladies professionnelles ou à caractère professionnel. L'employeur lui présente la liste des actions de prévention et de protection prévue au 2° du III de l'article L. 4121-3-1.
Elle exerce le droit d'alerte dans les conditions prévues aux articles L. 2312-59 et L. 2312-60.
Dans une entreprise en société anonyme, lorsque les membres de la délégation du personnel du comité social et économique présentent des réclamations auxquelles il ne pourrait être donné suite qu'après délibération du conseil d'administration, ils sont reçus par celui-ci, sur leur demande, en présence du directeur ou de son représentant ayant connaissance des réclamations présentées.
Les membres de la délégation du personnel du comité peuvent saisir l'inspection du travail de toutes les plaintes et observations relatives à l'application des dispositions légales dont elle est chargée d'assurer le contrôle.
NOTA : Conformément au I de l'article 40 de la loi n° 2021-1018 du 2 août 2021, ces dispositions entrent en vigueur le 31 mars 2022. Se reporter aux conditions d'application prévues par le II de l'article susmentionné.

Article L. 2312-6 (Modifié par Ordonnance n° 2017-1386 du 22 septembre 2017 - art. 1) :
Les attributions de la délégation du personnel au comité social et économique s'exercent au profit des salariés, ainsi que :

1° Aux travailleurs au sens de l'article L. 4111-5, en matière de santé, sécurité et conditions de travail ;

2° Aux salariés d'entreprises extérieures qui, dans l'exercice de leur activité, ne se trouvent pas placés sous la subordination directe de l'entreprise utilisatrice, pour leurs réclamations individuelles et collectives, intéressant les conditions d'exécution du travail qui relèvent du chef d'établissement utilisateur ;

3° Aux salariés temporaires pour leurs réclamations intéressant l'application des dispositions des articles :

a) L. 1251-18 en matière de rémunération ;

b) L. 1251-21 à L. 1251-23 en matière de conditions de travail ;

c) L. 1251-24 en matière d'accès aux moyens de transport collectifs et aux installations collectives.

Article L. 2312-7 (Modifié par Ordonnance n° 2017-1386 du 22 septembre 2017 - art. 1) :
Les travailleurs conservent le droit de présenter eux-mêmes leurs observations à l'employeur ou à ses représentants.

Article L. 2315-7 (Modifié par Ordonnance n° 2017-1386 du 22 septembre 2017 - art. 1) :
L'employeur laisse le temps nécessaire à l'exercice de leurs fonctions :

1° A chacun des membres titulaires constituant la délégation du personnel du comité social et économique ;

2° Aux représentants syndicaux au comité social et économique dans les entreprises d'au moins cinq cent un salariés ;

3° Aux représentants syndicaux au comité social et économique central d'entreprise dans les entreprises d'au moins cinq cent un salariés dont aucun des établissements distincts n'atteint ce seuil.

Le nombre d'heures de délégation des représentants mentionnés aux 1° à 3°, fixé par décret en Conseil d'Etat en fonction à la fois des effectifs de l'entreprise ou de l'établissement et du nombre de membres de la délégation, ne peut être inférieur à dix heures par mois dans les entreprises de moins de cinquante salariés et à seize heures dans les autres entreprises.

Article L. 2315-8 (Modifié par Ordonnance n° 2017-1386 du 22 septembre 2017 - art. 1) :
Les modalités d'utilisation des heures de délégation sur une durée supérieure au mois sont définies par voie réglementaire.

Article L. 2315-9 (Modifié par Ordonnance n° 2017-1386 du 22 septembre 2017 - art. 1) :
Un décret en Conseil d'Etat détermine les conditions dans lesquelles les membres titulaires de la délégation du personnel du comité social et économique peuvent, chaque mois, répartir entre eux et avec les membres suppléants le crédit d'heures de délégation dont ils disposent.

Article L. 2315-10 (Modifié par Ordonnance n° 2017-1386 du 22 septembre 2017 - art. 1) :
Le temps passé en délégation est de plein droit considéré comme temps de travail et payé à l'échéance normale.
L'employeur qui entend contester l'utilisation faite des heures de délégation saisit le juge judiciaire.

Article L. 2315-11 (Modifié par Ordonnance n° 2017-1718 du 20 décembre 2017 - art. 1) :
Est également payé comme temps de travail effectif le temps passé par les membres de la délégation du personnel du comité social et économique :

1° A la recherche de mesures préventives dans toute situation d'urgence et de gravité, notamment lors de la mise en œuvre de la procédure de danger grave et imminent prévue à l'article L. 4132-2 ;

2° Aux réunions du comité et de ses commissions, dans ce cas dans la limite d'une durée globale fixée par accord d'entreprise ou à défaut par décret en Conseil d'Etat ;

3° Aux enquêtes menées après un accident du travail grave ou des incidents répétés ayant révélé un risque grave ou une maladie professionnelle ou à caractère professionnel grave.

Ce temps n'est pas déduit des heures de délégation prévues pour les membres titulaires de la délégation du personnel du comité social et économique.

Article L. 2315-12 (Modifié par Ordonnance n° 2017-1386 du 22 septembre 2017 - art. 1) :
Le temps passé aux réunions du comité social et économique avec l'employeur par les représentants syndicaux au comité est rémunéré comme temps de travail.
Ce temps n'est pas déduit des heures de délégation dans les entreprises d'au moins cinq cent un salariés.

Article L. 2315-13 (Créé par Ordonnance n° 2017-1386 du 22 septembre 2017 - art. 1) :
Dans les entreprises de travail temporaire, les heures de délégation utilisées entre deux missions, conformément à des dispositions conventionnelles, par un membre titulaire du comité pour l'exercice de son mandat, sont considérées comme des heures de travail.

Ces heures de délégation sont réputées rattachées, en matière de rémunération et de charges sociales, au dernier contrat de mission avec l'entreprise de travail temporaire au titre de laquelle il a été élu membre titulaire du comité.

Le repos compensateur et la contrepartie en repos obligatoire

Article L. 3121-37 (Modifié par Ordonnance n° 2017-1386 du 22 septembre 2017 - art. 4) :
Dans les entreprises dépourvues de délégué syndical, le remplacement de tout ou partie du paiement des heures supplémentaires, ainsi que des majorations, par un repos compensateur équivalent peut être mis en place par l'employeur à condition que le comité social et économique, s'il existe, ne s'y oppose pas.
L'employeur peut également adapter à l'entreprise les conditions et les modalités d'attribution et de prise du repos compensateur de remplacement après avis du comité social et économique.

Article L. 3121-38 (Modifié par Loi n° 2019-486 du 22 mai 2019 - art. 11 (V)) :
A défaut d'accord, la contrepartie obligatoire sous forme de repos mentionnée à l'article L. 3121-30 est fixée à 50 % des heures supplémentaires accomplies au-delà du contingent annuel mentionné au même article L. 3121-30 pour les entreprises de vingt salariés au plus, et à 100 % de ces mêmes heures pour les entreprises de plus de vingt salariés.
Pour l'application du premier alinéa du présent article, l'effectif salarié et le franchissement du seuil de vingt salariés sont déterminés selon les modalités prévues à l'article L. 130-1 du code de la sécurité sociale.

Les jours fériés

Article L. 3133-3 (Modifié par Loi n° 2016-1088 du 8 août 2016 - art. 8 (V)) :
Le chômage des jours fériés ne peut entraîner aucune perte de salaire pour les salariés totalisant au moins trois mois d'ancienneté dans l'entreprise ou l'établissement.
Ces dispositions s'appliquent aux salariés saisonniers si, du fait de divers contrats successifs ou non, ils cumulent une ancienneté totale d'au moins trois mois dans l'entreprise.
Ces dispositions ne s'appliquent ni aux personnes travaillant à domicile, ni aux salariés intermittents, ni aux salariés temporaires.

Article L. 3133-3-1 (Créé par Loi n° 2016-1088 du 8 août 2016 - art. 8 (V)) :
Un accord d'entreprise ou d'établissement ou, à défaut, une convention ou un accord de branche définit les jours fériés chômés.

Article L. 3133-3-2 (Créé par Loi n° 2016-1088 du 8 août 2016 - art. 8 (V)) :
A défaut d'accord, l'employeur fixe les jours fériés chômés.

Article L. 3133-4 (Modifié par Loi n° 2016-1088 du 8 août 2016 - art. 8 (V)) :
Le 1er mai est jour férié et chômé.

Article L. 3133-5 (Modifié par Loi n° 2016-1088 du 8 août 2016 - art. 8 (V)) :
Le chômage du 1er mai ne peut être une cause de réduction de salaire.
Les salariés rémunérés à l'heure, à la journée ou au rendement ont droit à une indemnité égale au salaire perdu du fait de ce chômage. Cette indemnité est à la charge de l'employeur.

Article L. 3133-6 (Modifié par Loi n° 2016-1088 du 8 août 2016 - art. 8 (V)) :
Dans les établissements et services qui, en raison de la nature de leur activité, ne peuvent interrompre le travail, les salariés occupés le 1er mai ont droit, en plus du salaire correspondant au travail accompli, à une indemnité égale au montant de ce salaire. Cette indemnité est à la charge de l'employeur.

3. Le temps de repos

Le temps de repos quotidien

Article L. 3131-1 (Modifié par Loi n° 2016-1088 du 8 août 2016 - art. 8 (V)) :
Tout salarié bénéficie d'un repos quotidien d'une durée minimale de onze heures consécutives, sauf dans les cas prévus aux articles L. 3131-2 et L. 3131-3 ou en cas d'urgence, dans des conditions déterminées par décret.

Article L. 3131-2 (Modifié par Loi n° 2016-1088 du 8 août 2016 - art. 8 (V)) :
Une convention ou un accord d'entreprise ou d'établissement ou, à défaut, une convention ou un accord de branche peut déroger à la durée minimale de repos quotidien prévue à l'article L. 3131-1, dans des conditions déterminées par décret, notamment pour des activités caractérisées par la nécessité d'assurer une continuité du service ou par des périodes d'intervention fractionnées.

Article L. 3131-3 (Modifié par Loi n° 2016-1088 du 8 août 2016 - art. 8 (V)) :
A défaut d'accord, en cas de surcroît exceptionnel d'activité, il peut être dérogé à la durée minimale de repos quotidien dans des conditions définies par décret.

Article L. 3164-1 (Version en vigueur depuis le 1er mai 2008) :
La durée minimale du repos quotidien des jeunes travailleurs ne peut être inférieure à douze heures consécutives. Cette durée minimale est portée à quatorze heures consécutives s'ils ont moins de seize ans.
La durée minimale de repos continu quotidien des jeunes salariés ne peut être inférieure à douze heures dans le cas des dérogations prévues à l'article L. 3163-2.

Article L. 3121-16 (Modifié par Loi n° 2016-1088 du 8 août 2016 - art. 8(V)) :
Dès que le temps de travail quotidien atteint six heures, le salarié bénéficie d'un temps de pause d'une durée minimale de vingt minutes consécutives.

Article L. 3121-17 (Modifié par Loi n° 2016-1088 du 8 août 2016 - art. 8(V)) :
Une convention ou un accord d'entreprise ou d'établissement ou, à défaut, une convention ou un accord de branche peut fixer un temps de pause supérieur.

Le temps de repos hebdomadaire

Article L. 3132-1 (Version en vigueur depuis le 1er mai 2008) :
Il est interdit de faire travailler un même salarié plus de six jours par semaine.

Article L. 3132-2 (Version en vigueur depuis le 1er mai 2008) :
Le repos hebdomadaire a une durée minimale de vingt-quatre heures consécutives auxquelles s'ajoutent les heures consécutives de repos quotidien prévu au chapitre Ier.

Article L. 3132-3 (Modifié par Loi n° 2009-974 du 10 août 2009 - art. 2 (V)) :
Dans l'intérêt des salariés, le repos hebdomadaire est donné le dimanche.

Article L. 3164-5 (Version en vigueur depuis le 1er mai 2008) :
L'interdiction de travail le dimanche prévue à l'article L. 3132-3 n'est pas applicable aux apprentis âgés de moins de dix-huit ans employés dans les secteurs pour lesquels les caractéristiques particulières de l'activité le justifient et dont la liste est déterminée par décret en Conseil d'Etat.

Article L. 3164-6 (Version en vigueur depuis le 1er mai 2008) :
Les jeunes travailleurs ne peuvent travailler les jours de fête reconnus par la loi.

Article L. 3164-7 (Version en vigueur depuis le 1er mai 2008) :
Dans les établissements industriels fonctionnant en continu, les jeunes travailleurs peuvent être employés tous les jours de la semaine, sous réserve de bénéficier du repos minimal prévu aux articles L. 3132-2 et L. 3164-2.

Article L. 3132-4 (Version en vigueur depuis le 1er mai 2008) :
En cas de travaux urgents dont l'exécution immédiate est nécessaire pour organiser des mesures de sauvetage, pour prévenir des accidents imminents ou réparer des accidents survenus au matériel, aux installations ou aux bâtiments de l'établissement, le repos hebdomadaire peut être suspendu pour le personnel nécessaire à l'exécution de ces travaux.

Cette faculté de suspension s'applique non seulement aux salariés de l'entreprise où les travaux urgents sont nécessaires mais aussi à ceux d'une autre entreprise faisant les réparations pour le compte de la première.
Chaque salarié de cette seconde entreprise, de même que chaque salarié de l'entreprise où sont réalisés les travaux, affecté habituellement aux travaux d'entretien et de réparation, bénéficie d'un repos compensateur d'une durée égale au repos supprimé.

Article L. 3132-5 (Version en vigueur depuis le 1er mai 2008) :
Dans certaines industries traitant des matières périssables ou ayant à répondre à certains moments à un surcroît extraordinaire de travail, le repos hebdomadaire des salariés peut être suspendu deux fois au plus par mois, sans que le nombre de ces suspensions dans l'année soit supérieur à six.
Les heures de travail ainsi accomplies le jour du repos hebdomadaire sont considérées comme des heures supplémentaires et sont imputées sur le crédit d'heures supplémentaires prévu par les décrets d'application des dispositions relatives à la durée du travail.
La liste des industries pouvant bénéficier des dispositions prévues au premier alinéa est déterminée par décret en Conseil d'Etat.

Article L. 3132-6 (Version en vigueur depuis le 1er mai 2008) :
Dans les ports, débarcadères et stations, l'emploi de salariés aux travaux de chargement et de déchargement le jour de repos hebdomadaire est autorisé dans les mêmes cas et sous les mêmes conditions que lorsque la durée du travail peut être prolongée pour ces mêmes travaux, en vertu des décrets d'application des dispositions relatives à la durée du travail.

Article L. 3132-7 (Version en vigueur depuis le 1er mai 2008) :
Dans certaines industries ne fonctionnant que pendant une partie de l'année et dans certains établissements appartenant aux branches d'activité à caractère saisonnier et n'ouvrant en tout ou partie que pendant une période de l'année, le repos hebdomadaire peut être en partie différé dans les conditions prévues par l'article L. 3132-10, sous réserve que chaque travailleur bénéficie au moins de deux jours de repos par mois, autant que possible le dimanche.
La liste des industries et établissements prévues au premier alinéa est déterminée par décret en Conseil d'Etat.

Article L. 3132-8 (Version en vigueur depuis le 1er mai 2008) :
Lorsqu'un établissement industriel ou commercial attribue le repos hebdomadaire le même jour à tous les salariés, ce repos peut être réduit à une demi-journée pour les salariés affectés aux travaux de nettoyage des locaux industriels et de maintenance qui doivent être réalisés nécessairement le jour de repos collectif et qui sont indispensables pour éviter un retard dans la reprise normale du travail.
Dans ce cas, un repos compensateur est attribué à raison d'une journée entière pour deux réductions d'une demi-journée.

Article L. 3132-9 (Version en vigueur depuis le 1er mai 2008) :
Dans les établissements de l'Etat ainsi que dans ceux où sont exécutés des travaux pour le compte de l'Etat et dans l'intérêt de la défense nationale, le repos hebdomadaire peut être temporairement suspendu par les ministres intéressés.

Article L. 3132-10 (Version en vigueur depuis le 1er mai 2008) :
Dans les établissements industriels fonctionnant en continu, les repos hebdomadaires des salariés affectés aux travaux en continu peuvent être en partie différés dans les conditions suivantes :
1° Chaque salarié bénéficie, dans une période de travail donnée, d'un nombre de repos de vingt-quatre heures consécutives au moins égal au nombre de semaines comprises dans cette période ;
2° Chaque salarié bénéficie le plus possible de repos le dimanche.
Un décret en Conseil d'Etat détermine les conditions d'application du repos hebdomadaire aux salariés intéressés, les travaux auxquels s'appliquent cette dérogation et pour chacun de ces travaux, la durée maximale de la période de travail mentionnée au 1°.

Article L. 3132-11 (Version en vigueur depuis le 1er mai 2008) :
Les gardiens et concierges des établissements industriels et commerciaux auxquels le repos hebdomadaire ne peut être donné bénéficient d'un repos compensateur.
Cette dérogation n'est pas applicable aux jeunes travailleurs de moins de dix-huit ans.

Article L. 3132-12 (Version en vigueur depuis le 1er mai 2008) :
Certains établissements, dont le fonctionnement ou l'ouverture est rendu nécessaire par les contraintes de la production, de l'activité ou les besoins du public, peuvent de droit déroger à la règle du repos dominical en attribuant le repos hebdomadaire par roulement.
Un décret en Conseil d'Etat détermine les catégories d'établissements intéressées.

Article L. 3132-13 (Modifié par Loi n° 2015-990 du 6 août 2015 - art. 251) :
Dans les commerces de détail alimentaire, le repos hebdomadaire peut être donné le dimanche à partir de treize heures.
Les salariés âgés de moins de vingt et un ans logés chez leurs employeurs bénéficient d'un repos compensateur, par roulement et par semaine, d'un autre après-midi.
Les autres salariés bénéficient d'un repos compensateur, par roulement et par quinzaine, d'une journée entière.
Dans les commerces de détail alimentaire dont la surface de vente est supérieure au seuil mentionné au premier alinéa de l'article 3 de la loi n° 72-657 du 13 juillet 1972 instituant des mesures en faveur de certaines catégories de commerçants et artisans âgés, les salariés privés du repos dominical bénéficient d'une rémunération majorée d'au moins 30 % par rapport à la rémunération normalement due pour une durée équivalente.

Article L. 3132-14 (Modifié par Ordonnance n° 2017-1718 du 20 décembre 2017 - art. 1) :
Dans les industries ou les entreprises industrielles, une convention ou un accord collectif étendu ou une convention ou un accord d'entreprise ou d'établissement peut prévoir la possibilité d'organiser le travail de façon continue pour des raisons économiques et d'attribuer le repos hebdomadaire par roulement.
A défaut de convention ou d'accord collectif de travail étendu ou de convention ou d'accord d'entreprise, une dérogation peut être accordée par l'inspecteur du travail après consultation des délégués syndicaux et avis du comité d'entreprise ou des délégués du personnel, s'ils existent, dans des conditions déterminées par décret en Conseil d'Etat.

Article L. 3132-15 (Version en vigueur depuis le 1er mai 2008) :
La durée du travail des salariés travaillant de façon permanente en équipes successives selon un cycle continu ne doit pas être supérieure en moyenne, sur une année, à trente-cinq heures par semaine travaillée.

Article L. 3132-16 (Modifié par Ordonnance n° 2017-1718 du 20 décembre 2017 - art. 1) :
Dans les industries ou les entreprises industrielles, une convention ou un accord collectif de travail étendu ou une convention ou un accord d'entreprise ou d'établissement peut prévoir que le personnel d'exécution fonctionne en deux groupes dont l'un, dénommé équipe de suppléance, a pour seule fonction de remplacer l'autre pendant le ou les jours de repos accordés au premier groupe.
Le repos hebdomadaire des salariés de l'équipe de suppléance est attribué un autre jour que le dimanche.
Cette dérogation s'applique également au personnel nécessaire à l'encadrement de cette équipe.

Article L. 3132-17 (Version en vigueur depuis le 1er mai 2008) :
La convention ou l'accord prévoyant la mise en place d'une équipe de suppléance comporte des dispositions concernant :
1° Les conditions particulières de mise en œuvre de la formation du personnel travaillant en équipe de suppléance et la rémunération du temps de formation ;
2° Les modalités d'exercice du droit des salariés de l'équipe de suppléance d'occuper un emploi autre que de suppléance.

Article L. 3132-18 (Modifié par Ordonnance n° 2017-1386 du 22 septembre 2017 - art. 4) :
A défaut de convention ou d'accord, le recours aux équipes de suppléance est subordonné à l'autorisation de l'inspecteur du travail donnée après consultation des délégués syndicaux et avis du comité d'entreprise ou des délégués du personnel, s'ils existent, dans des conditions déterminées par décret en Conseil d'Etat.

Article L. 3132-19 (Version en vigueur depuis le 1er mai 2008) :
La rémunération des salariés de l'équipe de suppléance est majorée d'au moins 50 % par rapport à celle qui serait due pour une durée équivalente effectuée suivant l'horaire normal de l'entreprise. Cette majoration ne s'applique pas lorsque les salariés de l'équipe de suppléance sont amenés à remplacer durant la semaine les salariés partis en congé.

Article L. 3132-20 (Version en vigueur depuis le 1er mai 2008) :
Lorsqu'il est établi que le repos simultané, le dimanche, de tous les salariés d'un établissement serait préjudiciable au public ou compromettrait le fonctionnement normal de cet établissement, le repos peut être autorisé par le préfet, soit toute l'année, soit à certaines époques de l'année seulement suivant l'une des modalités suivantes :
1° Un autre jour que le dimanche à tous les salariés de l'établissement ;
2° Du dimanche midi au lundi midi ;
3° Le dimanche après-midi avec un repos compensateur d'une journée par roulement et par quinzaine ;
4° Par roulement à tout ou partie des salariés.

Article L. 3132-24 (Modifié par Loi n° 2015-990 du 6 août 2015 - art. 242) :
I.– Les établissements de vente au détail qui mettent à disposition des biens et des services et qui sont situés dans les zones touristiques internationales peuvent donner le repos hebdomadaire par roulement pour tout ou partie du personnel, dans les conditions prévues aux articles L. 3132-25-3 et L. 3132-25-4.

II.– Les zones touristiques internationales sont délimitées par les ministres chargés du travail, du tourisme et du commerce, après avis du maire et, le cas échéant, du président de l'établissement public de coopération intercommunale à fiscalité propre dont la commune est membre ainsi que des organisations professionnelles d'employeurs et des organisations syndicales de salariés intéressées, compte tenu du rayonnement international de ces zones, de l'affluence exceptionnelle de touristes résidant hors de France et de l'importance de leurs achats.

III.– Trois ans après la délimitation d'une zone touristique internationale, le Gouvernement remet au Parlement une évaluation économique et sociale des pratiques d'ouverture des commerces qui se sont développées à la suite de cette délimitation.

IV.– Un décret en Conseil d'Etat détermine les modalités d'application du présent article.

Article L. 3132-25 (Modifié par Loi n° 2015-990 du 6 août 2015 - art. 243) :
Les établissements de vente au détail qui mettent à disposition des biens et des services et qui sont situés dans les zones touristiques caractérisées par une affluence particulièrement importante de touristes peuvent donner le repos hebdomadaire par roulement pour tout ou partie du personnel, dans les conditions prévues aux articles L. 3132-25-3 et L. 3132-25-4.
Un décret en Conseil d'Etat détermine les modalités d'application du présent article.

Article L. 3132-25-1 (Modifié par Loi n° 2015-990 du 6 août 2015 - art. 244) :
Les établissements de vente au détail qui mettent à disposition des biens et des services et qui sont situés dans les zones commerciales caractérisées par une offre commerciale et une demande potentielle particulièrement importantes, le cas échéant en tenant compte de la proximité immédiate d'une zone frontalière, peuvent donner le repos hebdomadaire par roulement pour tout ou partie du personnel, dans les conditions prévues aux articles L. 3132-25-3 et L. 3132-25-4.
Un décret en Conseil d'Etat détermine les modalités d'application du présent article.

Article L. 3132-25-2 (Modifié par Loi n° 2015-990 du 6 août 2015 - art. 245) :

I.– La demande de délimitation ou de modification des zones définies aux articles L. 3132-25 et L. 3132-25-1 est faite par le maire ou, après consultation des maires concernés, par le président de l'établissement public de coopération intercommunale à fiscalité propre, lorsque celui-ci existe et que le périmètre de la zone concernée excède le territoire d'une seule commune.
La demande de délimitation ou de modification de ces zones est transmise au représentant de l'Etat dans la région. Elle est motivée et comporte une étude d'impact justifiant notamment l'opportunité de la création ou de la modification de la zone.

II.– Les zones mentionnées au I sont délimitées ou modifiées par le représentant de l'Etat dans la région après avis :
1° Du conseil municipal des communes dont le territoire est concerné ;
2° Des organisations professionnelles d'employeurs et des organisations syndicales de salariés intéressées ;
3° De l'organe délibérant des établissements publics de coopération intercommunale à fiscalité propre dont sont membres les communes dont le territoire est concerné ;
4° Du comité départemental du tourisme, pour les zones touristiques mentionnées à l'article L. 3132-25 ;
5° De la chambre de commerce et d'industrie et de la chambre de métiers et de l'artisanat, pour les zones commerciales mentionnées à l'article L. 3132-25-1.
L'avis de ces organismes est réputé donné à l'issue d'un délai de deux mois à compter de leur saisine en cas de demande de délimitation d'une zone et d'un mois en cas de demande de modification d'une zone existante.

III.– Le représentant de l'Etat dans la région statue dans un délai de six mois sur la demande de délimitation dont il est saisi. Il statue dans un délai de trois mois sur une demande de modification d'une zone.

Article L. 3132-25-3 (Modifié par Ordonnance n° 2017-1718 du 20 décembre 2017 - art. 1 et Modifié par Ordonnance n° 2017-1386 du 22 septembre 2017 - art. 4) :

I.– Les autorisations prévues à l'article L. 3132-20 sont accordées au vu d'un accord collectif ou, à défaut, d'une décision unilatérale de l'employeur prise après référendum.
L'accord collectif fixe les contreparties accordées aux salariés privés du repos dominical ainsi que les engagements pris en termes d'emploi ou en faveur de certains publics en difficulté ou de personnes handicapées.
En l'absence d'accord collectif applicable, les autorisations sont accordées au vu d'une décision unilatérale de l'employeur, prise après avis du comité d'entreprise ou des délégués du personnel, lorsqu'ils existent, approuvée par référendum organisé auprès des personnels concernés par cette dérogation au repos dominical. La décision de l'employeur approuvée par référendum fixe les contreparties accordées aux salariés privés du repos dominical

ainsi que les engagements pris en termes d'emploi ou en faveur de certains publics en difficulté ou de personnes handicapées. Dans ce cas, chaque salarié privé du repos du dimanche bénéficie d'un repos compensateur et perçoit pour ce jour de travail une rémunération au moins égale au double de la rémunération normalement due pour une durée équivalente.

Lorsqu'un accord collectif est régulièrement négocié postérieurement à la décision unilatérale prise sur le fondement de l'alinéa précédent, cet accord s'applique dès sa signature en lieu et place des contreparties prévues par cette décision.

II.– Pour bénéficier de la faculté de donner le repos hebdomadaire par roulement pour tout ou partie du personnel, prévue aux articles L. 3132-24, L. 3132-25, L. 3132-25-1 et L. 3132-25-6, les établissements doivent être couverts soit par un accord collectif de branche, de groupe, d'entreprise ou d'établissement, soit par un accord conclu à un niveau territorial, soit par un accord conclu dans les conditions mentionnées aux II à IV de l'article L. 5125-4.

Les accords collectifs de branche, de groupe, d'entreprise et d'établissement et les accords territoriaux prévoient une compensation déterminée afin de tenir compte du caractère dérogatoire du travail accompli le dimanche.

L'accord mentionné au premier alinéa du présent II fixe les contreparties, en particulier salariales, accordées aux salariés privés du repos dominical ainsi que les engagements pris en termes d'emploi ou en faveur de certains publics en difficulté ou de personnes handicapées. Il prévoit également les mesures destinées à faciliter la conciliation entre la vie professionnelle et la vie personnelle des salariés privés du repos dominical. Le présent alinéa s'applique également aux établissements autres que ceux mentionnés à l'article L. 3132-12 pour leurs salariés qui travaillent dans la surface de vente d'un établissement situé dans l'une des zones mentionnées aux articles L. 3132-24, L. 3132-25 et L. 3132-25-1 ou dans l'une des gares mentionnées à l'article L. 3132-25-6.

L'accord fixe les contreparties mises en œuvre par l'employeur pour compenser les charges induites par la garde des enfants pour les salariés privés du repos dominical.

Dans les établissements de moins de onze salariés, à défaut d'accord collectif ou d'accord conclu à un niveau territorial, la faculté mentionnée au premier alinéa du présent II est ouverte après consultation par l'employeur des salariés concernés sur les mesures prévues au titre des deuxième à quatrième alinéas et approbation de la majorité d'entre eux.

En cas de franchissement du seuil de onze salariés mentionné au cinquième alinéa, le premier alinéa est applicable à compter de la troisième année consécutive au cours de laquelle l'effectif de l'établissement employé dans la zone atteint ce seuil.

III.– Dans les cas prévus aux I et II du présent article, l'accord ou la décision unilatérale de l'employeur prise en application de l'article L. 3132-20 fixent les conditions dans lesquelles l'employeur prend en compte l'évolution de la situation personnelle des salariés privés du repos dominical.

Article L. 3132-25-4 (Modifié par Loi n° 2015-990 du 6 août 2015 - art. 247) :
Pour l'application des articles L. 3132-20, L. 3132-24, L. 3132-25, L. 3132-25-1 et L. 3132-25-6, seuls les salariés volontaires ayant donné leur accord par écrit à leur employeur peuvent travailler le dimanche. Une entreprise ne peut prendre en considération le refus d'une personne de travailler le dimanche pour refuser de l'embaucher. Le salarié qui refuse de travailler le dimanche ne peut faire l'objet d'une mesure discriminatoire dans le cadre de l'exécution de son contrat de travail. Le refus de travailler le dimanche pour un salarié ne constitue pas une faute ou un motif de licenciement.
L'accord collectif ou les mesures proposées par l'employeur mentionnés au II de l'article L. 3132-25-3 déterminent les modalités de prise en compte d'un changement d'avis du salarié privé du repos dominical.
Pour l'application de l'article L. 3132-20, à défaut d'accord collectif applicable, l'employeur demande chaque année à tout salarié qui travaille le dimanche s'il souhaite bénéficier d'une priorité pour occuper ou reprendre un emploi ressortissant à sa catégorie professionnelle ou un emploi équivalent ne comportant pas de travail le dimanche dans le même établissement ou, à défaut, dans la même entreprise. L'employeur l'informe également, à cette occasion, de sa faculté de ne plus travailler le dimanche s'il ne le souhaite plus. En pareil cas, le refus du salarié prend effet trois mois après sa notification écrite à l'employeur.
En outre, le salarié qui travaille le dimanche peut à tout moment demander à bénéficier de la priorité définie à l'alinéa précédent.
En l'absence d'accord collectif, le salarié privé de repos dominical conserve la faculté de refuser de travailler trois dimanches de son choix par année civile. Il doit en informer préalablement son employeur en respectant un délai d'un mois.
L'employeur prend toute mesure nécessaire pour permettre aux salariés d'exercer personnellement leur droit de vote au titre des scrutins nationaux et locaux lorsque ceux-ci ont lieu le dimanche.

Article L. 3132-25-5 (Modifié par Loi n° 2015-990 du 6 août 2015 - art. 248) :
Les articles L. 3132-25 et L. 3132-25-1 ne sont pas applicables aux commerces de détail alimentaire qui bénéficient des dispositions de l'article L. 3132-13.
Les commerces de détail alimentaire situés dans les zones mentionnées à l'article L. 3132-24 ou dans les emprises des gares mentionnées à l'article L. 3132-25-6 sont soumis, pour la période du dimanche s'achevant à treize heures, à l'article L. 3132-13. Après treize heures, ils peuvent donner le repos hebdomadaire par roulement pour tout ou partie du personnel selon les modalités définies aux II et III de l'article L. 3132-25-3 et à l'article L. 3132-25-4.

Article L. 3132-25-6 (Modifié par Loi n° 2015-990 du 6 août 2015 - art. 249) :
Un arrêté conjoint des ministres chargés des transports, du travail et du commerce peut, après avis du maire, le cas échéant du président de l'établissement public de coopération intercommunale dont la commune est membre, et des représentants des employeurs et des salariés des établissements concernés, autoriser les établissements de vente au détail qui mettent à disposition des biens et des services et qui sont situés dans l'emprise d'une gare qui n'est pas incluse dans l'une des zones mentionnées à l'article L. 3132-24 à donner le repos hebdomadaire par roulement pour tout ou partie du personnel, compte tenu de l'affluence exceptionnelle de passagers dans cette gare, dans les conditions prévues aux II et III de l'article L. 3132-25-3 et à l'article L. 3132-25-4.
Les avis requis en application du premier alinéa du présent article sont réputés donnés à l'issue d'un délai de deux mois à compter de la saisine des personnes et des organisations concernées.

Article L. 3132-26 (Modifié par Loi n° 2016-1088 du 8 août 2016 - art. 8 (V)) :
Dans les établissements de commerce de détail où le repos hebdomadaire a lieu normalement le dimanche, ce repos peut être supprimé les dimanches désignés, pour chaque commerce de détail, par décision du maire prise après avis du conseil municipal. Le nombre de ces dimanches ne peut excéder douze par année civile. La liste des dimanches est arrêtée avant le 31 décembre, pour l'année suivante. Elle peut être modifiée dans les mêmes formes en cours d'année, au moins deux mois avant le premier dimanche concerné par cette modification.
Lorsque le nombre de ces dimanches excède cinq, la décision du maire est prise après avis conforme de l'organe délibérant de l'établissement public de coopération intercommunale à fiscalité propre dont la commune est membre. A défaut de délibération dans un délai de deux mois suivant sa saisine, cet avis est réputé favorable.
Pour les commerces de détail alimentaire dont la surface de vente est supérieure au seuil mentionné au premier alinéa de l'article 3 de la loi n° 72-657 du 13 juillet 1972 instituant des mesures en faveur de certaines catégories de commerçants et artisans âgés, lorsque les jours fériés mentionnés à l'article L. 3133-1, à l'exception du 3°, sont travaillés, ils sont déduits par l'établissement des dimanches désignés par le maire au titre du présent article, dans la limite de trois.

Article L. 3132-26-1 (Créé par Loi n° 2015-990 du 6 août 2015 - art. 252) :
Lorsque le repos dominical a été supprimé le jour d'un scrutin national ou local, l'employeur prend toute mesure nécessaire pour permettre aux salariés d'exercer personnellement leur droit de vote.

Article L. 3132-27 (Modifié par Loi n° 2009-974 du 10 août 2009 - art. 1) :
Chaque salarié privé de repos dominical perçoit une rémunération au moins égale au double de la rémunération normalement due pour une durée équivalente, ainsi qu'un repos compensateur équivalent en temps.
L'arrêté pris en application de l'article L. 3132-26 détermine les conditions dans lesquelles ce repos est accordé, soit collectivement, soit par roulement dans la quinzaine qui précède ou suit la suppression du repos.
Si le repos dominical est supprimé un dimanche précédant une fête légale, le repos compensateur est donné le jour de cette fête.

4. Les amplitudes maximales de travail

La durée maximale quotidienne

Article L. 3121-18 (Modifié par Loi n° 2016-1088 du 8 août 2016 - art. 8 (V)) :
La durée quotidienne de travail effectif par salarié ne peut excéder dix heures, sauf :
1° En cas de dérogation accordée par l'inspecteur du travail dans des conditions déterminées par décret ;
2° En cas d'urgence, dans des conditions déterminées par décret ;
3° Dans les cas prévus à l'article L. 3121-19.

Article L. 3121-19 (Modifié par Loi n° 2016-1088 du 8 août 2016 - art. 8 (V)) :
Une convention ou un accord d'entreprise ou d'établissement ou, à défaut, une convention ou un accord de branche peut prévoir le dépassement de la durée maximale quotidienne de travail effectif, en cas d'activité accrue ou pour des motifs liés à l'organisation de l'entreprise, à condition que ce dépassement n'ait pas pour effet de porter cette durée à plus de douze heures.

La durée maximale hebdomadaire

Article L. 3121-20 (Modifié par Loi n° 2016-1088 du 8 août 2016 - art. 8 (V)) :
Au cours d'une même semaine, la durée maximale hebdomadaire de travail est de quarante-huit heures.

Article L. 3121-21 (Modifié par Ordonnance n° 2017-1386 du 22 septembre 2017 - art. 4) :
En cas de circonstances exceptionnelles et pour la durée de celles-ci, le dépassement de la durée maximale définie à l'article L. 3121-20 peut être autorisé par l'autorité administrative, dans des conditions déterminées par décret en Conseil d'Etat, sans toutefois que ce dépassement puisse avoir pour effet de porter la durée du travail à plus de soixante heures par semaine. Le comité social et économique donne son avis sur les demandes d'autorisation formulées à ce titre. Cet avis est transmis à l'agent de contrôle de l'inspection du travail.

Article L. 3121-22 (Modifié par Loi n° 2016-1088 du 8 août 2016 - art. 8 (V)) :
La durée hebdomadaire de travail calculée sur une période quelconque de douze semaines consécutives ne peut dépasser quarante-quatre heures, sauf dans les cas prévus aux articles L. 3121-23 à L. 3121-25.

Article L. 3121-23 (Modifié par Loi n° 2016-1088 du 8 août 2016 - art. 8 (V)) :
Une convention ou un accord d'entreprise ou d'établissement ou, à défaut, une convention ou un accord de branche peut prévoir le dépassement de la durée hebdomadaire de travail de quarante-quatre heures calculée sur une période de douze semaines consécutives, à condition que ce dépassement n'ait pas pour effet de porter cette durée, calculée sur une période de douze semaines, à plus de quarante-six heures.

Article L. 3121-24 (Modifié par Loi n° 2016-1088 du 8 août 2016 - art. 8 (V)) :
A défaut d'accord prévu à l'article L. 3121-23, le dépassement de la durée maximale hebdomadaire prévue à l'article L. 3121-22 est autorisé par l'autorité administrative dans des conditions déterminées par décret en Conseil d'Etat, dans la limite d'une durée totale maximale de quarante-six heures.

Article L. 3121-25 (Modifié par Loi n° 2016-1088 du 8 août 2016 - art. 8 (V)) :
A titre exceptionnel, dans certains secteurs, dans certaines régions ou dans certaines entreprises, le dépassement de la durée maximale de quarante-six heures prévue aux articles L. 3121-23 et L. 3121-24 peut être autorisé pendant des périodes déterminées, dans des conditions déterminées par décret en Conseil d'Etat.

Article L. 3121-26 (Modifié par Ordonnance n° 2017-1386 du 22 septembre 2017 - art. 4) :
Le comité social et économique donne son avis sur les demandes d'autorisation formulées auprès de l'autorité administrative en application des articles L. 3121-24 et L. 3121-25. Cet avis est transmis à l'agent de contrôle de l'inspection du travail.

Article L. 3161-1 (Version en vigueur depuis le 1er mai 2008) :
Pour l'application des dispositions du présent titre, sont considérés comme des jeunes travailleurs :
1° Les salariés âgés de moins de dix-huit ans ;
2° Les stagiaires âgés de moins de dix-huit ans qui accomplissent des stages d'initiation ou d'application en milieu professionnel dans le cadre d'un enseignement alterné ou du déroulement de leur scolarité.

Article L. 3162-1 (Modifié par Loi n° 2018-771 du 5 septembre 2018 - art. 13 (V)) :
Les jeunes travailleurs ne peuvent être employés à un travail effectif excédant huit heures par jour et trente-cinq heures par semaine.
Par dérogation au premier alinéa, pour certaines activités déterminées par décret en Conseil d'Etat, lorsque l'organisation collective du travail le justifie, il peut être dérogé :
1° A la durée hebdomadaire de travail effectif de trente-cinq heures, dans la limite de cinq heures par semaine ;
2° A la durée quotidienne de travail effectif de huit heures, dans la limite de deux heures par jour.
Lorsqu'il est fait application des dépassements prévus aux 1° et 2° :

a) Des périodes de repos d'une durée au moins équivalente au nombre d'heures accomplies au-delà de la durée quotidienne de huit heures sont attribuées ;
b) Les heures supplémentaires éventuelles, ainsi que leurs majorations, donnent lieu à un repos compensateur équivalent.

Pour les autres activités et à titre exceptionnel, des dérogations aux durées maximales hebdomadaire et quotidienne de travail effectif fixées au premier alinéa peuvent être accordées dans la limite de cinq heures par semaine par l'inspecteur du travail après avis conforme du médecin du travail ou du médecin chargé du suivi médical de l'élève.

La durée du travail des intéressés ne peut en aucun cas être supérieure à la durée quotidienne ou hebdomadaire normale du travail des adultes employés dans l'établissement.

NOTA : Conformément à l'article 46 II de la loi n° 2018-771 du 5 septembre 2018, les présentes dispositions ne sont pas applicables aux contrats conclus avant le 1er janvier 2019.

Article L. 3162-2 (Version en vigueur depuis le 1er mai 2008) :
L'employeur laisse aux jeunes travailleurs soumis à l'obligation de suivre des cours professionnels pendant la journée de travail le temps et la liberté nécessaires au respect de cette obligation.
Le temps consacré à la formation dans un établissement d'enseignement est considéré comme un temps de travail effectif.

Article L. 3162-3 (Version en vigueur depuis le 1er mai 2008) :
Aucune période de travail effectif ininterrompue ne peut excéder, pour les jeunes travailleurs, une durée maximale de quatre heures et demie. Lorsque le temps de travail quotidien est supérieur à quatre heures et demie, les jeunes travailleurs bénéficient d'un temps de pause d'au moins trente minutes consécutives.

5. Les heures supplémentaires

Article L. 3121-28 (Modifié par Loi n° 2016-1088 du 8 août 2016 - art. 8 (V)) :
Toute heure accomplie au-delà de la durée légale hebdomadaire ou de la durée considérée comme équivalente est une heure supplémentaire qui ouvre droit à une majoration salariale ou, le cas échéant, à un repos compensateur équivalent.

Article L. 3121-29 (Modifié par Loi n° 2016-1088 du 8 août 2016 - art. 8 (V)) :
Les heures supplémentaires se décomptent par semaine.

Article L. 3121-30 (Modifié par Loi n° 2016-1088 du 8 août 2016 - art. 8 (V)) :
Des heures supplémentaires peuvent être accomplies dans la limite d'un contingent annuel. Les heures effectuées au-delà de ce contingent annuel ouvrent droit à une contrepartie obligatoire sous forme de repos.
Les heures prises en compte pour le calcul du contingent annuel d'heures supplémentaires sont celles accomplies au-delà de la durée légale.
Les heures supplémentaires ouvrant droit au repos compensateur équivalent mentionné à l'article L. 3121-28 et celles accomplies dans les cas de travaux urgents énumérés à l'article L. 3132-4 ne s'imputent pas sur le contingent annuel d'heures supplémentaires.

Article D. 3121-14-1 (Créé par Décret n° 2008-1132 du 4 novembre 2008 - art. 3 et Transféré par Décret n° 2016-1553 du 18 novembre 2016 - art. 1) :
Le contingent annuel d'heures supplémentaires prévu à l'article L. 3121-11 est fixé à deux cent vingt heures par salarié.
Le premier alinéa ne s'applique pas aux salariés mentionnés à l'article L. 3121-42 qui ont conclu une convention de forfait en heures sur l'année.

Article L. 3121-31 (Modifié par Loi n° 2016-1088 du 8 août 2016 - art. 8 (V)) :
Dans les entreprises dont la durée collective hebdomadaire de travail est supérieure à la durée légale hebdomadaire, la rémunération mensuelle due au salarié peut être calculée en multipliant la rémunération horaire par les cinquante-deux douzièmes de cette durée hebdomadaire de travail, en tenant compte des majorations de salaire correspondant aux heures supplémentaires accomplies.

Article L. 3121-32 (Modifié par Loi n° 2016-1088 du 8 août 2016 - art. 8 (V)) :
Une convention ou un accord collectif d'entreprise ou d'établissement ou, à défaut, une convention ou un accord de branche peut fixer une période de sept jours consécutifs constituant la semaine pour l'application du présent chapitre.

Article L. 3121-33 (Modifié par Loi n° 2019-486 du 22 mai 2019 - art. 11 (V)) :

I.– Une convention ou un accord collectif d'entreprise ou d'établissement ou, à défaut, une convention ou un accord de branche :

1° Prévoit le ou les taux de majoration des heures supplémentaires accomplies au-delà de la durée légale ou de la durée considérée comme équivalente. Ce taux ne peut être inférieur à 10 % ;

2° Définit le contingent annuel prévu à l'article L. 3121-30 ;

3° Fixe l'ensemble des conditions d'accomplissement d'heures supplémentaires au-delà du contingent annuel ainsi que la durée, les caractéristiques et les conditions de prise de la contrepartie obligatoire sous forme de repos prévue au même article L. 3121-30. Cette contrepartie obligatoire ne peut être inférieure à 50 % des heures supplémentaires accomplies au-delà du contingent annuel mentionné audit article L. 3121-30 pour les entreprises de vingt salariés au plus, et à 100 % de ces mêmes heures pour les entreprises de plus de vingt salariés.

Les heures supplémentaires sont accomplies, dans la limite du contingent annuel applicable dans l'entreprise, après information du comité social et économique.

Les heures supplémentaires sont accomplies, au-delà du contingent annuel applicable dans l'entreprise, après avis du comité social et économique.

II.– Une convention ou un accord collectif d'entreprise ou d'établissement ou, à défaut, une convention ou un accord de branche peut également :

1° Prévoir qu'une contrepartie sous forme de repos est accordée au titre des heures supplémentaires accomplies dans la limite du contingent ;

2° Prévoir le remplacement de tout ou partie du paiement des heures supplémentaires, ainsi que des majorations, par un repos compensateur équivalent.

III.– Une convention ou un accord d'entreprise peut adapter les conditions et les modalités d'attribution et de prise du repos compensateur de remplacement.

Article L. 3121-34 (Modifié par Loi n° 2016-1088 du 8 août 2016 - art. 8 (V)) :
Dans les branches d'activité à caractère saisonnier mentionnées à l'article L. 3132-7, une convention ou un accord d'entreprise ou d'établissement conclu en application de l'article L. 1244-2 ou, à défaut, une convention de branche ou un accord professionnel ou interprofessionnel peut, dans des conditions déterminées par décret, déroger aux dispositions de la présente section relatives à la détermination des périodes de référence pour le décompte des heures supplémentaires et des repos compensateurs. La convention ou l'accord organise également des procédures contradictoires de décompte des temps et périodes de travail.

Article L. 3121-35 (Modifié par Loi n° 2016-1088 du 8 août 2016 - art. 8 (V)) :
Sauf stipulations contraires dans une convention ou un accord mentionné à l'article L. 3121-32, la semaine débute le lundi à 0 heure et se termine le dimanche à 24 heures.

La rémunération des heures supplémentaires

Article L. 3121-36 (Modifié par Loi n° 2016-1088 du 8 août 2016 - art. 8 (V)) :
A défaut d'accord, les heures supplémentaires accomplies au-delà de la durée légale hebdomadaire fixée à l'article L. 3121-27 ou de la durée considérée comme équivalente donnent lieu à une majoration de salaire de 25 % pour chacune des huit premières heures supplémentaires. Les heures suivantes donnent lieu à une majoration de 50 %.

Article L. 3121-41 (Modifié par Loi n° 2016-1088 du 8 août 2016 - art. 8 (V)) :
Lorsqu'est mis en place un dispositif d'aménagement du temps de travail sur une période de référence supérieure à la semaine, les heures supplémentaires sont décomptées à l'issue de cette période de référence.
Cette période de référence ne peut dépasser trois ans en cas d'accord collectif et neuf semaines en cas de décision unilatérale de l'employeur.
Si la période de référence est annuelle, constituent des heures supplémentaires les heures effectuées au-delà de 1.607 heures.
Si la période de référence est inférieure ou supérieure à un an, constituent des heures supplémentaires les heures effectuées au-delà d'une durée hebdomadaire moyenne de trente-cinq heures calculée sur la période de référence.

Article R. 5122-11 (Modifié par Décret n° 2020-1316 du 30 octobre 2020 - art. 1) :
Les heures non travaillées au titre de l'activité partielle font l'objet du versement de l'allocation dans la limite de la durée légale ou, lorsqu'elle est inférieure, la durée collective du travail ou la durée stipulée au contrat sur la période

considérée. Au-delà de la durée légale ou, lorsqu'elle est inférieure, la durée collective du travail ou la durée stipulée au contrat sur la période considérée, les heures non travaillées au titre de l'activité partielle sont considérées comme chômées mais n'ouvrent pas droit au versement par l'Etat à l'employeur de l'allocation d'activité partielle et au versement par l'employeur au salarié de l'indemnité prévues à l'article L. 5122-1.
La totalité des heures chômées est prise en compte pour le calcul de l'acquisition des droits à congés payés. Lorsqu'ils sont dus sous la forme d'une indemnité compensatrice, cette indemnité est versée en sus de l'indemnité d'activité partielle. La totalité des heures chômées est également prise en compte pour la répartition de la participation et de l'intéressement lorsque cette répartition est proportionnelle à la durée de présence du salarié. Lorsque cette répartition est proportionnelle au salaire, les salaires à prendre en compte sont ceux qu'aurait perçus le salarié s'il n'avait pas été placé en activité partielle.

Article L. 3142-2 (Modifié par Loi n° 2020-692 du 8 juin 2020 - art. 1(V)) :
Les congés mentionnés aux articles L. 3142-1 et L. 3142-1-1 n'entraînent pas de réduction de la rémunération qui tient compte, le cas échéant, de l'indemnité mentionnée à l'article L. 331-9 du code de la sécurité sociale et sont assimilés à du temps de travail effectif pour la détermination de la durée du congé payé annuel.
La durée de ces congés ne peut être imputée sur celle du congé payé annuel.
NOTA : Conformément au V de l'article 1er de la loi n° 2020-692 du 8 juin 2020, ces dispositions s'appliquent pour les décès intervenus à compter du 1er juillet 2020.

Article L. 2315-11 (Modifié par Ordonnance n° 2017-1718 du 20 décembre 2017 - art 1) :
Est également payé comme temps de travail effectif le temps passé par les membres de la délégation du personnel du comité social et économique :
1° A la recherche de mesures préventives dans toute situation d'urgence et de gravité, notamment lors de la mise en œuvre de la procédure de danger grave et imminent prévue à l'article L. 4132-2 ;
2° Aux réunions du comité et de ses commissions, dans ce cas dans la limite d'une durée globale fixée par accord d'entreprise ou à défaut par décret en Conseil d'Etat ;
3° Aux enquêtes menées après un accident du travail grave ou des incidents répétés ayant révélé un risque grave ou une maladie professionnelle ou à caractère professionnel grave.
Ce temps n'est pas déduit des heures de délégation prévues pour les membres titulaires de la délégation du personnel du comité social et économique.
NOTA : Conformément à l'article 9 I de l'ordonnance n° 2017-1386 du 22 septembre 2017, les présentes dispositions entrent en vigueur à la date d'entrée en vigueur des décrets pris pour leur application, et au plus tard le 1er janvier 2018.

Article L. 6321-2 (Modifié par Loi n° 2018-771 du 5 septembre 2018 - art. 8 (V)) :
Toute action de formation qui conditionne l'exercice d'une activité ou d'une fonction, en application d'une convention internationale ou de dispositions légales et règlementaires, constitue un temps de travail effectif et donne lieu pendant sa réalisation au maintien par l'entreprise de la rémunération.

6. La contrepartie en repos

Article L. 3121-38 (Modifié par Loi n° 2019-486 du 22 mai 2019 - art. 11 (V)) :
A défaut d'accord, la contrepartie obligatoire sous forme de repos mentionnée à l'article L. 3121-30 est fixée à 50 % des heures supplémentaires accomplies au-delà du contingent annuel mentionné au même article L. 3121-30 pour les entreprises de vingt salariés au plus, et à 100 % de ces mêmes heures pour les entreprises de plus de vingt salariés.
Pour l'application du premier alinéa du présent article, l'effectif salarié et le franchissement du seuil de vingt salariés sont déterminés selon les modalités prévues à l'article L. 130-1 du code de la sécurité sociale.

Article L. 3121-39 (Modifié par Loi n° 2016-1088 du 8 août 2016 - art. 8 (V)) :
A défaut d'accord, un décret détermine le contingent annuel défini à l'article L. 3121-30 ainsi que les caractéristiques et les conditions de prise de la contrepartie obligatoire sous forme de repos pour toute heure supplémentaire effectuée au-delà de ce contingent.

Article L. 3121-40 (Modifié par Ordonnance n° 2017-1386 du 22 septembre 2017 - art. 4) :
A défaut d'accord, les modalités d'utilisation du contingent annuel d'heures supplémentaires et de son éventuel dépassement donnent lieu au moins une fois par an à la consultation comité social et économique.

Article D. 3171-11 (Modifié par Décret n° 2008-1132 du 4 novembre 2008 - art. 3) :
A défaut de précision conventionnelle contraire, les salariés sont informés du nombre d'heures de repos compensateur de remplacement et de contrepartie obligatoire en repos portés à leur crédit par un document annexé au bulletin de paie. Dès que ce nombre atteint sept heures, ce document comporte une mention notifiant l'ouverture du droit à repos et l'obligation de le prendre dans un délai maximum de deux mois après son ouverture.

Article D. 3121-8 (Créé par Décret n° 2008-1132 du 4 novembre 2008 - art. 3 et Transféré par Décret n° 2016-1553 du 18 novembre 2016 - art. 1) :
Le droit à contrepartie obligatoire en repos est réputé ouvert dès que la durée de ce repos, calculée selon les modalités prévues à l'article L. 3121-38, atteint sept heures. La journée ou demi-journée au cours de laquelle le repos est pris est déduite du droit à repos à raison du nombre d'heures de travail que le salarié aurait accompli pendant cette journée ou cette demi-journée.
La contrepartie obligatoire en repos est prise dans un délai maximum de deux mois suivant l'ouverture du droit sous réserve des dispositions des articles D. 3121-21 et D. 3121-22.

Article D. 3121-9 (Modifié par Décret n° 2008-1132 du 4 novembre 2008 - art. 3 et Transféré par Décret n° 2016-1553 du 18 novembre 2016 - art. 1) :
La contrepartie obligatoire en repos peut être prise par journée entière ou par demi-journée à la convenance du salarié. Elle est assimilée à une période de travail effectif pour le calcul des droits du salarié. Elle donne lieu à une indemnisation qui n'entraîne aucune diminution de rémunération par rapport à celle que le salarié aurait perçue s'il avait accompli son travail.

Article D. 3121-10 (Modifié par Décret n° 2008-1132 du 4 novembre 2008 - art. 3 et Transféré par Décret n° 2016-1553 du 18 novembre 2016 - art. 1) :
L'absence de demande de prise de la contrepartie obligatoire en repos par le salarié ne peut entraîner la perte de son droit au repos. Dans ce cas, l'employeur lui demande de prendre effectivement ses repos dans un délai maximum d'un an.

Article D. 3121-20 (Modifié par Décret n° 2017-1819 du 29 décembre 2017 - art. 3) :
Le salarié adresse sa demande de contrepartie obligatoire en repos à l'employeur au moins une semaine à l'avance.
La demande précise la date et la durée du repos.
Dans les sept jours suivant la réception de la demande, l'employeur informe l'intéressé soit de son accord, soit, après consultation des délégués du personnel, des raisons relevant d'impératifs liés au fonctionnement de l'entreprise qui motivent le report de la demande.
En cas de report, l'employeur propose au salarié une autre date à l'intérieur du délai de deux mois prévu à l'article D. 3121-22.

Article D. 3121-21 (Créé par Décret n° 2016-1553 du 18 novembre 2016 - art. 1) :
Lorsque des impératifs liés au fonctionnement de l'entreprise font obstacle à ce que plusieurs demandes de contrepartie obligatoire en repos soient simultanément satisfaites, les demandeurs sont départagés, selon l'ordre de priorité suivant :
1° Les demandes déjà différées ;
2° La situation de famille ;
3° L'ancienneté dans l'entreprise.

Article D. 3121-22 (Créé par Décret n° 2016-1553 du 18 novembre 2016 - art. 1) :
La durée pendant laquelle la contrepartie obligatoire en repos peut être différée par l'employeur ne peut excéder deux mois.

Article D. 3121-23 (Créé par Décret n° 2016-1553 du 18 novembre 2016 - art. 1) :
Le salarié dont le contrat de travail prend fin avant qu'il ait pu bénéficier de la contrepartie obligatoire en repos à laquelle il a droit ou avant qu'il ait acquis des droits suffisants pour pouvoir prendre ce repos reçoit une indemnité en espèces dont le montant correspond à ses droits acquis.
Cette indemnité est également due aux ayants droit du salarié dont le décès survient avant qu'il ait pu bénéficier de la contrepartie obligatoire en repos à laquelle il avait droit ou avant qu'il ait acquis des droits suffisants pour pouvoir prendre ce repos. Elle est alors versée à ceux des ayants droit qui auraient qualité pour obtenir le paiement des salaires arriérés.
Cette indemnité a le caractère de salaire.

7. La rémunération forfaitaire

Article L. 3121-53 (Modifié par Loi n° 2016-1088 du 8 août 2016 - art. 8 (V)):
La durée du travail peut être forfaitisée en heures ou en jours dans les conditions prévues aux sous-sections 2 (*c'est-à-dire le champ de la négociation collective*) et 3 de la présente section (*les dispositions supplétives*).

Article L. 3121-54 (Version en vigueur depuis le 10 août 2016):
Le forfait en heures est hebdomadaire, mensuel ou annuel. Le forfait en jours est annuel.

Article L. 3121-55 (Créé par Loi n° 2016-1088 du 8 août 2016 - art. 8 (V)):
La forfaitisation de la durée du travail doit faire l'objet de l'accord du salarié et d'une convention individuelle de forfait établie par écrit.

Article L. 3121-56 (Créé par Loi n° 2016-1088 du 8 août 2016 - art. 8 (V)):
Tout salarié peut conclure une convention individuelle de forfait en heures sur la semaine ou sur le mois.
Peuvent conclure une convention individuelle de forfait en heures sur l'année, dans la limite du nombre d'heures fixé en application du 3° du I de l'article L. 3121-64:

1° Les cadres dont la nature des fonctions ne les conduit pas à suivre l'horaire collectif applicable au sein de l'atelier, du service ou de l'équipe auquel ils sont intégrés;
2° Les salariés qui disposent d'une réelle autonomie dans l'organisation de leur emploi du temps.

Article L. 3121-57 (Créé par Loi n° 2016-1088 du 8 août 2016 - art. 8 (V)):
La rémunération du salarié ayant conclu une convention individuelle de forfait en heures est au moins égale à la rémunération minimale applicable dans l'entreprise pour le nombre d'heures correspondant à son forfait, augmentée, le cas échéant, si le forfait inclut des heures supplémentaires, des majorations prévues aux articles L. 3121-28, L. 3121-33 et L. 3121-36.

Article L. 3121-58 (Créé par Loi n° 2016-1088 du 8 août 2016 - art. 8 (V)):
Peuvent conclure une convention individuelle de forfait en jours sur l'année, dans la limite du nombre de jours fixé en application du 3° du I de l'article L. 3121-64:

1° Les cadres qui disposent d'une autonomie dans l'organisation de leur emploi du temps et dont la nature des fonctions ne les conduit pas à suivre l'horaire collectif applicable au sein de l'atelier, du service ou de l'équipe auquel ils sont intégrés;
2° Les salariés dont la durée du temps de travail ne peut être prédéterminée et qui disposent d'une réelle autonomie dans l'organisation de leur emploi du temps pour l'exercice des responsabilités qui leur sont confiées.

Article L. 3121-59 (Créé par Loi n° 2016-1088 du 8 août 2016 - art. 8 (V)):
Le salarié qui le souhaite peut, en accord avec son employeur, renoncer à une partie de ses jours de repos en contrepartie d'une majoration de son salaire. L'accord entre le salarié et l'employeur est établi par écrit.
Un avenant à la convention de forfait conclue entre le salarié et l'employeur détermine le taux de la majoration applicable à la rémunération de ce temps de travail supplémentaire, sans qu'il puisse être inférieur à 10 %. Cet avenant est valable pour l'année en cours. Il ne peut être reconduit de manière tacite.

Article L. 3121-60 (Créé par Loi n° 2016-1088 du 8 août 2016 - art. 8 (V)):
L'employeur s'assure régulièrement que la charge de travail du salarié est raisonnable et permet une bonne répartition dans le temps de son travail.

Article L. 3121-61 (Créé par Loi n° 2016-1088 du 8 août 2016 - art. 8 (V)):
Lorsqu'un salarié ayant conclu une convention de forfait en jours perçoit une rémunération manifestement sans rapport avec les sujétions qui lui sont imposées, il peut, nonobstant toute clause conventionnelle ou contractuelle contraire, saisir le juge judiciaire afin que lui soit allouée une indemnité calculée en fonction du préjudice subi, eu égard notamment au niveau du salaire pratiqué dans l'entreprise, et correspondant à sa qualification.

Article L. 3121-62 (Créé par Loi n° 2016-1088 du 8 août 2016 - art. 8 (V)):
Les salariés ayant conclu une convention de forfait en jours ne sont pas soumis aux dispositions relatives:

1° A la durée quotidienne maximale de travail effectif prévue à l'article L. 3121-18;
2° Aux durées hebdomadaires maximales de travail prévues aux articles L. 3121-20 et L. 3121-22;

3° A la durée légale hebdomadaire prévue à l'article L. 3121-27.

Article L. 3121-63 (Créé par Loi n° 2016-1088 du 8 août 2016 - art. 8 (V)):
Les forfaits annuels en heures ou en jours sur l'année sont mis en place par un accord collectif d'entreprise ou d'établissement ou, à défaut, par une convention ou un accord de branche.

Article L. 3121-64 (Modifié par Ordonnance n° 2017-1718 du 20 décembre 2017 - art. 1):
I.– L'accord prévoyant la conclusion de conventions individuelles de forfait en heures ou en jours sur l'année détermine:
- 1° Les catégories de salariés susceptibles de conclure une convention individuelle de forfait, dans le respect des articles L. 3121-56 et L. 3121-58;
- 2° La période de référence du forfait, qui peut être l'année civile ou toute autre période de douze mois consécutifs;
- 3° Le nombre d'heures ou de jours compris dans le forfait, dans la limite de deux cent dix-huit jours s'agissant du forfait en jours;
- 4° Les conditions de prise en compte, pour la rémunération des salariés, des absences ainsi que des arrivées et départs en cours de période;
- 5° Les caractéristiques principales des conventions individuelles, qui doivent notamment fixer le nombre d'heures ou de jours compris dans le forfait.

II.– L'accord autorisant la conclusion de conventions individuelles de forfait en jours détermine:
- 1° Les modalités selon lesquelles l'employeur assure l'évaluation et le suivi régulier de la charge de travail du salarié;
- 2° Les modalités selon lesquelles l'employeur et le salarié communiquent périodiquement sur la charge de travail du salarié, sur l'articulation entre son activité professionnelle et sa vie personnelle, sur sa rémunération ainsi que sur l'organisation du travail dans l'entreprise;
- 3° Les modalités selon lesquelles le salarié peut exercer son droit à la déconnexion prévu au 7° de l'article L. 2242-17.

L'accord peut fixer le nombre maximal de jours travaillés dans l'année lorsque le salarié renonce à une partie de ses jours de repos en application de l'article L. 3121-59. Ce nombre de jours doit être compatible avec les dispositions du titre III du présent livre relatives au repos quotidien, au repos hebdomadaire et aux jours fériés chômés dans l'entreprise et avec celles du titre IV relatives aux congés payés.

Article L. 3121-65 (Modifié par Ordonnance n° 2017-1718 du 20 décembre 2017 - art. 1):
I.– A défaut de stipulations conventionnelles prévues aux 1° et 2° du II de l'article L. 3121-64, une convention individuelle de forfait en jours peut être valablement conclue sous réserve du respect des dispositions suivantes:
- 1° L'employeur établit un document de contrôle faisant apparaître le nombre et la date des journées ou demi-journées travaillées. Sous la responsabilité de l'employeur, ce document peut être renseigné par le salarié;
- 2° L'employeur s'assure que la charge de travail du salarié est compatible avec le respect des temps de repos quotidiens et hebdomadaires;
- 3° L'employeur organise une fois par an un entretien avec le salarié pour évoquer sa charge de travail, qui doit être raisonnable, l'organisation de son travail, l'articulation entre son activité professionnelle et sa vie personnelle ainsi que sa rémunération.

II.– A défaut de stipulations conventionnelles prévues au 3° du II de l'article L. 3121-64, les modalités d'exercice par le salarié de son droit à la déconnexion sont définies par l'employeur et communiquées par tout moyen aux salariés concernés. Dans les entreprises d'au moins cinquante salariés, ces modalités sont conformes à la charte mentionnée au 7° de l'article L. 2242-17.

Article L. 3121-66 (Créé par Loi n° 2016-1088 du 8 août 2016 - art. 8 (V)):
En cas de renonciation, par le salarié, à des jours de repos en application de l'article L. 3121-59 et à défaut de précision dans l'accord collectif mentionné à l'article L. 3121-64, le nombre maximal de jours travaillés dans l'année est de deux cent trente-cinq.

8. La récupération des heures perdues

Article L. 3121-50 (Modifié par Loi n° 2016-1088 du 8 août 2016 - art. 8 (V):
Seules peuvent être récupérées les heures perdues par suite d'une interruption collective du travail résultant:
- 1° De causes accidentelles, d'intempéries ou en cas de force majeure;
- 2° D'inventaire;

3° Du chômage d'un jour ou de deux jours ouvrables compris entre un jour férié et un jour de repos hebdomadaire ou d'un jour précédant les congés annuels.

10. Le travail de nuit

Article L. 3163-2 (Version en vigueur depuis le 1er mai 2008) :
Le travail de nuit est interdit pour les jeunes travailleurs.
Pour les jeunes salariés des établissements commerciaux et de ceux du spectacle, des dérogations peuvent être accordées, à titre exceptionnel, par l'inspecteur du travail.
Un décret en Conseil d'Etat détermine en outre la liste des secteurs pour lesquels les caractéristiques particulières de l'activité justifient une dérogation. Une convention ou un accord collectif de travail étendu ou une convention ou un accord d'entreprise ou d'établissement peut définir les conditions dans lesquelles cette autorisation peut être accordée dans ces secteurs.
Il ne peut être accordé de dérogation entre minuit et 4 heures, sous réserve des cas d'extrême urgence prévus à l'article L. 3163-3.
Il ne peut être accordé de dérogation pour l'emploi de mineurs de moins de seize ans que s'il s'agit de ceux mentionnés à l'article L. 7124-1 dans les entreprises de spectacle, de cinéma, de radiophonie, de télévision ou d'enregistrements sonores.

Article L. 3122-1 (Modifié par Loi n° 2016-1088 du 8 août 2016 - art. 8 (V)) :
Le recours au travail de nuit est exceptionnel. Il prend en compte les impératifs de protection de la santé et de la sécurité des travailleurs et est justifié par la nécessité d'assurer la continuité de l'activité économique ou des services d'utilité sociale.

Article L. 3122-2 (Modifié par Loi n° 2016-1088 du 8 août 2016 - art. 8 (V)) :
Tout travail effectué au cours d'une période d'au moins neuf heures consécutives comprenant l'intervalle entre minuit et 5 heures est considéré comme du travail de nuit.
La période de travail de nuit commence au plus tôt à 21 heures et s'achève au plus tard à 7 heures.

Article L. 3122-3 (Modifié par Loi n° 2016-1088 du 8 août 2016 - art. 8 (V)) :
Par dérogation à l'article L. 3122-2, pour les activités de production rédactionnelle et industrielle de presse, de radio, de télévision, de production et d'exploitation cinématographiques, de spectacles vivants et de discothèque, la période de travail de nuit est d'au moins sept heures consécutives comprenant l'intervalle entre minuit et 5 heures.

Article L. 3122-4 (Modifié par Loi n° 2016-1088 du 8 août 2016 - art. 8 (V)) :
Par dérogation à l'article L. 3122-2, pour les établissements de vente au détail qui mettent à disposition des biens et des services et qui sont situés dans les zones mentionnées à l'article L. 3132-24, la période de travail de nuit, si elle débute après 22 heures, est d'au moins sept heures consécutives comprenant l'intervalle entre minuit et 7 heures.
Dans les établissements mentionnés au premier alinéa du présent article, seuls les salariés volontaires ayant donné leur accord par écrit à leur employeur peuvent travailler entre 21 heures et minuit. Une entreprise ne peut prendre en considération le refus d'une personne de travailler entre 21 heures et le début de la période de travail de nuit pour refuser de l'embaucher. Le salarié qui refuse de travailler entre 21 heures et le début de la période de travail de nuit ne peut faire l'objet d'une mesure discriminatoire dans le cadre de l'exécution de son contrat de travail. Le refus de travailler entre 21 heures et le début de la période de travail de nuit pour un salarié ne constitue pas une faute ou un motif de licenciement.
Chacune des heures de travail effectuée durant la période fixée entre 21 heures et le début de la période de travail de nuit est rémunérée au moins le double de la rémunération normalement due et donne lieu à un repos compensateur équivalent en temps.
Les articles L. 3122-10 à L. 3122-14 sont applicables aux salariés qui travaillent entre 21 heures et minuit, dès lors qu'ils accomplissent durant cette période le nombre minimal d'heures de travail prévu à l'article L. 3122-5.
Lorsque, au cours d'une même période de référence mentionnée au 2° de l'article L. 3122-5, le salarié a accompli des heures de travail entre 21 heures et le début de la période de nuit en application des deux premiers alinéas du présent article et des heures de travail de nuit en application du même article L. 3122-5, les heures sont cumulées pour l'application de l'avant-dernier alinéa du présent article et dudit article L. 3122-5.

Article L. 3122-5 (Modifié par Loi n° 2016-1088 du 8 août 2016 - art. 8 (V)) :
Le salarié est considéré comme travailleur de nuit dès lors que :
1° Soit il accomplit, au moins deux fois par semaine, selon son horaire de travail habituel, au moins trois heures de travail de nuit quotidiennes ;
2° Soit il accomplit, au cours d'une période de référence, un nombre minimal d'heures de travail de nuit au sens de l'article L. 3122-2, dans les conditions prévues aux articles L. 3122-16 et L. 3122-23.

Article L. 3122-6 (Modifié par Ordonnance n° 2017-1386 du 22 septembre 2017 - art. 4) :
La durée quotidienne de travail accomplie par un travailleur de nuit ne peut excéder huit heures, sauf dans les cas prévus à l'article L. 3122-17 ou lorsqu'il est fait application des articles L. 3132-16 à L. 3132-19.
En outre, en cas de circonstances exceptionnelles, l'inspecteur du travail peut autoriser le dépassement de la durée quotidienne de travail mentionnée au premier alinéa du présent article après consultation des délégués syndicaux et après avis du comité d'entreprise ou, à défaut, des délégués du personnel, s'ils existent, selon des modalités déterminées par décret en Conseil d'Etat.

Article L. 3122-7 (Modifié par Loi n° 2016-1088 du 8 août 2016 - art. 8 (V)) :
La durée hebdomadaire de travail du travailleur de nuit, calculée sur une période de douze semaines consécutives, ne peut dépasser quarante heures, sauf dans les cas prévus à l'article L. 3122-18.

Article L. 3122-8 (Modifié par Loi n° 2016-1088 du 8 août 2016 - art. 8 (V)) :
Le travailleur de nuit bénéficie de contreparties au titre des périodes de travail de nuit pendant lesquelles il est employé, sous forme de repos compensateur et, le cas échéant, sous forme de compensation salariale.

Article L. 3122-9 (Modifié par Loi n° 2016-1088 du 8 août 2016 - art. 8 (V)) :
Pour les activités mentionnées à l'article L. 3122-3, lorsque la durée effective du travail de nuit est inférieure à la durée légale fixée en application de l'article L. 3121-27, les contreparties mentionnées à l'article L. 3122-8 ne sont pas obligatoirement données sous forme de repos compensateur.

Article L. 3122-10 (Version en vigueur depuis le 10 août 2016) :
Le médecin du travail est consulté, selon des modalités précisées par décret en Conseil d'Etat, avant toute décision importante relative à la mise en place ou à la modification de l'organisation du travail de nuit.

Article L. 3122-11 (Version en vigueur depuis le 10 août 2016) :
Tout travailleur de nuit bénéficie d'un suivi individuel régulier de son état de santé dans les conditions fixées à l'article L. 4624-1.

Article L. 3122-12 (Version en vigueur depuis le 10 août 2016) :
Lorsque le travail de nuit est incompatible avec des obligations familiales impérieuses, notamment avec la garde d'un enfant ou la prise en charge d'une personne dépendante, le refus du travail de nuit ne constitue pas une faute ou un motif de licenciement et le travailleur de nuit peut demander son affectation sur un poste de jour.

Article L. 3122-13 (Version en vigueur depuis le 10 août 2016) :
Le travailleur de nuit qui souhaite occuper ou reprendre un poste de jour et le salarié occupant un poste de jour qui souhaite occuper ou reprendre un poste de nuit dans le même établissement ou, à défaut, dans la même entreprise ont priorité pour l'attribution d'un emploi ressortissant à leur catégorie professionnelle ou d'un emploi équivalent.
L'employeur porte à la connaissance de ces salariés la liste des emplois disponibles correspondants.

Article L. 3122-14 (Version en vigueur depuis le 10 août 2016) :
Le travailleur de nuit, lorsque son état de santé, constaté par le médecin du travail, l'exige, est transféré à titre définitif ou temporaire sur un poste de jour correspondant à sa qualification et aussi comparable que possible à l'emploi précédemment occupé.
L'employeur ne peut prononcer la rupture du contrat de travail du travailleur de nuit du fait de son inaptitude au poste comportant le travail de nuit, au sens des articles L. 3122-1 à L. 3122-5, à moins qu'il ne justifie par écrit soit de l'impossibilité dans laquelle il se trouve de proposer un poste dans les conditions fixées au premier alinéa du présent article, soit du refus du salarié d'accepter le poste proposé dans ces mêmes conditions.
Le présent article s'applique sans préjudice des articles L. 1226-2 à L. 1226-4-3 et L. 1226-10 à L. 1226-12 applicables aux salariés déclarés inaptes à leur emploi ainsi que des articles L. 4624-3 et L. 4624-4.

Article L. 3122-15 (Modifié par Ordonnance n° 2017-1387 du 22 septembre 2017 - art. 32) :
Un accord d'entreprise ou d'établissement ou, à défaut, une convention ou un accord collectif de branche peut mettre en place, dans une entreprise ou un établissement, le travail de nuit, au sens de l'article L. 3122-5, ou l'étendre à de nouvelles catégories de salariés.
Cette convention ou cet accord collectif prévoit :
1° Les justifications du recours au travail de nuit mentionnées à l'article L. 3122-1 ;
2° La définition de la période de travail de nuit, dans les limites mentionnées aux articles L. 3122-2 et L. 3122-3 ;
3° Une contrepartie sous forme de repos compensateur et, le cas échéant, sous forme de compensation salariale ;
4° Des mesures destinées à améliorer les conditions de travail des salariés ;
5° Des mesures destinées à faciliter, pour ces mêmes salariés, l'articulation de leur activité professionnelle nocturne avec leur vie personnelle et avec l'exercice de responsabilités familiales et sociales, concernant notamment les moyens de transport ;
6° Des mesures destinées à assurer l'égalité professionnelle entre les femmes et les hommes, notamment par l'accès à la formation ;
7° L'organisation des temps de pause.
Cette convention ou cet accord collectif est présumé négocié et conclu conformément aux dispositions de l'article L. 3122-1.

Article L. 3122-16 (Version en vigueur depuis le 10 août 2016) :
En application de l'article L. 3122-5, une convention ou un accord collectif de travail étendu peut fixer le nombre minimal d'heures entraînant la qualification de travailleur de nuit sur une période de référence.

Article L. 3122-17 (Modifié par Loi n° 2016-1088 du 8 août 2016 - art. 8 (V)) :
Un accord d'entreprise ou d'établissement ou, à défaut, une convention ou un accord collectif de branche peut prévoir le dépassement de la durée maximale quotidienne de travail prévue à l'article L. 3122-6, dans des conditions déterminées par décret en Conseil d'Etat.

Article L. 3122-18 (Version en vigueur depuis le 10 août 2016) :
Un accord d'entreprise ou d'établissement ou, à défaut, une convention ou un accord de branche peut, lorsque les caractéristiques propres à l'activité d'un secteur le justifient, prévoir le dépassement de la durée maximale hebdomadaire de travail prévue à l'article L. 3122-7, à condition que ce dépassement n'ait pas pour effet de porter cette durée à plus de quarante-quatre heures sur douze semaines consécutives.

Article L. 3122-19 (Modifié par Ordonnance n° 2017-1718 du 20 décembre 2017 - art. 1) :
Dans les zones mentionnées à l'article L. 3132-24, soit un accord collectif d'entreprise ou d'établissement ou, à défaut, un accord collectif de branche, soit un accord conclu à un niveau territorial peut prévoir la faculté d'employer des salariés entre 21 heures et minuit.
Cet accord prévoit notamment, au bénéfice des salariés employés entre 21 heures et le début de la période de travail de nuit :
1° La mise à disposition d'un moyen de transport pris en charge par l'employeur qui permet au salarié de regagner son lieu de résidence ;
2° Des mesures destinées à faciliter l'articulation entre la vie professionnelle et la vie personnelle des salariés, en particulier des mesures de compensation des charges liées à la garde d'enfants ou à la prise en charge d'une personne dépendante ;
3° La fixation des conditions de prise en compte par l'employeur de l'évolution de la situation personnelle des salariés, en particulier de leur souhait de ne plus travailler après 21 heures. Pour les salariées mentionnées à l'article L. 1225-9, le choix de ne plus travailler entre 21 heures et le début de la période de nuit est d'effet immédiat.

Article L. 3122-20 (Modifié par Loi n° 2016-1088 du 8 août 2016 - art. 8 (V)) :
A défaut de convention ou d'accord collectif, tout travail accompli entre 21 heures et 6 heures est considéré comme du travail de nuit et, pour les activités mentionnées à l'article L. 3122-3, tout travail accompli entre minuit et 7 heures est considéré comme du travail de nuit.

11. Le travail du dimanche

Rappel des grands principes

Article L. 3132-1 (Version en vigueur depuis le 1er mai 2008) :
Il est interdit de faire travailler un même salarié plus de six jours par semaine.

Article L. 3132-2 (Version en vigueur depuis le 1er mai 2008) :
Le repos hebdomadaire a une durée minimale de vingt-quatre heures consécutives auxquelles s'ajoutent les heures consécutives de repos quotidien prévu au chapitre Ier.

Article L. 3132-3 (Modifié par Loi n° 2009-974 du 10 août 2009 - art. 2 (V)) :
Dans l'intérêt des salariés, le repos hebdomadaire est donné le dimanche.

Article L. 3132-3-1 (Créé par Loi n° 2009-974 du 10 août 2009 - art. 2 (V)) :
Le refus d'un demandeur d'emploi d'accepter une offre d'emploi impliquant de travailler le dimanche ne constitue pas un motif de radiation de la liste des demandeurs d'emploi.

Dérogations aux grands principes

Article L. 3132-4 (Version en vigueur depuis le 1er mai 2008) :
En cas de travaux urgents dont l'exécution immédiate est nécessaire pour organiser des mesures de sauvetage, pour prévenir des accidents imminents ou réparer des accidents survenus au matériel, aux installations ou aux bâtiments de l'établissement, le repos hebdomadaire peut être suspendu pour le personnel nécessaire à l'exécution de ces travaux.
Cette faculté de suspension s'applique non seulement aux salariés de l'entreprise où les travaux urgents sont nécessaires mais aussi à ceux d'une autre entreprise faisant les réparations pour le compte de la première.
Chaque salarié de cette seconde entreprise, de même que chaque salarié de l'entreprise où sont réalisés les travaux, affecté habituellement aux travaux d'entretien et de réparation, bénéficie d'un repos compensateur d'une durée égale au repos supprimé.

Article L. 3132-5 (Version en vigueur depuis le 1er mai 2008) :
Dans certaines industries traitant des matières périssables ou ayant à répondre à certains moments à un surcroît extraordinaire de travail, le repos hebdomadaire des salariés peut être suspendu deux fois au plus par mois, sans que le nombre de ces suspensions dans l'année soit supérieur à six.
Les heures de travail ainsi accomplies le jour du repos hebdomadaire sont considérées comme des heures supplémentaires et sont imputées sur le crédit d'heures supplémentaires prévu par les décrets d'application des dispositions relatives à la durée du travail.
La liste des industries pouvant bénéficier des dispositions prévues au premier alinéa est déterminée par décret en Conseil d'Etat.

Article L. 3132-6 (Version en vigueur depuis le 1er mai 2008) :
Dans les ports, débarcadères et stations, l'emploi de salariés aux travaux de chargement et de déchargement le jour de repos hebdomadaire est autorisé dans les mêmes cas et sous les mêmes conditions que lorsque la durée du travail peut être prolongée pour ces mêmes travaux, en vertu des décrets d'application des dispositions relatives à la durée du travail.

Article L. 3132-7 (Version en vigueur depuis le 1er mai 2008) :
Dans certaines industries ne fonctionnant que pendant une partie de l'année et dans certains établissements appartenant aux branches d'activité à caractère saisonnier et n'ouvrant en tout ou partie que pendant une période de l'année, le repos hebdomadaire peut être en partie différé dans les conditions prévues par l'article L. 3132-10, sous réserve que chaque travailleur bénéficie au moins de deux jours de repos par mois, autant que possible le dimanche.
La liste des industries et établissements prévus au premier alinéa est déterminée par décret en Conseil d'Etat.

Article L. 3132-8 (Version en vigueur depuis le 1er mai 2008) :
Lorsqu'un établissement industriel ou commercial attribue le repos hebdomadaire le même jour à tous les salariés, ce repos peut être réduit à une demi-journée pour les salariés affectés aux travaux de nettoyage des locaux industriels et de maintenance qui doivent être réalisés nécessairement le jour de repos collectif et qui sont indispensables pour éviter un retard dans la reprise normale du travail.

Dans ce cas, un repos compensateur est attribué à raison d'une journée entière pour deux réductions d'une demi-journée.

Article L. 3132-9 (Version en vigueur depuis le 1er mai 2008):
Dans les établissements de l'Etat ainsi que dans ceux où sont exécutés des travaux pour le compte de l'Etat et dans l'intérêt de la défense nationale, le repos hebdomadaire peut être temporairement suspendu par les ministres intéressés.

Article L. 3132-10 (Version en vigueur depuis le 1er mai 2008):
Dans les établissements industriels fonctionnant en continu, les repos hebdomadaires des salariés affectés aux travaux en continu peuvent être en partie différés dans les conditions suivantes:
1° Chaque salarié bénéficie, dans une période de travail donnée, d'un nombre de repos de vingt-quatre heures consécutives au moins égal au nombre de semaines comprises dans cette période;
2° Chaque salarié bénéficie le plus possible de repos le dimanche.
Un décret en Conseil d'Etat détermine les conditions d'application du repos hebdomadaire aux salariés intéressés, les travaux auxquels s'appliquent cette dérogation et pour chacun de ces travaux, la durée maximale de la période de travail mentionnée au 1°.

Article L. 3132-11 (Version en vigueur depuis le 1er mai 2008):
Les gardiens et concierges des établissements industriels et commerciaux auxquels le repos hebdomadaire ne peut être donné bénéficient d'un repos compensateur.
Cette dérogation n'est pas applicable aux jeunes travailleurs de moins de dix-huit ans.

Article L. 3132-12 (Version en vigueur depuis le 1er mai 2008):
Certains établissements, dont le fonctionnement ou l'ouverture est rendu nécessaire par les contraintes de la production, de l'activité ou les besoins du public, peuvent de droit déroger à la règle du repos dominical en attribuant le repos hebdomadaire par roulement.
Un décret en Conseil d'Etat détermine les catégories d'établissements intéressées.

Article L. 3132-13 (Modifié par Loi n° 2015-990 du 6 août 2015 - art. 251):
Dans les commerces de détail alimentaire, le repos hebdomadaire peut être donné le dimanche à partir de treize heures.
Les salariés âgés de moins de vingt et un ans logés chez leurs employeurs bénéficient d'un repos compensateur, par roulement et par semaine, d'un autre après-midi.
Les autres salariés bénéficient d'un repos compensateur, par roulement et par quinzaine, d'une journée entière.
Dans les commerces de détail alimentaire dont la surface de vente est supérieure au seuil mentionné au premier alinéa de l'article 3 de la loi n° 72-657 du 13 juillet 1972 instituant des mesures en faveur de certaines catégories de commerçants et artisans âgés, les salariés privés du repos dominical bénéficient d'une rémunération majorée d'au moins 30 % par rapport à la rémunération normalement due pour une durée équivalente.

Loi n° 72-657 du 13 juillet 1972, instituant des mesures en faveur de certaines catégories de commerçants et artisans âgés: Article 3 (Modifié par Loi n° 2008-776 du 4 août 2008 - art. 99 (V) et Modifié par Loi n° 2008-1425 du 27 décembre 2008 - art. 36):
Il est institué une taxe sur les surfaces commerciales assise sur la surface de vente des magasins de commerce de détail, dès lors qu'elle dépasse 400 mètres carrés des établissements ouverts à partir du 1er janvier 1960 quelle que soit la forme juridique de l'entreprise qui les exploite. Ne sont pas considérés comme magasins de commerce de détail les établissements de commerce de gros dont la clientèle est composée de professionnels pour les besoins de leur activité ou de collectivités. Lorsque ces établissements réalisent à titre accessoire des ventes à des consommateurs pour un usage domestique, ces ventes constituent des ventes au détail qui sont soumises à la taxe dans les conditions de droit commun.
Toutefois, le seuil de superficie de 400 mètres carrés ne s'applique pas aux établissements contrôlés directement ou indirectement par une même personne et exploités sous une même enseigne commerciale lorsque la surface de vente cumulée de l'ensemble de ces établissements excède 4.000 mètres carrés.
La surface de vente des magasins de commerce de détail, prise en compte pour le calcul de la taxe, et celle visée à l'article L. 720-5 du code de commerce, s'entendent des espaces affectés à la circulation de la clientèle pour effectuer ses achats, de ceux affectés à l'exposition des marchandises proposées à la vente, à leur paiement, et de ceux affectés à la circulation du personnel pour présenter les marchandises à la vente.
La surface de vente des magasins de commerce de détail prise en compte pour le calcul de la taxe ne comprend que la partie close et couverte de ces magasins.
La surface de vente à retenir pour le calcul de la taxe est celle existant au 31 décembre de l'année précédant l'année d'imposition pour les établissements existant à cette date.

Article L. 3132-14 (Modifié par Ordonnance n° 2017-1718 du 20 décembre 2017 - art. 1) :
Dans les industries ou les entreprises industrielles, une convention ou un accord d'entreprise ou d'établissement ou, à défaut, une convention ou un accord de branche étendu peut prévoir la possibilité d'organiser le travail de façon continue pour des raisons économiques et d'attribuer le repos hebdomadaire par roulement.
A défaut de convention ou d'accord collectif de travail étendu ou de convention ou d'accord d'entreprise, une dérogation peut être accordée par l'inspecteur du travail après consultation des délégués syndicaux et avis du comité social et économique, s'il existe, dans des conditions déterminées par décret en Conseil d'Etat.

Article L. 3132-15 (Version en vigueur depuis le 1er mai 2008) :
La durée du travail des salariés travaillant de façon permanente en équipes successives selon un cycle continu ne doit pas être supérieure en moyenne, sur une année, à trente-cinq heures par semaine travaillée.

Article L. 3132-16 (Modifié par Ordonnance n° 2017-1718 du 20 décembre 2017 - art. 1) :
Dans les industries ou les entreprises industrielles, une convention ou un accord d'entreprise ou d'établissement ou, à défaut, une convention ou un accord collectif de travail étendu peut prévoir que le personnel d'exécution fonctionne en deux groupes dont l'un, dénommé équipe de suppléance, a pour seule fonction de remplacer l'autre pendant le ou les jours de repos accordés au premier groupe.
Le repos hebdomadaire des salariés de l'équipe de suppléance est attribué un autre jour que le dimanche.
Cette dérogation s'applique également au personnel nécessaire à l'encadrement de cette équipe.

Article L. 3132-17 (Version en vigueur depuis le 1er mai 2008) :
La convention ou l'accord prévoyant la mise en place d'une équipe de suppléance comporte des dispositions concernant :
1° Les conditions particulières de mise en œuvre de la formation du personnel travaillant en équipe de suppléance et la rémunération du temps de formation ;
2° Les modalités d'exercice du droit des salariés de l'équipe de suppléance d'occuper un emploi autre que de suppléance.

Article L. 3132-18 (Modifié par Ordonnance n° 2017-1386 du 22 septembre 2017 - art. 4) :
A défaut de convention ou d'accord, le recours aux équipes de suppléance est subordonné à l'autorisation de l'inspecteur du travail donnée après consultation des délégués syndicaux et avis du comité social et économique, s'il existe, dans des conditions déterminées par décret en Conseil d'Etat.

Article L. 3132-19 (Version en vigueur depuis le 1er mai 2008) :
La rémunération des salariés de l'équipe de suppléance est majorée d'au moins 50 % par rapport à celle qui serait due pour une durée équivalente effectuée suivant l'horaire normal de l'entreprise. Cette majoration ne s'applique pas lorsque les salariés de l'équipe de suppléance sont amenés à remplacer durant la semaine les salariés partis en congé.

Article L. 3132-20 (Version en vigueur depuis le 1er mai 2008) :
Lorsqu'il est établi que le repos simultané, le dimanche, de tous les salariés d'un établissement serait préjudiciable au public ou compromettrait le fonctionnement normal de cet établissement, le repos peut être autorisé par le préfet, soit toute l'année, soit à certaines époques de l'année seulement suivant l'une des modalités suivantes :
1° Un autre jour que le dimanche à tous les salariés de l'établissement ;
2° Du dimanche midi au lundi midi ;
3° Le dimanche après-midi avec un repos compensateur d'une journée par roulement et par quinzaine ;
4° Par roulement à tout ou partie des salariés.

Article L. 3132-21 (Modifié par Loi n° 2015-990 du 6 août 2015 - art. 241) :
Les autorisations prévues à l'article L. 3132-20 sont accordées pour une durée qui ne peut excéder trois ans, après avis du conseil municipal et, le cas échéant, de l'organe délibérant de l'établissement public de coopération intercommunale à fiscalité propre dont la commune est membre, de la chambre de commerce et d'industrie, de la chambre de métiers et de l'artisanat, ainsi que des organisations professionnelles d'employeurs et des organisations syndicales de salariés intéressées de la commune.
En cas d'urgence dûment justifiée et lorsque le nombre de dimanches pour lesquels l'autorisation prévue au même article L. 3132-20 n'excède pas trois, les avis préalables mentionnés au premier alinéa du présent article ne sont pas requis.

Article L. 3132-22 (Version en vigueur depuis le 1er mai 2008) :
Les dispositions de l'article L. 3132-20 ne sont pas applicables aux clercs, commis et employés des études et greffes dans les offices ministériels.

Article L. 3132-23 (Modifié par Loi n° 2009-974 du 10 août 2009 - art. 2 (V°)):
L'autorisation accordée à un établissement par le préfet peut être étendue à plusieurs ou à la totalité des établissements de la même localité exerçant la même activité, s'adressant à la même clientèle, une fraction d'établissement ne pouvant, en aucun cas, être assimilée à un établissement.
Ces autorisations d'extension sont toutes retirées lorsque, dans la localité, la majorité des établissements intéressés le demande.

Article L. 3132-24 (Modifié par Loi n° 2015-990 du 6 août 2015 - art. 242):
I.– Les établissements de vente au détail qui mettent à disposition des biens et des services et qui sont situés dans les zones touristiques internationales peuvent donner le repos hebdomadaire par roulement pour tout ou partie du personnel, dans les conditions prévues aux articles L. 3132-25-3 et L. 3132-25-4.
II.– Les zones touristiques internationales sont délimitées par les ministres chargés du travail, du tourisme et du commerce, après avis du maire et, le cas échéant, du président de l'établissement public de coopération intercommunale à fiscalité propre dont la commune est membre ainsi que des organisations professionnelles d'employeurs et des organisations syndicales de salariés intéressées, compte tenu du rayonnement international de ces zones, de l'affluence exceptionnelle de touristes résidant hors de France et de l'importance de leurs achats.
III.– Trois ans après la délimitation d'une zone touristique internationale, le Gouvernement remet au Parlement une évaluation économique et sociale des pratiques d'ouverture des commerces qui se sont développées à la suite de cette délimitation.
IV.– Un décret en Conseil d'Etat détermine les modalités d'application du présent article.

Article L. 3132-25 (Modifié par Loi n° 2015-990 du 6 août 2015 - art. 243):
Les établissements de vente au détail qui mettent à disposition des biens et des services et qui sont situés dans les zones touristiques caractérisées par une affluence particulièrement importante de touristes peuvent donner le repos hebdomadaire par roulement pour tout ou partie du personnel, dans les conditions prévues aux articles L. 3132-25-3 et L. 3132-25-4.
Un décret en Conseil d'Etat détermine les modalités d'application du présent article.

Article L. 3132-25-1 (Modifié par Loi n° 2015-990 du 6 août 2015 - art. 244):
Les établissements de vente au détail qui mettent à disposition des biens et des services et qui sont situés dans les zones commerciales caractérisées par une offre commerciale et une demande potentielle particulièrement importantes, le cas échéant en tenant compte de la proximité immédiate d'une zone frontalière, peuvent donner le repos hebdomadaire par roulement pour tout ou partie du personnel, dans les conditions prévues aux articles L. 3132-25-3 et L. 3132-25-4.
Un décret en Conseil d'Etat détermine les modalités d'application du présent article.

Article L. 3132-25-2 (Modifié par Loi n° 2015-990 du 6 août 2015 - art. 245):
I.– La demande de délimitation ou de modification des zones définies aux articles L. 3132-25 et L. 3132-25-1 est faite par le maire ou, après consultation des maires concernés, par le président de l'établissement public de coopération intercommunale à fiscalité propre, lorsque celui-ci existe et que le périmètre de la zone concernée excède le territoire d'une seule commune.
La demande de délimitation ou de modification de ces zones est transmise au représentant de l'Etat dans la région. Elle est motivée et comporte une étude d'impact justifiant notamment l'opportunité de la création ou de la modification de la zone.
II.– Les zones mentionnées au I sont délimitées ou modifiées par le représentant de l'Etat dans la région après avis:
1° Du conseil municipal des communes dont le territoire est concerné;
2° Des organisations professionnelles d'employeurs et des organisations syndicales de salariés intéressées;
3° De l'organe délibérant des établissements publics de coopération intercommunale à fiscalité propre dont sont membres les communes dont le territoire est concerné;
4° Du comité départemental du tourisme, pour les zones touristiques mentionnées à l'article L. 3132-25;
5° De la chambre de commerce et d'industrie et de la chambre de métiers et de l'artisanat, pour les zones commerciales mentionnées à l'article L. 3132-25-1.
L'avis de ces organismes est réputé donné à l'issue d'un délai de deux mois à compter de leur saisine en cas de demande de délimitation d'une zone et d'un mois en cas de demande de modification d'une zone existante.
III.– Le représentant de l'Etat dans la région statue dans un délai de six mois sur la demande de délimitation dont il est saisi. Il statue dans un délai de trois mois sur une demande de modification d'une zone.

Article L. 3132-25-3 (Modifié par Ordonnance n° 2017-1386 du 22 septembre 2017 - art. 4 et Modifié par Ordonnance n° 2017-1718 du 20 décembre 2017 - art. 1) :

I.– Les autorisations prévues à l'article L. 3132-20 sont accordées au vu d'un accord collectif ou, à défaut, d'une décision unilatérale de l'employeur prise après référendum.

L'accord collectif fixe les contreparties accordées aux salariés privés du repos dominical ainsi que les engagements pris en termes d'emploi ou en faveur de certains publics en difficulté ou de personnes handicapées.

En l'absence d'accord collectif applicable, les autorisations sont accordées au vu d'une décision unilatérale de l'employeur, prise après avis du comité social et économique, s'il existe, approuvée par référendum organisé auprès des personnels concernés par cette dérogation au repos dominical. La décision de l'employeur approuvée par référendum fixe les contreparties accordées aux salariés privés du repos dominical ainsi que les engagements pris en termes d'emploi ou en faveur de certains publics en difficulté ou de personnes handicapées. Dans ce cas, chaque salarié privé du repos du dimanche bénéficie d'un repos compensateur et perçoit pour ce jour de travail une rémunération au moins égale au double de la rémunération normalement due pour une durée équivalente.

Lorsqu'un accord collectif est régulièrement négocié postérieurement à la décision unilatérale prise sur le fondement de l'alinéa précédent, cet accord s'applique dès sa signature en lieu et place des contreparties prévues par cette décision.

II.– Pour bénéficier de la faculté de donner le repos hebdomadaire par roulement pour tout ou partie du personnel, prévue aux articles L. 3132-24, L. 3132-25, L. 3132-25-1 et L. 3132-25-6, les établissements doivent être couverts soit par un accord d'entreprise ou d'établissement ou, à défaut, un accord collectif de branche, soit par un accord conclu à un niveau territorial.

Les accords collectifs de branche, d'entreprise et d'établissement et les accords territoriaux prévoient une compensation déterminée afin de tenir compte du caractère dérogatoire du travail accompli le dimanche.

L'accord mentionné au premier alinéa du présent II fixe les contreparties, en particulier salariales, accordées aux salariés privés du repos dominical ainsi que les engagements pris en termes d'emploi ou en faveur de certains publics en difficulté ou de personnes handicapées. Il prévoit également les mesures destinées à faciliter la conciliation entre la vie professionnelle et la vie personnelle des salariés privés du repos dominical. Le présent alinéa s'applique également aux établissements autres que ceux mentionnés à l'article L. 3132-12 pour leurs salariés qui travaillent dans la surface de vente d'un établissement situé dans l'une des zones mentionnées aux articles L. 3132-24, L. 3132-25 et L. 3132-25-1 ou dans l'une des gares mentionnées à l'article L. 3132-25-6.

L'accord fixe les contreparties mises en œuvre par l'employeur pour compenser les charges induites par la garde des enfants pour les salariés privés du repos dominical.

Dans les établissements de moins de onze salariés, à défaut d'accord collectif ou d'accord conclu à un niveau territorial, la faculté mentionnée au premier alinéa du présent II est ouverte après consultation par l'employeur des salariés concernés sur les mesures prévues au titre des deuxième à quatrième alinéas et approbation de la majorité d'entre eux.

En cas de franchissement du seuil de onze salariés mentionné au cinquième alinéa, le premier alinéa est applicable à compter de la troisième année consécutive au cours de laquelle l'effectif de l'établissement employé dans la zone atteint ce seuil.

III.– Dans les cas prévus aux I et II du présent article, l'accord ou la décision unilatérale de l'employeur prise en application de l'article L. 3132-20 fixent les conditions dans lesquelles l'employeur prend en compte l'évolution de la situation personnelle des salariés privés du repos dominical.

Article L. 3132-25-4 (Modifié par Loi n° 2015-990 du 6 août 2015 - art. 247) :

Pour l'application des articles L. 3132-20, L. 3132-24, L. 3132-25, L. 3132-25-1 et L. 3132-25-6, seuls les salariés volontaires ayant donné leur accord par écrit à leur employeur peuvent travailler le dimanche. Une entreprise ne peut prendre en considération le refus d'une personne de travailler le dimanche pour refuser de l'embaucher. Le salarié qui refuse de travailler le dimanche ne peut faire l'objet d'une mesure discriminatoire dans le cadre de l'exécution de son contrat de travail. Le refus de travailler le dimanche pour un salarié ne constitue pas une faute ou un motif de licenciement.

L'accord collectif ou les mesures proposées par l'employeur mentionnés au II de l'article L. 3132-25-3 déterminent les modalités de prise en compte d'un changement d'avis du salarié privé du repos dominical.

Pour l'application de l'article L. 3132-20, à défaut d'accord collectif applicable, l'employeur demande chaque année à tout salarié qui travaille le dimanche s'il souhaite bénéficier d'une priorité pour occuper ou reprendre un emploi ressortissant à sa catégorie professionnelle ou un emploi équivalent ne comportant pas de travail le dimanche dans le même établissement ou, à défaut, dans la même entreprise. L'employeur l'informe également, à cette occasion, de sa

faculté de ne plus travailler le dimanche s'il ne le souhaite plus. En pareil cas, le refus du salarié prend effet trois mois après sa notification écrite à l'employeur.
En outre, le salarié qui travaille le dimanche peut à tout moment demander à bénéficier de la priorité définie à l'alinéa précédent.
En l'absence d'accord collectif, le salarié privé de repos dominical conserve la faculté de refuser de travailler trois dimanches de son choix par année civile. Il doit en informer préalablement son employeur en respectant un délai d'un mois.
L'employeur prend toute mesure nécessaire pour permettre aux salariés d'exercer personnellement leur droit de vote au titre des scrutins nationaux et locaux lorsque ceux-ci ont lieu le dimanche.

Article L. 3132-25-5 (Modifié par Loi n° 2015-990 du 6 août 2015 - art. 248) :
Les articles L. 3132-25 et L. 3132-25-1 ne sont pas applicables aux commerces de détail alimentaire qui bénéficient des dispositions de l'article L. 3132-13.
Les commerces de détail alimentaire situés dans les zones mentionnées à l'article L. 3132-24 ou dans les emprises des gares mentionnées à l'article L. 3132-25-6 sont soumis, pour la période du dimanche s'achevant à treize heures, à l'article L. 3132-13. Après treize heures, ils peuvent donner le repos hebdomadaire par roulement pour tout ou partie du personnel selon les modalités définies aux II et III de l'article L. 3132-25-3 et à l'article L. 3132-25-4.

Article L. 3132-25-6 (Modifié par Loi n° 2015-990 du 6 août 2015 - art. 249) :
Un arrêté conjoint des ministres chargés des transports, du travail et du commerce peut, après avis du maire, le cas échéant du président de l'établissement public de coopération intercommunale dont la commune est membre, et des représentants des employeurs et des salariés des établissements concernés, autoriser les établissements de vente au détail qui mettent à disposition des biens et des services et qui sont situés dans l'emprise d'une gare qui n'est pas incluse dans l'une des zones mentionnées à l'article L. 3132-24 à donner le repos hebdomadaire par roulement pour tout ou partie du personnel, compte tenu de l'affluence exceptionnelle de passagers dans cette gare, dans les conditions prévues aux II et III de l'article L. 3132-25-3 et à l'article L. 3132-25-4.
Les avis requis en application du premier alinéa du présent article sont réputés donnés à l'issue d'un délai de deux mois à compter de la saisine des personnes et des organisations concernées.

Article L. 3132-26 (Modifié par Loi n° 2016-1088 du 8 août 2016 - art. 8 (V)) :
Dans les établissements de commerce de détail où le repos hebdomadaire a lieu normalement le dimanche, ce repos peut être supprimé les dimanches désignés, pour chaque commerce de détail, par décision du maire prise après avis du conseil municipal. Le nombre de ces dimanches ne peut excéder douze par année civile. La liste des dimanches est arrêtée avant le 31 décembre, pour l'année suivante. Elle peut être modifiée dans les mêmes formes en cours d'année, au moins deux mois avant le premier dimanche concerné par cette modification.
Lorsque le nombre de ces dimanches excède cinq, la décision du maire est prise après avis conforme de l'organe délibérant de l'établissement public de coopération intercommunale à fiscalité propre dont la commune est membre. A défaut de délibération dans un délai de deux mois suivant sa saisine, cet avis est réputé favorable.
Pour les commerces de détail alimentaire dont la surface de vente est supérieure au seuil mentionné au premier alinéa de l'article 3 de la loi n° 72-657 du 13 juillet 1972 instituant des mesures en faveur de certaines catégories de commerçants et artisans âgés, lorsque les jours fériés mentionnés à l'article L. 3133-1, à l'exception du 3°, sont travaillés, ils sont déduits par l'établissement des dimanches désignés par le maire au titre du présent article, dans la limite de trois.

Article L. 3132-26-1 (Créé par Loi n° 2015-990 du 6 août 2015 - art. 252) :
Lorsque le repos dominical a été supprimé le jour d'un scrutin national ou local, l'employeur prend toute mesure nécessaire pour permettre aux salariés d'exercer personnellement leur droit de vote.

Article L. 3132-27 (Modifié par Loi n° 2009-974 du 10 août 2009 - art. 1) :
Chaque salarié privé du repos dominical perçoit une rémunération au moins égale au double de la rémunération normalement due pour une durée équivalente, ainsi qu'un repos compensateur équivalent en temps.
L'arrêté pris en application de l'article L. 3132-26 détermine les conditions dans lesquelles ce repos est accordé, soit collectivement, soit par roulement dans la quinzaine qui précède ou suit la suppression du repos.
Si le repos dominical est supprimé un dimanche précédant une fête légale, le repos compensateur est donné le jour de cette fête.

Article L. 3132-27-1 (Créé par Loi n° 2015-990 du 6 août 2015 - art. 253) :
Le premier alinéa de l'article L. 3132-25-4 est applicable aux salariés privés du repos dominical en application de l'article L. 3132-26.

Article L. 3132-27-2 (Créé par Loi n° 2015-990 du 6 août 2015 - art. 256):
Dans le périmètre de chaque schéma de cohérence territoriale, le représentant de l'Etat dans la région réunit annuellement les maires, les présidents d'établissement public de coopération intercommunale à fiscalité propre, les associations de commerçants et les organisations représentatives des salariés et des employeurs du commerce de détail, et organise une concertation sur les pratiques d'ouverture dominicale des commerces de détail au regard des dérogations au repos dominical prévues à la présente sous-section et de leur impact sur les équilibres en termes de flux commerciaux et de répartition des commerces de détail sur le territoire.

Article L. 3132-28 (Modifié par Loi n° 2016-1088 du 8 août 2016 - art. 8 (V)):
Les décrets en Conseil d'Etat prévus par les articles L. 3132-5, L. 3132-7, L. 3132-10 et L. 3132-13 sont pris dans les mêmes formes que celles prévues à l'article L. 3121-67 pour les décrets d'application des dispositions relatives à la durée du travail.

Article L. 3132-29 (Modifié par Loi n° 2015-990 du 6 août 2015 - art. 255):
Lorsqu'un accord est intervenu entre les organisations syndicales de salariés et les organisations d'employeurs d'une profession et d'une zone géographique déterminées sur les conditions dans lesquelles le repos hebdomadaire est donné aux salariés, le préfet peut, par arrêté, sur la demande des syndicats intéressés, ordonner la fermeture au public des établissements de la profession ou de la zone géographique concernée pendant toute la durée de ce repos. Ces dispositions ne s'appliquent pas aux activités dont les modalités de fonctionnement et de paiement sont automatisées.
A la demande des organisations syndicales représentatives des salariés ou des organisations représentatives des employeurs de la zone géographique concernée exprimant la volonté de la majorité des membres de la profession de cette zone géographique, le préfet abroge l'arrêté mentionné au premier alinéa, sans que cette abrogation puisse prendre effet avant un délai de trois mois.

Article L. 3132-30 (Version en vigueur depuis le 1er mai 2008):
La fermeture prévue à l'article L. 3132-29 ne s'applique pas aux stands des exposants dans l'enceinte des expositions, foires ou salons figurant sur une liste déterminée, après consultation des organisations d'employeurs et de salariés intéressées, par arrêté conjoint des ministres chargés du travail et du commerce.
Les exposants bénéficiant de ces dispositions peuvent accorder le repos hebdomadaire à leurs salariés par roulement.

Article L. 3132-31 (Version en vigueur depuis le 1er mai 2008):
L'inspecteur du travail peut, nonobstant toutes poursuites pénales, saisir en référé le juge judiciaire pour voir ordonner toutes mesures propres à faire cesser dans les établissements de vente au détail et de prestations de services au consommateur l'emploi illicite de salariés en infraction aux dispositions des articles L. 3132-3 et L. 3132-13.
Le juge judiciaire peut notamment ordonner la fermeture le dimanche du ou des établissements concernés. Il peut assortir sa décision d'une astreinte liquidée au profit du Trésor.

12. La mensualisation des horaires

Article L. 7313-7 (Version en vigueur depuis le 1er mai 2008):
Les commissions dues au voyageur, représentant ou placier du commerce sont payées au moins tous les trois mois.

Article L. 7412-1 (Version en vigueur depuis le 1er mai 2008):
Est travailleur à domicile toute personne qui:

1° Exécute, moyennant une rémunération forfaitaire, pour le compte d'un ou plusieurs établissements, un travail qui lui est confié soit directement, soit par un intermédiaire;
2° Travaille soit seule, soit avec son conjoint, partenaire lié par un pacte civil de solidarité, concubin ou avec ses enfants à charge au sens fixé par l'article L. 313-3 du code de la sécurité sociale, ou avec un auxiliaire.
Il n'y a pas lieu de rechercher:
   a) S'il existe entre lui et le donneur d'ouvrage un lien de subordination juridique, sous réserve de l'application des dispositions de l'article L. 8221-6;
   b) S'il travaille sous la surveillance immédiate et habituelle du donneur d'ouvrage;
   c) Si le local où il travaille et le matériel qu'il emploie, quelle qu'en soit l'importance, lui appartient;
   d) S'il se procure lui-même les fournitures accessoires;
   e) Le nombre d'heures accomplies.

Article L. 1251-1 (Modifié par Loi n° 2009-972 du 3 août 2009 - art. 21) :
Le recours au travail temporaire a pour objet la mise à disposition temporaire d'un salarié par une entreprise de travail temporaire au bénéfice d'un client utilisateur pour l'exécution d'une mission.
Chaque mission donne lieu à la conclusion :
1° D'un contrat de mise à disposition entre l'entreprise de travail temporaire et le client utilisateur, dit « entreprise utilisatrice » :
2° D'un contrat de travail, dit « contrat de mission », entre le salarié temporaire et son employeur, l'entreprise de travail temporaire.
Lorsque l'utilisateur est une personne morale de droit public, le présent chapitre s'applique, sous réserve des dispositions prévues à la section 6.

Article L. 3242-1 (Version en vigueur depuis le 1er mai 2008) :
La rémunération des salariés est mensuelle et indépendante, pour un horaire de travail effectif déterminé, du nombre de jours travaillés dans le mois. Le paiement mensuel neutralise les conséquences de la répartition inégale des jours entre les douze mois de l'année.
Pour un horaire équivalent à la durée légale hebdomadaire, la rémunération mensuelle due au salarié se calcule en multipliant la rémunération horaire par les 52/12 de la durée légale hebdomadaire.
Le paiement de la rémunération est effectué une fois par mois. Un acompte correspondant, pour une quinzaine, à la moitié de la rémunération mensuelle, est versé au salarié qui en fait la demande.
Ces dispositions ne s'appliquent pas aux salariés travaillant à domicile, aux salariés saisonniers, aux salariés intermittents et aux salariés temporaires.

13. L'organisation du temps de travail

Article D. 3171-1 (Modifié par Décret n° 2016-1553 du 18 novembre 2016 - art. 6) :
Lorsque tous les salariés d'un atelier, d'un service ou d'une équipe travaillent selon le même horaire collectif, un horaire établi selon l'heure légale indique les heures auxquelles commence et finit chaque période de travail.
Aucun salarié ne peut être employé en dehors de cet horaire, sous réserve des dispositions des articles L. 3121-30, L. 3121-33, L. 3121-38 et L. 3121-39 relatives au contingent annuel d'heures supplémentaires, et des heures de dérogation permanente prévues par un décret pris en application de l'article L. 3121-67.

Article L. 3121-48 (Modifié par Ordonnance n° 2017-1386 du 22 septembre 2017 - art. 4) :
L'employeur peut, à la demande de certains salariés, mettre en place un dispositif d'horaires individualisés permettant un report d'heures d'une semaine à une autre, dans les limites et selon les modalités définies aux articles L. 3121-51 et L. 3121-52, après avis conforme du comité social et économique. Dans ce cadre, et par dérogation à l'article L. 3121-29, les heures de travail effectuées au cours d'une même semaine au-delà de la durée hebdomadaire légale ou conventionnelle ne sont pas considérées comme des heures supplémentaires, pourvu qu'elles résultent d'un libre choix du salarié.
Dans les entreprises qui ne disposent pas de représentant du personnel, l'inspecteur du travail autorise la mise en place d'horaires individualisés.

Article L. 3121-49 (Modifié par Loi n° 2016-1088 du 8 août 2016 - art. 8(V)) :
Les salariés mentionnés aux 1° à 4° et 9° à 11° de l'article L. 5212-13 bénéficient à leur demande, au titre des mesures appropriées prévues à l'article L. 5213-6, d'un aménagement d'horaires individualisés propre à faciliter leur accès à l'emploi, leur exercice professionnel ou le maintien dans leur emploi.
Les aidants familiaux et les proches d'une personne handicapée bénéficient, dans les mêmes conditions, d'un aménagement d'horaires individualisés propre à faciliter l'accompagnement de cette personne.

14. Le travail à temps partiel

Article L. 3123-1 (Modifié par Loi n° 2016-1088 du 8 août 2016 - art. 8(V)) :
Est considéré comme salarié à temps partiel le salarié dont la durée du travail est inférieure :
1° A la durée légale du travail ou, lorsque cette durée est inférieure à la durée légale, à la durée du travail fixée conventionnellement pour la branche ou l'entreprise ou à la durée du travail applicable dans l'établissement ;

2° A la durée mensuelle résultant de l'application, durant cette période, de la durée légale du travail ou, si elle est inférieure, de la durée du travail fixée conventionnellement pour la branche ou l'entreprise ou de la durée du travail applicable dans l'établissement;

3° A la durée de travail annuelle résultant de l'application durant cette période de la durée légale du travail, soit 1.607 heures, ou, si elle est inférieure, de la durée du travail fixée conventionnellement pour la branche ou l'entreprise ou de la durée du travail applicable dans l'établissement.

Article L. 3123-2 (Modifié par Loi n° 2016-1088 du 8 août 2016 - art. 8(V)):
Le salarié qui en fait la demande peut bénéficier d'une réduction de la durée du travail sous forme d'une ou plusieurs périodes d'au moins une semaine en raison des besoins de sa vie personnelle. Sa durée de travail est fixée dans la limite annuelle prévue au 3° de l'article L. 3123-1.
Pendant les périodes travaillées, le salarié est occupé selon l'horaire collectif applicable dans l'entreprise ou l'établissement.
Les dispositions relatives au régime des heures supplémentaires et à la contrepartie obligatoire sous forme de repos s'appliquent aux heures accomplies au cours d'une semaine au-delà de la durée légale fixée en application de l'article L. 3121-27 ou, en cas d'application d'un accord collectif conclu sur le fondement de l'article L. 3121-44, aux heures accomplies au-delà des limites fixées par cet accord.
L'avenant au contrat de travail précise la ou les périodes non travaillées. Il peut également prévoir les modalités de calcul de la rémunération mensualisée indépendamment de l'horaire réel du mois.

Article L. 3123-3 (Modifié par Ordonnance n° 2017-1718 du 20 décembre 2017 - art. 1):
Les salariés à temps partiel qui souhaitent occuper ou reprendre un emploi d'une durée au moins égale à celle mentionnée au premier alinéa de l'article L. 3123-7 ou un emploi à temps complet et les salariés à temps complet qui souhaitent occuper ou reprendre un emploi à temps partiel dans le même établissement ou, à défaut, dans la même entreprise ont priorité pour l'attribution d'un emploi ressortissant à leur catégorie professionnelle ou d'un emploi équivalent ou, si une convention ou un accord d'entreprise ou d'établissement ou, à défaut, une convention ou un accord de branche étendu le prévoit, d'un emploi présentant des caractéristiques différentes.
L'employeur porte à la connaissance de ces salariés la liste des emplois disponibles correspondants.

Article L. 3123-4 (Modifié par Loi n° 2016-1088 du 8 août 2016 - art. 8(V)):
Le refus par un salarié d'accomplir un travail à temps partiel ne constitue ni une faute ni un motif de licenciement.

Article L. 3123-5 (Modifié par Loi n° 2016-1088 du 8 août 2016 - art. 8(V)):
Le salarié à temps partiel bénéficie des droits reconnus au salarié à temps complet par la loi, les conventions et les accords d'entreprise ou d'établissement sous réserve, en ce qui concerne les droits conventionnels, de modalités spécifiques prévues par une convention ou un accord collectif.
La période d'essai d'un salarié à temps partiel ne peut avoir une durée calendaire supérieure à celle du salarié à temps complet.
Compte tenu de la durée de son travail et de son ancienneté dans l'entreprise, la rémunération du salarié à temps partiel est proportionnelle à celle du salarié qui, à qualification égale, occupe à temps complet un emploi équivalent dans l'établissement ou l'entreprise.
Pour la détermination des droits liés à l'ancienneté, la durée de celle-ci est décomptée pour le salarié à temps partiel comme s'il avait été occupé à temps complet, les périodes non travaillées étant prises en compte en totalité.
L'indemnité de licenciement et l'indemnité de départ à la retraite du salarié ayant été occupé à temps complet et à temps partiel dans la même entreprise sont calculées proportionnellement aux périodes d'emploi accomplies selon l'une et l'autre de ces deux modalités depuis son entrée dans l'entreprise.

Article L. 3123-6 (Modifié par Loi n° 2016-1088 du 8 août 2016 - art. 8(V)):
Le contrat de travail du salarié à temps partiel est un contrat écrit.
Il mentionne:

1° La qualification du salarié, les éléments de la rémunération, la durée hebdomadaire ou mensuelle prévue et, sauf pour les salariés des associations et entreprises d'aide à domicile et les salariés relevant d'un accord collectif conclu en application de l'article L. 3121-44, la répartition de la durée du travail entre les jours de la semaine ou les semaines du mois;

2° Les cas dans lesquels une modification éventuelle de cette répartition peut intervenir ainsi que la nature de cette modification ;
3° Les modalités selon lesquelles les horaires de travail pour chaque journée travaillée sont communiqués par écrit au salarié. Dans les associations et entreprises d'aide à domicile, les horaires de travail sont communiqués par écrit chaque mois au salarié ;
4° Les limites dans lesquelles peuvent être accomplies des heures complémentaires au-delà de la durée de travail fixée par le contrat.

L'avenant au contrat de travail prévu à l'article L. 3123-22 mentionne les modalités selon lesquelles des compléments d'heures peuvent être accomplis au-delà de la durée fixée par le contrat.

Article L. 3123-7 (Modifié par Loi n° 2020-1577 du 14 décembre 2020 - art. 6) :
Le salarié à temps partiel bénéficie d'une durée minimale de travail hebdomadaire déterminée selon les modalités fixées aux articles L. 3123-19 et L. 3123-27.
Le premier alinéa du présent article n'est pas applicable :
1° Aux contrats d'une durée au plus égale à sept jours ;
2° Aux contrats à durée déterminée conclus au titre du 1° de l'article L. 1242-2 ;
3° Aux contrats de travail temporaire conclus au titre du 1° de l'article L. 1251-6 pour le remplacement d'un salarié absent.
4° Aux contrats de travail à durée indéterminée conclus dans le cadre d'un cumul avec l'un des contrats prévus aux articles L. 5132-5, L. 5132-11-1 ou L. 5132-15-1, afin d'atteindre une durée globale d'activité correspondant à un temps plein ou au moins égale à la durée mentionnée à l'article L. 3123-27.

Une durée de travail inférieure à celle prévue au premier alinéa du présent article peut être fixée à la demande du salarié soit pour lui permettre de faire face à des contraintes personnelles, soit pour lui permettre de cumuler plusieurs activités afin d'atteindre une durée globale d'activité correspondant à un temps plein ou au moins égale à la durée mentionnée au même premier alinéa. Cette demande est écrite et motivée.
Une durée de travail inférieure à celle prévue au premier alinéa, compatible avec ses études, est fixée de droit, à sa demande, au bénéfice du salarié âgé de moins de vingt-six ans poursuivant ses études.

Article L. 3123-8 (Modifié par Loi n° 2016-1088 du 8 août 2016 - art. 8(V)) :
Chacune des heures complémentaires accomplies donne lieu à une majoration de salaire.

Article L. 3123-9 (Modifié par Loi n° 2016-1088 du 8 août 2016 - art. 8(V)) :
Les heures complémentaires ne peuvent avoir pour effet de porter la durée de travail accomplie par un salarié à temps partiel au niveau de la durée légale du travail ou, si elle est inférieure, au niveau de la durée de travail fixée conventionnellement.

Article L. 3123-10 (Modifié par Loi n° 2016-1088 du 8 août 2016 - art. 8(V)) :
Le refus d'accomplir les heures complémentaires proposées par l'employeur au-delà des limites fixées par le contrat ne constitue ni une faute ni un motif de licenciement. Il en est de même, à l'intérieur de ces limites, lorsque le salarié est informé moins de trois jours avant la date à laquelle les heures complémentaires sont prévues.

Article L. 3123-11 (Modifié par Loi n° 2016-1088 du 8 août 2016 - art. 8(V)) :
Toute modification de la répartition de la durée de travail entre les jours de la semaine ou entre les semaines du mois est notifiée au salarié en respectant un délai de prévenance.

Article L. 3123-12 (Modifié par Loi n° 2016-1088 du 8 août 2016 - art. 8(V)) :
Lorsque l'employeur demande au salarié de modifier la répartition de sa durée de travail, alors que le contrat de travail n'a pas prévu les cas et la nature de telles modifications, le refus du salarié d'accepter cette modification ne constitue ni une faute ni un motif de licenciement.
Lorsque l'employeur demande au salarié de modifier la répartition de sa durée du travail dans un des cas et selon des modalités préalablement définis dans le contrat de travail, le refus du salarié d'accepter cette modification ne constitue ni une faute ni un motif de licenciement dès lors que cette modification n'est pas compatible avec des obligations familiales impérieuses, avec le suivi d'un enseignement scolaire ou supérieur, avec l'accomplissement d'une période d'activité fixée par un autre employeur ou avec une activité professionnelle non salariée. Il en va de même en cas de modification des horaires de travail au sein de chaque journée travaillée qui figurent dans le document écrit communiqué au salarié en application du 3° de l'article L. 3123-6.

Article L. 3123-13 (Modifié par Loi n° 2016-1088 du 8 août 2016 - art. 8(V)) :
Lorsque, pendant une période de douze semaines consécutives ou pendant douze semaines au cours d'une période de quinze semaines ou pendant la période prévue par un accord collectif conclu sur le fondement de l'article L. 3121-44 si elle est supérieure, l'horaire moyen réellement accompli par un salarié a dépassé de deux heures au moins par semaine, ou de l'équivalent mensuel de cette durée, l'horaire prévu dans son contrat, celui-ci est modifié, sous réserve d'un préavis de sept jours et sauf opposition du salarié intéressé.
L'horaire modifié est égal à l'horaire antérieurement fixé auquel est ajoutée la différence entre cet horaire et l'horaire moyen réellement accompli.

Article L. 3123-14 (Modifié par Loi n° 2016-1088 du 8 août 2016 - art. 8(V)) :
Le temps de travail mensuel d'un salarié à temps partiel ne peut être réduit de plus d'un tiers par l'utilisation du crédit d'heures auquel il peut prétendre pour l'exercice de mandats qu'il détient au sein d'une entreprise. Le solde éventuel de ce crédit d'heures payées peut être utilisé en dehors des heures de travail de l'intéressé.

Article L. 3123-15 (Modifié par Ordonnance n° 2017-1386 du 22 septembre 2017 - art. 4) :
Dans le cadre de la consultation sur la politique sociale de l'entreprise mentionnée à l'article L. 2323-15, l'employeur communique au moins une fois par an au comité social et économique, s'il existe, un bilan du travail à temps partiel réalisé dans l'entreprise.
Il communique également ce bilan aux délégués syndicaux de l'entreprise.

Article L. 3123-16 (Modifié par Ordonnance n° 2017-1386 du 22 septembre 2017 - art. 4) :
L'employeur informe chaque année le comité social et économique, s'il existe, du nombre de demandes de dérogation individuelle à la durée minimale de travail mentionnée au premier alinéa de l'article L. 3123-7 qui sont accordées sur le fondement des deux derniers alinéas du même article L. 3123-7.

Article L. 3123-17 (Modifié par Loi n° 2016-1088 du 8 août 2016 - art. 8(V)) :
Une convention ou un accord d'entreprise ou d'établissement ou, à défaut, une convention ou un accord de branche étendu peut prévoir la mise en œuvre d'horaires de travail à temps partiel à l'initiative de l'employeur.
Cet accord ou cette convention peut également fixer les conditions de mise en place d'horaires à temps partiel à la demande des salariés. Dans ce cas, l'accord ou la convention prévoit :
1° Les modalités selon lesquelles les salariés à temps complet peuvent occuper un emploi à temps partiel et les salariés à temps partiel occuper un emploi à temps complet dans le même établissement ou, à défaut, dans la même entreprise ;
2° La procédure à suivre par les salariés pour faire part de leur demande à leur employeur ;
3° Le délai laissé à l'employeur pour y apporter une réponse motivée, en particulier en cas de refus.

Article L. 3123-18 (Modifié par Ordonnance n° 2017-1718 du 20 décembre 2017 - art. 1) :
Une convention ou un accord d'entreprise ou d'établissement ou, à défaut, une convention ou un accord de branche étendu peut prévoir la possibilité pour l'employeur de :
1° Proposer au salarié à temps partiel un emploi à temps complet ou d'une durée au moins égale à la durée minimale mentionnée au premier alinéa de l'article L. 3123-7 ne ressortissant pas à sa catégorie professionnelle ou un emploi à temps complet non équivalent ;
2° Proposer au salarié à temps complet un emploi à temps partiel ne ressortissant pas à sa catégorie professionnelle ou un emploi à temps partiel non équivalent.

Article L. 3123-19 (Modifié par Ordonnance n° 2017-1718 du 20 décembre 2017 - art. 1) :
Une convention ou un accord de branche étendu fixe la durée minimale de travail mentionnée à l'article L. 3123-7. Lorsqu'elle est inférieure à celle prévue à l'article L. 3123-27, il détermine les garanties quant à la mise en œuvre d'horaires réguliers ou permettant au salarié de cumuler plusieurs activités afin d'atteindre une durée globale d'activité correspondant à un temps plein ou au moins égale à la durée mentionnée à l'article L. 3123-27.
Une convention ou un accord d'entreprise ou d'établissement ou, à défaut, une convention ou un accord de branche étendu détermine les modalités selon lesquelles les horaires de travail des salariés effectuant une durée de travail inférieure à la durée minimale prévue à l'article L. 3123-27 sont regroupés sur des journées ou des demi-journées régulières ou complètes.

Article L. 3123-20 (Modifié par Loi n° 2016-1088 du 8 août 2016 - art. 8(V)) :
Une convention ou un accord d'entreprise ou d'établissement ou, à défaut, une convention ou un accord de branche étendu peut porter la limite dans laquelle peuvent être accomplies des heures complémentaires jusqu'au tiers de la

durée hebdomadaire ou mensuelle de travail prévue dans le contrat du salarié à temps partiel et calculée, le cas échéant, sur la période prévue par un accord collectif conclu sur le fondement de l'article L. 3121-44.

Article L. 3123-21 (Modifié par Loi n° 2016-1088 du 8 août 2016 - art. 8(V)) :
Une convention ou un accord de branche étendu peut prévoir le taux de majoration de chacune des heures complémentaires accomplies dans la limite fixée à l'article L. 3123-20. Ce taux ne peut être inférieur à 10 %.

Article L. 3123-22 (Modifié par Loi n° 2016-1088 du 8 août 2016 - art. 8(V)) :
Une convention ou un accord de branche étendu peut prévoir la possibilité, par un avenant au contrat de travail, d'augmenter temporairement la durée de travail prévue par le contrat.
La convention ou l'accord :
1° Détermine le nombre maximal d'avenants pouvant être conclus, dans la limite de huit par an et par salarié, en dehors des cas de remplacement d'un salarié absent nommément désigné ;
2° Peut prévoir la majoration salariale des heures effectuées dans le cadre de cet avenant ;
3° Détermine les modalités selon lesquelles les salariés peuvent bénéficier prioritairement des compléments d'heures.
Les heures complémentaires accomplies au-delà de la durée déterminée par l'avenant donnent lieu à une majoration salariale qui ne peut être inférieure à 25 %.

Article L. 3123-23 (Modifié par Loi n° 2016-1088 du 8 août 2016 - art. 8(V)) :
Une convention ou un accord d'entreprise ou d'établissement ou, à défaut, une convention ou un accord de branche étendu ou agréé en application de l'article L. 314-6 du code de l'action sociale et des familles peut définir la répartition des horaires de travail des salariés à temps partiel dans la journée de travail.
Si cette répartition comporte plus d'une interruption d'activité ou une interruption supérieure à deux heures, la convention ou l'accord définit les amplitudes horaires pendant lesquelles les salariés peuvent exercer leur activité et prévoit des contreparties spécifiques en tenant compte des exigences propres à l'activité exercée.

Article L. 3123-24 (Modifié par Loi n° 2016-1088 du 8 août 2016 - art. 8(V)) :
Une convention ou un accord d'entreprise ou d'établissement ou, à défaut, une convention ou un accord de branche étendu peut déterminer le délai dans lequel la modification de la répartition de la durée du travail est notifiée au salarié.
Ce délai ne peut être inférieur à trois jours ouvrés. Dans les associations et entreprises d'aide à domicile, ce délai peut être inférieur pour les cas d'urgence définis par convention ou accord de branche étendu ou par convention ou accord d'entreprise ou d'établissement.
La convention ou l'accord d'entreprise ou d'établissement ou, à défaut, la convention ou l'accord de branche étendu prévoit les contreparties apportées au salarié lorsque le délai de prévenance est inférieur à sept jours ouvrés.

Article L. 3123-25 (Modifié par Loi n° 2016-1088 du 8 août 2016 - art. 8(V)) :
L'accord collectif permettant les dérogations prévues aux articles L. 3123-20 et L. 3123-24 comporte des garanties relatives à la mise en œuvre, pour les salariés à temps partiel, des droits reconnus aux salariés à temps complet, notamment du droit à un égal accès aux possibilités de promotion, de carrière et de formation, ainsi qu'à la fixation d'une période minimale de travail continue et à la limitation du nombre des interruptions d'activité au cours d'une même journée.

Article L. 3123-26 (Modifié par Ordonnance n° 2017-1386 du 22 septembre 2017 - art. 4) :
A défaut de convention ou d'accord collectif, des horaires à temps partiel peuvent être pratiqués à l'initiative de l'employeur, après avis du comité social et économique.
Dans les entreprises dépourvues d'institutions représentatives du personnel, des horaires à temps partiel peuvent être pratiqués à l'initiative de l'employeur ou à la demande des salariés, après information de l'agent de contrôle de l'inspection du travail.
A défaut de convention ou d'accord collectif, le salarié peut demander à bénéficier d'un poste à temps partiel, dans des conditions fixées par voie réglementaire.
La demande mentionnée au troisième alinéa ne peut être refusée que si l'employeur justifie de l'absence d'emploi disponible relevant de la catégorie professionnelle du salarié ou de l'absence d'emploi équivalent ou s'il peut démontrer que le changement d'emploi demandé aurait des conséquences préjudiciables à la bonne marche de l'entreprise.

Article L. 3123-27 (Modifié par Loi n° 2016-1088 du 8 août 2016 - art. 8(V)) :
A défaut d'accord prévu à l'article L. 3123-19, la durée minimale de travail du salarié à temps partiel est fixée à vingt-quatre heures par semaine ou, le cas échéant, à l'équivalent mensuel de cette durée ou à l'équivalent calculé sur la période prévue par un accord collectif conclu en application de l'article L. 3121-44.

Article L. 3123-28 (Modifié par Loi n° 2016-1088 du 8 août 2016 - art. 8(V)) :
A défaut d'accord prévu à l'article L. 3123-20, le nombre d'heures complémentaires accomplies par un salarié à temps partiel au cours d'une même semaine ou d'un même mois ou de la période prévue par un accord collectif conclu sur le fondement de l'article L. 3121-44 ne peut être supérieur au dixième de la durée hebdomadaire ou mensuelle de travail prévue dans son contrat et calculée, le cas échéant, sur la période prévue par un accord collectif conclu sur le fondement du même article L. 3121-44.

Article L. 3123-29 (Modifié par Loi n° 2016-1088 du 8 août 2016 - art. 8(V)) :
A défaut de stipulation conventionnelle prévues à l'article L. 3123-21, le taux de majoration des heures complémentaires est de 10 % pour chacune des heures complémentaires accomplies dans la limite du dixième des heures prévues au contrat de travail et de 25 % pour chacune des heures accomplies entre le dixième et le tiers des heures prévues au contrat de travail.

Article L. 3123-30 (Modifié par Loi n° 2016-1088 du 8 août 2016 - art. 8(V)) :
A défaut d'accord prévu à l'article L. 3123-23, l'horaire de travail du salarié à temps partiel ne peut comporter, au cours d'une même journée, plus d'une interruption d'activité ou une interruption supérieure à deux heures.

Article L. 3123-31 (Modifié par Loi n° 2016-1088 du 8 août 2016 - art. 8(V)) :
A défaut d'accord prévu à l'article L. 3123-24, toute modification de la répartition de la durée du travail entre les jours de la semaine ou les semaines du mois est notifiée au salarié au moins sept jours ouvrés avant la date à laquelle elle doit avoir lieu.

Article L. 3123-32 (Modifié par Loi n° 2016-1088 du 8 août 2016 - art. 8(V)) :
Des décrets déterminent les modalités d'application de la présente section soit pour l'ensemble des professions ou des branches d'activité, soit pour une profession ou une branche particulière.
Si, dans une profession ou dans une branche, la pratique du travail à temps partiel provoque un déséquilibre grave et durable des conditions d'emploi, des décrets, pris après consultation des organisations d'employeurs et de salariés intéressées, peuvent instituer des limitations du recours à cette pratique dans la branche ou la profession concernée.

15. Le télétravail

Article L. 1222-9 (Modifié par Loi n° 2021-1774 du 24 décembre 2021 - art. 5) :

I.– Sans préjudice de l'application, s'il y a lieu, des dispositions du présent code protégeant les travailleurs à domicile, le télétravail désigne toute forme d'organisation du travail dans laquelle un travail qui aurait également pu être exécuté dans les locaux de l'employeur est effectué par un salarié hors de ces locaux de façon volontaire en utilisant les technologies de l'information et de la communication.
Est qualifié de télétravailleur au sens de la présente section tout salarié de l'entreprise qui effectue, soit dès l'embauche, soit ultérieurement, du télétravail tel que défini au premier alinéa du présent I.
Le télétravail est mis en place dans le cadre d'un accord collectif ou, à défaut, dans le cadre d'une charte élaborée par l'employeur après avis du comité social et économique, s'il existe.
En l'absence d'accord collectif ou de charte, lorsque le salarié et l'employeur conviennent de recourir au télétravail, ils formalisent leur accord par tout moyen. Lorsque la demande de recours au télétravail est formulée par un travailleur handicapé mentionné à l'article L. 5212-13 du présent code ou un proche aidant mentionné à l'article L. 113-1-3 du code de l'action sociale et des familles, l'employeur motive, le cas échéant, sa décision de refus.

II.– L'accord collectif applicable ou, à défaut, la charte élaborée par l'employeur précise :

1° Les conditions de passage en télétravail, en particulier en cas d'épisode de pollution mentionné à l'article L. 223-1 du code de l'environnement, et les conditions de retour à une exécution du contrat de travail sans télétravail ;
2° Les modalités d'acceptation par le salarié des conditions de mise en œuvre du télétravail ;
3° Les modalités de contrôle du temps de travail ou de régulation de la charge de travail ;
4° La détermination des plages horaires durant lesquelles l'employeur peut habituellement contacter le salarié en télétravail ;
5° Les modalités d'accès des travailleurs handicapés à une organisation en télétravail, en application des mesures prévues à l'article L. 5213-6.
6° Les modalités d'accès des salariées enceintes à une organisation en télétravail.

III.– Le télétravailleur a les mêmes droits que le salarié qui exécute son travail dans les locaux de l'entreprise.

L'employeur qui refuse d'accorder le bénéfice du télétravail à un salarié qui occupe un poste éligible à un mode d'organisation en télétravail dans les conditions prévues par accord collectif ou, à défaut, par la charte, motive sa réponse.

Le refus d'accepter un poste de télétravailleur n'est pas un motif de rupture du contrat de travail.

L'accident survenu sur le lieu où est exercé le télétravail pendant l'exercice de l'activité professionnelle du télétravailleur est présumé être un accident de travail au sens de l'article L. 411-1 du code de la sécurité sociale.

Article L. 1222-10 (Modifié par Ordonnance n° 2017-1387 du 22 septembre 2017 - art. 21) :

Outre ses obligations de droit commun vis-à-vis de ses salariés, l'employeur est tenu à l'égard du salarié en télétravail :

1° D'informer le salarié de toute restriction à l'usage d'équipements ou outils informatiques ou de services de communication électronique et des sanctions en cas de non-respect de telles restrictions ;

2° De lui donner priorité pour occuper ou reprendre un poste sans télétravail qui correspond à ses qualifications et compétences professionnelles et de porter à sa connaissance la disponibilité de tout poste de cette nature ;

3° D'organiser chaque année un entretien qui porte notamment sur les conditions d'activité du salarié et sa charge de travail.

NOTA : Conformément à l'article 40-VII de l'ordonnance n° 2017-1387 du 22 septembre 2017, pour les salariés dont le contrat de travail conclu antérieurement à ladite ordonnance contient des stipulations relatives au télétravail, sauf refus du salarié, les stipulations et dispositions de l'accord ou de la charte mentionnés à l'article L. 1222-9 du code du travail, issu de ladite ordonnance, se substituent, s'il y a lieu, aux clauses du contrat contraires ou incompatibles. Le salarié fait connaître son refus à l'employeur dans le délai d'un mois à compter de la date à laquelle l'accord ou la charte a été communiqué dans l'entreprise.

Article L. 1222-11 (Modifié par Ordonnance n° 2017-1387 du 22 septembre 2017 - art. 21) :

En cas de circonstances exceptionnelles, notamment de menace d'épidémie, ou en cas de force majeure, la mise en œuvre du télétravail peut être considérée comme un aménagement du poste de travail rendu nécessaire pour permettre la continuité de l'activité de l'entreprise et garantir la protection des salariés.

LES ABSENCES

PARTIE IV

2. L'inventaire des principales absences

Les jours fériés (hors Moselle, Bas-Rhin et Haut-Rhin)

Article L. 3133-1 (Modifié par Loi n° 2016-1088 du 8 août 2016 - art. 8(V)) :
Les fêtes légales ci-après désignées sont des jours fériés :
1° Le 1er janvier ;
2° Le lundi de Pâques ;
3° Le 1er mai ;
4° Le 8 mai ;
5° L'Ascension ;
6° Le lundi de Pentecôte ;
7° Le 14 juillet ;
8° L'Assomption ;
9° La Toussaint ;
10° Le 11 novembre ;
11° Le jour de Noël.

Article L. 3422-2 (Modifié par Ordonnance n° 2017-1491 du 25 octobre 2017 - art. 4) :
En Guadeloupe, en Guyane, en Martinique, à Mayotte, à La Réunion, à Saint-Barthélemy et à Saint-Martin, les journées de commémoration de l'abolition de l'esclavage ci-après désignées sont des jours fériés :
1° Le 27 avril à Mayotte ;
2° Le 22 mai en Martinique ;
3° Le 27 mai en Guadeloupe et à Saint-Martin ;
4° Le 10 juin en Guyane ;
5° Le 9 octobre à Saint-Barthélemy ;
6° Le 20 décembre à La Réunion.

Article L. 3133-3-1 (Créé par Loi n° 2016-1088 du 8 août 2016 - art. 8(V)) :
Un accord d'entreprise ou d'établissement ou, à défaut, une convention ou un accord de branche définit les jours fériés chômés.

Article L. 3133-3-2 (Créé par Loi n° 2016-1088 du 8 août 2016 - art. 8(V)) :
A défaut d'accord, l'employeur fixe les jours fériés chômés.

Article L. 3164-6 (Version en vigueur depuis le 1er mai 2008) :
Les jeunes travailleurs ne peuvent travailler les jours de fête reconnus par la loi.

Les jours fériés (Moselle, Bas-Rhin et Haut-Rhin)

Article L. 3134-1 (Modifié par Loi n° 2016-1088 du 8 août 2016 - art. 8(V)) :
Les dispositions du présent chapitre s'appliquent dans les départements de la Moselle, du Bas-Rhin et du Haut-Rhin.
Toutefois, elles ne s'appliquent pas aux professions agricoles et de la pêche, aux entreprises de chemin de fer, aux concessions de bacs publics, à l'éducation des enfants et à l'enseignement, aux professions libérales, aux entreprises d'assurance, aux emplois à domicile par une personne physique, aux professions artistiques, aux professions médicales et paramédicales, ainsi qu'à la vente de médicaments.
Les dispositions des chapitres II et III ne sont pas applicables, à l'exception de celles des articles L. 3132-1 à L. 3132-3, L. 3132-14 à L. 3132-19, L. 3133-2, L. 3133-3 et L. 3133-4 à L. 3133-12.

Article L. 3134-2 (Version en vigueur depuis le 1er mai 2008) :
L'emploi de salariés dans les entreprises industrielles, commerciales ou artisanales est interdit les dimanches et jours fériés, sauf dans les cas prévus par le présent chapitre.

Article L. 3134-3 (Version en vigueur depuis le 1er mai 2008) :
Dans les exploitations de mines, salines et carrières, établissements industriels, chantiers du bâtiment et du génie civil, chantiers navals, le repos donné aux salariés est de :

1° Vingt-quatre heures pour chaque dimanche ou jour férié ;
2° Trente-six heures pour un dimanche et un jour férié consécutifs ;
3° Quarante-huit heures pour les fêtes de Noël, Pâques et Pentecôte.

La période de repos est calculée à partir de minuit et, dans le cas d'un dimanche et d'un jour férié consécutifs, se prolonge jusqu'à dix-huit heures le second jour.

Dans les exploitations où l'on travaille régulièrement par équipe de jour et de nuit, lorsque l'activité est interrompue pendant les vingt-quatre heures qui suivent le commencement de la période de repos, cette dernière ne peut débuter avant dix-huit heures du jour ouvrable précédent ni après six heures du dimanche ou du jour férié.

Article L. 3134-4 (Modifié par Loi n° 2008-67 du 21 janvier 2008 - art. 3) :
Dans les exploitations commerciales, les salariés ne peuvent être employés le premier jour des fêtes de Noël, de Pâques ou de Pentecôte.

Les autres dimanches et jours fériés, leur travail ne peut dépasser cinq heures.

Par voie de statuts ayant force obligatoire, adoptés après consultation des employeurs et des salariés et publiés selon les formes prescrites, les départements ou communes peuvent réduire la durée du travail ou interdire complètement le travail pour toutes les exploitations commerciales ou pour certaines branches d'activité.

Pendant les quatre dernières semaines précédant Noël ou pour certains dimanches et jours fériés pour lesquels les circonstances locales rendent nécessaire une activité accrue, l'autorité administrative peut porter le nombre d'heures travaillées jusqu'à dix.

Les heures pendant lesquelles le travail a lieu sont déterminées, compte tenu des horaires des services religieux publics, par les dispositions statutaires qui ont réduit la durée des heures de travail et, dans les autres cas, par l'autorité administrative. Elles peuvent être fixées de façon différente pour chaque branche d'activité commerciale.

Les dispositions du présent article sont également applicables à l'emploi des salariés dans les coopératives de consommation et les associations.

Article L. 3134-5 (Version en vigueur depuis le 1er mai 2008) :
Les dispositions des articles L. 3134-3 et L. 3134-4 ne sont pas applicables :
1° Aux travaux qui, en cas de nécessité grave ou dans l'intérêt public, doivent être réalisés immédiatement ;
2° Pour un dimanche, à la réalisation d'un inventaire prescrit par la loi ;
3° A la surveillance des installations de l'exploitation, aux travaux de nettoyage et de maintenance nécessaires à la poursuite régulière de l'exploitation elle-même ou d'une autre exploitation, ainsi qu'aux travaux nécessaires à la reprise de la pleine activité les jours ouvrables, si ces travaux ne peuvent être exécutés un jour ouvrable ;
4° Aux travaux nécessaires pour éviter que les matières premières soient altérées ou que les résultats d'une fabrication en cours soient compromis, si ces travaux ne peuvent être exécutés un jour ouvrable ;
5° A la surveillance de l'exploitation, lorsque celle-ci se poursuit les dimanches et jours fériés en application des 1° à 4°.

Pour les travaux mentionnés aux 3° et 4°, durant plus de trois heures ou empêchant les salariés d'assister au service religieux, l'employeur accorde à chaque salarié soit un congé de trente-six heures pleines chaque troisième dimanche, soit le libère de 6 heures à 18 heures au moins chaque deuxième dimanche.

Toutefois, l'autorité administrative peut accorder des dérogations si les salariés ne sont pas empêchés d'assister au service religieux et qu'il leur est accordé, au lieu du dimanche, un repos de vingt-quatre heures pendant un jour de semaine.

Article L. 3134-6 (Version en vigueur depuis le 1er mai 2008) :
Des dérogations aux dispositions de l'article L. 3134-3 peuvent être accordées par voie réglementaire pour des catégories d'activités déterminées, notamment pour des exploitations où sont accomplis des travaux qui, par nature, ne peuvent être interrompus ou ajournés, ainsi que pour les activités qui, par nature, sont limitées à certaines périodes de l'année ou sont soumises à une activité d'une intensité inhabituelle à certaines périodes de l'année.

La détermination des travaux autorisés les dimanches et jours fériés dans ces exploitations et les conditions dans lesquelles ils sont autorisés intervient de manière uniforme pour toutes les exploitations de même catégorie et en tenant compte des dispositions du septième alinéa de l'article L. 3134-5.

Article L. 3134-7 (Version en vigueur depuis le 1er mai 2008) :
Des dérogations aux dispositions des articles L. 3134-3 et L. 3134-4 peuvent être accordées par l'autorité administrative pour les catégories d'activités dont l'exercice complet ou partiel est nécessaire les dimanches ou les jours fériés pour la satisfaction de besoins de la population présentant un caractère journalier ou se manifestant particulièrement ces jours-là.

Il en est de même pour les exploitations fonctionnant exclusivement ou de manière prépondérante avec des moteurs animés par l'énergie éolienne ou par une énergie hydraulique irrégulière.
Le régime de ces dérogations tient compte des dispositions du huitième alinéa de l'article L. 3134-5. Un décret peut préciser les conditions et modalités de ces dérogations.

Article L. 3134-8 (Version en vigueur depuis le 1er mai 2008) :
Des dérogations temporaires aux dispositions de l'article L. 3134-3 peuvent être accordées par l'autorité administrative, selon des modalités déterminées par voie réglementaire, lorsque l'emploi de salariés les dimanches ou jours fériés est nécessaire de façon imprévisible pour éviter un dommage disproportionné.

Article L. 3134-9 (Version en vigueur depuis le 1er mai 2008) :
L'interdiction d'employer les salariés le dimanche ou jours fériés peut être étendue par voie réglementaire à d'autres catégories d'activité.
Les dispositions des articles L. 3134-5 à L. 3134-8 s'appliquent également aux dérogations à cette interdiction.

Article L. 3134-10 (Version en vigueur depuis le 1er mai 2008) :
Les articles L. 3134-2 à L. 3134-9 ne s'appliquent pas aux activités de restauration, d'hôtellerie et de débits de boissons, aux représentations musicales et théâtrales, aux expositions ou à d'autres divertissements, ainsi qu'aux entreprises de transport.
Dans ces secteurs d'activité, les employeurs ne peuvent obliger les salariés durant les dimanches et les jours fériés qu'aux seuls travaux qui, en raison de la nature de l'exploitation intéressée, ne peuvent être ajournés ou interrompus.

Article L. 3134-11 (Version en vigueur depuis le 1er mai 2008) :
Lorsqu'il est interdit, en application des articles L. 3134-4 à L. 3134-9, d'employer des salariés dans les exploitations commerciales, il est également interdit durant ces jours de procéder à une exploitation industrielle, commerciale ou artisanale dans les lieux de vente au public. Cette disposition s'applique également aux activités commerciales des coopératives de consommation ou associations.

Article L. 3134-12 (Version en vigueur depuis le 1er mai 2008) :
Pour des activités dont l'exercice est nécessaire de manière complète ou partielle pour la satisfaction des besoins de la population présentant un caractère journalier ou se manifestant particulièrement les dimanches et jours fériés, l'autorité administrative peut, pour une ou plusieurs communes présentant une continuité territoriale, prescrire, sur demande d'au moins deux tiers des entrepreneurs, l'exploitation les dimanches et jours fériés si les dérogations aux dispositions de l'article L. 3134-3 ont été accordées. L'autorisation peut être délivrée sur demande d'au moins deux tiers des entrepreneurs intéressés.
Les entrepreneurs intéressés et la procédure suivant laquelle le nombre d'entrepreneurs requis est constaté sont déterminés par voie réglementaire.

Article L. 3134-13 (Version en vigueur depuis le 1er mai 2008) :
Les jours fériés ci-après désignés sont des jours chômés :
1° Le 1er Janvier ;
2° Le Vendredi Saint dans les communes ayant un temple protestant ou une église mixte ;
3° Le lundi de Pâques ;
4° Le 1er Mai ;
5° Le 8 Mai ;
6° L'Ascension ;
7° Le lundi de Pentecôte ;
8° Le 14 Juillet ;
9° L'Assomption ;
10° La Toussaint ;
11° Le 11 Novembre ;
12° Le premier et le second jour de Noël.
Un décret peut compléter la liste de ces jours fériés compte tenu des situations locales et confessionnelles.

Article L. 3134-14 (Version en vigueur depuis le 1er mai 2008) :
Dans le département de la Moselle, l'autorité administrative peut, dans des conditions déterminées par voie réglementaire, autoriser ou interdire l'ouverture des établissements commerciaux le Vendredi Saint et ceci de manière uniforme dans le département, indépendamment de la présence d'un temple protestant ou d'une église mixte dans les communes.

Article L. 3134-15 (Version en vigueur depuis le 1er mai 2008) :
L'inspecteur du travail peut, nonobstant toutes poursuites pénales, saisir en référé le juge judiciaire pour voir ordonner toutes mesures propres à faire cesser dans les établissements de vente au détail et de prestations de services au consommateur l'emploi illicite de salariés en infraction aux articles L. 3134-10 à L. 3134-12.
Le juge judiciaire peut notamment ordonner la fermeture le dimanche du ou des établissements concernés. Il peut assortir sa décision d'une astreinte liquidée au profit du Trésor.

Article L. 3134-16 (Modifié par Loi n° 2016-1088 du 8 août 2016 - art. 8(V)) :
L'accord mentionné à l'article L. 3133-11 ou la décision de l'employeur mentionnée à l'article L. 3133-12 ne peut désigner ni le premier ou le second jour de Noël ni, indépendamment de la présence d'un temple protestant ou d'une église mixte dans les communes, le Vendredi Saint comme la date de la journée de solidarité.

Le cas particulier du 1er mai

Article L. 3133-4 (Modifié par Loi n° 2016-1088 du 8 août 2016 - art. 8(V)) :
Le 1er mai est jour férié et chômé.

Article L. 3133-5 (Modifié par Loi n° 2016-1088 du 8 août 2016 - art. 8(V)) :
Le chômage du 1er mai ne peut être une cause de réduction de salaire.
Les salariés rémunérés à l'heure, à la journée ou au rendement ont droit à une indemnité égale au salaire perdu du fait de ce chômage. Cette indemnité est à la charge de l'employeur.

Article L. 3133-6 (Modifié par Loi n° 2016-1088 du 8 août 2016 - art. 8(V)) :
Dans les établissements et services qui, en raison de la nature de leur activité, ne peuvent interrompre le travail, les salariés occupés le 1er mai ont droit, en plus du salaire correspondant au travail accompli, à une indemnité égale au montant de ce salaire. Cette indemnité est à la charge de l'employeur.

Article L. 3133-2 (Modifié par Loi n° 2016-1088 du 8 août 2016 - art. 8(V)) :
Les heures de travail perdues par suite de chômage des jours fériés ne donnent pas lieu à récupération.

Article L. 3133-3 (Modifié par Loi n° 2016-1088 du 8 août 2016 - art. 8(V)) :
Le chômage des jours fériés ne peut entraîner aucune perte de salaire pour les salariés totalisant au moins trois mois d'ancienneté dans l'entreprise ou l'établissement.
Ces dispositions s'appliquent aux salariés saisonniers si, du fait de divers contrats successifs ou non, ils cumulent une ancienneté totale d'au moins trois mois dans l'entreprise.
Ces dispositions ne s'appliquent ni aux personnes travaillant à domicile, ni aux salariés intermittents, ni aux salariés temporaires.

La journée de solidarité

Article L. 3133-7 (Modifié par Loi n° 2016-1088 du 8 août 2016 - art. 8(V)) :
La journée de solidarité instituée en vue d'assurer le financement des actions en faveur de l'autonomie des personnes âgées ou handicapées prend la forme :
1° D'une journée supplémentaire de travail non rémunérée pour les salariés ;
2° De la contribution prévue au 1° de l'article L. 14-10-4 du code de l'action sociale et des familles pour les employeurs.

Article L. 3133-8 (Modifié par Loi n° 2016-1088 du 8 août 2016 - art. 8(V)) :
Le travail accompli, dans la limite de sept heures, durant la journée de solidarité ne donne pas lieu à rémunération :
1° Pour les salariés mensualisés, dans cette limite de sept heures ;
2° Pour les salariés dont la rémunération est calculée par référence à un nombre annuel de jours de travail conformément à l'article L. 3121-58, dans la limite de la valeur d'une journée de travail.
Pour les salariés à temps partiel, la limite de sept heures prévue au 1° du présent article est réduite proportionnellement à la durée contractuelle.

Article L. 3133-9 (Modifié par Loi n° 2016-1088 du 8 août 2016 - art. 8(V)) :
Les heures correspondant à la journée de solidarité, dans la limite de sept heures ou de la durée proportionnelle à la durée contractuelle pour les salariés à temps partiel, ne s'imputent ni sur le contingent annuel d'heures supplémentaires ni sur le nombre d'heures complémentaires prévu au contrat de travail du salarié travaillant à temps partiel. Elles ne donnent pas lieu à contrepartie obligatoire sous forme de repos.

Article L. 3133-10 (Modifié par Loi n° 2016-1088 du 8 août 2016 - art. 8(V)) :
Lorsqu'un salarié qui a déjà accompli, au titre de l'année en cours, une journée de solidarité s'acquitte d'une nouvelle journée de solidarité en raison d'un changement d'employeur, les heures travaillées ce jour donnent lieu à rémunération supplémentaire et s'imputent sur le contingent annuel d'heures supplémentaires ou sur le nombre d'heures complémentaires prévu au contrat de travail du salarié travaillant à temps partiel. Ces heures donnent lieu à contrepartie obligatoire sous forme de repos.
Toutefois, le salarié peut aussi refuser d'exécuter cette journée supplémentaire de travail sans que ce refus constitue une faute ou un motif de licenciement.

Article L. 3133-11 (Modifié par Loi n° 2016-1088 du 8 août 2016 - art. 8(V)) :
Un accord d'entreprise ou d'établissement ou, à défaut, une convention ou un accord de branche fixe les modalités d'accomplissement de la journée de solidarité.
Cet accord peut prévoir :
1° Soit le travail d'un jour férié précédemment chômé autre que le 1er mai ;
2° Soit le travail d'un jour de repos accordé au titre de l'accord collectif conclu en application de l'article L. 3121-44 ;
3° Soit toute autre modalité permettant le travail de sept heures précédemment non travaillées en application de stipulations conventionnelles ou des modalités d'organisation des entreprises.

Article L. 3133-12 (Modifié par Ordonnance n° 2017-1386 du 22 septembre 2017 - art. 4) :
A défaut de stipulation dans la convention ou l'accord conclu en application de l'article L. 3133-11, les modalités d'accomplissement de la journée de solidarité sont définies par l'employeur, après consultation du comité social et économique.

Article L. 3134-16 (Modifié par Loi n° 2016-1088 du 8 août 2016 - art. 8(V)) :
L'accord mentionné à l'article L. 3133-11 ou la décision de l'employeur mentionnée à l'article L. 3133-12 ne peut désigner ni le premier ou le second jour de Noël ni, indépendamment de la présence d'un temple protestant ou d'une église mixte dans les communes, le Vendredi Saint comme la date de la journée de solidarité.

Les événements familiaux

Article L. 3142-1 (Modifié par Loi n° 2022-219 du 21 février 2022 - art. 25) :
Le salarié a droit, sur justification, à un congé :
1° Pour son mariage ou pour la conclusion d'un pacte civil de solidarité ;
2° Pour le mariage d'un enfant ;
3° Pour chaque naissance pour le père et, le cas échéant, le conjoint ou le concubin de la mère ou la personne liée à elle par un pacte civil de solidarité ;
3°bis Pour l'arrivée d'un enfant placé en vue de son adoption. Ce congé peut être pris dans un délai fixé par décret ;
4° Pour le décès d'un enfant, du conjoint, du concubin ou du partenaire lié par un pacte civil de solidarité, du père, de la mère, du beau-père, de la belle-mère, d'un frère ou d'une sœur ;
5° Pour l'annonce de la survenue d'un handicap, d'une pathologie chronique nécessitant un apprentissage thérapeutique ou d'un cancer chez un enfant.

Article L. 3142-1-1 (Créé par Loi n° 2020-692 du 8 juin 2020 - art. 1 (V)) :
Sans préjudice du 4° de l'article L. 3142-1, en cas de décès de son enfant âgé de moins de vingt-cinq ans ou d'une personne âgée de moins de vingt-cinq ans à sa charge effective et permanente, le salarié a droit, sur justification, à un congé de deuil de huit jours qui peuvent être fractionnés dans des conditions prévues par décret. Le salarié informe l'employeur vingt-quatre heures au moins avant le début de chaque période d'absence.
Le congé de deuil peut être pris dans un délai d'un an à compter du décès de l'enfant.
NOTA : Conformément au V de l'article 1er de la loi n° 2020-692 du 8 juin 2020, ces dispositions s'appliquent pour les décès intervenus à compter du 1er juillet 2020.

Article L. 3142-2 (Modifié par Loi n° 2020-692 du 8 juin 2020 - art. 1 (V)) :
Les congés mentionnés à l'article L. 3142-1 et L. 3142-1-1 n'entraînent pas de réduction de la rémunération qui tient compte, le cas échéant, de l'indemnité mentionnée à l'article L. 331-9 du code de la sécurité sociale et sont assimilés à du temps de travail effectif pour la détermination de la durée du congé payé annuel.
La durée de ces congés ne peut être imputée sur celle du congé payé annuel.

NOTA : Conformément au V de l'article 1er de la loi n° 2020-692 du 8 juin 2020, ces dispositions s'appliquent pour les décès intervenus à compter du 1er juillet 2020.

Article L. 3142-3 (Modifié par Ordonnance n° 2019-738 du 17 juillet 2019 - art. 15) :
En cas de différend, le refus de l'employeur peut être directement contesté par le salarié devant le conseil de prud'hommes, statuant selon la procédure accélérée au fond, dans des conditions fixées par décret en Conseil d'Etat.
NOTA : Conformément à l'article 30 de l'ordonnance n° 2019-738 du 17 juillet 2019, ces dispositions s'appliquent aux demandes introduites à compter du 1er janvier 2020.

Article L. 3142-4 (Modifié par Loi n° 2021-1678 du 17 décembre 2021 - art. 1 (V)) :
Pour mettre en œuvre le droit à congé du salarié défini à l'article L. 3142-1, une convention ou un accord collectif d'entreprise ou, à défaut, une convention ou un accord de branche détermine la durée de chacun des congés mentionnés au même article L. 3142-1 qui ne peut être inférieure à :

1° Quatre jours pour son mariage ou pour la conclusion d'un pacte civil de solidarité ;

2° Un jour pour le mariage d'un enfant ;

3° Trois jours, pour chaque naissance. Cette période de congés commence à courir, au choix du salarié, le jour de la naissance de l'enfant ou le premier jour ouvrable qui suit ;

3°bis Trois jours pour l'arrivée d'un enfant placé en vue de son adoption ;

4° Cinq jours pour le décès d'un enfant ou sept jours ouvrés lorsque l'enfant est âgé de moins de vingt-cinq ans et quel que soit son âge si l'enfant décédé était lui-même parent ou en cas de décès d'une personne âgée de moins de vingt-cinq ans à sa charge effective et permanente ;

5° Trois jours pour le décès du conjoint, du partenaire lié par un pacte civil de solidarité, du concubin, du père, de la mère, du beau-père, de la belle-mère, d'un frère ou d'une sœur ;

6° Deux jours pour l'annonce de la survenue d'un handicap, d'une pathologie chronique nécessitant un apprentissage thérapeutique ou d'un cancer chez un enfant.

Les jours de congés mentionnés au présent article sont des jours ouvrables.

Article L. 3142-5 (Modifié par Loi n° 2016-1088 du 8 août 2016 - art. 9) :
A défaut de convention ou d'accord, le salarié a droit au congé mentionné à l'article L. 3142-4, dont la durée ne peut être inférieure à celle prévue au même article L. 3142-4.

Le congé de paternité

Article L. 1225-35 (Modifié par Loi n° 2020-1576 du 14 décembre 2020 - art. 73) :
Après la naissance de l'enfant, le père salarié ainsi que, le cas échéant, le conjoint ou concubin salarié de la mère ou la personne salariée liée à elle par un pacte civil de solidarité bénéficient d'un congé de paternité et d'accueil de l'enfant de vingt-cinq jours calendaires ou de trente-deux jours calendaires en cas de naissances multiples.
Le congé de paternité et d'accueil de l'enfant entraîne la suspension du contrat de travail.
Ce congé est composé d'une période de quatre jours calendaires consécutifs, faisant immédiatement suite au congé de naissance mentionné au 3° de l'article L. 3142-1, et d'une période de vingt et un jours calendaires, portée à vingt-huit jours calendaires en cas de naissances multiples.
Le délai de prévenance de l'employeur quant à la date prévisionnelle de l'accouchement et aux dates de prise du congé et à la durée de la ou des périodes de congés, le délai dans lequel les jours de congé doivent être pris ainsi que les modalités de fractionnement de la période de congé de vingt et un jours et de vingt-huit jours sont fixés par décret.
Le délai de prévenance relatif à la date prévisionnelle de l'accouchement et celui relatif aux dates de prise du ou des congés de la seconde période de vingt et un jours ou de vingt-huit jours ainsi qu'à la durée de ces congés doivent être compris entre quinze jours et deux mois.
Par dérogation aux quatre premiers alinéas, lorsque l'état de santé de l'enfant nécessite son hospitalisation immédiate après la naissance dans une unité de soins spécialisée définie par arrêté des ministres chargés de la santé et de la sécurité sociale, la période de congé de quatre jours consécutifs mentionnée au troisième alinéa est prolongée de droit, à la demande du salarié, pendant la période d'hospitalisation, dans la limite d'une durée maximale déterminée par décret.
NOTA : Conformément au IV de l'article 73 de la loi n° 2020-1576 du 14 décembre 2020, le présent article entre en vigueur le 1er juillet 2021. Il s'applique aux enfants nés ou adoptés à compter de cette date ainsi qu'aux enfants, nés avant cette date, dont la naissance était supposée intervenir à compter de cette date.

Par dérogation au premier alinéa du présent IV, les dispositions du présent article relatives à l'information de l'employeur sur la date prévisionnelle de la naissance s'appliquent aux naissances prévues à compter du 1er juillet 2021.

Article L. 1225-35-1 (Créé par Loi n° 2020-1576 du 14 décembre 2020 - art. 73) :
Il est interdit d'employer le salarié pendant le congé mentionné au 3° de l'article L. 3142-1 et pendant la période de congé de paternité et d'accueil de l'enfant de quatre jours mentionnée au troisième alinéa de l'article L. 1225-35, à l'exception de sa prolongation éventuelle mentionnée au dernier alinéa du même article L. 1225-35 et sans qu'y fasse, le cas échéant, obstacle le non-respect par le salarié du délai de prévenance mentionné à l'avant-dernier alinéa dudit article L. 1225-35.
Si la naissance de l'enfant intervient alors que le salarié a pris des congés payés ou un congé pour évènements familiaux, l'interdiction d'emploi débute à l'issue de cette période de congés.
L'interdiction d'emploi ne s'applique pas pour le congé mentionné au troisième alinéa de l'article L. 1225-35 lorsque le salarié ne peut pas bénéficier des indemnités et allocations versées dans les conditions prévues à l'article L. 331-8 du code de la sécurité sociale ou par d'autres dispositions législatives ou réglementaires.
NOTA : Conformément au IV de l'article 73 de la loi n° 2020-1576 du 14 décembre 2020, le présent article entre en vigueur le 1er juillet 2021. Il s'applique aux enfants nés ou adoptés à compter de cette date ainsi qu'aux enfants, nés avant cette date, dont la naissance était supposée intervenir à compter de cette date.
Par dérogation au premier alinéa du présent IV, les dispositions du présent article relatives à l'information de l'employeur sur la date prévisionnelle de la naissance s'appliquent aux naissances prévues à compter du 1er juillet 2021.

Article L. 1225-36 (Modifié par Loi n° 2012-1404 du 17 décembre 2012 - art. 94) :
A l'issue du congé de paternité et d'accueil de l'enfant, le salarié retrouve son précédent emploi ou un emploi similaire assorti d'une rémunération au moins équivalente.

Le congé d'adoption

Article L. 1225-37 (Modifié par Loi n° 2022-219 du 21 février 2022 - art. 25) :
Le salarié à qui l'autorité administrative ou tout organisme désigné par voie réglementaire confie un enfant en vue de son adoption a le droit de bénéficier d'un congé d'adoption d'une durée de seize semaines au plus, pris dans un délai et fractionné selon des modalités déterminées par décret.
Le congé d'adoption est porté à :
1° Dix-huit semaines lorsque l'adoption porte à trois ou plus le nombre d'enfants dont le salarié ou le foyer assume la charge ;
2° Vingt-deux semaines en cas d'adoptions multiples.

Article L. 1225-38 (Modifié par Loi n° 2008-67 du 21 janvier 2008 - art. 3) :
Le congé d'adoption suspend le contrat de travail.
Pendant la suspension, les parents salariés bénéficient de la protection contre le licenciement prévue aux articles L. 1225-4 et L. 1225-5. L'application de ces articles ne fait pas obstacle à l'échéance du contrat de travail à durée déterminée.

Article L. 1225-39 (Modifié par Loi n° 2008-67 du 21 janvier 2008 - art. 3) :
Le licenciement d'un salarié est annulé lorsque, dans un délai de quinze jours à compter de sa notification, l'intéressé envoie à son employeur, dans des conditions déterminées par voie réglementaire, une attestation justifiant l'arrivée à son foyer, dans un délai de quinze jours, d'un enfant placé en vue de son adoption. Cette attestation est délivrée par l'autorité administrative ou par l'organisme autorisé pour l'adoption qui procède au placement.
Ces dispositions ne s'appliquent pas lorsque le licenciement est prononcé pour une faute grave non liée à l'adoption ou par impossibilité de maintenir le contrat de travail pour un motif étranger à l'adoption.

Article L. 1225-40 (Modifié par Loi n° 2022-219 du 21 février 2022 - art. 25) :
Lorsque la durée du congé d'adoption est répartie entre les deux parents, l'adoption d'un enfant par un couple de parents salariés ouvre droit à vingt-cinq jours supplémentaires de congé d'adoption ou à trente-deux jours en cas d'adoptions multiples.
Le congé ainsi réparti ne peut être d'une durée supérieure, pour chaque parent, à la durée de seize semaines ou, le cas échéant, de dix-huit ou vingt-deux semaines prévue à l'article L. 1225-37.
Ces deux périodes peuvent être simultanées.

Article L. 1225-42 (Modifié par Loi n° 2008-67 du 21 janvier 2008 - art. 3) :
Le salarié avertit l'employeur du motif de son absence et de la date à laquelle il entend mettre fin à la suspension de son contrat de travail.
La durée du congé d'adoption est assimilée à une période de travail effectif pour la détermination des droits que le salarié tient de son ancienneté.

Le congé pour enfant malade

Article L. 1225-61 (Version en vigueur depuis le 1er mai 2008) :
Le salarié bénéficie d'un congé non rémunéré en cas de maladie ou d'accident, constatés par certificat médical, d'un enfant de moins de seize ans dont il assume la charge au sens de l'article L. 513-1 du code de la sécurité sociale.
La durée de ce congé est au maximum de trois jours par an. Elle est portée à cinq jours si l'enfant est âgé de moins d'un an ou si le salarié assume la charge de trois enfants ou plus âgés de moins de seize ans.

Le congé de présence parentale

Article L. 1225-62 (Modifié par Loi n° 2021-1484 du 15 novembre 2021 - art. unique (V)) :
Le salarié dont l'enfant à charge au sens de l'article L. 513-1 du code de la sécurité sociale et remplissant l'une des conditions prévues par l'article L. 512-3 du même code est atteint d'une maladie, d'un handicap ou victime d'un accident d'une particulière gravité rendant indispensables une présence soutenue et des soins contraignants bénéficie, pour une période déterminée par décret, d'un congé de présence parentale.
Le nombre de jours de congés dont peut bénéficier le salarié au titre du congé de présence parentale est au maximum de trois cent dix jours ouvrés. Le salarié peut, avec l'accord de son employeur, transformer ce congé en période d'activité à temps partiel ou le fractionner.
La durée initiale du congé est celle définie dans le certificat médical mentionné à l'article L. 544-2 du code de la sécurité sociale. Cette durée peut faire l'objet d'un nouvel examen dans les conditions fixées au second alinéa du même article L. 544-2.
Au-delà de la période déterminée au premier alinéa du présent article, le salarié peut à nouveau bénéficier d'un congé de présence parentale, dans le respect des dispositions du présent article et des articles L. 1225-63 à L. 1225-65 du présent code, dans les situations mentionnées aux 1° et 2° de l'article L. 544-3 du code de la sécurité sociale.
A titre exceptionnel et par dérogation aux deux premiers alinéas du présent article, lorsque le nombre maximal de jours de congés mentionné au deuxième alinéa est atteint au cours de la période mentionnée au premier alinéa et qu'un nouveau certificat médical établi par le médecin qui suit l'enfant attestant le caractère indispensable, au regard du traitement de la pathologie ou du besoin d'accompagnement de l'enfant, de la poursuite des soins contraignants et d'une présence soutenue est confirmé par un accord explicite du service du contrôle médical prévu à l'article L. 315-1 du code de la sécurité sociale ou du régime spécial de sécurité sociale, la période mentionnée au premier alinéa du présent article peut être renouvelée une fois au titre de la même maladie, du même handicap ou du fait de l'accident dont l'enfant a été victime, et ce avant la fin du terme initialement fixé.

Article L. 1225-63 (Modifié par Loi n° 2019-1446 du 24 décembre 2019 - art. 69 (V)) :
Le salarié informe l'employeur de sa volonté de bénéficier du congé de présence parentale au moins quinze jours avant le début du congé.
Chaque fois qu'il souhaite prendre une demi-journée, un jour ou plusieurs jours de congé, il en informe l'employeur au moins quarante-huit heures à l'avance. En cas de dégradation soudaine de l'état de santé de l'enfant ou en cas de situation de crise nécessitant une présence sans délai du salarié, ce dernier peut bénéficier de ce congé immédiatement.
NOTA : Conformément au VI de l'article 69 de la loi n° 2019-1446 du 24 décembre 2019, ces dispositions entrent en vigueur à une date fixée par décret, et au plus tard le 30 septembre 2020.

Article L. 1225-64 (Version en vigueur depuis le 1er mai 2008) :
A l'issue du congé de présence parentale, le salarié retrouve son précédent emploi ou un emploi similaire assorti d'une rémunération au moins équivalente.
En cas de décès de l'enfant ou de diminution importante des ressources du foyer, le salarié qui a accompli la formalité prévue à l'article L. 1225-52 retrouve son précédent emploi ou un emploi similaire assorti d'une rémunération au moins équivalente.

Article L. 1225-65 (Modifié par Loi n° 2019-180 du 8 mars 2019 - art. 5) :
La durée du congé de présence parentale est prise en compte en totalité pour la détermination des droits que le salarié tient de son ancienneté dans l'entreprise.

Le don de jours de repos à un parent d'enfant gravement malade

Article L. 1225-65-1 (Modifié par Loi n° 2020-692 du 8 juin 2020 - art. 3 (V)) :
Un salarié peut, sur sa demande et en accord avec l'employeur, renoncer anonymement et sans contrepartie à tout ou partie de ses jours de repos non pris, qu'ils aient été affectés ou non sur un compte épargne temps, au bénéfice d'un autre salarié de l'entreprise qui assume la charge d'un enfant âgé de moins de vingt ans atteint d'une maladie, d'un handicap ou victime d'un accident d'une particulière gravité rendant indispensables une présence soutenue et des soins contraignants. Le congé annuel ne peut être cédé que pour sa durée excédant vingt-quatre jours ouvrables.
Un salarié peut, dans les mêmes conditions, renoncer à tout ou partie de ses jours de repos non pris au bénéfice d'un autre salarié de l'entreprise dont l'enfant âgé de moins de vingt-cinq ans est décédé. Cette possibilité est également ouverte au bénéfice du salarié au titre du décès de la personne de moins de vingt-cinq ans à sa charge effective et permanente. Cette renonciation peut intervenir au cours de l'année suivant la date du décès.
Le salarié bénéficiaire d'un ou plusieurs jours cédés en application du premier alinéa bénéficie du maintien de sa rémunération pendant sa période d'absence. Cette période d'absence est assimilée à une période de travail effectif pour la détermination des droits que le salarié tient de son ancienneté. Le salarié conserve le bénéfice de tous les avantages qu'il avait acquis avant le début de sa période d'absence.
NOTA : Conformément au II de l'article 3 de la loi n° 2020-692 du 8 juin 2020, un décret en Conseil d'Etat détermine les conditions d'application du présent article aux agents publics civils et militaires. Le chef de service est informé du don de jours de repos. Il ne peut pas s'y opposer.

Article L. 1225-65-2 (Modifié par Loi n° 2014-459 du 9 mai 2014 - art. 1) :
La particulière gravité de la maladie, du handicap ou de l'accident mentionnés au premier alinéa de l'article L. 1225-65-1 ainsi que le caractère indispensable d'une présence soutenue et de soins contraignants sont attestés par un certificat médical détaillé, établi par le médecin qui suit l'enfant au titre de la maladie, du handicap ou de l'accident.

Les congés pour le décès d'un enfant

Article D. 3142-1-1 (Créé par Décret n° 2020-1233 du 8 octobre 2020 - art. 1) :
Le congé de deuil prévu à l'article L. 3142-1-1 peut être fractionné en deux périodes. Chaque période est d'une durée au moins égale à une journée.

Article L. 3142-1-1 (Créé par Loi n° 2020-692 du 8 juin 2020 - art. 1) :
Sans préjudice du 4° de l'article L. 3142-1, en cas de décès de son enfant âgé de moins de vingt-cinq ans ou d'une personne âgée de moins de vingt-cinq ans à sa charge effective et permanente, le salarié a droit, sur justification, à un congé de deuil de huit jours qui peuvent être fractionnés dans des conditions prévues par décret. Le salarié informe l'employeur vingt-quatre heures au moins avant le début de chaque période d'absence.
Le congé de deuil peut être pris dans un délai d'un an à compter du décès de l'enfant.
NOTA : Conformément au V de l'article 1er de la loi n° 2020-692 du 8 juin 2020, ces dispositions s'appliquent pour les décès intervenus à compter du 1er juillet 2020.

Les congés de solidarité familiale

Article L. 3142-6 (Modifié par Loi n° 2016-1088 du 8 août 2016 - art. 9) :
Le salarié dont un ascendant, un descendant, un frère, une sœur ou une personne partageant le même domicile souffre d'une pathologie mettant en jeu le pronostic vital ou est en phase avancée ou terminale d'une affection grave et incurable a droit à un congé de solidarité familiale.
Ce droit bénéficie, dans les mêmes conditions, au salarié ayant été désigné comme personne de confiance, au sens de l'article L. 1111-6 du code de la santé publique.

Article L. 3142-7 (Modifié par Ordonnance n° 2017-1718 du 20 décembre 2017 - art. 1) :
Le congé débute ou est renouvelé à l'initiative du salarié. La durée du congé est fixée par le salarié, dans la limite prévue au 1° de l'article L. 3142-14 ou, à défaut d'accord, dans la limite prévue au 1° de l'article L. 3142-15.
En cas d'urgence absolue constatée par écrit par le médecin, le congé débute ou peut être renouvelé sans délai.

Le congé prend fin soit à l'expiration de la durée mentionnée au premier alinéa du présent article, soit dans les trois jours qui suivent le décès de la personne assistée, sans préjudice du bénéfice des dispositions relatives aux congés pour événements personnels et aux congés pour événements familiaux, soit à une date antérieure choisie par le salarié.

Article L. 3142-8 (Modifié par Loi n° 2016-1088 du 8 août 2016 - art. 9 & art. 33):
Le salarié peut, avec l'accord de son employeur, transformer ce congé en période d'activité à temps partiel ou le fractionner.

Article L. 3142-9 (Modifié par Loi n° 2016-1088 du 8 août 2016 - art. 9 & art. 33):
Le salarié bénéficiant des droits prévus aux articles L. 3142-6 à L. 3142-8 ne peut exercer aucune autre activité professionnelle.

Article L. 3142-10 (Modifié par Loi n° 2016-1088 du 8 août 2016 - art. 9 & art. 33):
A l'issue du congé ou de la période d'activité à temps partiel mentionnée à l'article L. 3142-8, le salarié retrouve son emploi ou un emploi similaire assorti d'une rémunération au moins équivalente.

Article L. 3142-11 (Modifié par Loi n° 2016-1088 du 8 août 2016 - art. 9 & art. 33):
Avant et après son congé, le salarié a droit à l'entretien professionnel mentionné au I de l'article L. 6315-1.

Article L. 3142-12 (Modifié par Loi n° 2016-1088 du 8 août 2016 - art. 9 & art. 33):
La durée de ce congé ne peut être imputée sur celle du congé payé annuel.
Elle est prise en compte pour la détermination des avantages liés à l'ancienneté.
Le salarié conserve le bénéfice de tous les avantages qu'il avait acquis avant le début du congé.

Article L. 3142-13 (Modifié par Ordonnance n° 2019-738 du 17 juillet 2019 - art. 15):
En cas de différend, le refus de l'employeur peut être directement contesté par le salarié devant le conseil de prud'hommes, statuant selon la procédure accélérée au fond, dans des conditions fixées par décret en Conseil d'Etat.
NOTA : Conformément à l'article 30 de l'ordonnance n° 2019-738 du 17 juillet 2019, ces dispositions s'appliquent aux demandes introduites à compter du 1er janvier 2020.

Article L. 3142-14 (Modifié par Loi n° 2016-1088 du 8 août 2016 - art. 9 & art. 33):
Pour mettre en œuvre le droit à congé du salarié mentionné à l'article L. 3142-6, une convention ou un accord collectif d'entreprise ou, à défaut, une convention ou un accord de branche détermine :
1° La durée maximale du congé ;
2° Le nombre de renouvellements possibles ;
3° Les conditions de fractionnement du congé ou de sa transformation en période d'activité à temps partiel ;
4° Les délais d'information de l'employeur par le salarié sur la prise du congé, sa durée prévisible, son renouvellement et la durée du préavis en cas de retour du salarié avant le terme prévu du congé ;
5° Les mesures permettant le maintien d'un lien entre l'entreprise et le salarié pendant la durée du congé et les modalités d'accompagnement du salarié à son retour.

Article L. 3142-15 (Modifié par Loi n° 2016-1088 du 8 août 2016 - art. 9 & art. 33):
A défaut de convention ou d'accord mentionné à l'article L. 3142-14, les dispositions suivantes sont applicables :
1° La durée maximale du congé est de trois mois, renouvelable une fois ;
2° Les modalités de fractionnement du congé et de sa transformation en période d'activité à temps partiel sont définies par décret ;
3° Les délais d'information de l'employeur par le salarié sur la prise du congé, sa durée prévisible, son renouvellement ainsi que les conditions du retour du salarié avant le terme prévu sont fixés par décret.

Les congés de proche aidant

Article L. 3142-16 (Modifié par Loi n° 2019-1446 du 24 décembre 2019 - art. 68 (V)):
Le salarié a droit à un congé de proche aidant lorsque l'une des personnes suivantes présente un handicap ou une perte d'autonomie :
1° Son conjoint ;
2° Son concubin ;
3° Son partenaire lié par un pacte civil de solidarité ;
4° Un ascendant ;

5° Un descendant ;
6° Un enfant dont il assume la charge au sens de l'article L. 512-1 du code de la sécurité sociale ;
7° Un collatéral jusqu'au quatrième degré ;
8° Un ascendant, un descendant ou un collatéral jusqu'au quatrième degré de son conjoint, concubin ou partenaire lié par un pacte civil de solidarité ;
9° Une personne âgée ou handicapée avec laquelle il réside ou avec laquelle il entretient des liens étroits et stables, à qui il vient en aide de manière régulière et fréquente, à titre non professionnel, pour accomplir tout ou partie des actes ou des activités de la vie quotidienne.

NOTA : Conformément au VI de l'article 54 de la loi n° 2021-1754 du 23 décembre 2021, ces dispositions entrent en vigueur à une date fixée par décret, et au plus tard le 1er janvier 2023. Conformément à l'article 3 du décret n° 2022-1037 du 22 juillet 2022, ces dispositions s'appliquent aux droits ouverts et aux prestations dues à compter du 1er juillet 2022.

Article L. 3142-17 (Modifié par Loi n° 2016-1088 du 8 août 2016 - art. 9) :
La personne aidée doit résider en France de façon stable et régulière.

Article L. 3142-18 (Modifié par Loi n° 2016-1088 du 8 août 2016 - art. 9) :
Le salarié ne peut exercer aucune autre activité professionnelle pendant la durée du congé.
Toutefois, il peut être employé par la personne aidée dans les conditions prévues au deuxième alinéa des articles L. 232-7 ou L. 245-12 du code de l'action sociale et des familles.

Article L. 3142-19 (Modifié par Loi n° 2016-1088 du 8 août 2016 - art. 9) :
Le congé débute ou est renouvelé à l'initiative du salarié.
Il ne peut excéder, renouvellement compris, la durée d'un an pour l'ensemble de la carrière.
En cas de dégradation soudaine de l'état de santé de la personne aidée, de situation de crise nécessitant une action urgente du proche aidant ou de cessation brutale de l'hébergement en établissement dont bénéficiait la personne aidée, le congé débute ou peut être renouvelé sans délai.
Le salarié peut mettre fin de façon anticipée au congé ou y renoncer dans les cas suivants :
1° Décès de la personne aidée ;
2° Admission dans un établissement de la personne aidée ;
3° Diminution importante des ressources du salarié ;
4° Recours à un service d'aide à domicile pour assister la personne aidée ;
5° Congé de proche aidant pris par un autre membre de la famille.

Article L. 3142-20 (Modifié par Loi n° 2016-1088 du 8 août 2016 - art. 9) :
Le salarié peut, avec l'accord de son employeur, transformer ce congé en période d'activité à temps partiel ou le fractionner. Dans cette hypothèse, le salarié doit avertir son employeur au moins quarante-huit heures avant la date à laquelle il entend prendre chaque période de congé. Cette transformation ou ce fractionnement est accordé sans délai dans les cas mentionnés au troisième alinéa de l'article L. 3142-19.

Article L. 3142-21 (Modifié par Loi n° 2016-1088 du 8 août 2016 - art. 9) :
La durée de ce congé ne peut être imputée sur celle du congé payé annuel. Elle est prise en compte pour la détermination des avantages liés à l'ancienneté. Le salarié conserve le bénéfice de tous les avantages qu'il avait acquis avant le début du congé.

Article L. 3142-22 (Modifié par Loi n° 2016-1088 du 8 août 2016 - art. 9) :
A l'issue du congé ou de la période d'activité à temps partiel mentionnée à l'article L. 3142-20, le salarié retrouve son emploi ou un emploi similaire assorti d'une rémunération au moins équivalente.

Article L. 3142-23 (Modifié par Loi n° 2016-1088 du 8 août 2016 - art. 9) :
Avant et après son congé, le salarié a droit à l'entretien professionnel mentionné au I de l'article L. 6315-1.

Article L. 3142-24 (Modifié par Loi n° 2021-1754 du 23 décembre 2021 - art. 54(V)) :
Un décret détermine les conditions d'application du présent paragraphe, notamment les critères d'appréciation du handicap ou de la perte d'autonomie de la personne aidée.
NOTA : Conformément au VI de l'article 54 de la loi n° 2021-1754 du 23 décembre 2021, ces dispositions entrent en vigueur à une date fixée par décret, et au plus tard le 1er janvier 2023. Conformément à l'article 3 du décret n° 2022-1037 du 22 juillet 2022, ces dispositions s'appliquent aux droits ouverts et aux prestations dues à compter du 1e juillet 2022.

Article L. 3142-25 (Modifié par Ordonnance n° 2019-738 du 17 juillet 2019 - art. 15) :
En cas de différend, le refus de l'employeur peut être directement contesté par le salarié devant le conseil de prud'hommes, statuant selon la procédure accélérée au fond, dans des conditions fixées par décret en Conseil d'Etat.
NOTA : Conformément à l'article 30 de l'ordonnance n° 2019-738 du 17 juillet 2019, ces dispositions s'appliquent aux demandes introduites à compter du 1er janvier 2020.

Article L. 3142-26 (Créé par Loi n° 2019-485 du 22 mai 2019 - art. 1) :
Pour mettre en œuvre le droit à congé du salarié mentionné à l'article L. 3142-16, une convention ou un accord de branche ou, à défaut, une convention ou un accord collectif d'entreprise détermine :
1° La durée maximale du congé ;
2° Le nombre de renouvellements possibles ;
3° Les délais d'information de l'employeur par le salarié sur la prise du congé et son renouvellement ainsi que la durée du préavis en cas de retour du salarié avant la fin du congé ;
4° Les délais de demande du salarié et de réponse de l'employeur sur le fractionnement du congé ou sa transformation en période d'activité à temps partiel.

Article L. 3142-27 (Modifié par Loi n° 2016-1088 du 8 août 2016 - art. 9) :
A défaut de convention ou d'accord mentionné à l'article L. 3142-26, les dispositions suivantes sont applicables :
1° La durée maximale du congé est de trois mois, renouvelable dans la limite mentionnée à l'article L. 3142-19 ;
2° Les délais d'information de l'employeur par le salarié sur la prise du congé et son renouvellement, la durée du préavis en cas de retour du salarié avant le terme prévu du congé, ainsi que les délais de demande du salarié et de réponse de l'employeur sur le fractionnement du congé ou sa transformation en période d'activité à temps partiel sont fixés par décret.

Le don de congés pour un salarié en congé de proche aidant

Article L. 3142-25-1 (Modifié par Loi n° 2021-1754 du 23 décembre 2021 - art. 54(V)) :
Un salarié peut, sur sa demande et en accord avec son employeur, renoncer anonymement et sans contrepartie à tout ou partie de ses jours de repos non pris, qu'ils aient été ou non affectés sur un compte épargne-temps, au bénéfice d'un autre salarié de l'entreprise qui vient en aide à une personne atteinte d'une perte d'autonomie ou présentant un handicap lorsque cette personne est, pour cet autre salarié, l'une de celles mentionnées aux 1° à 9° de l'article L. 3142-16.
Le congé annuel ne peut être cédé que pour sa durée excédant vingt-quatre jours ouvrables.
Le salarié bénéficiant d'un ou de plusieurs jours cédés en application du premier alinéa du présent article bénéficie du maintien de sa rémunération pendant sa période d'absence. Cette période d'absence est assimilée à une période de travail effectif pour la détermination des droits que le salarié tient de son ancienneté. Le salarié conserve le bénéfice de tous les avantages qu'il avait acquis avant le début de sa période d'absence.
NOTA : Conformément au VI de l'article 54 de la loi n° 2021-1754 du 23 décembre 2021, ces dispositions entrent en vigueur à une date fixée par décret, et au plus tard le 1er janvier 2023. Conformément à l'article 3 du décret n° 2022-1037 du 22 juillet 2022, ces dispositions s'appliquent aux droits ouverts et aux prestations dues à compter du 1er juillet 2022.

Le congé parental d'éducation

Article L. 1225-47 (Version en vigueur depuis le 1er mai 2008) :
Pendant la période qui suit l'expiration du congé de maternité ou d'adoption, tout salarié justifiant d'une ancienneté minimale d'une année à la date de naissance de son enfant, adopté ou confié en vue de son adoption, ou de l'arrivée au foyer d'un enfant qui n'a pas encore atteint l'âge de la fin de l'obligation scolaire a le droit :
1° Soit au bénéfice d'un congé parental d'éducation durant lequel le contrat de travail est suspendu ;
2° Soit à la réduction de sa durée de travail, sans que cette activité à temps partiel puisse être inférieure à seize heures hebdomadaires.

Article L. 1225-48 (Modifié par Loi n° 2014-873 du 4 août 2014 - art. 8) :
Le congé parental d'éducation et la période d'activité à temps partiel ont une durée initiale d'un an au plus. Ils peuvent être prolongés deux fois pour prendre fin au plus tard au terme des périodes définies aux deuxième et troisième alinéas, quelle que soit la date de leur début.
Le congé parental d'éducation et la période d'activité à temps partiel prennent fin au plus tard au troisième anniversaire de l'enfant.

En cas de naissances multiples, le congé parental d'éducation peut être prolongé jusqu'à l'entrée à l'école maternelle des enfants. Pour les naissances multiples d'au moins trois enfants ou les arrivées simultanées d'au moins trois enfants adoptés ou confiés en vue d'adoption, il peut être prolongé cinq fois pour prendre fin au plus tard au sixième anniversaire des enfants.
En cas d'adoption d'un enfant de moins de trois ans, le congé parental et la période d'activité à temps partiel prennent fin à l'expiration d'un délai de trois ans à compter de l'arrivée au foyer de l'enfant.
Lorsque l'enfant adopté ou confié en vue de son adoption est âgé de plus de trois ans mais n'a pas encore atteint l'âge de la fin de l'obligation scolaire, le congé parental et la période d'activité à temps partiel ne peuvent excéder une année à compter de l'arrivée au foyer.
NOTA : Conformément au VI de l'article 8 de la loi n° 2014-873 du 4 août 2014, le présent article, tel que modifié par ledit article, est applicable aux enfants nés ou adoptés à partir du 1er octobre 2014.
Pour les enfants nés ou adoptés avant le 1er octobre 2014, les dispositions du présent code demeurent applicables dans leur rédaction antérieure à la date d'entrée en vigueur de l'article précité.

Article L. 1225-49 (Version en vigueur depuis le 1er mai 2008) :
En cas de maladie, d'accident ou de handicap graves de l'enfant appréciés selon des modalités définies par décret en Conseil d'Etat, le congé parental et la période d'activité à temps partiel prennent fin au plus tard une année après les dates limites définies à l'article L. 1225-48.

Article L. 1225-50 (Version en vigueur depuis le 1er mai 2008) :
Le salarié informe son employeur du point de départ et de la durée de la période pendant laquelle il entend bénéficier soit d'un congé parental d'éducation, soit d'une réduction de sa durée du travail.
Lorsque cette période suit immédiatement le congé de maternité ou le congé d'adoption, le salarié informe l'employeur au moins un mois avant le terme de ce congé. Dans le cas contraire, l'information est donnée à l'employeur deux mois au moins avant le début du congé parental d'éducation ou de l'activité à temps partiel.

Article L. 1225-51 (Version en vigueur depuis le 1er mai 2008) :
Lorsque le salarié entend prolonger ou modifier son congé parental d'éducation ou sa période d'activité à temps partiel, il en avertit l'employeur au moins un mois avant le terme initialement prévu et l'informe de son intention soit de transformer le congé parental en activité à temps partiel, soit de transformer l'activité à temps partiel en congé parental.
Toutefois, pendant la période d'activité à temps partiel ou à l'occasion des prolongations de celle-ci, le salarié ne peut pas modifier la durée du travail initialement choisie sauf accord de l'employeur ou lorsqu'une convention ou un accord collectif de travail le prévoit expressément.

Article L. 1225-52 (Version en vigueur depuis le 1er mai 2008) :
En cas de décès de l'enfant ou de diminution importante des ressources du foyer, le salarié a le droit :
1° S'il bénéficie du congé parental d'éducation, soit de reprendre son activité initiale, soit d'exercer son activité à temps partiel dans la limite de la durée initialement prévue par le contrat de travail ;
2° S'il travaille à temps partiel pour élever un enfant, de reprendre son activité initiale et, avec l'accord de l'employeur, d'en modifier la durée.
Le salarié adresse une demande motivée à l'employeur un mois au moins avant la date à laquelle il entend bénéficier de ces dispositions.

Article L. 1225-53 (Version en vigueur depuis le 1er mai 2008) :
Le salarié en congé parental d'éducation ou qui travaille à temps partiel pour élever un enfant ne peut exercer par ailleurs aucune activité professionnelle autre que les activités d'assistance maternelle définies par le titre II du livre IV du code de l'action sociale et des familles.

Article L. 1225-54 (Modifié par Loi n° 2008-67 du 21 janvier 2008 - art. 3) :
La durée du congé parental d'éducation est prise en compte pour moitié pour la détermination des droits que le salarié tient de son ancienneté.

Article L. 1225-55 (Version en vigueur depuis le 1er mai 2008) :
A l'issue du congé parental d'éducation ou de la période de travail à temps partiel ou dans le mois qui suit la demande motivée de reprise de l'activité initiale mentionnée à l'article L. 1225-52, le salarié retrouve son précédent emploi ou un emploi similaire assorti d'une rémunération au moins équivalente.

Article L. 1225-56 (Modifié par Loi n° 2018-771 du 5 septembre 2018 - art. 4) :
Au cours du congé parental d'éducation ou d'une période d'activité à temps partiel pour élever un enfant, le salarié a le droit de suivre, à son initiative, un bilan de compétences.
Pendant cette période, il n'est pas rémunéré.
Il bénéficie de la législation de sécurité sociale relative à la protection en matière d'accidents du travail et de maladies professionnelles prévue à l'article L. 6342-5 pour les stagiaires de la formation professionnelle.

Article L. 1225-57 (Modifié par Loi n° 2014-873 du 4 août 2014 - art. 12) :
Le salarié qui reprend son activité initiale à l'issue du congé parental d'éducation ou d'une période d'activité à temps partiel pour élever un enfant a droit à l'entretien professionnel mentionné au I de l'article L. 6315-1.
Au cours de cet entretien, l'employeur et le salarié organisent le retour à l'emploi du salarié ; ils déterminent les besoins de formation du salarié et examinent les conséquences éventuelles du congé sur sa rémunération et l'évolution de sa carrière.
A la demande du salarié, l'entretien peut avoir lieu avant la fin du congé parental d'éducation.

Article L. 1225-58 (Version en vigueur depuis le 1er mai 2008) :
Le salarié bénéficiant d'un congé parental d'éducation ou exerçant son activité à temps partiel pour élever un enfant bénéficie de plein droit du bilan de compétences mentionné à l'article L. 6313-1, dans les conditions d'ancienneté mentionnées à l'article L. 1225-47.

Article L. 1225-59 (Version en vigueur depuis le 1er mai 2008) :
Le salarié reprenant son activité initiale bénéficie d'un droit à une action de formation professionnelle, notamment en cas de changement de techniques ou de méthodes de travail.
Le salarié peut également bénéficier de ce droit avant l'expiration de la période pendant laquelle il entendait bénéficier d'un congé parental d'éducation ou d'une période d'activité à temps partiel. Dans ce cas, il est mis fin au congé parental d'éducation ou à l'exercice d'une activité à temps partiel pour élever un enfant.

Les congés liés au parcours professionnel

Le congé sabbatique

Article L. 3142-28 (Modifié par Ordonnance n° 2019-861 du 21 août 2019 - art. 1) :
Le salarié a droit à un congé sabbatique pendant lequel son contrat de travail est suspendu.
Le droit à ce congé est ouvert au salarié justifiant, à la date de départ en congé, d'une ancienneté minimale dans l'entreprise, cumulée, le cas échéant, sur plusieurs périodes non consécutives, ainsi que de six années d'activité professionnelle et n'ayant pas bénéficié depuis une durée minimale, dans la même entreprise, d'un congé sabbatique, d'un congé pour création d'entreprise ou d'un congé spécifique mentionné à l'article L. 6323-17-1 d'une durée d'au moins six mois. L'ancienneté acquise dans toute autre entreprise du même groupe, au sens de l'article L. 2331-1, est prise en compte au titre de l'ancienneté dans l'entreprise.

Article L. 3142-29 (Modifié par Loi n° 2016-1088 du 8 août 2016 - art. 9) :
L'employeur peut différer le départ en congé dans la limite de six mois à compter de la demande, en fonction de la proportion de salariés absents dans l'entreprise au titre du congé ou en fonction du nombre de jours d'absence prévus au titre du même congé. Dans les entreprises de moins de trois cents salariés, cette limite est portée à neuf mois.
L'employeur peut également différer ce congé sur le fondement de l'article L. 3142-114 et, pour les entreprises de moins de trois cents salariés, le refuser sur le fondement du 1° de l'article L. 3142-113 selon les modalités prévues aux deux derniers alinéas du même article L. 3142-113.

Article L. 3142-30 (Modifié par Ordonnance n° 2017-1718 du 20 décembre 2017 - art. 1) :
L'employeur informe le salarié soit de son accord sur la date de départ choisie par l'intéressé, soit du report de cette date, soit de son refus.
L'accord de l'employeur est réputé acquis à défaut de réponse dans un délai de trente jours à compter de la présentation de la demande.

Article L. 3142-31 (Modifié par Loi n° 2016-1088 du 8 août 2016 - art. 9) :
A l'issue du congé, le salarié retrouve son précédent emploi ou un emploi similaire assorti d'une rémunération au moins équivalente et bénéficie de l'entretien professionnel mentionné au I de l'article L. 6315-1.

Il ne peut invoquer aucun droit à être réemployé avant l'expiration du congé.

Article L. 3142-32 (Modifié par Loi n° 2016-1088 du 8 août 2016 - art. 9) :
Pour mettre en œuvre le droit à congé du salarié mentionné à l'article L. 3142-28, une convention ou un accord collectif d'entreprise ou, à défaut, une convention ou un accord de branche détermine :
1° Les durées minimale et maximale du congé et le nombre de renouvellements ;
2° La condition d'ancienneté requise dans l'entreprise pour ouvrir droit à ce congé ;
3° La durée minimale dans l'entreprise durant laquelle le salarié ne doit pas avoir bénéficié des dispositifs mentionnés au second alinéa de l'article L. 3142-28 ;
4° Les plafonds mentionnés aux articles L. 3142-29, L. 3142-114 et L. 3142-115 ;
5° Les conditions et délais d'information de l'employeur par le salarié sur sa demande de congé ainsi que sur la date de son départ et sur la durée envisagée de ce congé.

Article L. 3142-33 (Modifié par Loi n° 2016-1088 du 8 août 2016 - art. 9) :
Cette convention ou cet accord détermine également les modalités de report des congés payés dus au salarié qui bénéficie du congé.

Article L. 3142-34 (Modifié par Loi n° 2016-1088 du 8 août 2016 - art. 9) :
A défaut de convention ou d'accord mentionné à l'article L. 3142-32, les dispositions suivantes sont applicables :
1° La durée minimale du congé est de six mois et sa durée maximale est de onze mois ;
2° Le droit à ce congé est ouvert au salarié justifiant, à la date de départ en congé, d'une ancienneté dans l'entreprise d'au moins trente-six mois, consécutifs ou non, et n'ayant pas bénéficié dans l'entreprise, au cours des six années précédentes, des dispositifs mentionnés au second alinéa de l'article L. 3142-28 ;
3° Les conditions et délais mentionnés au 5° de l'article L. 3142-32 sont fixés par décret ;
4° Les plafonds mentionnés à l'article L. 3142-29 sont fixés par décret.

Article L. 3142-35 (Modifié par Loi n° 2016-1088 du 8 août 2016 - art. 9) :
A défaut de stipulation dans la convention ou l'accord mentionné à l'article L. 3142-32, les articles L. 3142-120 à L. 3142-124 s'appliquent.

Le congé pour création d'entreprise

Article L. 3142-105 (Modifié par Loi n° 2016-1088 du 8 août 2016 - art. 9) :
Le salarié qui crée ou reprend une entreprise a droit, sous réserve d'une condition d'ancienneté dans l'entreprise et dans les conditions fixées à la présente section :
1° Soit à un congé ;
2° Soit à une période de travail à temps partiel.
L'ancienneté acquise dans toute autre entreprise du même groupe, au sens de l'article L. 2331-1, est prise en compte au titre de l'ancienneté dans l'entreprise.

Article L. 3142-106 (Modifié par Loi n° 2016-1088 du 8 août 2016 - art. 9) :
L'article L. 3142-105 s'applique également au salarié qui exerce des responsabilités de direction au sein d'une entreprise répondant, au moment où il sollicite son congé, aux critères de jeune entreprise innovante définie à l'article 44 sexies-0 A du code général des impôts.

Article L. 3142-107 (Modifié par Loi n° 2016-1088 du 8 août 2016 - art. 9) :
L'employeur peut différer le départ en congé ou le début de la période de travail à temps partiel, dans la limite de six mois à compter de la demande du salarié, sans préjudice de l'application des articles L. 3142-113 et L. 3142-114.

Article L. 3142-108 (Modifié par Loi n° 2016-1088 du 8 août 2016 - art. 9) :
A l'issue du congé, le salarié retrouve son précédent emploi ou un emploi similaire assorti d'une rémunération au moins équivalente.

Article L. 3142-109 (Modifié par Loi n° 2016-1088 du 8 août 2016 - art. 9) :
A l'issue du congé ou de la période de travail à temps partiel, si le salarié souhaite mettre fin à la relation de travail, les conditions de la rupture sont celles prévues par son contrat de travail, à l'exception de celles relatives au préavis. Le salarié est, de ce fait, dispensé de payer une indemnité de rupture.
Le salarié ne peut invoquer aucun droit à être réemployé avant l'expiration du congé.

Article L. 3142-110 (Modifié par Ordonnance n° 2019-861 du 21 août 2019 - art. 1) :
Le salarié qui reprend son activité dans l'entreprise à l'issue de son congé bénéficie en tant que de besoin d'une réadaptation professionnelle, notamment en cas de changement de techniques ou de méthodes de travail.

Article L. 3142-111 (Modifié par Loi n° 2016-1088 du 8 août 2016 - art. 9) :
Lorsqu'il est envisagé une période de travail à temps partiel, un avenant au contrat de travail fixe la durée de cette période conformément à l'article L. 3123-6.
Toute prolongation de la période de travail à temps partiel à la demande du salarié donne lieu à la signature d'un nouvel avenant dans les mêmes conditions.

Article L. 3142-112 (Modifié par Loi n° 2016-1088 du 8 août 2016 - art. 9) :
Le salarié dont un avenant au contrat de travail prévoit le passage à temps partiel ne peut invoquer aucun droit à être réemployé à temps plein avant le terme de cet avenant.
A l'issue de la période de travail à temps partiel, le salarié retrouve une activité à temps plein assortie d'une rémunération au moins équivalente à celle qui lui était précédemment servie.

Article L. 3142-113 (Modifié par Ordonnance n° 2019-738 du 17 juillet 2019 - art. 15) :
Dans les entreprises de moins de trois cents salariés, l'employeur peut refuser le congé ou le passage à temps partiel :
1° S'il estime, après avis du comité social et économique, que ce congé ou cette activité à temps partiel aura des conséquences préjudiciables à la bonne marche de l'entreprise ;
2° Si le salarié demande ce congé ou cette période d'activité à temps partiel moins de trois ans après une précédente création ou reprise d'entreprise ou après le début de l'exercice de précédentes responsabilités de direction au sein d'une entreprise répondant aux critères de jeune entreprise innovante.
L'employeur précise le motif de son refus et le porte à la connaissance du salarié.
Ce refus peut être contesté par le salarié directement devant le conseil de prud'hommes, statuant selon la procédure accélérée au fond, dans des conditions déterminées par décret en Conseil d'Etat.
NOTA : Conformément à l'article 30 de l'ordonnance n° 2019-738 du 17 juillet 2019, ces dispositions s'appliquent aux demandes introduites à compter du 1er janvier 2020.

Article L. 3142-114 (Modifié par Loi n° 2016-1088 du 8 août 2016 - art. 9) :
L'employeur peut différer le départ en congé du salarié lorsque ce départ aurait pour effet de porter l'effectif des salariés simultanément absents ou le nombre de jours d'absence au titre de ce congé et au titre du congé sabbatique à un niveau excessif au regard, respectivement, de l'effectif total et du nombre de jours travaillés dans l'entreprise.

Article L. 3142-115 (Modifié par Loi n° 2016-1088 du 8 août 2016 - art. 9) :
Dans les entreprises d'au moins trois cents salariés, l'employeur peut différer le début de la période de travail à temps partiel lorsque celle-ci aurait pour effet de porter l'effectif de salariés employés simultanément à temps partiel au titre de la présente section à un niveau excessif au regard de l'effectif total de l'entreprise.

Article L. 3142-116 (Modifié par Loi n° 2016-1088 du 8 août 2016 - art. 9) :
L'employeur informe le salarié de sa décision relative à la date de départ choisie par ce dernier.
A défaut de réponse de la part de l'employeur dans un délai fixé par décret, son accord est réputé acquis.

Article L. 3142-117 (Créé par Loi n° 2016-1088 du 8 août 2016 - art. 9) :
Pour mettre en œuvre le droit à congé du salarié mentionné à l'article L. 3142-105, une convention ou un accord collectif d'entreprise ou, à défaut, une convention ou un accord de branche détermine :
1° La durée maximale du congé ou de la période de travail à temps partiel ;
2° Le nombre de renouvellements possibles de ce congé ou de cette période ;
3° La condition d'ancienneté requise pour avoir droit à ce congé ou à cette période ;
4° Les délais dans lesquels le salarié informe l'employeur de la date à laquelle il souhaite partir en congé ou, en cas de passage à temps partiel, de la date de début de la période de travail à temps partiel et de l'amplitude de la réduction souhaitée de son temps de travail, ainsi que de la durée envisagée de ce congé ou de cette période ;
5° Les conditions et délais de la demande de prolongation de ce congé ou de cette période de travail à temps partiel ;
6° Les conditions dans lesquelles le salarié informe l'employeur de son intention de poursuivre ou de rompre son contrat de travail à l'issue de son congé ou de sa période de travail à temps partiel ;
7° Les plafonds ou niveaux mentionnés à l'article L. 3142-114 et, pour les entreprises d'au moins trois cents salariés, le niveau mentionné à l'article L. 3142-115 ;

8° Les conditions permettant le maintien d'un lien entre l'entreprise et le salarié pendant la durée du congé et, le cas échéant, les modalités d'accompagnement et de réadaptation professionnelle à son retour.

Article L. 3142-118 (Créé par Loi n° 2016-1088 du 8 août 2016 - art. 9) :
Cette convention ou cet accord détermine également les modalités de report des congés payés dus au salarié qui bénéficie du congé.

Article L. 3142-119 (Créé par Loi n° 2016-1088 du 8 août 2016 - art. 9) :
A défaut de convention ou d'accord mentionné à l'article L. 3142-117, les dispositions suivantes sont applicables :
1° La durée maximale du congé ou de la période de travail à temps partiel est d'un an. Elle peut être prolongée au plus d'un an ;
2° L'ancienneté requise pour ouvrir droit au congé ou à la période de travail à temps partiel est de vingt-quatre mois, consécutifs ou non, dans l'entreprise ;
3° Les conditions et délais d'information mentionnés aux 4° à 6° de l'article L. 3142-117 sont fixés par décret ;
4° Le niveau de salariés absents au titre du congé dans l'entreprise et de jours d'absence prévus au titre de ce congé, pour lequel l'employeur peut différer le départ ou le début de la période de travail à temps partiel, sont fixés par décret.

Article L. 3142-120 (Créé par Loi n° 2016-1088 du 8 août 2016 - art. 9) :
A défaut de stipulation dans la convention ou l'accord mentionné à l'article L. 3142-117, les congés payés annuels dus au salarié en plus de vingt-quatre jours ouvrables peuvent être reportés, à sa demande, jusqu'au départ en congé, dans les conditions prévues au présent paragraphe.
Le cumul de ces congés payés porte au maximum sur six années.

Article L. 3142-121 (Créé par Loi n° 2016-1088 du 8 août 2016 - art. 9) :
Une indemnité compensatrice est perçue par le salarié lors de son départ pour l'ensemble des congés payés dont il n'a pas bénéficié.
Le premier alinéa du présent article ne s'applique pas lorsque l'employeur est tenu d'adhérer à une caisse de congés payés mentionnée à l'article L. 3141-32.

Article L. 3142-122 (Créé par Loi n° 2016-1088 du 8 août 2016 - art. 9) :
En cas de renonciation au congé, les congés payés du salarié reportés en application de l'article L. 3142-120 sont ajoutés aux congés payés annuels.
Ces congés payés reportés sont ajoutés chaque année aux congés payés annuels, par fraction de six jours et jusqu'à épuisement, à compter de la renonciation.
Jusqu'à épuisement des congés payés reportés, tout report au titre de l'article L. 3142-120 est exclu.

Article L. 3142-123 (Créé par Loi n° 2016-1088 du 8 août 2016 - art. 9) :
En cas de rupture du contrat de travail, le salarié perçoit une indemnité compensatrice pour les droits à congés payés reportés.
Ces dispositions ne s'appliquent pas lorsque l'employeur est tenu d'adhérer à une caisse de congés payés mentionnée à l'article L. 3141-32.

Article L. 3142-124 (Créé par Loi n° 2016-1088 du 8 août 2016 - art. 9) :
Les indemnités compensatrices prévues au présent paragraphe sont calculées conformément aux articles L. 3141-24 à L. 3141-27.

Le congé pour bilan de compétences

Article L. 6313-1 (Modifié par Loi n° 2018-771 du 5 septembre 2018 - art. 4) :
Les actions concourant au développement des compétences qui entrent dans le champ d'application des dispositions relatives à la formation professionnelle sont :
1° Les actions de formation ;
2° Les bilans de compétences ;
3° Les actions permettant de faire valider les acquis de l'expérience, dans les conditions prévues au livre IV de la présente partie ;
4° Les actions de formation par apprentissage, au sens de l'article L. 6211-2.

Article L. 6313-4 (Modifié par Loi n° 2018-771 du 5 septembre 2018 - art. 4) :
Les bilans de compétences mentionnés au 2° de l'article L. 6313-1 ont pour objet de permettre à des travailleurs d'analyser leurs compétences professionnelles et personnelles ainsi que leurs aptitudes et leurs motivations afin de définir un projet professionnel et, le cas échéant, un projet de formation.
Ce bilan ne peut être réalisé qu'avec le consentement du travailleur. Le refus d'un salarié d'y consentir ne constitue ni une faute ni un motif de licenciement.
Les informations demandées au bénéficiaire du bilan doivent présenter un lien direct et nécessaire avec son objet. Le bénéficiaire est tenu d'y répondre de bonne foi. Il est destinataire des résultats détaillés et d'un document de synthèse. Ce document de synthèse peut être communiqué, à sa demande, à l'opérateur du conseil en évolution professionnelle mentionné à l'article L. 6111-6. Les résultats détaillés et le document de synthèse ne peuvent être communiqués à toute autre personne ou institution qu'avec l'accord du bénéficiaire.
Les personnes chargées de réaliser et de détenir les bilans sont soumises aux dispositions des articles 226-13 et 226-14 du code pénal en ce qui concerne les informations qu'elles détiennent à ce titre.
La durée du bilan de compétences ne peut excéder vingt-quatre heures par bilan.

Le compte personnel d'activité

Article L. 6314-1 (Modifié par Ordonnance n° 2019-861 du 21 août 2019 - art. 1) :
Tout travailleur engagé dans la vie active ou toute personne qui s'y engage a droit à la qualification professionnelle et doit pouvoir suivre, à son initiative, une formation lui permettant, quel que soit son statut, de progresser au cours de sa vie professionnelle d'au moins un niveau en acquérant une qualification correspondant aux besoins de l'économie prévisibles à court ou moyen terme :
1° Soit enregistrée dans le répertoire national des certifications professionnelles mentionné à l'article L. 6113-1 ;
2° Soit reconnue dans les classifications d'une convention collective nationale de branche ;
3° Soit ouvrant droit à un certificat de qualification professionnelle de branche ou interbranche.

Article L. 6323-1 (Modifié par Loi n° 2014-288 du 5 mars 2014 - art. 1 (V) & modifié par Loi n° 2016-1088 du 8 août 2016 - art. 39 (V)) :
Le compte personnel de formation est ouvert et fermé dans les conditions définies à l'article L. 5151-2.

Article L. 5151-1 (Créé par Loi n° 2016-1088 du 8 août 2016 - art. 39 (V)) :
Le compte personnel d'activité a pour objectifs, par l'utilisation des droits qui y sont inscrits, de renforcer l'autonomie et la liberté d'action de son titulaire et de sécuriser son parcours professionnel en supprimant les obstacles à la mobilité. Il contribue au droit à la qualification professionnelle mentionné à l'article L. 6314-1. Il permet la reconnaissance de l'engagement citoyen.
Le titulaire du compte personnel d'activité décide de l'utilisation de ses droits dans les conditions définies au présent chapitre, au chapitre III du titre II du livre III de la sixième partie ainsi qu'au chapitre II du titre VI du livre Ier de la quatrième partie.
Le titulaire du compte personnel d'activité a droit à un accompagnement global et personnalisé destiné à l'aider à exercer ses droits pour la mise en œuvre de son projet professionnel. Cet accompagnement est fourni notamment dans le cadre du conseil en évolution professionnelle mentionné à l'article L. 6111-6.

Article L. 5151-2 (Modifié par Loi n° 2018-771 du 5 septembre 2018 - art. 2 (V)) :
Un compte personnel d'activité est ouvert pour toute personne âgée d'au moins seize ans se trouvant dans l'une des situations suivantes :
1° Personne occupant un emploi, y compris lorsqu'elle est titulaire d'un contrat de travail de droit français et qu'elle exerce son activité à l'étranger ;
2° Personne à la recherche d'un emploi ou accompagnée dans un projet d'orientation et d'insertion professionnelles ;
3° Personne accueillie dans un établissement et service d'aide par le travail mentionné au a du 5° du I de l'article L. 312-1 du code de l'action sociale et des familles ;
4° Personne ayant fait valoir l'ensemble de ses droits à la retraite.
Par dérogation au premier alinéa du présent article, un compte personnel d'activité est ouvert dès l'âge de quinze ans pour le jeune qui signe un contrat d'apprentissage sur le fondement du deuxième alinéa de l'article L. 6222-1 du présent code.
Les personnes âgées d'au moins seize ans mais ne relevant pas des situations mentionnées aux 1° à 3° du présent article peuvent ouvrir un compte personnel d'activité afin de bénéficier du compte d'engagement citoyen et d'accéder aux services en ligne mentionnés à l'article L. 5151-6.

Le compte est fermé à la date du décès de la personne. Lorsque son titulaire remplit l'une des conditions mentionnées aux 1° à 3° de l'article L. 5421-4, le compte personnel de formation cesse d'être alimenté, sauf en application de l'article L. 5151-9.

Article L. 5151-3 (Créé par Loi n° 2016-1088 du 8 août 2016 - art. 39 (V)) :
Les droits inscrits sur le compte personnel d'activité, y compris en cas de départ du titulaire à l'étranger, demeurent acquis par leur titulaire jusqu'à leur utilisation ou à la fermeture du compte.

Article L. 5151-5 (Modifié par Ordonnance n° 2017-1389 du 22 septembre 2017 - art. 2) :
Le compte personnel d'activité est constitué :
1° Du compte personnel de formation ;
2° Du compte professionnel de prévention ;
3° Du compte d'engagement citoyen.
Il organise la conversion des droits selon les modalités prévues par chacun des comptes le constituant.

Article L. 5151-6 (Modifié par Ordonnance n° 2018-470 du 12 juin 2018 - art. 9) :
I.– Chaque titulaire d'un compte personnel d'activité peut consulter les droits inscrits sur celui-ci et peut les utiliser en accédant à un service en ligne gratuit. Ce service en ligne est géré par la Caisse des dépôts et consignations, sans préjudice de l'article L. 4162-11. La Caisse des dépôts et consignations et la Caisse nationale d'assurance vieillesse concluent une convention définissant les modalités d'articulation des différents comptes et de mobilisation par leur titulaire.
II.– Chaque titulaire d'un compte a également accès à une plateforme de services en ligne qui :
1° Lui fournit une information sur ses droits sociaux et la possibilité de les simuler ;
2° Lui donne accès à un service de consultation de ses bulletins de paie, lorsqu'ils ont été transmis par l'employeur sous forme électronique dans les conditions mentionnées à l'article L. 3243-2 ;
3° Lui donne accès à des services utiles à la sécurisation des parcours professionnels et à la mobilité géographique et professionnelle.
Le gestionnaire de la plateforme met en place des interfaces de programmation permettant à des tiers de développer et de mettre à disposition ces services.
III.– Un décret en Conseil d'Etat, pris après avis de la Commission nationale de l'informatique et des libertés, détermine les conditions dans lesquelles les données à caractère personnel afférentes au compte personnel de formation et au compte professionnel de prévention, ainsi que celles issues de la déclaration sociale nominative mentionnée à l'article L. 133-5-3 du code de la sécurité sociale, peuvent être utilisées pour fournir les services mentionnés aux I et II du présent article.

Article L. 6323-2 (Modifié par Loi n° 2014-288 du 5 mars 2014 - art. 1 (V) & modifié par Loi n° 2018-771 du 5 septembre 2018 - art. 1 (V)) :
Le compte personnel de formation est comptabilisé en euros et mobilisé par la personne, qu'elle soit salariée, à la recherche d'un emploi, travailleur indépendant, membre d'une profession libérale ou d'une profession non salariée ou conjoint collaborateur, afin de suivre, à son initiative, une formation. Le compte ne peut être mobilisé qu'avec l'accord exprès de son titulaire. Le refus du titulaire du compte de le mobiliser ne constitue pas une faute.

Article L. 6323-3 (Modifié par Loi n° 2014-288 du 5 mars 2014 - art. 1 (V), modifié par Loi n° 2018-771 du 5 septembre 2018 - art. 1 (V) & modifié par Loi n° 2019-828 du 6 août 2019 - art. 58) :
Les droits inscrits sur le compte personnel de formation demeurent acquis en cas de changement de situation professionnelle ou de perte d'emploi de son titulaire.
Les droits acquis en heures, conformément à l'article 22 quater de la loi n° 83-634 du 13 juillet 1983 portant droits et obligations des fonctionnaires, sont conservés et convertis en euros au bénéfice de toute personne qui, au moment de sa demande, est autorisée, au titre d'une disposition du présent code, à utiliser les droits inscrits sur son compte personnel de formation. Les modalités d'application du présent alinéa sont fixées par décret en Conseil d'Etat.
Le compte personnel de formation cesse d'être alimenté et les droits qui y sont inscrits ne peuvent plus être mobilisés lorsque son titulaire remplit l'une des conditions mentionnées aux 1° à 3° de l'article L. 5421-4.
Toutefois, par dérogation au troisième alinéa du présent article, les droits inscrits sur le compte personnel de formation au titre du compte d'engagement citoyen en application de l'article L. 5151-9 demeurent mobilisables pour financer les actions de formation destinées à permettre aux volontaires, aux bénévoles et aux sapeurs-pompiers volontaires d'acquérir les compétences nécessaires à l'exercice de leurs missions.

Article L. 6323-4 (Modifié par Loi n° 2022-1726 du 30 décembre 2022 - art. 212):

I.– Les droits inscrits sur le compte personnel de formation permettent à son titulaire de financer une formation éligible au compte, au sens des articles L. 6323-6, L. 6323-21, L. 6323-31 et L. 6323-34.
Le titulaire participe au financement de la formation éligible dans les conditions fixées à l'article L. 6323-7.

II.– Lorsque le coût de cette formation est supérieur au montant des droits inscrits sur le compte ou aux plafonds respectivement mentionnés aux articles L. 6323-11, L. 6323-11-1, L. 6323-27 et L. 6323-34, le compte peut faire l'objet, à la demande de son titulaire, d'abondements en droits complémentaires pour assurer le financement de cette formation. Ces abondements peuvent être financés notamment par:
1° Le titulaire lui-même;
2° L'employeur, lorsque le titulaire du compte est salarié;
3° Un opérateur de compétences;
4° L'organisme mentionné à l'article L. 4163-14, chargé de la gestion du compte professionnel de prévention, à la demande de la personne, dans des conditions déterminées par décret en Conseil d'Etat;
5° Les organismes chargés de la gestion de la branche accidents du travail et maladies professionnelles en application de l'article L. 221-1 du code de la sécurité sociale, à la demande de la personne, dans des conditions déterminées par décret en Conseil d'Etat;
6° L'Etat;
7° Les régions;
8° Pôle emploi;
9° L'institution mentionnée à l'article L. 5214-1 du présent code;
10°Un fonds d'assurance-formation de non-salariés défini à l'article L. 6332-9 du présent code ou à l'article L. 718-2-1 du code rural et de la pêche maritime;
11°Une chambre régionale de métiers et de l'artisanat ou une chambre de métiers et de l'artisanat de région;
12°Une autre collectivité territoriale;
13°L'établissement public chargé de la gestion de la réserve sanitaire mentionné à l'article L. 1413-1 du code de la santé publique;
14°L'organisme gestionnaire de l'assurance chômage mentionné à l'article L. 5427-1 du présent code.

III.– A l'exception du titulaire du compte personnel de formation, les financeurs mentionnés au II peuvent alimenter le compte du titulaire. Les sommes correspondant à cette alimentation supplémentaire sont versées à l'organisme mentionné à l'article L. 6333-1 dans des conditions fixées par décret en Conseil d'Etat.

Article L. 6323-6 (Modifié par Ordonnance n° 2021-45 du 20 janvier 2021 - art. 6):

I.– Sont éligibles au compte personnel de formation les actions de formation sanctionnées par les certifications professionnelles enregistrées au répertoire national prévu à l'article L. 6113-1, celles sanctionnées par les attestations de validation de blocs de compétences au sens du même article L. 6113-1 et celles sanctionnées par les certifications et habilitations enregistrées dans le répertoire spécifique mentionné à l'article L. 6113-6 comprenant notamment la certification relative au socle de connaissances et de compétences professionnelles.

II.– Sont également éligibles au compte personnel de formation, dans des conditions définies par décret:
1° Les actions permettant de faire valider les acquis de l'expérience mentionnées au 3° de l'article L. 6313-1;
2° Les bilans de compétences mentionnés au 2° du même article L. 6313-1;
3° La préparation de l'épreuve théorique du code de la route et de l'épreuve pratique du permis de conduire des véhicules du groupe léger et du groupe lourd;
4° Les actions de formation d'accompagnement et de conseil dispensées aux créateurs ou repreneurs d'entreprises ayant pour objet de réaliser leur projet de création ou de reprise d'entreprise et de pérenniser l'activité de celle-ci;
5° Les actions de formation destinées à permettre aux bénévoles et aux volontaires en service civique d'acquérir les compétences nécessaires à l'exercice de leurs missions. Seuls les droits acquis au titre du compte d'engagement citoyen peuvent financer ces actions;
6° Les actions de formations financées par le fonds du droit individuel à la formation des élus locaux mentionné à l'article L. 1621-3 du code général des collectivités territoriales, dans les conditions prévues à la section 6 du présent chapitre.

NOTA: Conformément à l'article 19 de l'ordonnance n° 2021-45 du 20 janvier 2021, ces dispositions entrent en vigueur à compter du 1er janvier 2022.

Article L. 6323-6-1 (Créé par Loi n° 2016-1088 du 8 août 2016 - art. 39 (V)):

Le compte peut être mobilisé par son titulaire pour la prise en charge d'une formation à l'étranger dans les conditions fixées à l'article L. 6323-6.

Article L. 6323-7 (Modifié par Loi n° 2022-1726 du 30 décembre 2022 - art. 212) :
La participation mentionnée au I de l'article L. 6323-4 peut être proportionnelle au coût de la formation, dans la limite d'un plafond, ou fixée à une somme forfaitaire.
La participation n'est due ni par les demandeurs d'emploi ni par les titulaires de compte lorsque la formation fait l'objet d'un abondement prévu au 2° du II du même article L. 6323-4.
Les modalités de mise en œuvre du présent article, notamment les conditions dans lesquelles la participation peut être prise en charge par un tiers, sont fixées par décret en Conseil d'Etat.

Article L. 6323-8 (Modifié par Loi n° 2014-288 du 5 mars 2014 - art. 1 (V), modifié par Loi n° 2018-771 du 5 septembre 2018 - art. 1 (V) & modifié par Ordonnance n° 2019-861 du 21 août 2019 - art. 1) :
I.– Chaque titulaire d'un compte a connaissance du montant des droits inscrits sur son compte et des abondements dont il peut bénéficier en accédant à un service dématérialisé gratuit. Ce service dématérialisé donne également les informations sur les formations éligibles. Il assure la prise en charge des actions de formation de l'inscription du titulaire du compte aux formations jusqu'au paiement des prestataires mentionnés à l'article L. 6351-1.
II.– Un traitement automatisé de données à caractère personnel, dénommé « système d'information du compte personnel de formation », dont les modalités de mise en œuvre sont fixées par décret en Conseil d'Etat, permet la gestion et l'utilisation des droits inscrits sur le compte personnel de formation.
Ce traitement intègre la possibilité, pour chaque titulaire du compte, de disposer d'un passeport d'orientation, de formation et de compétences, dont la consultation est autorisée exclusivement par le titulaire, qui recense les formations et les qualifications suivies dans le cadre de la formation initiale ou continue ainsi que les acquis de l'expérience professionnelle, selon des modalités déterminées par décret.

Article L. 6323-11(Modifié par Loi n° 2014-288 du 5 mars 2014 - art. 1 (V), Modifié par Loi n° 2018-771 du 5 septembre 2018 - art. 1 (V) & modifié par Ordonnance n° 2019-861 du 21 août 2019 - art. 1) :
Le compte du salarié ayant effectué une durée de travail supérieure ou égale à la moitié de la durée légale ou conventionnelle du travail sur l'ensemble de l'année est alimenté au titre de cette année dans la limite d'un plafond. La valeur de ce plafond ne peut excéder dix fois le montant annuel de cette alimentation. Cette valeur et ce montant, exprimés en euros, sont fixés par décret en Conseil d'Etat.
Le compte du salarié ayant effectué une durée de travail inférieure à la moitié de la durée légale ou conventionnelle du travail sur l'ensemble de l'année est alimenté au titre de cette année, dans la limite du plafond mentionné au premier alinéa, à due proportion de la durée de travail effectuée.
En outre, le compte d'un bénéficiaire mentionné à l'article L. 5212-13 est alimenté par une majoration dont le montant est défini par décret dans la limite du plafond mentionné à l'article L. 6323-11-1.
Un accord collectif d'entreprise, de groupe ou, à défaut, un accord de branche peut prévoir des modalités d'alimentation du compte plus favorables dans des conditions fixées par décret en Conseil d'Etat dès lors qu'elles sont assorties d'un financement spécifique à cet effet.
Un accord d'entreprise ou de groupe peut définir les actions de formation éligibles au sens de l'article L. 6323-6 pour lesquelles l'employeur s'engage à financer, dans les conditions définies par cet accord, les abondements prévus au 2° du II de l'article L. 6323-4, sans préjudice des dispositions de l'article L. 6323-2. Dans ce cas, l'entreprise peut prendre en charge l'ensemble des frais et peut demander le remboursement à la Caisse des dépôts et consignations des sommes correspondantes dans la limite des droits inscrits sur le compte personnel de chaque salarié concerné.
Tous les trois ans à compter de la promulgation de la loi n° 2018-771 du 5 septembre 2018 pour la liberté de choisir son avenir professionnel, sur la base du rapport de la Caisse des dépôts et consignations mentionné à l'article L. 6333-5, le ministre chargé de la formation professionnelle saisit le conseil d'administration de France compétences pour un avis relatif à l'actualisation des droits au compte personnel de formation, compte tenu de l'évolution générale des prix des biens et services et, plus particulièrement, de l'observation des coûts des organismes de formation par France compétences, telle que mentionnée au 6° de l'article L. 6123-5. Une fois cet avis recueilli, une éventuelle actualisation des droits à l'alimentation annuelle du compte personnel de formation et des plafonds mentionnés au présent article ainsi qu'aux articles L. 6323-11-1, L. 6323-27 et L. 6323-34 est fixée par décret en Conseil d'Etat.
Les salariés à caractère saisonnier, au sens du 3° de l'article L. 1242-2, peuvent bénéficier, en application d'un accord ou d'une décision unilatérale de l'employeur, de droits majorés sur leur compte personnel de formation.

Article L. 6323-11-1 (Modifié par Loi n° 2018-771 du 5 septembre 2018 - art. 1 (V) & modifié par Ordonnance n° 2019-861 du 21 août 2019 - art. 1) :
Pour le salarié qui n'a pas atteint un niveau de formation sanctionné par un diplôme classé au niveau 3, un titre professionnel enregistré et classé au niveau 3 du répertoire national des certifications professionnelles ou une certification

reconnue par une convention collective nationale de branche, l'alimentation du compte se fait à hauteur d'un montant annuel et d'un plafond, exprimés en euros et fixés par décret en Conseil d'Etat, supérieurs au montant et au plafond mentionnés à l'article L. 6323-11. Ce montant et ce plafond sont portés à un niveau au moins égal à 1,6 fois ceux prévus au premier alinéa du même article L. 6323-11.

Article L. 6323-12 (Modifié par Loi n° 2014-288 du 5 mars 2014 - art. 1 (V) & modifié par Loi n° 2018-771 du 5 septembre 2018 - art. 1 (V)) :
La période d'absence du salarié pour un congé de maternité, de paternité et d'accueil de l'enfant, d'adoption, de présence parentale, de proche aidant ou un congé parental d'éducation ou pour une maladie professionnelle ou un accident du travail est intégralement prise en compte pour le calcul de la durée du travail effectuée.

Article L. 6323-13 (Modifié par Ordonnance n° 2021-797 du 23 juin 2021 - art. 1) :
Dans les entreprises d'au moins cinquante salariés, lorsque le salarié n'a pas bénéficié, durant les six ans précédant l'entretien mentionné au II de l'article L. 6315-1, des entretiens prévus au même article L. 6315-1 et d'au moins une formation autre que celle mentionnée à l'article L. 6321-2, un abondement est inscrit à son compte dans des conditions définies par décret en Conseil d'Etat et l'entreprise verse une somme dont le montant, fixé par décret en Conseil d'Etat, ne peut excéder six fois le montant annuel mentionné à l'article L. 6323-11. Le salarié est informé de ce versement.
Dans le cadre des contrôles menés par les agents mentionnés à l'article L. 6361-5, lorsque l'entreprise n'a pas opéré le versement prévu au premier alinéa du présent article ou a opéré un versement insuffisant, elle est mise en demeure de procéder au versement de l'insuffisance constatée dans le respect de la procédure contradictoire mentionnée à l'article L. 6362-10.
A défaut, l'entreprise verse au Trésor public un montant équivalent à l'insuffisance constatée majorée de 100 %.
Ce versement est établi et recouvré selon les modalités ainsi que sous les sûretés, garanties et sanctions applicables aux taxes sur le chiffre d'affaires.
Le contrôle et le contentieux de ce versement sont opérés selon les règles applicables en matière de taxe sur le chiffre d'affaires.
Pour l'application du premier alinéa du présent article, l'effectif salarié et le franchissement du seuil de cinquante salariés sont déterminés selon les modalités prévues à l'article L. 130-1 du code de la sécurité sociale.
NOTA : Conformément au I de l'article 8 de l'Ordonnance n° 2021-797 du 23 juin 2021, les dispositions entrent en vigueur au 1er janvier 2022 pour les contributions dues à compter de cette date.

Article L. 6323-14 (Modifié par Loi n° 2014-288 du 5 mars 2014 - art. 1 (V), modifié par Loi n° 2018-771 du 5 septembre 2018 - art. 1 (V) & modifié par Loi n° 2019-486 du 22 mai 2019 - art. 11 (V)) :
Le compte personnel de formation peut être abondé en application d'un accord d'entreprise ou de groupe, un accord de branche ou un accord conclu par les organisations syndicales de salariés et d'employeurs gestionnaires d'un opérateur de compétences, portant notamment sur la définition des formations éligibles et les salariés prioritaires, en particulier les salariés les moins qualifiés, les salariés exposés à des facteurs de risques professionnels mentionnés à l'article L. 4161-1, les salariés occupant des emplois menacés par les évolutions économiques ou technologiques, les salariés mentionnés à l'article L. 6323-12 et les salariés à temps partiel.
Un décret en Conseil d'Etat fixe les conditions d'application du premier alinéa du présent article pour les agents publics civils et militaires.

Article L. 6323-15 (Modifié par Loi n° 2014-288 du 5 mars 2014 - art. 1 (V) & modifié par Loi n° 2018-771 du 5 septembre 2018 - art. 1 (V)) :
Les abondements mentionnés aux articles L. 2254-2, L. 5151-9, L. 6323-13 et L. 6323-14 n'entrent pas en compte dans les modes de calcul du montant des droits inscrits sur le compte du salarié chaque année et du plafond mentionnés à l'article L. 6323-11.

Article L. 6323-16 (Modifié par Loi n° 2014-288 du 5 mars 2014 - art. 1 (V) & modifié par Loi n° 2018-771 du 5 septembre 2018 - art. 1 (V)) :
Les formations éligibles au compte personnel de formation sont les formations mentionnées à l'article L. 6323-6.

Article L. 6323-17 (Modifié par Loi n° 2014-288 du 5 mars 2014 - art. 1 (V) & modifié par Loi n° 2018-771 du 5 septembre 2018 - art. 1 (V)) :
Lorsque les formations financées dans le cadre du compte personnel de formation sont suivies en tout ou partie pendant le temps de travail, le salarié demande une autorisation d'absence à l'employeur qui lui notifie sa réponse dans des délais déterminés par décret. L'absence de réponse de l'employeur vaut acceptation.

Article L. 6323-17-1 (Créé par Loi n° 2018-771 du 5 septembre 2018 - art. 1 (V) & modifié par Ordonnance n° 2019-861 du 21 août 2019 - art. 1) :
Tout salarié mobilise les droits inscrits sur son compte personnel de formation afin que celui-ci contribue au financement d'une action de formation certifiante, destinée à lui permettre de changer de métier ou de profession dans le cadre d'un projet de transition professionnelle. Il bénéficie d'un positionnement préalable au suivi de l'action de formation afin d'identifier ses acquis professionnels permettant d'adapter la durée du parcours de formation proposé. Il bénéficie d'un congé spécifique lorsqu'il suit cette action de formation en tout ou partie durant son temps de travail.
Pour les salariés titulaires d'un contrat de travail conclu avec une entreprise de travail temporaire et les salariés intermittents du spectacle, un décret en Conseil d'Etat détermine les conditions d'ouverture et de prise en charge des projets de transition professionnelle.

Article R. 6323-1 (Modifié par Décret n° 2018-1329 du 28 décembre 2018 - art. 1) :
I.– Le compte personnel de formation du salarié ayant effectué une durée de travail supérieure ou égale à la moitié de la durée légale ou conventionnelle de travail sur l'ensemble de l'année est alimenté à hauteur de 500 euros au titre de cette année, dans la limite d'un plafond total de 5.000 euros.
II.– Le compte du salarié dont la durée de travail a été inférieure à la moitié de la durée légale ou conventionnelle de travail sur l'ensemble de l'année est alimenté, au titre de cette année, d'une fraction du montant mentionné au I, calculée à due proportion de la durée de travail qu'il a effectuée. Lorsque le calcul de ses droits aboutit à un montant en euros comportant des décimales, ce montant est arrondi à la deuxième décimale, au centime d'euro supérieur.
Pour les salariés dont la durée de travail à temps plein est fixée en application d'un accord collectif d'entreprise ou de branche, le nombre d'heures de travail de référence pour le calcul de l'alimentation du compte personnel de formation est égal à la durée conventionnelle de travail.
Pour les salariés dont la durée de travail à temps plein n'est pas fixée en application d'un accord collectif d'entreprise ou de branche, le nombre d'heures de travail de référence pour le calcul de l'alimentation du compte personnel de formation est égal à 1.607 heures.
Pour les salariés dont la durée de travail est décomptée en jours dans le cadre d'une convention de forfait annuel en jours, le nombre de jours de travail de référence pour le calcul de l'alimentation du compte personnel de formation est égal au nombre de jours compris dans le forfait tel que fixé par l'accord collectif instaurant le forfait annuel, dans la limite de 218 jours.
Pour les salariés dont la rémunération n'est pas établie en fonction d'un horaire de travail, le montant de référence pour le calcul de l'alimentation du compte personnel de formation est fixé à 2.080 fois le montant du salaire minimum horaire de croissance.
L'alimentation du compte de ces salariés est calculée au prorata du rapport entre la rémunération effectivement perçue et le montant de référence mentionné à l'alinéa précédent.
III.– Le calcul des droits des salariés est effectué par la Caisse des dépôts et consignations au moyen des données issues de la déclaration sociale nominative des employeurs mentionnée à l'article L. 133-5-3 du code de la sécurité sociale afin de procéder à l'alimentation de leurs comptes personnels de formation.
Un arrêté du ministre chargé de la formation professionnelle fixe les modalités selon lesquelles la caisse procède à ce calcul et à cette alimentation lorsqu'elle ne reçoit pas ces données et lorsque les données qu'elle reçoit sont incomplètes ou erronées.

Article R. 6323-2 (Modifié par Décret n° 2019-1049 du 11 octobre 2019 - art. 2) :
I.– Lorsqu'en application des dispositions du quatrième alinéa de l'article L. 6323-11, des dispositions plus favorables ont été prévues par un accord collectif d'entreprise, de groupe ou, à défaut, de branche, pour l'alimentation du compte personnel de formation des salariés, l'employeur effectue annuellement, pour chacun des salariés concernés, le calcul des droits venant abonder son compte personnel de formation.
II.– Une somme d'un montant égal à celui de l'abondement mentionné au I est versée par l'employeur à la Caisse des dépôts et consignations qui en assure la gestion conformément aux dispositions des articles L. 6333-6 et L. 6333-7. Le compte du salarié concerné est alimenté de l'abondement correspondant dès réception de cette somme.
III.– L'employeur adresse à la Caisse des dépôts et consignations la liste des salariés bénéficiaires des dispositions plus favorables mentionnées au I, ainsi que les données permettant leur identification et l'abondement attribué à chacun d'eux.

Article R. 6323-3 (Modifié par Décret n° 2021-1916 du 30 décembre 2021 - art. 1) :
I.– Le salarié mentionné au premier alinéa de l'article L. 6323-13 bénéficie d'un abondement de son compte personnel de formation d'un montant de 3.000 euros.

II.– Une somme d'un montant égal à celui de l'abondement mentionné au I est versée par l'employeur à la Caisse des dépôts et consignations qui en assure la gestion conformément aux dispositions des articles L. 6333-6 et L. 6333-7. Le compte du salarié concerné est alimenté de l'abondement correspondant dès réception de cette somme.

III.– L'employeur adresse à la Caisse des dépôts et consignations les informations nécessaires à l'abondement mentionné au I, notamment son montant, le nom du salarié bénéficiaire ainsi que les données permettant son identification.

IV.– Le versement de la somme mentionnée au II et la transmission des informations mentionnées au III sont effectués, au plus tard, le dernier jour du trimestre civil suivant la date de l'entretien professionnel pris en compte pour apprécier la période de six ans mentionnée au premier alinéa de l'article L. 6323-13.

NOTA : Se référer aux modalités d'application prévues au III de l'article 4 du décret n° 2021-1916 du 30 décembre 2021.

Article R. 6323-3-1 (Créé par Décret n° 2018-1329 du 28 décembre 2018 - art. 1) :

I.– Le compte personnel de formation du salarié mentionné à l'article L. 6323-11-1 qui a effectué une durée de travail supérieure ou égale à la moitié de la durée légale ou conventionnelle de travail sur l'ensemble de l'année est alimenté, au titre de cette année, à hauteur de 800 euros, dans la limite d'un plafond de 8.000 euros.

II.– Afin de bénéficier de cette majoration, le salarié déclare remplir les conditions prévues à cet article par l'intermédiaire du service dématérialisé mentionné au I de l'article L. 6323-8. Cette déclaration peut être effectuée, à sa demande et selon les mêmes modalités, par son conseiller en évolution professionnelle. La majoration est effective à compter de l'alimentation du compte effectuée au titre de l'année au cours de laquelle cette déclaration est intervenue.

III.– Le salarié qui ne remplit plus les conditions prévues à l'article L. 6323-11-1 le déclare par l'intermédiaire du service dématérialisé mentionné au I de l'article L. 6323-8. Il cesse de bénéficier des dispositions du même article à compter de l'année civile suivante.

IV.– Une information spécifique portant sur les modalités de cette déclaration, sur la majoration des droits en résultant, ainsi que sur les conséquences d'une déclaration frauduleuse ou erronée est fournie par l'intermédiaire du service dématérialisé mentionné au I de l'article L. 6323-8. Cette information est également délivrée par le conseiller en évolution professionnelle, dans des conditions définies par le cahier des charges mentionné au quatrième alinéa de l'article L. 6111-6.

V.– En cas de déclaration frauduleuse ou erronée, les droits inscrits au compte personnel de formation font l'objet d'un nouveau calcul opéré conformément aux dispositions de l'article L. 6323-11, sans préjudice des sanctions prévues aux articles 313-3 et 441-6 du code pénal.

Les conditions générales d'utilisation du service dématérialisé mentionnées à l'article L. 6323-9 précisent que les droits, exprimés en euros, obtenus à la suite d'une déclaration frauduleuse ou erronée ne peuvent être utilisés. Lorsque le titulaire d'un compte a tout de même utilisé de tels droits, il rembourse les sommes correspondantes à la Caisse des dépôts et consignations ou, le cas échéant, à la commission paritaire interprofessionnelle régionale mentionnée à l'article L. 6323-17-6, au terme d'une procédure contradictoire et selon des modalités que les conditions générales d'utilisation précisent.

Article R. 6323-3-2 (Modifié par Décret n° 2019-1049 du 11 octobre 2019 - art. 2) :

I.– Le salarié licencié à la suite du refus d'une modification de son contrat de travail résultant de l'application d'un accord d'entreprise mentionné à l'article L. 2254-2 bénéficie d'un abondement de son compte personnel de formation d'un montant minimal de 3.000 euros.

II.– Une somme d'un montant égal à celui de l'abondement mentionné au I est versée par l'employeur à la Caisse des dépôts et consignations qui en assure la gestion conformément aux dispositions des articles L. 6333-6 et L. 6333-7. Le compte du salarié licencié concerné est alimenté de l'abondement correspondant dès réception de cette somme.

III.– L'employeur dispose d'un délai de quinze jours à compter de la notification du licenciement, pour adresser à la Caisse des dépôts et consignations les informations nécessaires à l'abondement mentionné au I, notamment son montant, le nom du salarié bénéficiaire ainsi que les données permettant son identification.

Article R. 6323-3-3 (Modifié par Décret n° 2019-566 du 7 juin 2019 - art. 1) :

Le compte personnel de formation du salarié bénéficiaire de l'obligation d'emploi mentionné à l'article L. 5212-13 est alimenté annuellement à hauteur de 300 euros au titre de la majoration prévue au troisième alinéa de l'article L. 6323-11, dans la limite du plafond mentionné au I de l'article R. 6323-3-1.

Le projet de transition professionnelle

Article L. 6323-17-2 (Modifié par Loi n° 2021-1018 du 2 août 2021 - art. 29) :

I.– Pour bénéficier d'un projet de transition professionnelle, le salarié doit justifier d'une ancienneté minimale en qualité de salarié, déterminée par décret. La condition d'ancienneté n'est pas exigée pour le salarié mentionné à l'article L. 5212-13, ni pour le salarié qui a changé d'emploi à la suite d'un licenciement pour motif économique ou pour inaptitude et qui n'a pas suivi d'action de formation entre son licenciement et son réemploi, ni pour le salarié ayant connu, dans les vingt-quatre mois ayant précédé sa demande de projet de transition professionnelle, soit une absence au travail résultant d'une maladie professionnelle, soit une absence au travail supérieure à une durée fixée par décret résultant d'un accident du travail, d'une maladie ou d'un accident non professionnel.

II.– Le projet du salarié peut faire l'objet d'un accompagnement par l'un des opérateurs financés par l'organisme mentionné à l'article L. 6123-5 au titre du conseil en évolution professionnelle mentionné à l'article L. 6111-6. Cet opérateur informe, oriente et aide le salarié à formaliser son projet. Il propose un plan de financement.

Le projet est présenté à la commission paritaire interprofessionnelle régionale mentionnée à l'article L. 6323-17-6. Cette commission apprécie la pertinence du projet et du positionnement préalable prévu à l'article L. 6323-17-1, instruit la demande de prise en charge financière et autorise la réalisation et le financement du projet. Cette décision est motivée et notifiée au salarié.

Les modalités d'accompagnement du salarié et de prise en charge financière du projet de transition professionnelle sont précisées par décret en Conseil d'Etat.

Un système d'information national commun aux commissions paritaires interprofessionnelles régionales mentionnées à l'article L. 6323-17-6 est mis en œuvre par France compétences. Ses règles de création et d'alimentation sont précisées par décret en Conseil d'Etat.

Article L. 6323-17-3 (Créé par Loi n° 2018-771 du 5 septembre 2018 - art. 1 (V)) :

La durée du projet de transition professionnelle correspond à la durée de l'action de formation.

Article L. 6323-17-4 (Créé par Loi n° 2018-771 du 5 septembre 2018 - art. 1 (V)) :

La durée du projet de transition professionnelle ne peut être imputée sur la durée du congé payé annuel. Ce projet est assimilé à une période de travail :

1° Pour la détermination des droits des intéressés en matière de congé payé annuel ;

2° A l'égard des droits que le salarié tient de son ancienneté dans l'entreprise.

Article L. 6323-17-5 (Créé par Loi n° 2018-771 du 5 septembre 2018 - art. 1 (V), modifié par Loi n° 2019-486 du 22 mai 2019 - art. 11 (V) & modifié par Ordonnance n° 2019-861 du 21 août 2019 - art. 1) :

Le salarié bénéficiaire du projet de transition professionnelle a droit à une rémunération minimale déterminée par décret.

Dans les entreprises de cinquante salariés et plus, la rémunération due au bénéficiaire du projet de transition professionnelle est versée par l'employeur, qui est remboursé par la commission paritaire interprofessionnelle régionale mentionnée à l'article L. 6323-17-6.

Un décret précise les modalités selon lesquelles cette rémunération est versée, notamment dans les entreprises de moins de cinquante salariés.

Pour l'application du présent article, l'effectif salarié est déterminé selon les modalités prévues au I de l'article L. 130-1 du code de la sécurité sociale.

NOTA : Conformément au XIV de l'article 11 de la loi n° 2019-486 du 22 mai 2019, les dispositions entrent en vigueur le 1er janvier 2020.

Article L. 6323-17-6 (Modifié par Loi n° 2022-1598 du 21 décembre 2018 - art. 10) :

Une commission paritaire interprofessionnelle est agréée dans chaque région par l'autorité administrative pour prendre en charge financièrement le projet de transition professionnelle mentionné à l'article L. 6323-17-1. Elle est dotée de la personnalité morale. Cette commission atteste également du caractère réel et sérieux du projet mentionné au 2° du II de l'article L. 5422-1. Elle suit la mise en œuvre du conseil en évolution professionnelle sur le territoire régional.

L'agrément de cette commission est accordé au regard des critères mentionnés aux 1°, 3° et 5° du II de l'article L. 6332-1-1 et de leur aptitude à assurer leurs missions compte tenu de leurs moyens.

Cette commission peut, sous réserve du caractère réel et sérieux du projet, financer les dépenses afférentes à la validation des acquis de l'expérience du salarié, dans des conditions définies par voie réglementaire.

Cette commission est composée de représentants des organisations syndicales de salariés et des organisations professionnelles d'employeurs représentatives au niveau national et interprofessionnel.

Les frais de gestion correspondant aux missions de cette commission sont fixés par arrêté du ministre chargé de la formation professionnelle, dans la limite d'un plafond déterminé en pourcentage des ressources reçues par la commission, en application du 5° de l'article L. 6123-5.
Les commissions sont soumises au contrôle économique et financier de l'Etat et aux obligations mentionnées au 4° du II de l'article L. 6332-1-1.
En cas de dysfonctionnement répété ou de défaillance de la commission, un administrateur est nommé par le ministre chargé de la formation professionnelle. L'administrateur prend toute décision pour le compte de la commission, afin de rétablir son fonctionnement normal.
Un décret détermine les conditions d'application du présent article.

Article L. 6323-18 (Modifié par Loi n° 2014-288 du 5 mars 2014 - art. 1 (V)) :
Les heures consacrées à la formation pendant le temps de travail constituent un temps de travail effectif et donnent lieu au maintien par l'employeur de la rémunération du salarié.

Article L. 6323-19 (Modifié par Loi n° 2014-288 du 5 mars 2014 - art. 1 (V)) :
Pendant la durée de la formation, le salarié bénéficie du régime de sécurité sociale relatif à la protection en matière d'accidents du travail et de maladies professionnelles.

Article L. 6323-20 (Modifié par Loi n° 2018-771 du 5 septembre 2018 - art. 1 (V) & art. 1 (M)) :
Les frais pédagogiques et les frais liés à la validation des compétences et des connaissances afférents à la formation sont pris en charge par l'organisme mentionné à l'article L. 6333-1.
Par dérogation au premier alinéa du présent article, les frais pédagogiques et les frais liés à la validation des compétences et des connaissances afférents à la formation suivie dans le cadre du projet de transition professionnelle mentionné à l'article L. 6323-17-1 sont pris en charge par la commission paritaire interprofessionnelle régionale mentionnée à l'article L. 6323-17-6.
Les modalités selon lesquelles ces prises en charges sont réalisées sont déterminées par décret.

La validation des acquis de l'expérience (VAE)

Article L. 6411-1 (Modifié par Loi n° 2022-1598 du 21 décembre 2022 - art. 10) :
Le service public de la validation des acquis de l'expérience a pour mission d'orienter et d'accompagner toute personne demandant la validation des acquis de son expérience et justifiant d'une activité en rapport direct avec le contenu de la certification visée.

Article L. 6412-1-1 (Créé par Loi n° 2022-1598 du 21 décembre 2022 - art. 10) :
Le ministère ou l'organisme certificateur prévu à l'article L. 6113-2 qui se prononce sur la recevabilité d'une demande peut prendre en compte des activités mentionnées à l'article L. 6411-1, de nature différente, exercées sur une même période, les périodes de stage et les périodes de formation initiale ou continue en milieu professionnel mentionnées à l'article L. 124-1 du code de l'éducation ainsi que les périodes de mise en situation en milieu professionnel mentionnées à l'article L. 5135-1 du présent code.
Article L. 6412-3 (Créé par Loi n° 2022-1598 du 21 décembre 2022 - art. 10) :
La validation des acquis de l'expérience est prononcée par un jury dont la composition et les modalités de fonctionnement sont fixées par décret.

Article L. 6421-1 (Version en vigueur depuis le 1er mai 2008) :
La validation des acquis de l'expérience ne peut être réalisée qu'avec le consentement du travailleur.

Article L. 6421-2 (Version en vigueur depuis le 1er mai 2008) :
Le refus d'un salarié de consentir à une action de validation des acquis de l'expérience ne constitue ni une faute ni un motif de licenciement.

Article L. 6421-3 (Version en vigueur depuis le 1er mai 2008) :
Les informations demandées au bénéficiaire d'une action de validation des acquis de l'expérience présentent un lien direct et nécessaire avec l'objet de la validation tel qu'il est défini à l'article L. 6411-1.

Article L. 6421-4 (Version en vigueur depuis le 1er mai 2008) :
Les personnes dépositaires d'informations communiquées par le candidat dans le cadre de sa demande de validation sont soumises aux dispositions des articles 226-13 et 226-14 du code pénal.

Article L. 6422-1 (Modifié par Loi n° 2018-771 du 5 septembre 2018 - art. 9 (V)) :
Lorsqu'un salarié fait valider les acquis de son expérience en tout ou partie pendant le temps de travail et à son initiative, il bénéficie d'un congé à cet effet.
Le salarié demande à l'employeur une autorisation d'absence prévue à l'article L. 6323-17. L'employeur peut refuser cette autorisation pour des raisons de service, motivant son report sous un délai et selon des modalités définis par décret.

Article L. 6422-2 (Modifié par Loi n° 2022 - 1598 du 21 décembre 2022- art. 10) :
La durée de cette autorisation d'absence ne peut excéder vingt-quatre heures par session d'évaluation. Cette durée peut être augmentée par convention ou accord collectif.

Article L. 6422-3 (Modifié par Loi n° 2018-771 du 5 septembre 2018 - art. 9 (V)) :
Les heures consacrées à la validation des acquis de l'expérience bénéficiant de l'autorisation prévue à l'article L. 6422-1 constituent du temps de travail effectif et donnent lieu au maintien de la rémunération et de la protection sociale du salarié conformément aux articles L. 6323-18 et L. 6323-19 et par dérogation à l'article L. 6323-17-5.

Article L. 6422-4 (Modifié par Loi n° 2018-771 du 5 septembre 2018 - art. 9 (V)) :
Les frais afférents aux actions permettant de faire valider les acquis de l'expérience comprennent les frais de procédure et d'accompagnement déterminés par voie réglementaire.

Article L. 6422-5 (Modifié par Loi n° 2018-771 du 5 septembre 2018 - art. 9 (V)) :
Les motifs de refus des demandes de prise en charge des frais mentionnés à l'article L. 6422-4 sont déterminés par voie réglementaire.

Article L. 6423-2 (Modifié par Loi n° 2018-771 du 5 septembre 2018 - art. 36) :
Le comité régional de l'emploi, de la formation et de l'orientation professionnelles et France compétences assurent le suivi statistique des parcours de validation des acquis de l'expérience, selon des modalités définies par décret en Conseil d'Etat.

Le congé pour examen (apprenti)

Article L. 6222-35 (Modifié par Loi n° 2009-1437 du 24 novembre 2009 - art. 25 (V)) :
Pour la préparation directe des épreuves, l'apprenti a droit à un congé supplémentaire de cinq jours ouvrables. Il doit suivre les enseignements spécialement dispensés dans le centre de formation d'apprentis dès lors que la convention mentionnée à l'article L. 6232-1 en prévoit l'organisation.
Ce congé, qui donne droit au maintien du salaire, est situé dans le mois qui précède les épreuves. Il s'ajoute au congé payé prévu à l'article L. 3141-1 et au congé annuel pour les salariés de moins de vingt-et-un ans prévu à l'article L. 3164-9, ainsi qu'à la durée de formation en centre de formation d'apprentis fixée par le contrat.

Le congé pour acquisition de la nationalité française

Article L. 3142-75 (Modifié par Loi n° 2016-1088 du 8 août 2016 - art. 9) :
Le salarié a le droit de bénéficier, sur justification, d'un congé pour assister à sa cérémonie d'accueil dans la citoyenneté française.
Bénéficie de ce droit, dans les mêmes conditions, le conjoint de la personne mentionnée au premier alinéa.
La durée de ce congé ne peut être imputée sur celle du congé payé annuel.

Article L. 3142-76 (Modifié par Ordonnance n° 2019-738 du 17 juillet 2019 - art. 15) :
En cas de différend, le refus de l'employeur peut être directement contesté par le salarié devant le conseil de prud'hommes, statuant selon la procédure accélérée au fond, dans des conditions fixées par décret en Conseil d'Etat.
A défaut de réponse de l'employeur dans un délai fixé par décret, son accord est réputé acquis.
NOTA : Conformément à l'article 30 de l'ordonnance n° 2019-738 du 17 juillet 2019, ces dispositions s'appliquent aux demandes introduites à compter du 1er janvier 2020.

Article L. 3142-77 (Modifié par Loi n° 2016-1088 du 8 août 2016 - art. 9) :
Pour mettre en œuvre le droit à congé du salarié mentionné à l'article L. 3142-75, une convention ou un accord collectif d'entreprise ou, à défaut, une convention ou un accord de branche déterminent la durée de ce congé.

Article L. 3142-78 (Modifié par Loi n° 2016-1088 du 8 août 2016 - art. 9) :
A défaut de convention ou d'accord mentionné à l'article L. 3142-77, la durée du congé est d'une demi-journée.

Le droit de retrait

Article L. 4131-1 (Version en vigueur depuis le 1er mai 2008) :
Le travailleur alerte immédiatement l'employeur de toute situation de travail dont il a un motif raisonnable de penser qu'elle présente un danger grave et imminent pour sa vie ou sa santé ainsi que de toute défectuosité qu'il constate dans les systèmes de protection.
Il peut se retirer d'une telle situation.
L'employeur ne peut demander au travailleur qui a fait usage de son droit de retrait de reprendre son activité dans une situation de travail où persiste un danger grave et imminent résultant notamment d'une défectuosité du système de protection.

Article L. 4131-2 (Modifié par Ordonnance n° 2017-1386 du 22 septembre 2017 - art. 4) :
Le représentant du personnel au comité social et économique, qui constate qu'il existe une cause de danger grave et imminent, notamment par l'intermédiaire d'un travailleur, en alerte immédiatement l'employeur selon la procédure prévue au premier alinéa de l'article L. 4132-2.

Article L. 4131-3 (Version en vigueur depuis le 1er mai 2008) :
Aucune sanction, aucune retenue de salaire ne peut être prise à l'encontre d'un travailleur ou d'un groupe de travailleurs qui se sont retirés d'une situation de travail dont ils avaient un motif raisonnable de penser qu'elle présentait un danger grave et imminent pour la vie ou pour la santé de chacun d'eux.

Article L. 4131-4 (Modifié par Ordonnance n° 2017-1386 du 22 septembre 2017 - art. 4) :
Le bénéfice de la faute inexcusable de l'employeur prévue à l'article L. 452-1 du code de la sécurité sociale est de droit pour le ou les travailleurs qui seraient victimes d'un accident du travail ou d'une maladie professionnelle alors qu'eux-mêmes ou un représentant du personnel au comité social et économique avaient signalé à l'employeur le risque qui s'est matérialisé.

Article L. 4132-1 (Version en vigueur depuis le 1er mai 2008) :
Le droit de retrait est exercé de telle manière qu'elle ne puisse créer pour autrui une nouvelle situation de danger grave et imminent.

Article L. 4132-2 (Modifié par Ordonnance n° 2017-1386 du 22 septembre 2017 - art. 4) :
Lorsque le représentant du personnel au comité social et économique alerte l'employeur en application de l'article L. 4131-2, il consigne son avis par écrit dans des conditions déterminées par voie réglementaire.
L'employeur procède immédiatement à une enquête avec le représentant du comité social et économique qui lui a signalé le danger et prend les dispositions nécessaires pour y remédier.

Article L. 4132-3 (Modifié par Ordonnance n° 2017-1386 du 22 septembre 2017 - art. 4) :
En cas de divergence sur la réalité du danger ou la façon de le faire cesser, notamment par arrêt du travail, de la machine ou de l'installation, le comité social et économique est réuni d'urgence, dans un délai n'excédant pas vingt-quatre heures.
L'employeur informe immédiatement l'agent de contrôle de l'inspection du travail mentionné à l'article L. 8112-1 et l'agent du service de prévention de la caisse régionale d'assurance maladie, qui peuvent assister à la réunion du comité social et économique.

Article L. 4132-4 (Modifié par Ordonnance n° 2017-1386 du 22 septembre 2017 - art. 4) :
A défaut d'accord entre l'employeur et la majorité du comité social et économique sur les mesures à prendre et leurs conditions d'exécution, l'inspecteur du travail est saisi immédiatement par l'employeur.
L'inspecteur du travail met en œuvre soit l'une des procédures de mise en demeure prévues à l'article L. 4721-1, soit la procédure de référé prévue aux articles L. 4732-1 et L. 4732-2.

Article L. 4132-5 (Version en vigueur depuis le 1er mai 2008) :
L'employeur prend les mesures et donne les instructions nécessaires pour permettre aux travailleurs, en cas de danger grave et imminent, d'arrêter leur activité et de se mettre en sécurité en quittant immédiatement le lieu de travail.

La grève

Article L. 2511-1 (Version en vigueur depuis le 1er mai 2008) :
L'exercice du droit de grève ne peut justifier la rupture du contrat de travail, sauf faute lourde imputable au salarié.

Son exercice ne peut donner lieu à aucune mesure discriminatoire telle que mentionnée à l'article L. 1132-2, notamment en matière de rémunérations et d'avantages sociaux.
Tout licenciement prononcé en absence de faute lourde est nul de plein droit.

Article L. 1132-2 (Version en vigueur depuis le 1er mai 2008) :
Aucun salarié ne peut être sanctionné, licencié ou faire l'objet d'une mesure discriminatoire mentionnée à l'article L. 1132-1 en raison de l'exercice normal du droit de grève.

L'activité partielle

Article R. 5122-1 (Modifié par Décret n° 2013-551 du 26 juin 2013 - art. 2 & art. 3) :
L'employeur peut placer ses salariés en position d'activité partielle lorsque l'entreprise est contrainte de réduire ou de suspendre temporairement son activité pour l'un des motifs suivants :
1° La conjoncture économique ;
2° Des difficultés d'approvisionnement en matières premières ou en énergie ;
3° Un sinistre ou des intempéries de caractère exceptionnel ;
4° La transformation, restructuration ou modernisation de l'entreprise ;
5° Toute autre circonstance de caractère exceptionnel.

Article R. 5122-2 (Modifié par Décret n° 2020-1316 du 30 octobre 2020 - art. 1) :
L'employeur adresse au préfet du département où est implanté l'établissement concerné une demande préalable d'autorisation d'activité partielle.
La demande précise :
1° Les motifs justifiant le recours à l'activité partielle ;
2° La période prévisible de sous-activité ;
3° Le nombre de salariés concernés.
Elle est accompagnée, lorsque l'entreprise compte au moins cinquante salariés, de l'avis rendu préalablement par le comité social et économique en application de l'article L. 2312-8. Par dérogation, dans les cas prévus au 3° ou au 5° de l'article R. 5122-1, cet avis peut être recueilli postérieurement à la demande mentionnée au premier alinéa, et transmis dans un délai d'au plus deux mois à compter de cette demande.
Dans les entreprises d'au moins cinquante salariés, le comité social et économique est informé à l'échéance de chaque autorisation des conditions dans lesquelles l'activité partielle a été mise en oeuvre. Lorsque la demande d'autorisation préalable d'activité partielle et, le cas échéant, la demande de renouvellement d'autorisation portent, pour le même motif et la même période, sur au moins cinquante établissements implantés dans plusieurs départements, l'employeur peut adresser une demande unique au titre de l'ensemble des établissements au préfet du département où est implanté l'un quelconque des établissements concernés.
Dans ce cas, le contrôle de la régularité des conditions de placement en activité partielle des salariés est confié au représentant de l'Etat dans le département où est implanté chacun des établissements concernés.
Lorsque la demande s'effectue sur le fondement du II de l'article R. 5122-9, elle mentionne les engagements que l'employeur propose de souscrire.
La demande d'autorisation est adressée par voie dématérialisée dans les conditions fixées par l'article R. 5122-26.
NOTA : Se reporter aux dispositions dérogatoires précisées aux paragraphes II et III de l'article 2 du décret n° 2020-325 du 25 mars 2020 concernant l'application des dispositions de l'article R. 5122-17 dans sa rédaction antérieure audit décret et R. 5122-4 concernant le délai mentionné aux premier et troisième alinéas dudit article.
Conformément aux dispositions de l'article 4 du décret n° 2020-794 du 26 juin 2020, par dérogation au premier alinéa de l'article R. 5122-2 du code du travail, lorsque la demande d'autorisation préalable d'activité partielle porte, pour le même motif et la même période, sur au moins cinquante établissements implantés dans plusieurs départements, l'employeur peut adresser une demande unique au titre de l'ensemble des établissements au préfet du département où est implanté l'un quelconque des établissements concernés.
Dans ce cas, le contrôle de la régularité des conditions de placement en activité partielle des salariés est confié au préfet de département où est implanté chacun des établissements concernés.

Article R. 5122-3 (Modifié par Décret n° 2020-325 du 25 mars 2020 - art. 1) :
Par dérogation à l'article R. 5122-2, l'employeur dispose d'un délai de trente jours à compter du placement des salariés en activité partielle pour adresser sa demande par tout moyen donnant date certaine à sa réception :

1° En cas de suspension d'activité due à un sinistre ou à des intempéries prévues au 3° de l'article R. 5122-1 ;
2° En cas de circonstance de caractère exceptionnel prévue au 5° de l'article R. 5122-1.
NOTA : Conformément à l'article 2 du décret n° 2020-325 du 25 mars 2020 :
I.– Les dispositions du présent décret s'appliquent aux demandes d'indemnisation adressées ou renouvelées à l'Agence de services et de paiement en application de l'article R. 5122-5 du code du travail à compter de la date d'entrée en vigueur du présent décret, au titre du placement en position d'activité partielle de salariés depuis le 1er mars 2020.
II.– Par dérogation au I, pendant une période de douze mois à compter de l'entrée en vigueur du présent décret, les employeurs peuvent continuer d'appliquer les dispositions de l'article R. 5122-17 du même code, dans leur réaction antérieure au présent décret, en lieu et place des dispositions du 16° de l'article R. 3243-1 du même code.
III.– Jusqu'au 31 décembre 2020, le délai mentionné aux premier et troisième alinéas de l'article R. 5122-4 du code du travail au terme duquel le silence vaut acceptation implicite de la demande préalable d'autorisation d'activité partielle est ramené à deux jours.

Article R. 5122-4 (Modifié par Décret n° 2022-1665 du 27 décembre 2022 - art. 1) :
Le préfet du département où est implanté l'établissement concerné apprécie les éléments produits par l'employeur à l'appui de sa demande, tels que mentionnés à l'article R. 5122-2, et contrôle la régularité des conditions de placement en activité partielle des salariés.
La décision d'autorisation ou de refus, signée par le préfet, est notifiée à l'employeur dans un délai de quinze jours à compter de la date de réception de la demande d'autorisation.
La décision d'autorisation précise notamment les coordonnées bancaires de l'employeur.
L'absence de décision dans un délai de quinze jours vaut acceptation implicite de la demande.
La décision de refus est motivée.
La décision du préfet est notifiée par voie dématérialisée à l'employeur. Celui-ci en informe le comité social et économique.

Article R. 5122-5 (Modifié par Décret n° 2014-740 du 30 juin 2014 - art. 3) :
En cas de décision d'autorisation expresse ou tacite prévue à l'article R. 5122-4, l'employeur peut adresser à l'Agence de services et de paiement une demande d'indemnisation au titre de l'allocation d'activité partielle prévue à l'article L. 5122-1.
Cette demande comporte :
1° Des informations relatives à l'identité de l'employeur ;
2° La liste nominative des salariés concernés ainsi que le numéro d'inscription au répertoire national d'identification des personnes physiques ;
3° Les états nominatifs précisant notamment le nombre d'heures chômées par salarié.
Pour les établissements appliquant un accord d'aménagement du temps de travail sur une période supérieure à la semaine et inférieure à l'année, l'employeur y joint, dans le cas où il ne souhaite pas un remboursement à la fin de la période, une demande de remboursement mensuel.
La demande est adressée par voie dématérialisée à l'Agence de services et de paiement qui se charge d'en assurer la conservation selon des modalités garantissant l'intégrité des informations reçues.
Après vérification, l'Agence de services et de paiement liquide l'allocation d'activité partielle selon les modalités fixées aux articles R. 5122-14 à R. 5122-17.
NOTA : Décret n° 2013-551 du 26 juin 2013, article 23 : La date d'entrée en vigueur de la procédure sous forme dématérialisée, mentionnée à l'article R. 5122-5 du code du travail, est fixée par arrêté du ministre chargé de l'emploi et au plus tard au 1er juillet 2014. L'article 6 du décret n° 2014-740 du 30 juin 2014 a refixé cette date au 1er octobre 2014.
Jusqu'à cette date, la demande d'indemnisation mentionnée à l'article R. 5122-5 est adressée par l'employeur au directeur régional des entreprises, de la concurrence, de la consommation, du travail et de l'emploi par tout moyen permettant de lui donner date certaine.

Article R. 5122-6 (Modifié par Décret n° 2013-551 du 26 juin 2013 - art. 2 & art. 8) :
L'allocation d'activité partielle est attribuée dans la limite d'un contingent annuel d'heures indemnisables fixé, en tenant compte de la situation économique, par arrêté du ministre chargé de l'emploi.
Cette limite ne peut être dépassée que dans des cas exceptionnels résultant de la situation particulière de l'entreprise, sur décision conjointe des ministres chargés de l'emploi et du budget.

Article R. 5122-7 (Modifié par Décret n° 2020-325 du 25 mars 2020 - art. 1) :
Au sein du contingent annuel d'heures indemnisables, l'arrêté du ministre chargé de l'emploi fixe le nombre d'heures pouvant être indemnisées en cas d'activité partielle justifiée par l'un des motifs prévus au 4° de l'article R. 5122-1.

Cette limite ne peut être dépassée que dans des cas exceptionnels résultant de la situation particulière de l'entreprise, sur décision conjointe du préfet de département et du directeur départemental des finances publiques.

NOTA : Conformément à l'article 2 du décret n° 2020-325 du 25 mars 2020 :

I.– Les dispositions du présent décret s'appliquent aux demandes d'indemnisation adressées ou renouvelées à l'Agence de services et de paiement en application de l'article R. 5122-5 du code du travail à compter de la date d'entrée en vigueur du présent décret, au titre du placement en position d'activité partielle de salariés depuis le 1er mars 2020.

II.– Par dérogation au I, pendant une période de douze mois à compter de l'entrée en vigueur du présent décret, les employeurs peuvent continuer d'appliquer les dispositions de l'article R. 5122-17 du même code, dans leur réaction antérieure au présent décret, en lieu et place des dispositions du 16° de l'article R. 3243-1 du même code.

III.– Jusqu'au 31 décembre 2020, le délai mentionné aux premier et troisième alinéas de l'article R. 5122-4 du code du travail au terme duquel le silence vaut acceptation implicite de la demande préalable d'autorisation d'activité partielle est ramené à deux jours.

Article R. 5122-8 (Modifié par Décret n° 2020-325 du 25 mars 2020 - art. 1) :

Ne peuvent bénéficier de l'allocation et de l'indemnité d'activité partielle les employeurs et leurs salariés quand la réduction ou la suspension de l'activité est provoquée par un différend collectif de travail intéressant l'établissement dans lequel ces salariés sont employés. Toutefois, dans le cas d'une fermeture de l'entreprise ou d'un service décidée par l'employeur suite à une grève, le versement des allocations et des indemnités peut être autorisé par décision du ministre chargé de l'emploi, si la fermeture se prolonge plus de trois jours.

NOTA : Idem Nota R. 5122-7

Article R. 5122-9 (Modifié par Décret n° 2020-1316 du 30 octobre 2020 - art. 1) :

I.– Une autorisation d'activité partielle peut être accordée pour une durée maximum de trois mois. Elle peut être renouvelée dans les conditions fixées au II et dans la limite de six mois, consécutifs ou non, sur une période de référence de douze mois consécutifs.

Par dérogation à l'alinéa précédent, lorsque l'employeur place ses salariés en position d'activité partielle en application du 3° de l'article R. 5122-1, l'autorisation d'activité partielle peut être accordée pour une durée maximum de six mois. Cette autorisation peut être renouvelée dans les conditions fixées au II.

II.– Lorsque l'employeur a, préalablement à sa demande, déjà placé ses salariés en activité partielle au cours des trente-six mois précédant la date de dépôt de la demande d'autorisation, celle-ci mentionne les engagements souscrits par l'employeur.

Ces engagements peuvent notamment porter sur :

1° Le maintien dans l'emploi des salariés pendant une durée pouvant atteindre le double de la période d'autorisation ;

2° Des actions spécifiques de formation pour les salariés placés en activité partielle ;;

3° Des actions en matière de gestion prévisionnelle des emplois et des compétences ;

4° Des actions visant à rétablir la situation économique de l'entreprise.

L'autorité administrative fixe ces engagements en tenant compte de la situation de l'entreprise, d'un éventuel accord collectif sur les conditions du recours à l'activité partielle ou, à défaut, des propositions figurant dans la demande d'autorisation ainsi que de la récurrence du recours à l'activité partielle dans l'établissement.

III.– Les engagements sont notifiés dans la décision d'autorisation.

IV.– L'autorité administrative s'assure du respect des engagements souscrits par l'employeur.

NOTA : Conformément au 1° de l'article 1er du décret n° 2021-221 du 26 février 2021, ces dispositions s'appliquent aux demandes d'autorisation préalables adressées à l'autorité administrative à compter du 1er juillet 2021. Lorsque l'employeur a bénéficié d'une autorisation d'activité partielle avant cette date, il n'est pas tenu compte de cette période pour l'application des dispositions du premier alinéa de l'article R. 5122-9 du code du travail, dans sa rédaction résultant du présent décret.

Article R. 5122-10 (Modifié par Décret n° 2022-1665 du 27 décembre 2022 - art. 1) :

L'autorité administrative demande à l'employeur le remboursement à l'Agence de service et de paiement, dans un délai ne pouvant être inférieur à trente jours, des sommes versées au titre de l'allocation d'activité partielle en cas de trop perçu, notamment lorsque les conditions mises à leur octroi n'ont pas été respectées, ou en cas de non-respect par l'entreprise, sans motif légitime, des engagements mentionnés au II de l'article R. 5122-9.

Le remboursement peut ne pas être exigé s'il est incompatible avec la situation économique et financière de l'entreprise.

Article R. 5122-11 (Modifié par Décret n° 2020-1316 du 30 octobre 2020 - art. 1) :

Les heures non travaillées au titre de l'activité partielle font l'objet du versement de l'allocation dans la limite de la durée légale ou, lorsqu'elle est inférieure, la durée collective du travail ou la durée stipulée au contrat sur la période

considérée. Au-delà de la durée légale ou, lorsqu'elle est inférieure, la durée collective du travail ou la durée stipulée au contrat sur la période considérée, les heures non travaillées au titre de l'activité partielle sont considérées comme chômées mais n'ouvrent pas droit au versement par l'Etat à l'employeur de l'allocation d'activité partielle et au versement par l'employeur au salarié de l'indemnité prévues à l'article L. 5122-1.
La totalité des heures chômées est prise en compte pour le calcul de l'acquisition des droits à congés payés. Lorsqu'ils sont dus sous la forme d'une indemnité compensatrice, cette indemnité est versée en sus de l'indemnité d'activité partielle. La totalité des heures chômées est également prise en compte pour la répartition de la participation et de l'intéressement lorsque cette répartition est proportionnelle à la durée de présence du salarié. Lorsque cette répartition est proportionnelle au salaire, les salaires à prendre en compte sont ceux qu'aurait perçus le salarié s'il n'avait pas été placé en activité partielle.

Article R. 5122-12 (Modifié par Décret n° 2020-1316 du 30 octobre 2020 - art. 1):
Le taux horaire de l'allocation d'activité partielle versée à l'employeur correspond, pour chaque salarié autorisé à être placé en activité partielle, à un pourcentage de la rémunération horaire antérieure brute calculée dans les conditions du II de l'article L. 3141-24 des premier et troisième alinéas de l'article R. 5122-18. Un décret détermine ce pourcentage, ainsi que le minimum de ce taux horaire et la rémunération maximale prise en compte pour le calcul de l'allocation.
NOTA : Conformément au II de l'article 4 du décret n° 2020-1316 du 30 octobre 2020, ces dispositions s'appliquent aux heures chômées par les salariés à compter du 1er janvier 2021.

Article D. 5122-13 (Modifié par Décret n° 2022-1632 du 22 décembre 2022 - art. 1):
Le taux horaire de l'allocation d'activité partielle est égal pour chaque salarié concerné à 36 % de la rémunération horaire brute telle que calculée à l'article R. 5122-12, limitée à 4,5 fois le taux horaire du salaire minimum interprofessionnel de croissance.
Ce taux horaire ne peut être inférieur à 8,03 euros. Ce minimum n'est pas applicable lorsque leur rémunération est inférieure au salaire minimum interprofessionnel de croissance, aux salariés en contrat d'apprentissage ou de professionnalisation, aux journalistes pigistes en collaboration régulière entrant dans le champ d'application de l'article L. 7112-1 et aux salariés mentionnés au titre Ier du livre III de la septième partie du présent code.
NOTA : Conformément à l'article 4 du décret n° 2022-1632 du 22 décembre 2022, ces dispositions s'appliquent aux demandes d'indemnisation adressées à l'autorité administrative au titre des heures chômées par les salariés à compter du 1er janvier 2023.

Article R. 5122-14 (Modifié par Décret n° 2013-551 du 26 juin 2013 - art. 2 & art. 16):
L'allocation d'activité partielle est liquidée mensuellement par l'Agence de services et de paiement pour le compte de l'Etat et de l'organisme gestionnaire du régime d'assurance chômage.
Les indemnités mentionnées au II de l'article L. 5122-1 sont versées aux salariés à la date normale de paie par l'employeur.

Article D. 5122-15 (Créé par Décret n° 2021-1918 du 30 déc. 2021, art. 1 et 4, en vigueur depuis le 1er janvier 2022):

I.– Pour l'application du 3° du II de l'article L. 5122-3, les modalités de calcul de l'indemnité et de l'allocation sont déterminées selon les règles suivantes :
  1° Pour les salariés dont la durée du travail est fixée par une convention de forfait en jours sur l'année, les jours ou demi-journées sont convertis en heures selon les modalités suivantes :
    - une demi-journée non travaillée correspond à 3 h 30 non travaillées ;
    - un jour non travaillé correspond à 7 heures non travaillées ;
    - une semaine non travaillée correspond à 35 heures non travaillées.

    Les jours de congés payés et de repos pris au cours de la période prévue au premier alinéa, ainsi que les jours fériés non travaillés qui correspondent à des jours ouvrés sont, le cas échéant, convertis en heures selon les modalités prévues au premier alinéa.
    Les heures issues de cette conversion sont déduites du nombre d'heures non travaillées calculées en application du premier alinéa ;
  2° Pour le personnel navigant des entreprises dont l'organisation de la durée du travail est fondée sous la forme d'alternance de jours d'activité et de jours d'inactivité en application des dispositions de l'article D. 422-5-2 et des sections 2 et 3 du chapitre II du titre II du livre IV de la partie réglementaire du code de l'aviation civile ou des dispositions relatives à la durée du travail applicables au personnel navigant technique des exploitants d'hélicoptères en application de l'arrêté du 8 septembre 1997 modifié portant extension de la convention collective nationale du personnel navigant technique des exploitants d'hélicoptères du 13 novembre 1996, le nombre d'heures donnant lieu au versement de l'indemnité et de l'allocation d'activité partielle est déterminé en tenant

compte de la différence entre le nombre de jours d'inactivité constatés et le nombre de jours d'inactivité garantis au titre de la période considérée.

Pour l'application de l'alinéa précèdent, chaque jour d'inactivité au-delà du nombre de jours d'inactivité garantis correspond à 8,75 heures chômées, dans la limite de la durée légale du temps de travail mentionnée à l'article L. 3121-27 sur la période considérée;

II.– Pour l'application du 4° du II de l'article L. 5122-3, les modalités de calcul de l'indemnité et de l'allocation sont déterminées selon les règles suivantes:

1° Pour les salariés mentionnés au titre Ier du livre III de la septième partie du présent code et qui ne relèvent pas d'un aménagement du temps de travail applicable dans l'entreprise, l'indemnité et l'allocation d'activité partielle sont calculées selon les modalités suivantes:

- la rémunération mensuelle de référence servant au calcul de l'indemnité et de l'allocation d'activité partielle correspond à la moyenne des rémunérations brutes perçues au cours des douze derniers mois civils, ou le cas échéant de la totalité des mois civils travaillés si le salarié a travaillé moins de douze mois, précédant le premier jour de placement en activité partielle de l'entreprise ou de l'établissement, à l'exclusion des frais professionnels et des éléments de rémunération mentionnés au IV;
- le montant horaire servant au calcul de l'indemnité et de l'allocation prévues aux articles D. 5122-13 et R. 5122-18 est déterminé en rapportant le montant de la rémunération mensuelle de référence prévue à l'alinéa précédent à la durée légale du temps de travail;
- la perte de rémunération mentionnée à l'article L. 5122-1 correspond à la différence entre la rémunération mensuelle de référence prévue au deuxième alinéa du présent 1° et la rémunération mensuelle effectivement perçue au cours de la même période;
- le nombre d'heures non travaillées indemnisables correspond, dans la limite de la durée légale du travail, à la différence de rémunération obtenue en application de l'alinéa précédent rapportée au montant horaire prévu au troisième alinéa du présent 1°;

2° Pour les salariés mentionnés à l'article L. 7412-1, les modalités de calcul de l'indemnité et de l'allocation d'activité partielle sont les suivantes:

- la rémunération mensuelle de référence servant au calcul de l'indemnité et de l'allocation d'activité partielle correspond à la moyenne des rémunérations brutes perçues au cours des douze derniers mois civils ou le cas échéant, de la totalité des mois civils travaillés si la première fourniture de travail au salarié est intervenue il y a moins de douze mois, précédant le premier jour de placement en activité partielle de l'entreprise ou de l'établissement, à l'exclusion des frais d'atelier, des frais accessoires mentionnés à l'article L. 7422-11, des heures supplémentaires prévues à l'article L. 7422-9 et des frais professionnels et éléments de rémunération mentionnés au IV.
- le montant horaire servant au calcul de l'indemnité et de l'allocation prévues aux articles D. 5122-13 et R. 5122-18 correspond au taux mentionné aux articles L. 7422-6 à L. 7422-8 ou, s'il est plus favorable, au taux appliqué par l'employeur;
- la perte de rémunération mentionnée à l'article L. 5122-1 correspond à la différence entre la rémunération mensuelle de référence prévue au deuxième alinéa du présent 2° et la rémunération mensuelle effectivement perçue au cours de la même période;
- le nombre d'heures non travaillées indemnisables correspond, dans la limite de la durée légale du travail ou, lorsqu'elle est inférieure, la durée stipulée au contrat de travail, à la différence de rémunération obtenue en application de l'alinéa précédent rapportée au montant horaire prévu au troisième alinéa du présent 2°.

Le bénéfice de ces dispositions n'est pas cumulable avec l'aide prévue à l'article R. 3232-8 du code du travail;

3° Pour les journalistes pigistes en collaboration régulière entrant dans le champ d'application de l'article L. 7112-1, qui ne sont pas soumis aux dispositions légales ou conventionnelles relatives à la durée du travail et qui ont bénéficié au minimum de trois bulletins mensuels de pige sur les douze mois civils précédant la date du placement en activité partielle, dont deux dans les quatre mois précédant cette même date, ou qui ont collaboré à la dernière parution dans le cas d'une publication trimestrielle, les modalités de calcul de l'indemnité et de l'allocation d'activité partielle sont les suivantes:

- la rémunération mensuelle de référence servant au calcul de l'indemnité et de l'allocation d'activité partielle correspond à la moyenne des rémunérations brutes perçues au titre des piges réalisées au cours des douze mois civils, ou le cas échéant de la totalité des mois civils travaillés si le salarié a travaillé moins de douze mois, précédant le premier jour de placement en activité partielle de l'entreprise ou de l'établissement, à l'exclusion des frais professionnels et des éléments de rémunération mentionnés au IV.

- un coefficient de référence est déterminé en rapportant le montant de la rémunération mensuelle de référence prévue à l'alinéa précédent au salaire minimum mensuel de rédacteur du barème applicable dans l'entreprise concernée ou, à défaut, dans la forme de presse considérée au titre de la même période de référence ou, à défaut, par le salaire minimum interprofessionnel de croissance fixé en application des articles L. 3231-2 à L. 3231-12. Ce coefficient de référence ne peut être supérieur à 1 ;
- le montant horaire servant au calcul de l'indemnité et de l'allocation prévues aux articles R. 5122-18 et D. 5122-13, est déterminé en rapportant le montant de la rémunération mensuelle de référence prévue au deuxième alinéa du présent 3° à la durée légale du temps de travail à laquelle est appliquée, s'il y a lieu, le coefficient de référence ;
- la perte de rémunération mentionnée à l'article L. 5122-1 correspond à la différence entre la rémunération mensuelle de référence prévue au deuxième alinéa du présent 3° et la rémunération mensuelle effectivement perçue au cours de la même période ;
- le nombre d'heures non travaillées indemnisables correspond, dans la limite de la durée légale du travail après application, s'il y a lieu, du coefficient de référence, à la différence de rémunération obtenue en application de l'alinéa précédent rapportée au montant horaire prévu au quatrième alinéa du présent 3° ;

4° Pour les travailleurs mentionnés aux articles L. 7121-2 et suivants, L. 7123-2 à L. 7123-4, L. 7123-6 et L. 5424-20, le nombre d'heures non travaillées retenu pour le calcul de l'indemnité et de l'allocation d'activité partielle correspond à 7 heures par cachet contractuellement programmé, mais non réalisé en raison d'une annulation liée à l'épidémie de covid-19 ;

5° Pour les cadres dirigeants mentionnés à l'article L. 3111-2, les modalités de calcul de l'indemnité et de l'allocation d'activité partielle sont les suivantes :
- la rémunération mensuelle de référence servant au calcul de l'indemnité et de l'allocation d'activité partielle correspond à la moyenne des rémunérations brutes perçues au cours des douze derniers mois civils, ou le cas échéant de la totalité des mois civils travaillés si le salarié a travaillé moins de douze mois, précédant le premier jour de placement en activité partielle de l'entreprise ou de l'établissement ;
- le montant horaire servant au calcul de l'indemnité et de l'allocation prévues aux articles D. 5122-13 et R. 5122-18 est déterminé en rapportant le trentième du montant de la rémunération mensuelle de référence obtenue en application de l'alinéa précédent à sept heures ;
- le nombre d'heures non travaillées indemnisables, dans la limite de la durée légale du travail, est obtenu selon les modalités de conversion en heures mentionnées au 1° du I ;

III.– Pour l'application des dispositions du présent article, le nombre d'heures donnant lieu à versement de l'indemnité et de l'allocation d'activité partielle ne peut excéder la durée légale du temps de travail mentionnée à l'article L. 3121-27 au titre de la période considérée.

IV.– Pour l'application des deuxièmes alinéas des 1°, 2° et 3° du II, sont exclus de l'assiette de calcul de l'indemnité et de l'allocation d'activité partielle les sommes représentatives de frais professionnels et les éléments de rémunération qui, bien qu'ayant le caractère de salaire, ne sont pas la contrepartie du travail effectif ou ne sont pas affectés par la réduction ou l'absence d'activité et sont alloués pour l'année. Lorsque la rémunération inclut une fraction de rémunération correspondant au paiement de l'indemnité de congés payés, cette fraction est déduite pour la détermination de l'assiette permettant le calcul de l'indemnité et de l'allocation d'activité partielle, sans préjudice des dispositions de l'article R. 5122-11.

Article R. 5122-16 (Modifié par Décret n° 2020-794 du 26 juin 2020 - art. 1) :
En cas de procédure de sauvegarde ou de redressement ou de liquidation judiciaire, ou de difficultés financières de l'employeur, le préfet, ou sur délégation le directeur régional des entreprises, de la concurrence, de la consommation, du travail et de l'emploi, peut faire procéder au paiement de l'allocation d'activité partielle par l'Agence de services et de paiement :

1° Soit directement aux salariés ;

2° Soit, le cas échéant, au mandataire judiciaire chargé du versement des indemnités aux salariés ou à l'association mentionnée à l'article L. 3253-14 lorsque cette dernière assure le versement des indemnités au mandataire judiciaire.

La procédure de paiement direct par l'Agence de services et, de paiement de l'allocation aux salariés peut également être employée pour assurer, sous le contrôle des services de l'emploi, l'indemnisation des travailleurs à domicile habituellement employés par plusieurs employeurs.

Dans les cas mentionnés au premier alinéa, l'allocation d'activité partielle peut, sur décision de l'autorité administrative, être liquidée par l'Agence de services et de paiement avant l'échéance du mois, lorsque l'entreprise est dans l'impossibilité d'assurer le paiement mensuel des indemnités d'activité partielle aux salariés.

Article R. 5122-17 (Modifié par Décret n° 2020-325 du 25 mars 2020 - art. 1) :
Dans les cas prévus à l'article R. 5122-16, un document comportant les mentions prévues au 16° de l'article R. 3243-1 est remis au salarié par l'Agence de services et de paiement.
NOTA : Idem Nota R.5122-7

Article R. 5122-18 (Modifié par Décret n° 2022-1665 du 27 décembre 2022 - art. 1) :
Le salarié placé en activité partielle reçoit une indemnité horaire, versée par son employeur, correspondant à 60 % de sa rémunération brute servant d'assiette de l'indemnité de congés payés telle que prévue au II de l'article L. 3141-24 ramenée à un montant horaire sur la base de la durée légale du travail applicable dans l'entreprise ou, lorsqu'elle est inférieure, la durée collective du travail ou la durée stipulée au contrat de travail.
La rémunération maximale prise en compte pour le calcul de l'indemnité horaire est égale à 4,5 fois le taux horaire du salaire minimum interprofessionnel de croissance.
Pour les salariés qui bénéficient d'éléments de rémunération variables ou versés selon une périodicité non mensuelle, le salaire de référence servant au calcul de l'indemnité et de l'allocation d'activité partielle tient compte de la moyenne de ces éléments de rémunération perçus au cours des douze mois civils, ou sur la totalité des mois travaillés si le salarié a travaillé moins de douze mois civils, précédant le premier jour de placement en activité partielle de l'entreprise.
Pendant les actions de formation mentionnées à l'article L. 5122-2 mises en œuvre pendant les heures chômées, cette indemnité horaire est portée à 100 % de la rémunération nette antérieure du salarié.
Pour les salariés en contrat d'apprentissage ou de professionnalisation, l'allocation mentionnée à l'article L. 5122-1 ne peut être supérieure au montant de l'indemnité horaire due par l'employeur.
L'indemnité nette versée par l'employeur ne peut excéder la rémunération nette horaire habituelle du salarié. L'indemnité et la rémunération nettes s'entendent après déduction des cotisations et contributions obligatoires retenues par l'employeur.
Pour les salariés des entreprises de travail temporaire régis par le chapitre premier du titre V du livre II de la première partie du présent code, à l'exception de ceux mentionnés à l'article L. 1251-58-1, et pour les salariés mentionnés à l'article L. 3123-1, le taux horaire de l'indemnité d'activité partielle ne peut être inférieur au taux horaire du salaire minimum interprofessionnel de croissance, sous réserve des dispositions du dernier alinéa.
Lorsque le taux horaire de rémunération d'un salarié mentionné au précédent alinéa est inférieur au taux horaire du salaire minimum interprofessionnel de croissance, le taux horaire de l'indemnité d'activité partielle qui lui est versée est égal à son taux horaire de rémunération.
NOTA : Conformément au II de l'article 3 du décret n° 2022-1685 du 27 décembre 2022, ces dispositions s'appliquent aux heures chômées par les salariés à compter du 1er janvier 2023.

Article R. 5122-19 (Modifié par Décret n° 2020-325 du 25 mars 2020 - art. 1) :
Sous réserve des dispositions de l'article L. 5122-3, le nombre d'heures pouvant justifier de l'attribution de l'allocation d'activité partielle correspond à la différence entre la durée légale du travail sur la période considérée ou, lorsqu'elle est inférieure, la durée collective du travail ou la durée stipulée au contrat, et le nombre d'heures travaillées sur ladite période.
Pour l'application du présent article, la durée légale du travail et la durée stipulée au contrat sont définies sur la période considérée en tenant compte du nombre de mois entiers, du nombre de semaines entières et du nombre de jours ouvrés.

Article L. 5122-1 (Modifié par Loi n° 2022-1726 du 30 décembre 2022 - art. 211(V)) :

I.– Les salariés sont placés en position d'activité partielle, après autorisation expresse ou implicite de l'autorité administrative, s'ils subissent une perte de rémunération imputable :
  - soit à la fermeture temporaire de leur établissement ou partie d'établissement ;
  - soit à la réduction de l'horaire de travail pratiqué dans l'établissement ou partie d'établissement en deçà de la durée légale de travail.

  En cas de réduction collective de l'horaire de travail, les salariés peuvent être placés en position d'activité partielle individuellement et alternativement.

II.– Les salariés reçoivent une indemnité horaire, versée par leur employeur, correspondant à une part de leur rémunération antérieure dont le pourcentage est fixé par décret en Conseil d'Etat. L'employeur perçoit une allocation financée conjointement par l'Etat et l'organisme gestionnaire du régime d'assurance chômage. Une convention conclue entre l'Etat et cet organisme détermine les modalités de financement de cette allocation.
  Le contrat de travail des salariés placés en activité partielle est suspendu pendant les périodes où ils ne sont pas en activité.

III.– L'autorité administrative peut définir des engagements spécifiquement souscrits par l'employeur en contrepartie de l'allocation qui lui est versée, en tenant compte des stipulations de l'accord collectif d'entreprise relatif à l'activité partielle, lorsqu'un tel accord existe. Un décret en Conseil d'Etat fixe les modalités selon lesquelles sont souscrits ces engagements.

IV.– Sont prescrites, au profit de l'Etat et de l'organisme gestionnaire de l'assurance chômage, les créances constituées au titre de l'allocation mentionnée au II pour lesquelles l'employeur n'a pas déposé de demande de versement auprès de l'autorité administrative dans un délai d'un an à compter du terme de la période couverte par l'autorisation de recours à l'activité partielle.

Les employeurs ayant mis en place un dispositif d'aménagement du temps de travail sur une période de référence supérieure au délai mentionné au premier alinéa du présent IV peuvent régulariser les demandes d'indemnisation correspondant à la période couverte par l'autorisation de recours à l'activité partielle dans un délai de six mois à compter de l'expiration du délai mentionné au même premier alinéa.

V.– Les employeurs mentionnés à l'article L. 5424-1 peuvent placer en position d'activité partielle, dans les conditions prévues au présent chapitre, leurs salariés de droit privé pour lesquels ils ont adhéré au régime d'assurance chômage en application de l'article L. 5424-2, dès lors qu'ils exercent à titre principal une activité industrielle et commerciale dont le produit constitue la part majoritaire de leurs ressources.

Ces employeurs bénéficient d'une allocation d'activité partielle selon les modalités prévues au présent chapitre.

VI.– Les salariés mentionnés à l'article L. 243-1-2 du code de la sécurité sociale qui sont employés par une entreprise ne comportant pas d'établissement en France peuvent être placés en position d'activité partielle lorsque l'employeur est soumis, pour ces salariés, aux contributions et cotisations sociales d'origine légale ou conventionnelle et aux obligations d'assurance contre le risque de privation d'emploi au titre de la législation française.

Ces employeurs bénéficient d'une allocation d'activité partielle selon les modalités prévues au présent chapitre.

NOTA : Conformément au II de l'article 211 de la Loi n° 2022-1726 du 30 décembre 2022, ces dispositions s'appliquent aux demandes d'autorisation adressées à l'autorité administrative par les employeurs mentionnés au même I à compter du 1er janvier 2023 et au titre des heures chômées à compter de la même date.

Article L. 5122-2 (Modifié par Loi n° 2013-504 du 14 juin 2013 - art. 16(V)) :
Les salariés placés en activité partielle peuvent bénéficier, pendant les périodes où ils ne sont pas en activité, de l'ensemble des actions et de la formation mentionnées aux articles L. 6313-1 et L. 6314-1 réalisées notamment dans le cadre du plan de formation.
Dans ce cas, le pourcentage mentionné au II de l'article L. 5122-1 est majoré dans des conditions prévues par décret en Conseil d'Etat.

Article L. 5122-3 (Modifié par Loi n° 2021-1900 du 30 décembre 2021 - art. 207) :

I.– Pour l'application du troisième alinéa du I de l'article L. 5122-1, est prise en compte, en lieu et place de la durée légale du travail :
  1° La durée stipulée au contrat pour les conventions individuelles de forfait ou la durée collective du travail conventionnellement prévue, pour les salariés ayant conclu une convention individuelle de forfait en heures, au sens des articles L. 3121-56 et L. 3121-57, incluant des heures supplémentaires, et pour les salariés dont la durée de travail est supérieure à la durée légale en application d'une convention ou d'un accord collectif de travail ;
  2° La durée considérée comme équivalente, pour les salariés dont le temps de travail est décompté selon le régime d'équivalence prévu à l'article L. 3121-13.

II.– Pour l'application du II de l'article L. 5122-1 aux salariés soumis à certains régimes spécifiques de détermination du temps de travail, les modalités de calcul de l'indemnité et de l'allocation sont déterminées selon les règles suivantes :
  1° Pour les salariés mentionnés au 1° du I du présent article, il est tenu compte des heures supplémentaires prévues par la convention individuelle de forfait en heures ou par la convention ou l'accord collectif pour la détermination du nombre d'heures non travaillées indemnisées ;
  2° Pour les salariés mentionnés au 2° du même I, il est tenu compte des heures d'équivalence rémunérées pour le calcul de l'indemnité et de l'allocation d'activité partielle ;
  3° Pour les salariés dont la durée du travail est décomptée en jours, la détermination du nombre d'heures prises en compte pour l'indemnité d'activité partielle et l'allocation d'activité partielle est effectuée en convertissant en heures un nombre de jours ou de demi-journées. Les modalités de cette conversion sont déterminées par décret ;

4° Pour les salariés qui ne sont pas soumis aux dispositions légales ou conventionnelles relatives à la durée du travail, les modalités de calcul de l'indemnité et de l'allocation sont déterminées par décret.

III.– Le placement en activité partielle des cadres dirigeants mentionnés à l'article L. 3111-2 ne peut intervenir que dans le cas prévu au deuxième alinéa du I de l'article L. 5122-1.

Article L. 5122-4 (Modifié par Loi n° 2020-1576 du 14 décembre 2020 - art. 8 (V)) :
L'indemnité légale d'activité partielle est un revenu de remplacement au sens de l'article L. 136-1-2 du code de la sécurité sociale et est assujettie à la contribution mentionnée à l'article L. 136-1 du même code dans les conditions définies au 1° du II de l'article L. 136-8 dudit code. Le régime fiscal applicable aux contributions mentionnées à l'article L. 5422-10 du présent code est applicable à l'indemnité versée au salarié.
Cette indemnité est cessible et saisissable dans les mêmes conditions et limites que les salaires.
NOTA : Conformément au VII de l'article 8 de la loi n° 2020-1576 du 14 décembre 2020, les présentes dispositions s'appliquent aux avantages dus à compter du 1er janvier 2021.

Les congés pour engagement associatif, politique ou militant

Le congé mutualiste de formation

Article L. 3142-36 (Modifié par Loi n° 2016-1088 du 8 août 2016 - art. 9) :
Tout administrateur d'une mutuelle, d'une union ou d'une fédération, au sens de l'article L. 114-16 du code de la mutualité, a droit, chaque année, à un congé de formation.

Article L. 3142-37 (Modifié par Loi n° 2016-1088 du 8 août 2016 - art. 9) :
La durée du congé ne peut être imputée sur la durée du congé payé annuel. Elle est assimilée à une période de travail effectif pour la détermination des droits à congés payés ainsi que pour l'ensemble des autres droits résultant pour l'intéressé de son contrat de travail.

Article L. 3142-38 (Modifié par Loi n° 2016-1088 du 8 août 2016 - art. 9) :
Un décret en Conseil d'Etat détermine les modalités d'application de la présente sous-section, notamment :

1° Les conditions dans lesquelles l'employeur peut différer le congé en raison des nécessités propres de l'entreprise ou de son exploitation ;

2° Les conditions dans lesquelles est établie la liste des stages ouvrant droit au congé mutualiste de formation et des organismes susceptibles de dispenser ces stages ;

3° Les conditions dans lesquelles le congé est attribué aux agents des services publics et des entreprises publiques ;

4° Les conditions dans lesquelles le congé est attribué au salarié bénéficiant d'un régime de congé plus avantageux que celui qui résulte du chapitre Ier.

Article L. 3142-39 (Modifié par Ordonnance n° 2019-738 du 17 juillet 2019 - art. 15) :
En cas de différend, le refus de l'employeur peut être directement contesté par le salarié devant le conseil de prud'hommes, statuant selon la procédure accélérée au fond, dans des conditions fixées par décret en Conseil d'Etat.
NOTA : Conformément à l'article 30 de l'ordonnance n° 2019-738 du 17 juillet 2019, ces dispositions s'appliquent aux demandes introduites à compter du 1er janvier 2020.

Article L. 3142-40 (Modifié par Loi n° 2016-1088 du 8 août 2016 - art. 9) :
Pour mettre en œuvre le droit à congé du salarié mentionné à l'article L. 3142-36, une convention ou un accord collectif d'entreprise ou, à défaut, une convention ou un accord de branche détermine :

1° La durée totale maximale du congé ;

2° Le délai dans lequel le salarié informe l'employeur de sa demande de congé ;

3° Les règles selon lesquelles est déterminé, par établissement, le nombre maximal de salariés susceptibles de bénéficier de ce congé au cours d'une année.

Article L. 3142-41 (Modifié par Loi n° 2016-1088 du 8 août 2016 - art. 9) :
A défaut de convention ou d'accord mentionné à l'article L. 3142-40, les dispositions suivantes sont applicables :

1° Le nombre maximal de jours pouvant être pris au titre du congé est de neuf jours ouvrables par an ;

2° Le délai dans lequel le salarié informe l'employeur de sa demande de congé est fixé par décret ;

3° Les règles selon lesquelles est déterminé, par établissement, le nombre maximal de salariés susceptibles de bénéficier de ce congé au cours d'une année sont définies par décret en Conseil d'Etat.

Le congé de participation aux instances d'emploi et de formation professionnelle ou à un jury d'examen

Article L. 3142-42 (Modifié par Loi n° 2016-1088 du 8 août 2016 - art. 9) :
Lorsqu'un salarié est désigné pour siéger dans une commission, un conseil ou un comité administratif ou paritaire appelé à traiter des problèmes d'emploi et de formation, l'employeur lui accorde le temps nécessaire pour participer aux réunions de ces instances.
La liste de ces instances est fixée par arrêté interministériel.
Lorsqu'un salarié est désigné pour participer à un jury d'examen ou de validation des acquis de l'expérience, l'employeur lui accorde une autorisation d'absence pour participer à ce jury.

Article L. 3142-43 (Modifié par Loi n° 2016-1088 du 8 août 2016 - art. 9) :
La participation du salarié aux réunions et jurys mentionnés à l'article L. 3142-42 n'entraîne aucune réduction de la rémunération.
La durée des congés correspondants ne peut être imputée sur celle du congé payé annuel.

Article L. 3142-44 (Modifié par Loi n° 2018-771 du 5 septembre 2018 - art. 45 (V)) :
Un décret détermine les conditions dans lesquelles les dépenses afférentes au maintien du salaire et au remboursement des frais de déplacement sont supportées par les instances et jurys mentionnés à l'article L. 3142-42 ou par l'entreprise.

Article L. 3142-45 (Modifié par Ordonnance n° 2019-738 du 17 juillet 2019 - art. 15) :
Le bénéfice du congé peut être refusé par l'employeur s'il estime que cette absence est susceptible d'avoir des conséquences préjudiciables à la bonne marche de l'entreprise.
Le refus de l'employeur intervient après avis du comité social et économique. Il est motivé.
En cas de différend, le refus de l'employeur peut être directement contesté par le salarié devant le conseil de prud'hommes, statuant selon la procédure accélérée au fond, dans des conditions fixées par décret en Conseil d'Etat.
NOTA : Conformément à l'article 30 de l'ordonnance n° 2019-738 du 17 juillet 2019, ces dispositions s'appliquent aux demandes introduites à compter du 1er janvier 2020.

Article L. 3142-46 (Modifié par Loi n° 2016-1088 du 8 août 2016 - art. 9) :
Pour mettre en œuvre le droit à congé du salarié mentionné à l'article L. 3142-42, une convention ou un accord collectif d'entreprise ou, à défaut, une convention ou un accord de branche détermine les délais dans lesquels le salarié adresse sa demande de congé.

Article L. 3142-47 (Modifié par Loi n° 2016-1088 du 8 août 2016 - art. 9) :
A défaut de convention ou d'accord mentionné à l'article L. 3142-46, un décret fixe les délais dans lesquels le salarié adresse sa demande de congé.

Le congé pour catastrophe naturelle

Article L. 3142-48 (Modifié par Loi n° 2016-1088 du 8 août 2016 - art. 9) :
Le salarié résidant ou habituellement employé dans une zone touchée par une catastrophe naturelle a droit à un congé, pris en une ou plusieurs fois, pour participer aux activités d'organismes apportant une aide aux victimes de catastrophes naturelles.

Article L. 3142-49 (Modifié par Loi n° 2016-1088 du 8 août 2016 - art. 9) :
En cas d'urgence, le congé peut être pris sous préavis de vingt-quatre heures.

Article L. 3142-50 (Modifié par Loi n° 2016-1088 du 8 août 2016 - art. 9) :
La durée du congé ne peut être imputée sur la durée du congé payé annuel.

Article L. 3142-51 (Modifié par Ordonnance n° 2019-738 du 17 juillet 2019 - art. 15) :
Le bénéfice du congé peut être refusé par l'employeur s'il estime que cette absence est susceptible d'avoir des conséquences préjudiciables à la bonne marche de l'entreprise.
Le refus de l'employeur intervient après avis du comité social et économique. Il est motivé.
En cas de différend, le refus de l'employeur peut être directement contesté par le salarié devant le conseil de prud'hommes, statuant selon la procédure accélérée au fond, dans des conditions fixées par décret en Conseil d'Etat.

NOTA : Conformément à l'article 30 de l'ordonnance n° 2019-738 du 17 juillet 2019, ces dispositions s'appliquent aux demandes introduites à compter du 1er janvier 2020.

Article L. 3142-52 (Modifié par Loi n° 2016-1088 du 8 août 2016 - art. 9) :
Pour mettre en œuvre le droit à congé du salarié mentionné à l'article L. 3142-48, une convention ou un accord collectif d'entreprise ou, à défaut, une convention ou un accord de branche détermine :
1° La durée totale maximale du congé ;
2° Les délais dans lesquels le salarié adresse sa demande de congé.

Article L. 3142-53 (Modifié par Loi n° 2016-1088 du 8 août 2016 - art. 9) :
A défaut de convention ou d'accord mentionné à l'article L. 3142-52 :
1° La durée maximale du congé est de vingt jours par an ;
2° Les délais dans lesquels le salarié adresse sa demande de congé sont fixés par décret.

Le congé de formation de cadres et d'animateurs pour la jeunesse

Article L. 3142-54 (Modifié par Loi n° 2016-1088 du 8 août 2016 - art. 9) :
Le salarié âgé de moins de vingt-cinq ans souhaitant participer aux activités des organisations de jeunesse et d'éducation populaire et des fédérations et associations sportives agréées par l'autorité administrative destinées à favoriser la préparation et la formation ou le perfectionnement de cadres et animateurs a droit, chaque année, à un congé de formation de cadres et d'animateurs pour la jeunesse pouvant être pris en une ou deux fois à la demande du bénéficiaire.

Article L. 3142-54-1 (Créé par Loi n° 2017-86 du 27 janvier 2017 - art. 10) :
Un congé est accordé chaque année, à sa demande, sans condition d'âge :
1° A tout salarié désigné pour siéger à titre bénévole dans l'organe d'administration ou de direction d'une association régie par la loi du 1er juillet 1901 relative au contrat d'association ou inscrite au registre des associations en application du code civil local applicable dans les départements du Bas-Rhin, du Haut-Rhin et de la Moselle, déclarée depuis trois ans au moins et dont l'ensemble des activités est mentionné au b du 1 de l'article 200 du code général des impôts, et à tout salarié exerçant à titre bénévole des fonctions de direction ou d'encadrement au sein d'une telle association ;
2° A tout salarié membre d'un conseil citoyen dont la composition a été reconnue par le représentant de l'Etat dans le département dans les conditions prévues à l'article 7 de la loi n° 2014-173 du 21 février 2014 de programmation pour la ville et la cohésion urbaine, pour siéger dans les instances internes du conseil citoyen et participer aux instances de pilotage du contrat de ville, y compris celles relatives aux projets de renouvellement urbain ;
3° A toute personne, non administrateur, apportant à une mutuelle, union ou fédération, en dehors de tout contrat de travail, un concours personnel et bénévole, dans le cadre d'un mandat pour lequel elle a été statutairement désignée ou élue.
Ce congé peut être fractionné en demi-journées.

Article L. 3142-55 (Modifié par Loi n° 2016-1088 du 8 août 2016 - art. 9) :
La durée du congé ne peut être imputée sur la durée du congé payé annuel et est assimilée à une période de travail effectif pour la détermination des droits à congés payés ainsi que pour l'ensemble des autres droits résultant pour l'intéressé de son contrat de travail.

Article L. 3142-56 (Modifié par Loi n° 2016-1088 du 8 août 2016 - art. 9) :
Un décret en Conseil d'Etat détermine, pour l'application de la présente sous-section :
1° Les conditions dans lesquelles l'employeur peut différer le congé en raison des nécessités propres de l'entreprise ou de son exploitation ;
2° Les conditions dans lesquelles les salariés âgés de plus de vingt-cinq ans peuvent être exceptionnellement admis à bénéficier du congé ;
3° Les conditions dans lesquelles le congé est attribué aux agents des services publics et des entreprises publiques ;
4° Les conditions dans lesquelles le congé est attribué au salarié bénéficiant d'un régime de congés payés plus avantageux que celui qui résulte du chapitre Ier.

Article L. 3142-57 (Modifié par Ordonnance n° 2019-738 du 17 juillet 2019 - art. 15) :
En cas de différend, le refus de l'employeur peut être directement contesté par le salarié devant le conseil de prud'hommes, statuant selon la procédure accélérée au fond, dans des conditions fixées par décret en Conseil d'Etat.

NOTA : Conformément à l'article 30 de l'ordonnance n° 2019-738 du 17 juillet 2019, ces dispositions s'appliquent aux demandes introduites à compter du 1er janvier 2020.

Article L. 3142-58 (Modifié par Loi n° 2021-1104 du 22 août 2021 - art. 41) :
Pour mettre en œuvre le droit à congé du salarié mentionné aux articles L. 3142-54 et L. 3142-54-1, une convention ou un accord collectif d'entreprise ou, à défaut, une convention ou un accord de branche détermine :

1° La durée totale maximale du congé et les conditions de son cumul avec le congé de formation économique, sociale, environnementale et syndicale prévu aux articles L. 2145-5 à L. 2145-13 ;
2° Le délai dans lequel le salarié adresse sa demande de congé à l'employeur ;
3° Les règles selon lesquelles est déterminé, par établissement, le nombre maximal de salariés susceptibles de bénéficier de ce congé au cours d'une année.

Article L. 3142-58-1 (Créé par Loi n° 2017-86 du 27 janvier 2017 - art. 10) :
Pour mettre en œuvre le droit à congé du salarié mentionné à l'article L. 3142-54-1, une convention ou un accord d'entreprise ou, à défaut, un accord de branche peut fixer les conditions de maintien de la rémunération du salarié pendant la durée de son congé.

Article L. 3142-59 (Modifié par Loi n° 2021-1104 du 22 août 2021 - art. 41) :
A défaut de convention ou d'accord mentionné à l'article L. 3142-58, les dispositions suivantes sont applicables :

1° Le nombre maximal total de jours pouvant être pris au titre du congé est de six jours ouvrables par an ;
2° Le congé ne peut se cumuler avec le congé de formation économique, sociale, environnementale et syndicale qu'à concurrence de douze jours ouvrables pour une même année ;
3° Le délai dans lequel le salarié adresse sa demande de congé à l'employeur est fixé par décret ;
4° Les règles selon lesquelles est déterminé, par établissement, le nombre maximal de salariés susceptibles de bénéficier de ce congé sont fixées par décret en Conseil d'Etat.

Le congé de représentation

Article L. 3142-60 (Modifié par Loi n° 2016-1088 du 8 août 2016 - art. 9) :
Lorsqu'un salarié est désigné représentant d'une association régie par la loi du 1er juillet 1901 relative au contrat d'association ou inscrite au registre des associations en application du code civil local applicable aux départements du Bas-Rhin, du Haut-Rhin et de la Moselle ou d'une mutuelle au sens du code de la mutualité pour siéger dans une instance, que celle-ci soit consultative ou non, instituée par une disposition législative ou réglementaire auprès d'une autorité de l'Etat ou d'une collectivité territoriale, l'employeur lui accorde le temps nécessaire pour participer aux réunions de cette instance.

Article L. 3142-61 (Modifié par Loi n° 2016-1088 du 8 août 2016 - art. 9) :
Le salarié bénéficiant du congé de représentation qui subit, à cette occasion, une diminution de rémunération reçoit de l'Etat ou de la collectivité territoriale une indemnité compensant, en totalité ou partiellement, le cas échéant sous forme forfaitaire, la diminution de sa rémunération.
L'employeur peut décider de maintenir cette rémunération en totalité ou en partie, au-delà de l'indemnité compensatrice. Dans ce cas, les sommes versées peuvent faire l'objet d'une déduction fiscale, dans les conditions fixées à l'article 238 bis du code général des impôts.

Article L. 3142-62 (Modifié par Loi n° 2016-1088 du 8 août 2016 - art. 9) :
Le congé de représentation peut être fractionné en demi-journées.
Sa durée ne peut être imputée sur la durée du congé payé annuel et est assimilée à une période de travail effectif pour la détermination des droits à congés payés ainsi que pour l'ensemble des autres droits résultant pour l'intéressé de son contrat de travail.

Article L. 3142-63 (Modifié par Ordonnance n° 2019-738 du 17 juillet 2019 - art. 15) :
Le bénéfice du congé peut être refusé par l'employeur s'il estime que cette absence est susceptible d'avoir des conséquences préjudiciables à la bonne marche de l'entreprise.
Le refus de l'employeur intervient après avis du comité social et économique. Il est motivé.
En cas de différend, le refus de l'employeur peut être directement contesté par le salarié devant le conseil de prud'hommes, statuant selon la procédure accélérée au fond, dans des conditions fixées par décret en Conseil d'Etat.
NOTA : Conformément à l'article 30 de l'ordonnance n° 2019-738 du 17 juillet 2019, ces dispositions s'appliquent aux demandes introduites à compter du 1er janvier 2020.

Article L. 3142-64 (Modifié par Loi n° 2016-1088 du 8 août 2016 - art. 9) :
Un décret en Conseil d'Etat détermine les modalités d'application de la présente sous-section, notamment les conditions d'indemnisation du salarié par l'Etat.

Article L. 3142-65 (Modifié par Loi n° 2016-1088 du 8 août 2016 - art. 9) :
Pour mettre en œuvre le droit à congé du salarié mentionné à l'article L. 3142-60, une convention ou un accord collectif d'entreprise ou, à défaut, une convention ou un accord de branche détermine :
1° La durée totale maximale du congé ;
2° Le délai dans lequel le salarié adresse sa demande de congé à l'employeur ;
3° Le nombre maximal par établissement de salariés susceptibles de bénéficier du congé au cours d'une année.

Article L. 3142-66 (Modifié par Loi n° 2016-1088 du 8 août 2016 - art. 9) :
A défaut de convention ou d'accord conclu en application de l'article L. 3142-65, les dispositions suivantes sont applicables :
1° La durée totale maximale du congé est de neuf jours ouvrables par an ;
2° Le délai dans lequel le salarié adresse sa demande de congé à l'employeur et les règles selon lesquelles est déterminé, par établissement, le nombre maximal de salariés susceptibles de bénéficier du congé au cours d'une année sont fixés par décret.

Le congé de solidarité internationale

Article L. 3142-67 (Modifié par Loi n° 2016-1088 du 8 août 2016 - art. 9) :
Le salarié participant à une mission hors de France pour le compte d'une association à objet humanitaire régie par la loi du 1er juillet 1901 relative au contrat d'association ou inscrite au registre des associations en application du code civil local applicable aux départements du Bas-Rhin, du Haut-Rhin et de la Moselle, ou pour le compte d'une organisation internationale dont la France est membre, a droit à un congé de solidarité internationale.
La liste des associations et organisations mentionnées au premier alinéa est fixée par l'autorité administrative.

Article L. 3142-68 (Modifié par Loi n° 2016-1088 du 8 août 2016 - art. 9) :
La durée du congé ne peut être imputée sur la durée du congé payé annuel et est assimilée à une période de travail effectif pour la détermination des avantages légaux et conventionnels liés à l'ancienneté.

Article L. 3142-69 (Modifié par Ordonnance n° 2019-738 du 17 juillet 2019 - art. 15) :
Le bénéfice du congé peut être refusé par l'employeur s'il estime que cette absence est susceptible d'avoir des conséquences préjudiciables à la bonne marche de l'entreprise.
Le refus de l'employeur intervient après avis du comité social et économique. Il est motivé.
En cas de différend, le refus de l'employeur peut être directement contesté par le salarié devant le conseil de prud'hommes, statuant selon la procédure accélérée au fond, dans des conditions fixées par décret en Conseil d'Etat.
A défaut de réponse de l'employeur dans un délai fixé par décret, son accord est réputé acquis.
NOTA : Conformément à l'article 30 de l'ordonnance n° 2019-738 du 17 juillet 2019, ces dispositions s'appliquent aux demandes introduites à compter du 1er janvier 2020.

Article L. 3142-70 (Modifié par Loi n° 2016-1088 du 8 août 2016 - art. 9) :
En cas d'urgence, l'employeur n'est pas tenu de motiver son refus et son silence ne vaut pas accord.

Article L. 3142-71 (Modifié par Loi n° 2016-1088 du 8 août 2016 - art. 9) :
A l'issue du congé de solidarité internationale ou à la suite de son interruption pour cas de force majeure, le salarié retrouve son précédent emploi ou un emploi similaire assorti d'une rémunération au moins équivalente.

Article L. 3142-72 (Modifié par Loi n° 2016-1088 du 8 août 2016 - art. 9) :
A l'issue du congé, le salarié remet à l'employeur une attestation constatant l'accomplissement de la mission, délivrée par l'association ou l'organisation concernée.

Article L. 3142-73 (Modifié par Loi n° 2016-1088 du 8 août 2016 - art. 9) :
Pour mettre en œuvre le droit à congé du salarié mentionné à l'article L. 3142-67, une convention ou un accord collectif d'entreprise ou, à défaut, une convention ou un accord de branche détermine :
1° La durée maximale du congé ;
2° L'ancienneté requise pour bénéficier de ce congé ;

3° En fonction de l'effectif de l'établissement, le nombre maximal de salariés susceptibles de bénéficier simultanément du congé de solidarité internationale ;
4° Les délais dans lesquels le salarié adresse sa demande de congé à son employeur ;
5° Les mesures permettant le maintien d'un lien entre l'entreprise et le salarié pendant la durée du congé et, le cas échéant, les modalités d'accompagnement du salarié à son retour.

Article L. 3142-74 (Modifié par Loi n° 2016-1088 du 8 août 2016 - art. 9) :
A défaut de convention ou d'accord mentionné à l'article L. 3142-73, les dispositions suivantes sont applicables :
1° La durée maximale du congé est de six mois. Elle est de six semaines en cas d'urgence ;
2° L'ancienneté requise dans l'entreprise pour ouvrir droit au congé est de douze mois, consécutifs ou non ;
3° Les règles selon lesquelles sont déterminés, en fonction de l'effectif de l'établissement, le nombre maximal de salariés susceptibles de bénéficier simultanément du congé et les délais mentionnés au 4° de l'article L. 3142-73 dans lesquels le salarié adresse sa demande de congé à son employeur sont fixées par décret.

Le congé de formation des membres du comité social et économique

Article R. 2315-20 (Créé par Décret n° 2017-1819 du 29 décembre 2017 - art. 1) :
Les frais de déplacement au titre de la formation des membres de la délégation du personnel du comité social et économique sont pris en charge par l'employeur à hauteur du tarif de seconde classe des chemins de fer applicable au trajet le plus direct depuis le siège de l'établissement jusqu'au lieu de dispense de la formation.
Les frais de séjour sont pris en charge à hauteur du montant de l'indemnité de mission fixée en application de la réglementation applicable aux déplacements temporaires des fonctionnaires.

Article R. 2315-21 (Créé par Décret n° 2017-1819 du 29 décembre 2017 - art. 1) :
Les dépenses afférentes à la rémunération des organismes de formation sont prises en charge par l'employeur, à concurrence d'un montant qui ne peut dépasser, par jour et par stagiaire, l'équivalent de trente-six fois le montant horaire du salaire minimum de croissance.

Article R. 2315-22 (Créé par Décret n° 2017-1819 du 29 décembre 2017 - art. 1) :
Les dépenses de rémunération des organismes de formation et les frais de déplacement et de séjour exposés par les stagiaires ne s'imputent pas sur la participation au développement de la formation professionnelle continue prévue à l'article L. 6331-1.
Dans les entreprises de moins de trois cents salariés, les dépenses engagées au titre de la rémunération du temps de formation des stagiaires sont déductibles dans la limite de 0,08 % du montant des salaires payés pendant l'année en cours, du montant de la participation des employeurs au financement de la formation professionnelle continue.

Article L. 2315-10 (Modifié par Ordonnance n° 2017-1386 du 22 septembre 2017 - art. 1) :
Le temps passé en délégation est de plein droit considéré comme temps de travail et payé à l'échéance normale.
L'employeur qui entend contester l'utilisation faite des heures de délégation saisit le juge judiciaire.
NOTA : Conformément à l'article 9 I de l'ordonnance n° 2017-1386 du 22 septembre 2017, les présentes dispositions entrent en vigueur à la date d'entrée en vigueur des décrets pris pour leur application, et au plus tard le 1er janvier 2018.

Article L. 2315-11 (Modifié par Ordonnance n° 2017-1718 du 20 décembre 2017 - art. 1) :
Est également payé comme temps de travail effectif le temps passé par les membres de la délégation du personnel du comité social et économique :
1° A la recherche de mesures préventives dans toute situation d'urgence et de gravité, notamment lors de la mise en œuvre de la procédure de danger grave et imminent prévue à l'article L. 4132-2 ;
2° Aux réunions du comité et de ses commissions, dans ce cas dans la limite d'une durée globale fixée par accord d'entreprise ou à défaut par décret en Conseil d'Etat ;
3° Aux enquêtes menées après un accident du travail grave ou des incidents répétés ayant révélé un risque grave ou une maladie professionnelle ou à caractère professionnel grave.
Ce temps n'est pas déduit des heures de délégation prévues pour les membres titulaires de la délégation du personnel du comité social et économique.
NOTA : Idem Nota L. 2315-10

Article R. 2315-12 (Créé par Décret n° 2017-1819 du 29 décembre 2017 - art. 1) :
La formation en santé, sécurité et conditions de travail des membres de la délégation du personnel du comité social et économique est dispensée soit par des organismes figurant sur une liste arrêtée par le ministre chargé du travail

selon la procédure prévue à l'article R. 2145-3, soit par des organismes agréés par le préfet de région selon la procédure prévue à l'article R. 2315-8.

Article R. 2315-13 (Créé par Décret n° 2017-1819 du 29 décembre 2017 - art. 1) :
Les organismes qui demandent à figurer sur la liste arrêtée par le préfet de région établissent leur aptitude à assurer, conformément aux dispositions du sous-paragraphe 1, la formation des membres de la délégation du personnel du comité social et économique.
Ils justifient notamment des capacités de leurs formateurs et de l'expérience acquise par ces derniers en matière de prévention des risques professionnels et de conditions de travail.
Le préfet de région se prononce après avis du comité régional de l'emploi, de la formation de l'orientation professionnelles.
Le silence gardé pendant plus de quatre mois sur une demande d'agrément vaut décision de rejet.

Article R. 2315-14 (Créé par Décret n° 2017-1819 du 29 décembre 2017 - art. 1) :
Lorsqu'un organisme cesse de répondre aux qualifications ayant justifié son inscription sur la liste préfectorale, il en est radié par décision motivée du préfet de région.
Cette décision est prise après avis du comité régional de l'emploi, de la formation de l'orientation professionnelles.

Article R. 2315-15 (Créé par Décret n° 2017-1819 du 29 décembre 2017 - art. 1) :
L'organisme de formation délivre, à la fin du stage, une attestation d'assiduité que l'intéressé remet à son employeur lorsqu'il reprend son travail.

Article R. 2315-16 (Créé par Décret n° 2017-1819 du 29 décembre 2017 - art. 1) :
Les organismes de formation remettent chaque année avant le 30 mars, au ministre chargé du travail ou aux préfets de région selon les cas, un compte rendu de leurs activités au cours de l'année écoulée. Ce compte rendu indique le nombre des stages organisés ainsi que leurs programmes.

Article L. 2145-11 (Modifié par Loi n° 2021-1104 du 22 août 2021 - art. 41) :
Le congé de formation économique, sociale et environnementale et de formation syndicale est de droit, sauf dans le cas où l'employeur estime, après avis conforme du comité social et économique, que cette absence pourrait avoir des conséquences préjudiciables à la production et à la bonne marche de l'entreprise.
Le refus du congé par l'employeur est motivé.
En cas de différend, le refus de l'employeur peut être directement contesté devant le bureau de jugement du conseil de prud'hommes dans des conditions fixées par décret en Conseil d'Etat.

Les congés liés à l'Etat

Le congé pour candidature

Article L. 3142-79 (Modifié par Loi n° 2019-1461 du 27 décembre 2019 - art. 85) :
L'employeur laisse au salarié, candidat à l'Assemblée nationale ou au Sénat, le temps nécessaire pour participer à la campagne électorale dans la limite de vingt jours ouvrables.
Le même droit est accordé, sur sa demande, dans la limite de dix jours ouvrables au salarié candidat :
1° Au Parlement européen ;
2° Au conseil municipal ;
3° Au conseil départemental ou au conseil régional ;
4° A l'Assemblée de Corse ;
5° Au conseil de la métropole de Lyon.

Article L. 3142-80 (Modifié par Loi n° 2016-1088 du 8 août 2016 - art. 9) :
Le salarié bénéficie à sa convenance des dispositions de l'article L. 3142-79, à condition que chaque absence soit au moins d'une demi-journée entière. Il avertit son employeur vingt-quatre heures au moins avant le début de chaque absence.

Article L. 3142-81 (Modifié par Loi n° 2016-1088 du 8 août 2016 - art. 9) :
Sur demande du salarié, la durée des absences est imputée sur celle du congé payé annuel dans la limite des droits qu'il a acquis à ce titre à la date du premier tour de scrutin.
Lorsqu'elles ne sont pas imputées sur le congé payé annuel, les absences ne sont pas rémunérées. Elles donnent alors lieu à récupération en accord avec l'employeur.

Article L. 3142-82 (Modifié par Loi n° 2016-1088 du 8 août 2016 - art. 9) :
La durée des absences est assimilée à une période de travail effectif pour la détermination des droits à congés payés ainsi que des droits liés à l'ancienneté résultant des dispositions légales et des stipulations conventionnelles.

Article L. 3142-83 (Modifié par Loi n° 2016-1088 du 8 août 2016 - art. 9) :
Le contrat de travail d'un salarié membre de l'Assemblée nationale ou du Sénat est, sur sa demande, suspendu jusqu'à l'expiration de son mandat, s'il justifie d'une ancienneté minimale d'une année chez l'employeur à la date de son entrée en fonction.

Article L. 3142-84 (Modifié par Loi n° 2016-1088 du 8 août 2016 - art. 9) :
A l'expiration de son mandat, le salarié retrouve son précédent emploi, ou un emploi analogue assorti d'une rémunération équivalente, dans les deux mois suivant la date à laquelle il a avisé son employeur de son intention de reprendre cet emploi.
Il bénéficie de tous les avantages acquis par les salariés de sa catégorie durant l'exercice de son mandat.
Il bénéficie, en tant que de besoin, d'une réadaptation professionnelle en cas de changement de techniques ou de méthodes de travail.

Article L. 3142-85 (Modifié par Loi n° 2016-1088 du 8 août 2016 - art. 9) :
Les dispositions de l'article L. 3142-84 ne sont pas applicables lorsque le mandat a été renouvelé, sauf si la durée de la suspension prévue à l'article L. 3142-83 a été, pour quelque cause que ce soit, inférieure à cinq ans.
Ces dispositions ne s'appliquent pas non plus lorsque le salarié membre de l'Assemblée nationale ou du Sénat est élu dans l'autre de ces deux assemblées.
A l'expiration du ou des mandats renouvelés, le salarié peut cependant solliciter sa réembauche dans des conditions déterminées par voie réglementaire.
Le salarié bénéficie alors pendant un an d'une priorité de réembauche dans les emplois auxquels sa qualification lui permet de prétendre. En cas de réemploi, l'employeur lui accorde le bénéfice de tous les avantages qu'il avait acquis au moment de son départ.

Article L. 3142-86 (Modifié par Loi n° 2016-1088 du 8 août 2016 - art. 9) :
Un décret détermine les conditions dans lesquelles les droits des salariés, notamment en matière de prévoyance et de retraite, leur sont conservés durant la durée du mandat.

Article L. 3142-87 (Modifié par Loi n° 2016-1088 du 8 août 2016 - art. 9) :
Les dispositions de la présente sous-section sont applicables aux fonctionnaires et aux agents non titulaires de l'Etat, des collectivités territoriales et de leurs établissements publics ainsi qu'aux personnels des entreprises publiques, sauf s'ils bénéficient de dispositions plus favorables.

Article L. 3142-88 (Modifié par Loi n° 2016-1088 du 8 août 2016 - art. 9) :
Les maires et les adjoints au maire, les présidents et les vice-présidents de conseil départemental, les présidents et les vice-présidents de conseil régional bénéficient des dispositions des articles L. 3142-83 à L. 3142-87 dans les conditions prévues, respectivement, aux articles L. 2123-9, L. 3123-7 et L. 4135-7 du code général des collectivités territoriales.

Le congé pour la réserve opérationnelle

Article L. 3142-89 (Modifié par Loi n° 2018-607 du 13 juillet 2018 - art. 17) :
Tout salarié ayant souscrit un engagement à servir dans la réserve opérationnelle bénéficie d'une autorisation d'absence de huit jours par année civile au titre de ses activités dans la réserve.
Cependant, pour les entreprises de moins de deux cent cinquante salariés, l'employeur peut décider, afin de conserver le bon fonctionnement de l'entreprise, de limiter ce temps à cinq jours.

Article L. 3142-90 (Modifié par Loi n° 2016-1088 du 8 août 2016 - art. 9) :
Le réserviste salarié souhaitant bénéficier de l'autorisation d'absence au titre de la réserve opérationnelle présente sa demande par écrit à son employeur un mois au moins à l'avance, en indiquant la date et la durée de l'absence envisagée.
Au-delà de cette durée, le réserviste requiert l'accord de son employeur avec un préavis d'un mois en précisant la date de son départ et la durée de la période qu'il souhaite accomplir, sous réserve de dispositions plus favorables résultant notamment de conventions conclues entre l'employeur et le ministre de la défense.
Lorsque les circonstances l'exigent, le délai de préavis peut, sur arrêté du ministre chargé des armées, être réduit à quinze jours pour les réservistes ayant souscrit avec l'accord de l'employeur la clause de réactivité prévue à l'article 8 de la loi n° 99-894 du 22 octobre 1999 portant organisation de la réserve militaire et du service de défense.

Article L. 3142-91 (Modifié par Loi n° 2016-1088 du 8 août 2016 - art. 9) :
Les périodes d'activité dans la réserve opérationnelle sont considérées comme des périodes de travail effectif pour les avantages légaux et conventionnels en matière d'ancienneté, d'avancement, de congés payés et de droits aux prestations sociales.

Article L. 3142-92 (Modifié par Loi n° 2016-1088 du 8 août 2016 - art. 9) :
L'employeur ne peut rompre le contrat de travail d'un salarié en raison des absences résultant d'une activité exercée au titre d'un engagement à servir dans la réserve opérationnelle ou faisant suite à un appel ou un rappel des personnes soumises à l'obligation de disponibilité.
A l'issue d'une période exécutée au titre du premier alinéa, le salarié retrouve son précédent emploi.

Article L. 3142-93 (Modifié par Loi n° 2016-1088 du 8 août 2016 - art. 9) :
La rupture du contrat de travail ne peut être notifiée ou prendre effet pendant l'accomplissement d'une période d'activité dans la réserve opérationnelle.

Article L. 3142-94 (Modifié par Loi n° 2016-1088 du 8 août 2016 - art. 9) :
Lorsque son accord préalable est requis, le refus de l'employeur d'accorder à un salarié l'autorisation de participer à une activité dans la réserve opérationnelle intervient dans des conditions déterminées par voie réglementaire.

Article L. 3142-94-1 (Modifié par Loi n° 2018-607 du 13 juillet 2018 - art. 22 (V)) :
Un salarié peut, sur sa demande et en accord avec l'employeur, renoncer anonymement et sans contrepartie à tout ou partie de ses jours de repos non pris, qu'ils aient été affectés ou non sur un compte épargne-temps, au bénéfice d'un autre salarié de l'entreprise ayant souscrit un engagement à servir dans la réserve opérationnelle pour lui permettre d'effectuer une période d'activité dans la réserve opérationnelle. Le congé annuel ne peut être cédé que pour sa durée excédant vingt-quatre jours ouvrables.
Le salarié bénéficiaire d'un ou plusieurs jours cédés en application du premier alinéa bénéficie du maintien de sa rémunération pendant sa période d'absence. Cette période d'absence est assimilée à une période de travail effectif pour la détermination des droits que le salarié tient de son ancienneté. Le salarié conserve le bénéfice de tous les avantages qu'il avait acquis avant le début de sa période d'absence.
NOTA : Conformément au II de l'article 22 de la loi n° 2018-607 du 13 juillet 2018, un décret en Conseil d'Etat détermine les conditions d'application des présentes dispositions aux agents publics civils et militaires.

Article L. 3142-95 (Modifié par Loi n° 2016-1088 du 8 août 2016 - art. 9) :
Le contrat de travail d'un salarié appelé au service national en application du livre II du code du service national est suspendu pendant toute la durée du service national actif.
Lorsqu'il connaît la date de sa libération du service national actif, et au plus tard dans le mois suivant celle-ci, le salarié désirant reprendre l'emploi qu'il occupait précédemment en avertit son ancien employeur.
La réintégration dans l'entreprise est de droit.
Le salarié réintégré bénéficie de tous les avantages acquis au moment de son départ.

Article L. 3142-96 (Modifié par Loi n° 2016-1088 du 8 août 2016 - art. 9) :
Les dispositions de l'article L. 3142-95 sont applicables, lors de leur renvoi dans leurs foyers, aux personnes qui, ayant accompli leur service actif, ont été maintenues au service national.

Le congé pour l'appel de préparation à la défense

Article L. 3142-97 (Modifié par Loi n° 2016-1088 du 8 août 2016 - art. 9) :
Tout salarié âgé de seize à vingt-cinq ans, qui participe à l'appel de préparation à la défense, bénéficie d'une autorisation d'absence exceptionnelle d'un jour.
Cette absence exceptionnelle a pour but exclusif de permettre au salarié de participer à l'appel de préparation à la défense. Elle n'entraîne pas de réduction de rémunération. Elle est assimilée à une période de travail effectif pour la détermination de la durée de congé annuel.

Article L. 3142-98 (Modifié par Loi n° 2016-1088 du 8 août 2016 - art. 9) :
Aucun employeur ne peut rompre le contrat de travail d'un salarié au motif que lui-même ou le salarié se trouve astreint aux obligations du service national, ou se trouve appelé au service national en exécution d'un engagement pour la durée de la guerre, ou rappelé au service national à un titre quelconque.

Toutefois, l'employeur peut rompre le contrat s'il justifie d'une faute grave de l'intéressé, non liée aux obligations du premier alinéa, ou s'il se trouve dans l'impossibilité de maintenir le contrat pour un motif étranger à ces obligations.

Article L. 3142-99 (Modifié par Loi n° 2016-1088 du 8 août 2016 - art. 9) :
Lorsque le contrat de travail est rompu pour une autre cause légitime par l'une des parties, la rupture du contrat ne peut être notifiée ni prendre effet pendant la période passée au service national.
Ces dispositions ne sont pas applicables si l'objet pour lequel le contrat de travail a été conclu arrive à échéance pendant cette période.

Article L. 3142-100 (Modifié par Loi n° 2016-1088 du 8 août 2016 - art. 9) :
En cas de méconnaissance des dispositions du présent paragraphe, la partie lésée a droit à des dommages-intérêts fixés par le juge judiciaire, en plus de l'indemnité de licenciement.

Article L. 3142-101 (Modifié par Loi n° 2016-1088 du 8 août 2016 - art. 9) :
Toute stipulation contraire aux dispositions du présent paragraphe est nulle de plein droit.

Article L. 3142-102 (Modifié par Loi n° 2016-1088 du 8 août 2016 - art. 9) :
Les dispositions applicables aux salariés servant dans la réserve de sécurité civile sont définies aux articles L. 724-7 à L. 724-10 du code de la sécurité intérieure.

Article L. 3142-103 (Modifié par Loi n° 2016-1088 du 8 août 2016 - art. 9) :
Les dispositions applicables aux salariés membres d'une association agréée en matière de sécurité civile sont définies aux articles L. 725-7 à L. 725-9 du code de la sécurité intérieure.

Article L. 3142-104 (Modifié par Loi n° 2016-1088 du 8 août 2016 - art. 9) :
Les dispositions applicables aux réservistes sanitaires sont définies au chapitre III du titre III du livre Ier de la troisième partie du code de la santé publique.

3. Les congés payés

Le droit aux congés payés

Article L. 3141-1 (Modifié par Loi n° 2016-1088 du 8 août 2016 - art. 8(V)) :
Tout salarié a droit chaque année à un congé payé à la charge de l'employeur.

Article L. 3141-2 (Modifié par Loi n° 2016-1088 du 8 août 2016 - art. 8(V)) :
Les salariés de retour d'un congé de maternité prévu à l'article L. 1225-17 ou d'un congé d'adoption prévu à l'article L. 1225-37 ont droit à leur congé payé annuel, quelle que soit la période de congé payé retenue pour le personnel de l'entreprise.

Article D. 3141-12 (Modifié par Décret n° 2009-493 du 29 avril 2009 - art. 1) :
Dans les entreprises exerçant une ou plusieurs activités entrant dans le champ d'application des conventions collectives nationales étendues du bâtiment et des travaux publics, le service des congés est assuré, sur la base de celles-ci, par des caisses constituées à cet effet.
Toutefois, lorsque l'entreprise applique, au titre de son activité principale, une convention collective nationale autre que celles mentionnées à l'alinéa précédent et sous réserve d'un accord conclu, conformément à l'article D. 3141-15, entre la caisse de surcompensation mentionnée à l'article D. 3141-22 et l'organisation ou les organisations d'employeurs représentatives de la branche professionnelle concernée, le service des congés peut être assuré par l'entreprise.
Pour l'application du présent article, l'activité principale s'entend comme celle dans laquelle l'entreprise emploie le plus grand nombre de salariés.

Article D. 7121-28 (Modifié par Décret n° 2016-1553 du 18 novembre 2016 - art. 7) :
La présente section détermine, conformément à l'article L. 3141-32, les modalités d'application des dispositions relatives aux congés payés du personnel artistique et technique du spectacle occupé :

1° Dans les entreprises de spectacle occupant les activités prévues au code 92.3 et aux codes 92. 7A et 55. 4C de la nomenclature des activités françaises (NAF) ainsi que par les impresarios, agences théâtrales, chefs d'orchestre, chefs de troupe ou dans les hôtels, cafés, restaurants ;

2° Dans les entreprises exerçant les activités cinématographiques et vidéo prévues au code 92.1 de la nomenclature NAF ;
3° Dans les entreprises exerçant les activités de radio et de télévision prévues au code 92.2 de la nomenclature NAF ;
4° Dans les entreprises exerçant les activités d'édition d'enregistrements sonores prévues au code 22. 1G.

Article D. 7121-29 (Créé par Décret n° 2008-244 du 7 mars 2008 - art. (V)) :
La présente section s'applique également pour leur personnel artistique et technique :
1° Aux personnes morales de droit public exerçant les types d'activités mentionnés à l'article D. 7121-28 à titre principal, accessoire ou occasionnel, sous quelque forme juridique que ce soit ;
2° Au personnel artistique et technique détaché dans les conditions prévues à l'article L. 1261-3.

Article D. 7121-30 (Créé par Décret n° 2008-244 du 7 mars 2008 - art. (V)) :
Les dispositions relatives aux congés payés, prévus par le chapitre premier du titre IV du livre premier de la partie III, qui ne sont pas contraires aux dispositions de la présente section s'appliquent.

Article D. 7121-31 (Modifié par Décret n° 2016-1553 du 18 novembre 2016 - art. 7) :
Lorsqu'il justifie d'au moins quatre semaines d'engagement ou de trente cachets au cours de la période de référence chez un ou plusieurs des employeurs assujettis, le bénéficiaire de la présente section a droit à un congé déterminé conformément aux dispositions des articles L. 3141-3 à L. 3141-31.
Chaque journée de congé payé est considérée, pour la détermination du droit au congé ultérieur, comme correspondant à une journée de travail ou à un cachet.

Article D. 7121-32 (Créé par Décret n° 2008-244 du 7 mars 2008 - art. (V)) :
L'employeur délivre au salarié qu'il cesse d'employer ou qui peut bénéficier de son congé annuel un certificat justificatif de ses droits à congé en double exemplaire.
Ce certificat indique :
1° La durée des engagements ou le nombre des cachets accomplis pour le compte de l'employeur dans les douze mois qui précédent et le montant de la rémunération versée pendant la période envisagée ;
2° La raison sociale et l'adresse de la caisse de congés payés à laquelle l'employeur est affilié.
Il lui remet également une enveloppe timbrée nécessaire à la transmission de ce certificat à la caisse de congés payés.

L'ouverture du droit à congés payés

Article L. 3141-3 (Modifié par Loi n° 2016-1088 du 8 août 2016 - art. 8(V)) :
Le salarié a droit à un congé de deux jours et demi ouvrables par mois de travail effectif chez le même employeur.
La durée totale du congé exigible ne peut excéder trente jours ouvrables.

Article R. 3141-4 (Créé par Décret n° 2016-1551 du 18 novembre 2016 - art. 5) :
A défaut d'accord prévu à l'article L. 3141-10, le point de départ de la période prise en compte pour le calcul du droit au congé est fixé au 1er juin de chaque année.
Toutefois, dans les professions où en application de l'article L. 3141-32 l'employeur est tenu de s'affilier à une caisse de congé, le point de départ de l'année de référence est fixé au 1er avril.

Article L. 3141-10 (Modifié par Loi n° 2016-1088 du 8 août 2016 - art. 8(V)) :
Sous réserve de modalités particulières fixées en application de l'article L. 3141-32, un accord d'entreprise ou d'établissement ou, à défaut, une convention un accord de branche peut :
1° Fixer le début de la période de référence pour l'acquisition des congés ;
2° Majorer la durée du congé en raison de l'âge, de l'ancienneté ou du handicap.

Article L. 3141-11 (Modifié par Loi n° 2016-1088 du 8 août 2016 - art. 8(V)) :
A défaut de stipulation dans la convention ou l'accord conclu en application de l'article L. 3141-10, le début de la période de référence pour l'acquisition des congés est fixé par un décret en Conseil d'Etat.

Article L. 3141-4 (Modifié par Loi n° 2016-1088 du 8 août 2016 - art. 8(V)) :
Sont assimilées à un mois de travail effectif pour la détermination de la durée du congé les périodes équivalentes à quatre semaines ou vingt-quatre jours de travail.

Article L. 3141-5 (Modifié par Loi n° 2016-1088 du 8 août 2016 - art. 8(V)) :
Sont considérées comme périodes de travail effectif pour la détermination de la durée du congé :
1° Les périodes de congé payé ;
2° Les périodes de congé de maternité, de paternité et d'accueil de l'enfant et d'adoption ;
3° Les contreparties obligatoires sous forme de repos prévues aux articles L. 3121-30, L. 3121-33 et L. 3121-38 ;
4° Les jours de repos accordés au titre de l'accord collectif conclu en application de l'article L. 3121-44 ;
5° Les périodes, dans la limite d'une durée ininterrompue d'un an, pendant lesquelles l'exécution du contrat de travail est suspendue pour cause d'accident du travail ou de maladie professionnelle ;
6° Les périodes pendant lesquelles un salarié se trouve maintenu ou rappelé au service national à un titre quelconque.

Article L. 3141-6 (Modifié par Loi n° 2016-1088 du 8 août 2016 - art. 8(V)) :
L'absence du salarié ne peut avoir pour effet d'entraîner une réduction de ses droits à congé plus que proportionnelle à la durée de cette absence.

Article L. 3141-7 (Modifié par Loi n° 2016-1088 du 8 août 2016 - art. 8(V)) :
Lorsque le nombre de jours ouvrables calculé conformément aux articles L. 3141-3 et L. 3141-6 n'est pas un nombre entier, la durée du congé est portée au nombre entier immédiatement supérieur.

Les congés supplémentaires

Article L. 3141-8 (Modifié par Loi n° 2016-1088 du 8 août 2016 - art. 8(V)) :
Les salariés de moins de vingt et un ans au 30 avril de l'année précédente bénéficient de deux jours de congé supplémentaires par enfant à charge. Ce congé est réduit à un jour si le congé légal n'excède pas six jours.
Les salariés âgés de vingt et un ans au moins à la date précitée bénéficient également de deux jours de congé supplémentaires par enfant à charge, sans que le cumul du nombre des jours de congé supplémentaires et des jours de congé annuel puisse excéder la durée maximale du congé annuel prévu à l'article L. 3141-3.
Est réputé enfant à charge l'enfant qui vit au foyer et est âgé de moins de quinze ans au 30 avril de l'année en cours et tout enfant sans condition d'âge dès lors qu'il vit au foyer et qu'il est en situation de handicap.

Article L. 3141-9 (Modifié par Loi n° 2016-1088 du 8 août 2016 - art. 8(V)) :
Les dispositions de la présente section ne portent atteinte ni aux stipulations des conventions et des accords collectifs de travail ou des contrats de travail ni aux usages qui assurent des congés payés de plus longue durée.

Article L. 3164-9 (Version en vigueur depuis le 1er mai 2008) :
Quelle que soit leur ancienneté dans l'entreprise, les salariés de moins de vingt et un ans au 30 avril de l'année précédente, ont droit, s'ils le demandent, à un congé de trente jours ouvrables.
Ils ne peuvent exiger aucune indemnité de congé pour les journées de vacances dont ils réclament le bénéfice en plus de celles qu'ils ont acquises à raison du travail accompli au cours de la période de référence.

La prise des congés payés

Article L. 3141-12 (Modifié par Loi n° 2016-1088 du 8 août 2016 - art. 8(V)) :
Les congés peuvent être pris dès l'embauche, sans préjudice des règles de détermination de la période de prise des congés et de l'ordre des départs et des règles de fractionnement du congé fixées dans les conditions prévues à la présente section.

Article L. 3141-13 (Modifié par Loi n° 2016-1088 du 8 août 2016 - art. 8(V)) :
Les congés sont pris dans une période qui comprend dans tous les cas la période du 1er mai au 31 octobre de chaque année.

Article L. 3141-15 (Modifié par Loi n° 2016-1088 du 8 août 2016 - art. 8(V)) :
Un accord d'entreprise ou d'établissement ou, à défaut, une convention ou un accord de branche fixe :
1° La période de prise des congés ;
2° L'ordre des départs pendant cette période ;
3° Les délais que doit respecter l'employeur s'il entend modifier l'ordre et les dates de départs.

Article L. 3141-16 (Modifié par Ordonnance n° 2017-1386 du 22 septembre 2017 - art. 4) :
A défaut de stipulation dans la convention ou l'accord conclus en application de l'article L. 3141-15, l'employeur :
1° Définit après avis, le cas échéant, du comité d'entreprise ou, à défaut, des délégués du personnel :
  a) La période de prise des congés ;
  b) L'ordre des départs, en tenant compte des critères suivants :
    – la situation de famille des bénéficiaires, notamment les possibilités de congé, dans le secteur privé ou la fonction publique, du conjoint ou du partenaire lié par un pacte civil de solidarité, ainsi que la présence au sein du foyer d'un enfant ou d'un adulte handicapé ou d'une personne âgée en perte d'autonomie ;
    – la durée de leurs services chez l'employeur ;
    – leur activité chez un ou plusieurs autres employeurs ;
2° Ne peut, sauf en cas de circonstances exceptionnelles, modifier l'ordre et les dates de départ moins d'un mois avant la date de départ prévue.

Article L. 3141-14 (Modifié par Loi n° 2016-1088 du 8 août 2016 - art. 8(V)) :
Les conjoints et les partenaires liés par un pacte civil de solidarité travaillant dans une même entreprise ont droit à un congé simultané.

Article D. 3141-5 (Version en vigueur depuis le 1er janvier 2017) :
La période de prise des congés payés est portée par l'employeur à la connaissance des salariés au moins deux mois avant l'ouverture de cette période.

Article D. 3141-6 (Version en vigueur depuis le 1er janvier 2017) :
L'ordre des départs en congé est communiqué, par tout moyen, à chaque salarié un mois avant son départ.

Article L. 3151-2 (Modifié par Loi n° 2016-1088 du 8 août 2016 - art. 11) :
Le compte épargne-temps permet au salarié d'accumuler des droits à congé rémunéré ou de bénéficier d'une rémunération, immédiate ou différée, en contrepartie des périodes de congé ou de repos non pris ou des sommes qu'il y a affectées.
Le congé annuel ne peut être affecté au compte épargne-temps que pour sa durée excédant vingt-quatre jours ouvrables.

Article L. 3141-22 (Modifié par Loi n° 2016-1088 du 8 août 2016 - art. 8(V)) :
Si, en application d'une disposition légale, la durée du travail d'un salarié est décomptée à l'année, une convention ou un accord d'entreprise ou d'établissement ou, à défaut, une convention ou un accord de branche peut prévoir que les congés ouverts au titre de l'année de référence peuvent faire l'objet de reports.
Dans ce cas, les reports de congés peuvent être effectués jusqu'au 31 décembre de l'année suivant celle pendant laquelle la période de prise de ces congés a débuté.
L'accord précise :
1° Les modalités de rémunération des congés payés reportés, sans préjudice de l'article L. 3141-24 ;
2° Les cas précis et exceptionnels de report ;
3° Les conditions dans lesquelles ces reports peuvent être effectués, à la demande du salarié après accord de l'employeur ;
4° Les conséquences de ces reports sur le respect des seuils annuels fixés au sixième alinéa de l'article L. 3121-44, au 3° du I de l'article L. 3121-64 et à l'article L. 3123-1. Ce report ne doit pas avoir pour effet de majorer ces seuils dans une proportion plus importante que celle correspondant à la durée ainsi reportée.
Le présent article s'applique sans préjudice des reports également prévus aux articles L. 3142-118 et L. 3142-120 à L. 3142-124 relatifs au congé pour création d'entreprise, aux articles L. 3142-33 et L. 3142-35 relatifs au congé sabbatique et aux articles L. 3151-1 à L. 3151-3 relatifs au compte épargne-temps.

Le fractionnement des jours de congés payés

Article L. 3141-17 (Modifié par Loi n° 2016-1088 du 8 août 2016 - art. 8(V)) :
La durée des congés pouvant être pris en une seule fois ne peut excéder vingt-quatre jours ouvrables. Il peut être dérogé individuellement à cette limite pour les salariés qui justifient de contraintes géographiques particulières ou de la présence au sein du foyer d'un enfant ou d'un adulte handicapé ou d'une personne âgée en perte d'autonomie.

Article L. 3141-18 (Modifié par Loi n° 2016-1088 du 8 août 2016 - art. 8(V)) :
Lorsque le congé ne dépasse pas douze jours ouvrables, il doit être continu.

Article L. 3141-19 (Modifié par Loi n° 2016-1088 du 8 août 2016 - art. 8(V)) :
Lorsque le congé principal est d'une durée supérieure à douze jours ouvrables, il peut être fractionné avec l'accord du salarié. Cet accord n'est pas nécessaire lorsque le congé a lieu pendant la période de fermeture de l'établissement.
Une des fractions est au moins égale à douze jours ouvrables continus compris entre deux jours de repos hebdomadaire.

Article L. 3141-20 (Modifié par Loi n° 2016-1088 du 8 août 2016 - art. 8(V)) :
Il peut être dérogé aux règles de fractionnement des congés prévues à la présente sous-section selon les modalités définies aux paragraphes 2 et 3.

Article L. 3141-21 (Modifié par Loi n° 2016-1088 du 8 août 2016 - art. 8(V)) :
Un accord d'entreprise ou d'établissement ou, à défaut, une convention ou un accord de branche fixe la période pendant laquelle la fraction continue d'au moins douze jours ouvrables est attribuée ainsi que les règles de fractionnement du congé au-delà du douzième jour.

Article L. 3141-23 (Modifié par Loi n° 2016-1088 du 8 août 2016 - art. 8(V)) :
A défaut de stipulation dans la convention ou l'accord conclu en application de l'article L. 3141-22 :

1° La fraction continue d'au moins douze jours ouvrables est attribuée pendant la période du 1er mai au 31 octobre de chaque année ;

2° Le fractionnement des congés au-delà du douzième jour est effectué dans les conditions suivantes :
   a) Les jours restant dus en application du second alinéa de l'article L. 3141-19 peuvent être accordés en une ou plusieurs fois en dehors de la période du 1er mai au 31 octobre de chaque année ;
   b) Deux jours ouvrables de congé supplémentaire sont attribués lorsque le nombre de jours de congé pris en dehors de cette période est au moins égal à six et un seul lorsque ce nombre est compris entre trois et cinq jours. Les jours de congé principal dus au-delà de vingt-quatre jours ouvrables ne sont pas pris en compte pour l'ouverture du droit à ce supplément.

Il peut être dérogé au présent article après accord individuel du salarié.

Article D. 3141-2 (Modifié par Décret n° 2019-966 du 18 septembre 2019 - art. 8) :
Le salarié qui accomplit pendant sa période de congés payés des travaux rémunérés, privant de ce fait des demandeurs d'emploi d'un travail qui aurait pu leur être confié, peut être l'objet d'une action devant le juge du tribunal judiciaire en dommages et intérêts envers le régime d'assurance chômage.
Les dommages et intérêts ne peuvent être inférieurs au montant de l'indemnité due au salarié pour son congé payé.
L'action en dommages et intérêts est exercée à la diligence soit du maire de la commune intéressée, soit du préfet.
L'employeur qui a occupé sciemment un salarié bénéficiaire d'un congé payé peut être également l'objet, dans les mêmes conditions, de l'action en dommages et intérêts prévue par le présent article.
NOTA : Conformément à l'article 9 du décret n° 2019-966 du 18 septembre 2019, les présentes dispositions entrent en vigueur le 1er janvier 2020.

L'indemnité de congés payés

Article L. 3141-24 (Modifié par Loi n° 2016-1088 du 8 août 2016 - art. 8(V)) :

I.– Le congé annuel prévu à l'article L. 3141-3 ouvre droit à une indemnité égale au dixième de la rémunération brute totale perçue par le salarié au cours de la période de référence. Pour la détermination de la rémunération brute totale, il est tenu compte :
   1° De l'indemnité de congé de l'année précédente ;
   2° Des indemnités afférentes à la contrepartie obligatoire sous forme de repos prévues aux articles L. 3121-30, L. 3121-33 et L. 3121-38 ;
   3° Des périodes assimilées à un temps de travail par les articles L. 3141-4 et L. 3141-5 qui sont considérées comme ayant donné lieu à rémunération en fonction de l'horaire de travail de l'établissement.
   Lorsque la durée du congé est différente de celle prévue à l'article L. 3141-3, l'indemnité est calculée selon les règles fixées au présent I et proportionnellement à la durée du congé effectivement dû.

II.– Toutefois, l'indemnité prévue au I du présent article ne peut être inférieure au montant de la rémunération qui aurait été perçue pendant la période de congé si le salarié avait continué à travailler. Cette rémunération, sous réserve du respect des dispositions légales, est calculée en fonction :
   1° Du salaire gagné dû pour la période précédant le congé ;
   2° De la durée du travail effectif de l'établissement.

III.– Un arrêté du ministre chargé du travail détermine les modalités d'application du présent article dans les professions mentionnées à l'article L. 3141-32.

Article L. 3141-25 (Modifié par Loi n° 2016-1088 du 8 août 2016 - art. 8(V)) :
Pour la fixation de l'indemnité de congé, il est tenu compte des avantages accessoires et des prestations en nature dont le salarié ne continuerait pas à jouir pendant la durée de son congé.
La valeur de ces avantages et prestations ne peut être inférieure à celle fixée par l'autorité administrative.

Article L. 3141-26 (Modifié par Loi n° 2016-1088 du 8 août 2016 - art. 8(V)) :
Dans les professions où, d'après les stipulations du contrat de travail, la rémunération des salariés est constituée en totalité ou en partie de pourboires, la rémunération à prendre en considération pour la détermination de l'indemnité de congé est évaluée conformément aux règles applicables en matière de sécurité sociale.
L'indemnité de congé ne peut être prélevée sur la masse des pourboires ou du pourcentage perçu pour le service.

Article D. 3141-8 (Modifié par Décret n° 2016-1553 du 18 novembre 2016 - art. 4) :
L'indemnité de fin de mission, prévue à l'article L. 1251-32, est prise en compte pour la détermination de la rémunération totale prévue à l'article L. 3141-24.

Article L. 3141-27 (Modifié par Loi n° 2016-1088 du 8 août 2016 - art. 8(V)) :
Les dispositions de la présente section ne portent atteinte ni aux stipulations contractuelles ni aux usages qui assurent des indemnités de congé d'un montant plus élevé.

Article L. 3141-28 (Modifié par Loi n° 2016-1088 du 8 août 2016 - art. 8(V)) :
Lorsque le contrat de travail est rompu avant que le salarié ait pu bénéficier de la totalité du congé auquel il avait droit, il reçoit, pour la fraction de congé dont il n'a pas bénéficié, une indemnité compensatrice de congé déterminée d'après les articles L. 3141-24 à L. 3141-27.
L'indemnité est due que cette rupture résulte du fait du salarié ou du fait de l'employeur.
Cette indemnité est également due aux ayants droit du salarié dont le décès survient avant qu'il ait pris son congé annuel payé. L'indemnité est versée à ceux des ayants droit qui auraient qualité pour obtenir le paiement des salaires arriérés.

Article L. 3141-29 (Modifié par Loi n° 2016-1088 du 8 août 2016 - art. 8(V)) :
Lorsque, à l'occasion de la rupture de son contrat de travail, un salarié, par suite de l'ordre fixé pour les départs en congé, a pris un congé donnant lieu à une indemnité de congé d'un montant supérieur à celle à laquelle il avait droit au moment de la rupture, il rembourse le trop-perçu à l'employeur.
Le remboursement n'est pas dû si la rupture du contrat de travail par le salarié est provoquée par une faute lourde de l'employeur.

Les caisses de congés payés

Article L. 3141-30 (Modifié par Loi n° 2016-1088 du 8 août 2016 - art. 8(V)) :
Les articles L. 3141-28 et L. 3141-29 ne sont pas applicables lorsque l'employeur est tenu d'adhérer à une caisse de congés en application de l'article L. 3141-32.

Article L. 3141-31 (Modifié par Loi n° 2016-1088 du 8 août 2016 - art. 8(V)) :
Lorsqu'un établissement ferme pendant un nombre de jours dépassant la durée des congés légaux annuels, l'employeur verse aux salariés, pour chacun des jours ouvrables de fermeture excédant cette durée, une indemnité qui ne peut être inférieure à l'indemnité journalière de congés.
Cette indemnité journalière ne se confond pas avec l'indemnité de congés.

Article L. 3141-32 (Modifié par Loi n° 2016-1088 du 8 août 2016 - art. 8(V)) :
Des décrets déterminent les professions, industries et commerces pour lesquels l'application des dispositions relatives aux congés payés comporte des modalités particulières, telles que la constitution de caisses de congés auxquelles les employeurs intéressés s'affilient obligatoirement.
Ces décrets fixent la nature et l'étendue des obligations des employeurs, les règles d'organisation et de fonctionnement des caisses ainsi que la nature et les conditions d'exercice du contrôle de l'Etat à leur égard.

Article D. 3141-30 (Créé par Décret n° 2008-244 du 7 mars 2008 - art. (V)) :
La durée des congés des salariés déclarés à la caisse est déterminée en application des dispositions générales du présent chapitre. Il en est de même pour les salariés déclarés par les entreprises non établies en France mentionnées aux arti cles L. 1262-1 et L. 1262-2.

Toutefois, cent cinquante heures de travail effectif sont considérées comme équivalentes à un mois pour la détermination de la durée du congé de ces salariés.
En outre, il est ajouté à l'ensemble des heures de travail accomplies au cours de l'année de référence, cent soixante heures représentant forfaitairement le congé de l'année précédente, lorsque celui-ci a été payé à l'intéressé par l'intermédiaire d'une caisse agréée.

Article D. 3141-31 (Créé par Décret n° 2008-244 du 7 mars 2008 - art. (V)) :
La caisse assure le service des congés payés des salariés déclarés par l'employeur.
Toutefois, en cas de défaillance de l'employeur dans le paiement des cotisations, elle verse l'indemnité de congés payés à due proportion des périodes pour lesquelles les cotisations ont été payées, par rapport à l'ensemble de la période d'emploi accomplie pendant l'année de référence. L'employeur défaillant n'est pas dégagé de l'obligation de payer à la caisse les cotisations, majorations de retard et pénalités qui restent dues.
Après régularisation de la situation de l'employeur, la caisse verse au salarié le complément d'indemnité de congés payés dû, calculé suivant les mêmes principes.

Article D. 3141-32 (Créé par Décret n° 2008-244 du 7 mars 2008 - art. (V)) :
Le salaire horaire pris en considération pour le calcul de l'indemnité de congé est le quotient du montant de la dernière paye versée au salarié dans l'entreprise assujettie qui l'employait en dernier lieu par le nombre d'heures de travail effectuées pendant la période ainsi rémunérée.
En cas de changement des taux de salaires, il est tenu compte de ceux applicables pendant le congé. Toutefois, cette disposition n'est applicable qu'aux salariés qui, au moment de leur congé, sont employés dans une entreprise assujettie.

Article L. 3141-33 (Créé par Loi n° 2016-1088 du 8 août 2016 - art. 8(V)) :
Les caisses de congés payés peuvent nommer des contrôleurs chargés de collaborer à la surveillance de l'application de la législation sur les congés payés par les employeurs intéressés. Ceux-ci fournissent à tout moment aux contrôleurs toutes justifications établissant qu'ils se sont acquittés de leurs obligations.
Pour l'accomplissement de leur mission, les contrôleurs disposent des mêmes pouvoirs que ceux attribués aux agents de contrôle de l'inspection du travail. Tout obstacle à l'accomplissement de cette mission est passible des sanctions prévues à l'article L. 8114-1.
Les contrôleurs sont agréés. Cet agrément est révocable à tout moment.
Les contrôleurs ne doivent rien révéler des secrets de fabrication ni des procédés et résultats d'exploitation dont ils pourraient prendre connaissance dans l'exercice de leur mission.

Article D. 3141-34 (Créé par Décret n° 2008-244 du 7 mars 2008 - art. (V)) :
L'employeur remet au salarié, avant son départ en congé ou à la date de rupture de son contrat, un certificat en double exemplaire qui permet à ce dernier de justifier de ses droits à congé envers la caisse d'affiliation du dernier employeur.
Ce certificat indique le nombre d'heures de travail effectuées par le salarié dans l'entreprise pendant l'année de référence, le montant du dernier salaire horaire calculé conformément aux dispositions de l'article D. 3141-32 ainsi que la raison sociale et l'adresse de la caisse d'affiliation.

Article D. 7121-28 (Modifié par Décret n° 2016-1553 du 18 novembre 2016 - art. 7) :
La présente section détermine, conformément à l'article L. 3141-32, les modalités d'application des dispositions relatives aux congés payés du personnel artistique et technique du spectacle occupé :
1° Dans les entreprises de spectacle occupant les activités prévues au code 92.3 et aux codes 92. 7A et 55. 4C de la nomenclature des activités françaises (NAF) ainsi que par les impresarios, agences théâtrales, chefs d'orchestre, chefs de troupe ou dans les hôtels, cafés, restaurants ;
2° Dans les entreprises exerçant les activités cinématographiques et vidéo prévues au code 92.1 de la nomenclature NAF ;
3° Dans les entreprises exerçant les activités de radio et de télévision prévues au code 92.2 de la nomenclature NAF ;
4° Dans les entreprises exerçant les activités d'édition d'enregistrements sonores prévues au code 22. 1G.

Article D. 7121-29 (Créé par Décret n° 2008-244 du 7 mars 2008 - art. (V)) :
La présente section s'applique également pour leur personnel artistique et technique :
1° Aux personnes morales de droit public exerçant les types d'activités mentionnés à l'article D. 7121-28 à titre principal, accessoire ou occasionnel, sous quelque forme juridique que ce soit ;
2° Au personnel artistique et technique détaché dans les conditions prévues à l'article L. 1261-3.

Article D. 7121-30 (Créé par Décret n° 2008-244 du 7 mars 2008 - art. (V)) :
Les dispositions relatives aux congés payés, prévus par le chapitre premier du titre IV du livre premier de la partie III, qui ne sont pas contraires aux dispositions de la présente section s'appliquent.

Article D. 7121-31 (Créé par Décret n° 2016-1553 du 18 novembre 2016 - art. 7) :
Lorsqu'il justifie d'au moins quatre semaines d'engagement ou de trente cachets au cours de la période de référence chez un ou plusieurs des employeurs assujettis, le bénéficiaire de la présente section a droit à un congé déterminé conformément aux dispositions des articles L. 3141-3 à L. 3141-31.
Chaque journée de congé payé est considérée, pour la détermination du droit au congé ultérieur, comme correspondant à une journée de travail ou à un cachet.

Article D. 7121-32 (Créé par Décret n° 2008-244 du 7 mars 2008 - art. (V)) :
L'employeur délivre au salarié qu'il cesse d'employer ou qui peut bénéficier de son congé annuel un certificat justificatif de ses droits à congé en double exemplaire.
Ce certificat indique :
1° La durée des engagements ou le nombre des cachets accomplis pour le compte de l'employeur dans les douze mois qui précédent et le montant de la rémunération versée pendant la période envisagée ;
2° La raison sociale et l'adresse de la caisse de congés payés à laquelle l'employeur est affilié.
Il lui remet également une enveloppe timbrée nécessaire à la transmission de ce certificat à la caisse de congés payés.

Article D. 7121-33 (Créé par Décret n° 2008-244 du 7 mars 2008 - art. (V)) :
Le salarié transmet à la caisse de congés payés prévue à la sous-section 3 un exemplaire du certificat justificatif de ses droits à congés.

Article D. 7121-34 (Créé par Décret n° 2008-244 du 7 mars 2008 - art. (V)) :
Lorsque, au moment du départ du salarié, l'employeur ne lui a pas délivré le certificat justificatif de ses droits à congés, l'intéressé peut le réclamer dans les six mois suivant son départ.
En cas de refus de l'employeur, l'intéressé informe la caisse de congés.

Article D. 7121-35 (Modifié par Décret n° 2016-1553 du 18 novembre 2016 - art. 7) :
Le versement des cotisations accompli par l'employeur en application de l'article D. 7121-44 le dispense du paiement de l'indemnité compensatrice de congé, prévue à l'article L. 3141-28, en cas de rupture du contrat de travail d'un salarié qui a au moins un mois d'ancienneté dans l'entreprise et qui n'a pas bénéficié de son congé payé.

Article D. 7121-36 (Créé par Décret n° 2008-244 du 7 mars 2008 - art. (V)) :
Pour bénéficier du congé annuel continu, en application de l'article D. 7121-31, le salarié transmet à la caisse de congés payés les certificats qu'il a reçus de son employeur ou de ses employeurs successifs. Cette transmission est faite quinze jours au moins avant la date à laquelle il prend son congé.
Après vérification, la caisse verse à l'intéressé le montant de l'indemnité à laquelle il a droit contre remise d'une pièce justifiant son immatriculation à la sécurité sociale.

Article D. 7121-37 (Créé par Décret n° 2008-244 du 7 mars 2008 - art. (V)) :
Le montant de l'indemnité journalière de congé est égal à la rémunération journalière moyenne que l'intéressé a reçue dans les entreprises où il a été employé pendant la période prise en considération pour la détermination du droit au congé.
Le montant de l'indemnité journalière ne peut excéder le chiffre maximum fixé dans les conventions collectives de travail ou par sentence arbitrale, rendue dans les conditions prévues aux articles L. 2524-1 et suivants.
En cas d'absence de convention collective, le montant de l'indemnité journalière est limité au triple du montant du salaire minimum de la catégorie professionnelle, à moins qu'une sentence arbitrale n'ait fixé une limite plus élevée.

Article D. 7121-38 (Créé par Décret n° 2008-244 du 7 mars 2008 - art. (V)) :
Une caisse de congés payés assure le service des congés annuels au personnel artistique et technique employé de façon intermittente dans les entreprises mentionnées aux articles D. 7121-28 et D. 7121-29.
Cette caisse répartit entre ces entreprises les charges résultant de l'attribution des congés payés.

COTISATIONS SALARIALES ET CHARGES PATRONALES

PARTIE V

2. Les éléments de rémunérations soumis à cotisations

Le cas des prestations familiales extra-légales complémentaires

Code de la S.S. L. 511-1 (Modifié par Loi n° 2020-692 du 8 juin 2020 - art. 5 (V)):
Les prestations familiales comprennent:
1°) la prestation d'accueil du jeune enfant;
2°) les allocations familiales;
3°) le complément familial;
4°) L'allocation de logement régie par les dispositions du livre VIII du code de la construction et de l'habitation;
5°) l'allocation d'éducation de l'enfant handicapé;
6°) l'allocation de soutien familial;
7°) l'allocation de rentrée scolaire;
8°) L'allocation forfaitaire versée en cas de décès d'un enfant;
9°) l'allocation journalière de présence parentale.

Le cas des indemnités versées à l'occasion de la rupture du contrat de travail

Article L. 1243-4 (Modifié par Loi n° 2011-525 du 17 mai 2011 - art. 49):
La rupture anticipée du contrat de travail à durée déterminée qui intervient à l'initiative de l'employeur, en dehors des cas de faute grave, de force majeure ou d'inaptitude constatée par le médecin du travail, ouvre droit pour le salarié à des dommages et intérêts d'un montant au moins égal aux rémunérations qu'il aurait perçues jusqu'au terme du contrat, sans préjudice de l'indemnité de fin de contrat prévue à l'article L. 1243-8.
Toutefois, lorsque le contrat de travail est rompu avant l'échéance du terme en raison d'un sinistre relevant d'un cas de force majeure, le salarié a également droit à une indemnité compensatrice dont le montant est égal aux rémunérations qu'il aurait perçues jusqu'au terme du contrat. Cette indemnité est à la charge de l'employeur.

Article L. 1243-8 (Version en vigueur depuis le 1er mai 2008):
Lorsque, à l'issue d'un contrat de travail à durée déterminée, les relations contractuelles de travail ne se poursuivent pas par un contrat à durée indéterminée, le salarié a droit, à titre de complément de salaire, à une indemnité de fin de contrat destinée à compenser la précarité de sa situation.
Cette indemnité est égale à 10 % de la rémunération totale brute versée au salarié.
Elle s'ajoute à la rémunération totale brute due au salarié. Elle est versée à l'issue du contrat en même temps que le dernier salaire et figure sur le bulletin de salaire correspondant.

Article L. 1251-32 (Version en vigueur depuis le 1er mai 2008):
Lorsque, à l'issue d'une mission, le salarié ne bénéficie pas immédiatement d'un contrat de travail à durée indéterminée avec l'entreprise utilisatrice, il a droit, à titre de complément de salaire, à une indemnité de fin de mission destinée à compenser la précarité de sa situation.
Cette indemnité est égale à 10 % de la rémunération totale brute due au salarié.
L'indemnité s'ajoute à la rémunération totale brute due au salarié. Elle est versée par l'entreprise de travail temporaire à l'issue de chaque mission effectivement accomplie, en même temps que le dernier salaire dû au titre de celle-ci, et figure sur le bulletin de salaire correspondant.

Article L. 1234-9 (Modifié par Ordonnance n° 2017-1387 du 22 septembre 2017 - art. 39):
Le salarié titulaire d'un contrat de travail à durée indéterminée, licencié alors qu'il compte 8 mois d'ancienneté ininterrompus au service du même employeur, a droit, sauf en cas de faute grave, à une indemnité de licenciement.
Les modalités de calcul de cette indemnité sont fonction de la rémunération brute dont le salarié bénéficiait antérieurement à la rupture du contrat de travail. Ce taux et ces modalités sont déterminés par voie réglementaire.
NOTA : Conformément à l'article 40-I de l'ordonnance n° 2017-1387 du 22 septembre 2017, ces dispositions sont applicables aux licenciements prononcés postérieurement à la publication de ladite ordonnance.

Article R. 1234-2 (Modifié par Décret n° 2017-1398 du 25 septembre 2017 - art. 2):
L'indemnité de licenciement ne peut être inférieure aux montants suivants:
1° Un quart de mois de salaire par année d'ancienneté pour les années jusqu'à dix ans;

2° Un tiers de mois de salaire par année d'ancienneté pour les années à partir de dix ans.
NOTA : Conformément à l'article 4 du décret n° 2017-1398 du 25 septembre 2017, ces dispositions sont applicables aux licenciements et mises à la retraite prononcés et aux ruptures conventionnelles conclues postérieurement à sa publication.

Article L. 7112-3 (Modifié par Loi n° 2008-67 du 21 janvier 2008 - art. 3) :
Si l'employeur est à l'initiative de la rupture, le salarié a droit à une indemnité qui ne peut être inférieure à la somme représentant un mois, par année ou fraction d'année de collaboration, des derniers appointements. Le maximum des mensualités est fixé à quinze.

Article L. 7112-5 (Version en vigueur depuis le 1er mai 2008) :
Si la rupture du contrat de travail survient à l'initiative du journaliste professionnel, les dispositions des articles L. 7112-3 et L. 7112-4 sont applicables, lorsque cette rupture est motivée par l'une des circonstances suivantes :
1° Cession du journal ou du périodique ;
2° Cessation de la publication du journal ou périodique pour quelque cause que ce soit ;
3° Changement notable dans le caractère ou l'orientation du journal ou périodique si ce changement crée, pour le salarié, une situation de nature à porter atteinte à son honneur, à sa réputation ou, d'une manière générale, à ses intérêts moraux. Dans ces cas, le salarié qui rompt le contrat n'est pas tenu d'observer la durée du préavis prévue à l'article L. 7112-2.

Article L. 7313-13 (Version en vigueur depuis le 1er mai 2008) :
En cas de rupture du contrat de travail à durée indéterminée par l'employeur, en l'absence de faute grave, le voyageur, représentant ou placier a droit à une indemnité pour la part qui lui revient personnellement dans l'importance en nombre et en valeur de la clientèle apportée, créée ou développée par lui.
Le montant de cette indemnité de clientèle tient compte des rémunérations spéciales accordées en cours de contrat pour le même objet ainsi que des diminutions constatées dans la clientèle préexistante et imputables au salarié.
Ces dispositions s'appliquent également en cas de rupture du contrat de travail par suite d'accident ou de maladie entraînant une incapacité permanente totale de travail du salarié.

Article L. 1226-14 (Version en vigueur depuis le 1er mai 2008) :
La rupture du contrat de travail dans les cas prévus au deuxième alinéa de l'article L. 1226-12 ouvre droit, pour le salarié, à une indemnité compensatrice d'un montant égal à celui de l'indemnité compensatrice de préavis prévue à l'article L. 1234-5 ainsi qu'à une indemnité spéciale de licenciement qui, sauf dispositions conventionnelles plus favorables, est égale au double de l'indemnité prévue par l'article L. 1234-9.
Toutefois, ces indemnités ne sont pas dues par l'employeur qui établit que le refus par le salarié du reclassement qui lui est proposé est abusif.
Les dispositions du présent article ne se cumulent pas avec les avantages de même nature prévus par des dispositions conventionnelles ou contractuelles en vigueur au 7 janvier 1981 et destinés à compenser le préjudice résultant de la perte de l'emploi consécutive à l'accident du travail ou à la maladie professionnelle.

Article L. 1233-3 (Modifié par Loi n° 2018-217 du 29 mars 2018 - art. 11) :
Constitue un licenciement pour motif économique le licenciement effectué par un employeur pour un ou plusieurs motifs non inhérents à la personne du salarié résultant d'une suppression ou transformation d'emploi ou d'une modification, refusée par le salarié, d'un élément essentiel du contrat de travail, consécutives notamment :
1° A des difficultés économiques caractérisées soit par l'évolution significative d'au moins un indicateur économique tel qu'une baisse des commandes ou du chiffre d'affaires, des pertes d'exploitation ou une dégradation de la trésorerie ou de l'excédent brut d'exploitation, soit par tout autre élément de nature à justifier de ces difficultés.
Une baisse significative des commandes ou du chiffre d'affaires est constituée dès lors que la durée de cette baisse est, en comparaison avec la même période de l'année précédente, au moins égale à :
a) Un trimestre pour une entreprise de moins de onze salariés ;
b) Deux trimestres consécutifs pour une entreprise d'au moins onze salariés et de moins de cinquante salariés ;
c) Trois trimestres consécutifs pour une entreprise d'au moins cinquante salariés et de moins de trois cents salariés ;
d) Quatre trimestres consécutifs pour une entreprise de trois cents salariés et plus ;
2° A des mutations technologiques ;
3° A une réorganisation de l'entreprise nécessaire à la sauvegarde de sa compétitivité ;
4° A la cessation d'activité de l'entreprise.

La matérialité de la suppression, de la transformation d'emploi ou de la modification d'un élément essentiel du contrat de travail s'apprécie au niveau de l'entreprise.
Les difficultés économiques, les mutations technologiques ou la nécessité de sauvegarder la compétitivité de l'entreprise s'apprécient au niveau de cette entreprise si elle n'appartient pas à un groupe et, dans le cas contraire, au niveau du secteur d'activité commun à cette entreprise et aux entreprises du groupe auquel elle appartient, établies sur le territoire national, sauf fraude.
Pour l'application du présent article, la notion de groupe désigne le groupe formé par une entreprise appelée entreprise dominante et les entreprises qu'elle contrôle dans les conditions définies à l'article L. 233-1, aux I et II de l'article L. 233-3 et à l'article L. 233-16 du code de commerce.
Le secteur d'activité permettant d'apprécier la cause économique du licenciement est caractérisé, notamment, par la nature des produits biens ou services délivrés, la clientèle ciblée, ainsi que les réseaux et modes de distribution, se rapportant à un même marché.
Les dispositions du présent chapitre sont applicables à toute rupture du contrat de travail résultant de l'une des causes énoncées au présent article, à l'exclusion de la rupture conventionnelle visée aux articles L. 1237-11 et suivants et de la rupture d'un commun accord dans le cadre d'un accord collectif visée aux articles L. 1237-17 et suivants.

Article L. 1233-10 (Modifié par Ordonnance n° 2017-1387 du 22 septembre 2017 - art. 20) :
L'employeur adresse aux représentants du personnel, avec la convocation à la réunion prévue à l'article L. 1233-8, tous renseignements utiles sur le projet de licenciement collectif.
Il indique :
1° La ou les raisons économiques, financières ou techniques du projet de licenciement ;
2° Le nombre de licenciements envisagé ;
3° Les catégories professionnelles concernées et les critères proposés pour l'ordre des licenciements ;
4° Le nombre de salariés, permanents ou non, employés dans l'établissement ;
5° Le calendrier prévisionnel des licenciements ;
6° Les mesures de nature économique envisagées ;
7° Le cas échéant, les conséquences des licenciements projetés en matière de santé, de sécurité ou de conditions de travail.
NOTA : Conformément à l'article 40-VI de l'ordonnance n° 2017-1387 du 22 septembre 2017, ces dispositions sont applicables aux procédures de licenciement économique engagées dans les entreprises ayant mis en place un comité social et économique.

Article L. 1233-61 (Modifié par Ordonnance n° 2017-1718 du 20 décembre 2017 - art. 1) :
Dans les entreprises d'au moins cinquante salariés, lorsque le projet de licenciement concerne au moins dix salariés dans une même période de trente jours, l'employeur établit et met en œuvre un plan de sauvegarde de l'emploi pour éviter les licenciements ou en limiter le nombre.
Ce plan intègre un plan de reclassement visant à faciliter le reclassement sur le territoire national des salariés dont le licenciement ne pourrait être évité, notamment celui des salariés âgés ou présentant des caractéristiques sociales ou de qualification rendant leur réinsertion professionnelle particulièrement difficile.
Lorsque le plan de sauvegarde de l'emploi comporte, en vue d'éviter la fermeture d'un ou de plusieurs établissements, le transfert d'une ou de plusieurs entités économiques nécessaire à la sauvegarde d'une partie des emplois et lorsque ces entreprises souhaitent accepter une offre de reprise les dispositions de l'article L. 1224-1 relatives au transfert des contrats de travail ne s'appliquent que dans la limite du nombre des emplois qui n'ont pas été supprimés à la suite des licenciements, à la date d'effet de ce transfert.
NOTA : Conformément à l'article 40-V de l'ordonnance n° 2017-1387 du 22 septembre 2017, ces dispositions sont applicables aux procédures de licenciement économique engagées après la publication de ladite ordonnance.

Article L. 1235-3 (Modifié par Loi n° 2018-217 du 29 mars 2018 - art. 11) :
Si le licenciement d'un salarié survient pour une cause qui n'est pas réelle et sérieuse, le juge peut proposer la réintégration du salarié dans l'entreprise, avec maintien de ses avantages acquis.
Si l'une ou l'autre des parties refuse cette réintégration, le juge octroie au salarié une indemnité à la charge de l'employeur, dont le montant est compris entre les montants minimaux et maximaux fixés dans le tableau ci-après.

Ancienneté du salarié dans l'entreprise (en années complètes)	Indemnité minimale (en mois de salaire brut)	Indemnité maximale (en mois de salaire brut)
0	Sans objet	1
1	1	2
2	3	3,5
3	3	4
4	3	5
5	3	6
6	3	7
7	3	8
8	3	8
9	3	9
10	3	10
11	3	10,5
12	3	11
13	3	11,5
14	3	12
15	3	13
16	3	13,5
17	3	14
18	3	14,5
19	3	15
20	3	15,5
21	3	16
22	3	16,5
23	3	17
24	3	17,5
25	3	18
26	3	18,5
27	3	19
28	3	19,5
29	3	20
30 et au-delà	3	20

En cas de licenciement opéré dans une entreprise employant habituellement moins de onze salariés, les montants minimaux fixés ci-dessous sont applicables, par dérogation à ceux fixés à l'alinéa précédent :

Ancienneté du salarié dans l'entreprise (en années complètes)	Indemnité minimale (en mois de salaire brut)
0	Sans objet
1	0,5
2	0,5
3	1
4	1
5	1,5
6	1,5
7	2
8	2
9	2,5
10	2,5

Pour déterminer le montant de l'indemnité, le juge peut tenir compte, le cas échéant, des indemnités de licenciement versées à l'occasion de la rupture, à l'exception de l'indemnité de licenciement mentionnée à l'article L. 1234-9.
Cette indemnité est cumulable, le cas échéant, avec les indemnités prévues aux articles L. 1235-12, L. 1235-13 et L. 1235-15, dans la limite des montants maximaux prévus au présent article.
NOTA : Conformément à l'article 40-I de l'ordonnance n° 2017-1387 du 22 septembre 2017, ces dispositions sont applicables aux licenciements prononcés postérieurement à la publication de ladite ordonnance.

Article L. 1235-11 (Modifié par Ordonnance n° 2017-1387 du 22 septembre 2017 - art. 2) :
Lorsque le juge constate que le licenciement est intervenu alors que la procédure de licenciement est nulle, conformément aux dispositions des deux premiers alinéas de l'article L. 1235-10, il peut ordonner la poursuite du contrat de travail ou prononcer la nullité du licenciement et ordonner la réintégration du salarié à la demande de ce dernier, sauf si cette réintégration est devenue impossible, notamment du fait de la fermeture de l'établissement ou du site ou de l'absence d'emploi disponible.
Lorsque le salarié ne demande pas la poursuite de son contrat de travail ou lorsque la réintégration est impossible, le juge octroie au salarié une indemnité à la charge de l'employeur qui ne peut être inférieure aux salaires des six derniers mois.
NOTA : Conformément à l'article 40-I de l'ordonnance n° 2017-1387 du 22 septembre 2017, ces dispositions sont applicables aux licenciements prononcés postérieurement à la publication de ladite ordonnance.

Article L. 1235-13 (Modifié par Ordonnance n° 2017-1387 du 22 septembre 2017 - art. 2) :
En cas de non-respect de la priorité de réembauche prévue à l'article L. 1233-45, le juge accorde au salarié une indemnité qui ne peut être inférieure à un mois de salaire.
NOTA : Conformément à l'article 40-I de l'ordonnance n° 2017-1387 du 22 septembre 2017, ces dispositions sont applicables aux licenciements prononcés postérieurement à la publication de ladite ordonnance.

Article L. 1237-9 (Version en vigueur depuis le 1er mai 2008) :
Tout salarié quittant volontairement l'entreprise pour bénéficier d'une pension de vieillesse a droit à une indemnité de départ à la retraite.
Le taux de cette indemnité varie en fonction de l'ancienneté du salarié dans l'entreprise. Ses modalités de calcul sont fonction de la rémunération brute dont il bénéficiait antérieurement. Ce taux et ces modalités de calcul sont déterminés par voie réglementaire.

Article L. 1237-7 (Version en vigueur depuis le 1er mai 2008) :
La mise à la retraite d'un salarié lui ouvre droit à une indemnité de mise à la retraite au moins égale à l'indemnité de licenciement prévue à l'article L. 1234-9.

Article L. 1243-5 (Modifié par Loi n° 2014-1545 du 20 décembre 2014 - art. 6) :
Le contrat de travail à durée déterminée cesse de plein droit à l'échéance du terme. Lorsqu'il est conclu en application du 6° de l'article L. 1242-2, il prend fin avec la réalisation de l'objet pour lequel il a été conclu après un délai de prévenance au moins égal à deux mois.

Toutefois, ce principe ne fait pas obstacle à l'application des dispositions relatives à la rupture du contrat de travail à durée déterminée :

1°) Des salariés victimes d'un accident du travail ou d'une maladie professionnelle, prévues à l'article L. 1226-19 ;
2°) Des salariés titulaires d'un mandat de représentation mentionnés à l'article L. 2412-1.

3. Les abattements

Les abattements pour frais d'atelier

Code de la S.S. L. 241-9 (Modifié par Loi n° 88-16 du 5 janvier 1988 - art. 1) :
Si le travailleur à domicile, rémunéré à façon, aux pièces ou à la tâche, est lui-même assuré obligatoire, vis-à-vis du fabricant pour le compte duquel il travaille, il n'est point tenu au versement des contributions patronales afférentes à l'emploi des ouvriers qui travaillent avec lui pour ledit fabricant. Ces contributions sont à la charge du fabricant et calculées d'après les déclarations de rémunération fournies à ce dernier.
La rémunération propre au travailleur à domicile est obtenue en déduisant de la rémunération globale versée par l'employeur, d'une part, les rémunérations des personnes travaillant avec lui, d'autre part, s'il y a lieu, le montant des frais d'atelier fixés forfaitairement par arrêté ministériel.

4. L'assiette de cotisations

La fixation du plafond de la Sécurité Sociale

Code de la S.S. D. 242-17 (Modifié par Décret n° 2021-989 du 27 juillet 2021 - art. 1) :

I.– La valeur mensuelle du plafond mentionné à l'article L. 241-3 est fixée, pour chaque année civile, à partir du plafond applicable au cours de l'année de référence, correspondant à l'année antérieure. Elle tient compte :
   1° De l'évolution moyenne estimée des salaires de cette année de référence prévue par le dernier rapport sur la situation et les perspectives économiques, sociales et financières de la nation annexé au projet de loi de finances de l'année ;
   2° Le cas échéant, de la correction de l'estimation de l'évolution moyenne des salaires de l'année précédant l'année de référence figurant dans le dernier rapport sur la situation et les perspectives économiques, sociales et financières de la nation annexé au projet de loi de finances de l'année.

II.– Lorsque le résultat du calcul prévu au I est inférieur à la valeur du plafond en vigueur au cours de l'année de référence, cette dernière est reconduite pour l'année civile.

III.– En cas de reconduction de la valeur du plafond selon les modalités prévues au II, la valeur du plafond pour l'année civile suivante est déterminée en tenant compte de l'évolution moyenne estimée des salaires de l'année précédente, des évolutions moyennes des salaires des années qui n'ont pas été prises en compte en application du II ainsi que, le cas échéant, de la correction de la dernière évolution moyenne des salaires ayant permis une revalorisation de la valeur du plafond.
Lorsque la valeur du plafond de l'année civile suivante déterminée en application de l'alinéa précédent est inférieure à la valeur du plafond en vigueur au cours de l'année, cette dernière est reconduite pour l'année civile suivante.

IV.– La valeur journalière du plafond est égale à la valeur mensuelle multipliée par douze et divisée par le nombre de jours travaillés dans l'année fixé au 3° du I de l'article L. 3121-64 du code du travail.

Code de la S.S. D. 242-18 (Modifié par Décret n° 2011-2082 du 30 décembre 2011 - art. 1) :
Les valeurs mensuelles et journalières du plafond fixées par l'arrêté pris pour l'application de l'article L. 241-3 sont arrondies à l'euro le plus proche.

Code de la S.S. D. 242-19 (Modifié par Décret n° 2016-1553 du 18 novembre 2016 - art. 7) :
Pour les dispositions législatives et réglementaires faisant référence à une valeur du plafond différente de celles mentionnées à l'article D. 242-17, le montant du plafond est déterminé à partir de la valeur mensuelle mentionnée au même article dans les conditions suivantes :

- la valeur horaire est égale à la valeur mensuelle multipliée par 12 et divisée par le nombre d'heures annuelles de travail fixé au troisième alinéa de l'article L. 3121-41 du code du travail ;
- la valeur hebdomadaire est égale à la valeur mensuelle multipliée par 12 et divisée par 52 ;

- la valeur par quinzaine est égale à la valeur mensuelle divisée par 2 ;
- la valeur trimestrielle est égale à la valeur mensuelle multipliée par 3 ;
- la valeur annuelle est égale à la valeur mensuelle multipliée par 12.

Dans tous les cas, la valeur obtenue est arrondie à l'euro le plus proche.

Les réductions de plafond de la Sécurité Sociale

Code de la S.S. R. 242-3 (Modifié par Décret n° 2019-1050 du 11 octobre 2019 - art. 2) :

Les personnes mentionnées au premier alinéa de l'article L. 242-3 sont tenues de faire connaître à chacun de leurs employeurs, à la fin de chaque mois ou de chaque trimestre, le total de la rémunération qu'elles ont reçue au cours de ce mois ou de ce trimestre. Elles utilisent, à cet effet, une déclaration du modèle arrêté par le ministre chargé de la sécurité sociale.

Le travailleur à domicile, assuré obligatoire, est tenu de déclarer, dans les cinq premiers jours de chaque trimestre, aux chefs d'entreprise pour le compte desquels il travaille, les noms, numéros d'immatriculation et salaires des personnes qui ont travaillé avec lui au cours du trimestre précédent pour le compte desdits employeurs. Si cette déclaration ne leur a pas été faite, les chefs d'entreprise sont tenus d'en aviser l'organisme chargé du recouvrement.

Les mêmes obligations s'imposent au travailleur salarié ou assimilé qui se fait assister ou remplacer par un membre de sa famille, un aide ou remplaçant, qu'il recrute ou rémunère pour une activité exercée au profit de son employeur.

En l'absence des déclarations prévues aux alinéas précédents, chaque employeur calcule les cotisations sur la base de la rémunération totale, compte tenu des dispositions de l'article R. 242-2. Toute partie intéressée peut provoquer le remboursement des cotisations versées en trop.

Les dispositions du présent article ne sont pas applicables lorsqu'un employeur met en œuvre la dérogation prévue par le deuxième alinéa de l'article L. 242-3.

NOTA : Conformément à l'article 6 du décret n° 2019-1050 du 11 octobre 2019, ces dispositions sont applicables à compter du 1er janvier 2020.

Code de la S.S. L. 243-6 (Modifié par Loi n° 2014-1554 du 22 décembre 2014 - art. 27) :

I.– La demande de remboursement des cotisations de sécurité sociale et d'allocations familiales indûment versées se prescrit par trois ans à compter de la date à laquelle lesdites cotisations ont été acquittées.

Lorsque l'obligation de remboursement desdites cotisations nait d'une décision juridictionnelle qui révèle la non-conformité de la règle de droit dont il a été fait application à une règle de droit supérieure, la demande de remboursement ne peut porter que sur la période postérieure au 1er janvier de la troisième année précédant celle où la décision révélant la non-conformité est intervenue.

Lorsque l'obligation de remboursement des cotisations naît d'une décision rectificative d'une caisse d'assurance retraite et de la santé au travail en matière de taux de cotisation d'accidents du travail et maladies professionnelles, la demande de remboursement des cotisations peut porter sur l'ensemble de la période au titre de laquelle les taux sont rectifiés.

II.– En cas de remboursement, les organismes de sécurité sociale et d'allocations familiales sont en droit de demander le reversement des prestations servies à l'assuré ; ladite demande doit être faite dans un délai maximum de deux ans à compter du remboursement desdites cotisations.

Toutefois, lorsque la demande de remboursement des cotisations indûment versées n'a pas été formulée dans le délai de trois ans prévu au premier alinéa du I du présent article, le bénéfice des prestations servies ainsi que les droits à l'assurance vieillesse restent acquis à l'assuré, sauf cas de fraude ou de fausse déclaration.

III.– Les organismes mentionnés aux articles L. 213-1 et L. 752-1 effectuent le remboursement des cotisations indues dans un délai de quatre mois à compter de la demande mentionnée au premier alinéa du I du présent article.

Code de la S.S. L. 243-6-1 (Modifié par Loi n° 2019-1446 du 24 décembre 2019 - art. 18) :

I.– Tout cotisant, confronté à des interprétations contradictoires concernant plusieurs de ses établissements dans la même situation au regard de la législation relative aux cotisations et aux contributions de sécurité sociale, a la possibilité, sans préjudice des autres recours, de solliciter l'intervention de l'Agence centrale des organismes de sécurité sociale en ce qui concerne l'appréciation portée sur sa situation par les organismes de recouvrement visés aux articles L. 213-1 et L. 752-4. Cette possibilité est ouverte également à un cotisant appartenant à un groupe au sens de l'article L. 233-16 du code de commerce, en cas d'interprétations contradictoires concernant toute autre entreprise ou personne morale appartenant à ce même groupe.

A la suite de l'analyse du litige, l'agence centrale peut demander aux organismes d'adopter une position dans un délai d'un mois. A l'expiration de ce délai, s'ils ne se sont pas conformés à cette instruction, l'agence centrale peut se substituer aux organismes pour prendre les mesures nécessaires.

II.– (Abrogé)

NOTA : Conformément à l'article 18 de la loi n° 2019-1446 du 24 décembre 2019, ces dispositions sont applicables aux cotisations et contributions dues au titre des périodes d'activité courant à compter du 1er janvier 2022.

LES TAUX DE COTISATIONS

PARTIE VI

1. Les taux de Sécurité sociale

Code de la S.S. L. 130-1 (Créé par Loi n° 2019-486 du 22 mai 2019 - art. 11(V)) :

I.– Au sens du présent code, l'effectif salarié annuel de l'employeur, y compris lorsqu'il s'agit d'une personne morale comportant plusieurs établissements, correspond à la moyenne du nombre de personnes employées au cours de chacun des mois de l'année civile précédente.

Par dérogation au premier alinéa du présent I, pour l'application de la tarification au titre du risque " accidents du travail et maladies professionnelles ", l'effectif pris en compte est celui de la dernière année connue.

L'effectif à prendre en compte pour l'année de création du premier emploi salarié titulaire d'un contrat de travail dans l'entreprise correspond à l'effectif présent le dernier jour du mois au cours duquel a été réalisée cette première embauche.

Un décret en Conseil d'Etat définit les catégories de personnes incluses dans l'effectif et les modalités de leur décompte.

II.– Le franchissement à la hausse d'un seuil d'effectif salarié est pris en compte lorsque ce seuil a été atteint ou dépassé pendant cinq années civiles consécutives.

Le franchissement à la baisse d'un seuil d'effectif sur une année civile a pour effet de faire à nouveau courir la règle énoncée au premier alinéa du présent II.

NOTA : Conformément au XIII de l'article 11 de la loi n° 2019-486 du 22 mai 2019, le II de l'article L. 130-1 ne s'applique pas :

1° Lorsque l'effectif de l'entreprise est, au 1er janvier 2020, supérieur ou égal à un seuil et que cette entreprise était soumise, au titre de l'année 2019, aux dispositions applicables dans le cas d'un effectif supérieur ou égal à ce seuil ;

2° Lorsque l'entreprise est bénéficiaire, au 1er janvier 2020, des dispositions prévues au XII de l'article 11 de la loi n° 2019-486.

Conformément au XIV de l'article 11 de la loi n° 2019-486 du 22 mai 2019, ces dispositions entrent en vigueur le 1er janvier 2020.

Code de la S.S. R. 130-1 (Modifié par Décret n° 2019-1586 du 31 décembre 2019 - art. 1) :

I.– Pour la détermination de l'effectif mentionné à l'article L. 130-1, les mois au cours desquels aucun salarié n'est employé ne sont pas pris en compte pour établir cette moyenne.

L'effectif salarié annuel de l'employeur est arrondi, s'il y a lieu, au centième. A cet effet, il n'est pas tenu compte de la fraction d'effectif au-delà de la deuxième décimale.

II.– Pour la détermination de l'effectif mentionné au I, sont prises en compte les personnes titulaires d'un contrat de travail et les personnes mentionnées à l'article L. 5424-1 du code du travail. Toutefois, les salariés mentionnés à la deuxième phrase du 2° de l'article L. 1111-2 du code du travail sont exclus du décompte des effectifs.

Pour calculer l'effectif d'une entreprise de travail temporaire, il est tenu compte des salariés permanents et des salariés qui, au cours de la période, ont été liés à cette entreprise par des contrats de mission.

Les salariés ou agents à temps plein sont intégralement pris en compte dans l'effectif de l'entreprise au cours du mois. Les salariés à temps partiel au sens de l'article L. 3123-1 du code du travail et les personnes mentionnées à l'article L. 5424-1 du même code, à temps partiel ou à temps non complet sont décomptés selon les modalités mentionnées au dernier alinéa de l'article L. 1111-2 susmentionné.

Les personnes mentionnées aux trois alinéas précédents sont décomptées dans l'effectif de l'entreprise à due proportion du nombre de jours du mois pendant lequel elles ont été employées.

III.– Les personnes mentionnées aux 1°, 2°, 4° et 6° de l'article L. 1111-3 du code du travail ne sont pas prises en compte pour la détermination de l'effectif mentionné au I sauf en ce qui concerne l'application des dispositions relatives à la tarification des risques d'accidents du travail et de maladies professionnelles.

IV.– (Abrogé).

V.– Lorsque survient une modification de la situation juridique de l'employeur au sens de l'article L. 1224-1 du code du travail, y compris lorsqu'une telle modification entraîne une création d'entreprise, l'effectif à prendre en compte pour l'année au cours de laquelle les contrats sont transférés correspond à l'effectif présent le dernier jour du mois au cours duquel a été réalisé le transfert des contrats de travail.

VI.– Pour l'application de la tarification au titre du risque « accidents du travail et maladies professionnelles «, l'effectif de l'entreprise est calculé selon les dispositions prévues aux I à IV, en retenant, d'une part, les salariés et agents qui relèvent du régime général et, d'autre part, les salariés et agents qui relèvent du régime des salariés agricoles, pour la couverture de ce risque.

NOTA : Conformément au I de l'article 12 du décret n° 2017-858 du 9 mai 2017, les dispositions du présent article entrent en vigueur le 1er janvier 2018.

Code de la S.S. R. 834-7 (Modifié par Décret n° 2017-858 du 9 mai 2017 - art. 6) :
La contribution relative à l'allocation logement prévue aux articles L. 831-1 et suivants est due par toute personne physique ou morale employant un ou plusieurs salariés relevant soit des professions non-agricoles, soit des professions agricoles.
La contribution est, sous réserve des dispositions de l'article R. 834-9, recouvrée, pour le compte du fonds national d'aide au logement mentionné à l'article L. 351-6 du code de la construction et de l'habitation, par les organismes ou services chargés du recouvrement des cotisations de sécurité sociale ou d'assurances sociales agricoles.

2. Les cotisations chômage

Article L. 5422-13 (Version en vigueur depuis le 1er mai 2008) :
Sauf dans les cas prévus à l'article L. 5424-1, dans lesquels l'employeur assure lui-même la charge et la gestion de l'allocation d'assurance, tout employeur assure contre le risque de privation d'emploi tout salarié, y compris les travailleurs salariés détachés à l'étranger ainsi que les travailleurs salariés français expatriés.
L'adhésion au régime d'assurance ne peut être refusée.

5. La contribution sociale généralisée CSG

Code de la S.S. L. 761-1 (Créé par Décret n° 85-1353 du 21 décembre 1985) :
Les travailleurs détachés temporairement à l'étranger par leur employeur pour y exercer une activité salariée ou assimilée qui demeurent soumis à la législation française de sécurité sociale en vertu de conventions ou de règlements internationaux, sont réputés, pour l'application de cette législation, avoir leur résidence et leur lieu de travail en France.

Code de la S.S. L. 761-2 (Créé par Décret n° 85-1353 du 21 décembre 1985) :
S'ils ne sont pas ou ne sont plus concernés par l'article L. 761-1, les travailleurs détachés temporairement à l'étranger par leur employeur pour y exercer une activité salariée ou assimilée, rémunérée par cet employeur, sont soumis à la législation française de sécurité sociale à la condition que l'employeur s'engage à s'acquitter de l'intégralité des cotisations dues.
La durée maximale pendant laquelle les travailleurs mentionnés au premier alinéa peuvent être soumis à la législation française de sécurité sociale est fixée par décret en Conseil d'Etat.
Pour l'application de cette législation, ils sont réputés avoir leur résidence et leur lieu de travail en France.

7. Les charges fiscales sur les salaires

Article L. 6241-2 (Modifié par Ordonnance n° 2021-797 du 23 juin 2021 - art. 1) :

I.– Une part principale du produit de la taxe d'apprentissage mentionnée à l'article L. 6241-1, correspondant à l'application d'un taux de 0,59 %, est destinée au financement de l'apprentissage en application du 2° de l'article L. 6211-2 du présent code et reversée à France compétences selon les modalités prévues à l'article L. 6123-5. Pour satisfaire à cette obligation de financement, une entreprise qui dispose d'un centre de formation d'apprentis, accueillant ses apprentis, peut déduire de cette part de la taxe d'apprentissage le montant des dépenses relatives aux formations délivrées par ce service, dans des conditions de mise en œuvre et sous réserve d'un plafonnement précisés par décret. L'entreprise peut aussi déduire de cette même part les versements destinés à financer le développement d'offres nouvelles de formations par apprentissage, lorsque ces dernières servent à former un ou plusieurs apprentis de cette même entreprise, dans des conditions de mise en œuvre et sous réserve d'un plafonnement précisés par décret.
Cette part principale de la taxe d'apprentissage est recouvrée dans les conditions prévues au I de l'article L. 6131-3 du présent code, selon la périodicité applicable en matière de cotisations et de contributions de sécurité sociale.

II.– Le solde, soit la part du produit de la taxe d'apprentissage dû correspondant à l'application d'un taux de 0,09 %, déclaré et recouvré annuellement, est versé :
1° Par l'intermédiaire de la Caisse des dépôts et consignation, aux établissements destinataires mentionnés à l'article L. 6241-5, pour les dépenses imputées sur le solde au titre du 1° de l'article L. 6241-4.

Cette part est recouvrée dans les conditions prévues au I de l'article L. 6131-3. Elle fait l'objet d'un versement annuel unique concomitant aux cotisations et contributions de sécurité sociale versées au titre de la période d'activité du mois d'avril de l'année suivant celle au titre de laquelle elle est due. Un décret fixe la liste des informations relatives aux entreprises redevables qui sont communiquées à la Caisse des dépôts et des consignations par les organismes chargés du recouvrement. Les établissements destinataires de cette part sont désignés par l'employeur, selon des modalités fixées par décret, au moyen d'un service dématérialisé mis en œuvre par la Caisse des dépôts et consignations ;

2° Directement aux centres de formation d'apprentis, pour les dépenses imputées sur le solde au titre du 2° de l'article L. 6241-4.
Les entreprises redevables de la contribution supplémentaire à l'apprentissage mentionnées au I de l'article L. 6242-1 qui dépassent, au titre d'une année, le seuil prévu au premier alinéa du même I bénéficient d'une créance égale au pourcentage de l'effectif dépassant ce taux, retenu dans la limite de deux points, multiplié par l'effectif annuel moyen de l'entreprise au 31 décembre de l'année puis par un montant, compris entre 2,50 € et 5,00 €, défini par arrêté des ministres chargés du budget et de la formation professionnelle. Cette créance est imputable sur le solde mentionné au présent II.
Les subventions mentionnées au 2° et la créance mentionnée à l'alinéa précédent ne peuvent donner lieu ni à report ni à restitution.

III.– Les dispositions de l'article L. 133-10 du code de la sécurité sociale sont applicables au calcul des parts mentionnées au I et au II.

NOTA : Conformément au I de l'article 8 de l'ordonnance n° 2021-797 du 23 juin 2021, ces dispositions entrent en vigueur au 1er janvier 2022 pour les contributions dues à compter de cette date.

Article L. 6241-4 (Modifié par Ordonnance n° 2021-797 du 23 juin 2021 - art. 1) :

Les employeurs peuvent imputer sur le solde de la taxe d'apprentissage, à hauteur du montant mentionné au II de l'article L. 6241-2 :

1° Les dépenses réellement exposées permettant de financer le développement des formations initiales technologiques et professionnelles, hors apprentissage, et l'insertion professionnelle, dont les frais de premier équipement, de renouvellement de matériel existant et d'équipement complémentaire, dans l'une des catégories d'établissements habilités mentionnées à l'article L. 6241-5.
Les formations technologiques et professionnelles mentionnées à l'alinéa précédent sont celles qui, dispensées dans le cadre de la formation initiale, remplissent les conditions suivantes :
   a) Elles conduisent à des diplômes ou titres enregistrés au répertoire national des certifications professionnelles et classés dans la nomenclature interministérielle des niveaux de formation ;
   b) Elles sont dispensées à temps complet et de manière continue, ou selon un rythme approprié au sens des dispositions de l'article L. 813-9 du code rural et de la pêche maritime ;

2° Les subventions versées à un centre de formation d'apprentis sous forme d'équipements et de matériels conformes aux besoins des formations dispensées.

NOTA : Conformément au VII de l'article 159 de la loi n° 2020-1721 du 29 décembre 2020, ces dispositions entrent en vigueur à la date d'entrée en vigueur de l'ordonnance relative à la collecte des contributions des employeurs au titre du financement de la formation professionnelle et de l'apprentissage prévue au I de l'article 41 de la loi n° 2018-771 du 5 septembre 2018 pour la liberté de choisir son avenir professionnel, et au plus tard le 1er janvier 2022.
Conformément au I de l'article 8 de l'ordonnance n° 2021-797 du 23 juin 2021, ces dispositions entrent en vigueur au 1er janvier 2022 pour les contributions dues à compter de cette date.

MALADIE, MATERNITÉ, PATERNITÉ, ACCIDENTS

PARTIE VII

1. L'indemnisation par la Sécurité sociale

Les prestations en nature

Code de la S.S. R. 313-1 (Modifié par Décret n° 2015-1865 du 30 décembre 2015 - art. 5) :
Les conditions d'ouverture du droit prévues à l'article L. 313-1 sont appréciées en ce qui concerne :
1°) (abrogé)
2°) les prestations en espèces de l'assurance maladie, au jour de l'interruption de travail ;
3°) les prestations en espèces de l'assurance maternité, au début du 9ème mois avant la date présumée de l'accouchement ou à la date du début du repos prénatal ;
4°) Les prestations en espèces de l'assurance maternité servies en cas d'adoption, à la date du début du congé d'adoption ;
5°) Les prestations en espèces de l'assurance maternité servies en cas de congé de paternité, à la date du début de ce congé ;
6°) La prestation de l'assurance décès, à la date du décès.

Code de la S.S. R. 313-3 (Modifié par Décret n° 2017-736 du 3 mai 2017 - art. 1) :
1°) Pour avoir droit aux indemnités journalières de l'assurance maladie pendant les six premiers mois d'interruption de travail, aux allocations journalières de maternité et aux indemnités journalières de l'assurance maternité, l'assuré social doit justifier aux dates de référence prévues aux 2° et 3° de l'article R. 313-1 :
   a) Soit que le montant des cotisations dues au titre des assurances maladie, maternité, invalidité et décès assises sur les rémunérations qu'il a perçues pendant les six mois civils précédents est au moins égale au montant des mêmes cotisations dues pour un salaire égal à 1.015 fois la valeur du salaire minimum de croissance au premier jour de la période de référence ;
   b) Soit avoir effectué au moins 150 heures de travail salarié ou assimilé au cours des trois mois civils ou des quatre-vingt-dix jours précédents.

   L'assuré doit en outre justifier de dix mois d'immatriculation à la date présumée de l'accouchement pour bénéficier des indemnités journalières de l'assurance maternité.
2°) Lorsque l'arrêt de travail se prolonge sans interruption au-delà du sixième mois, l'assuré social, pour avoir droit aux indemnités journalières après le sixième mois d'incapacité de travail, doit avoir été immatriculé depuis douze mois au moins à la date de référence prévue au 2° de l'article R. 313-1.
   Il doit justifier en outre :
   a) Soit que le montant des cotisations dues au titre des assurances maladie, maternité, invalidité et décès assises sur les rémunérations qu'il a perçues pendant les douze mois civils précédant l'interruption de travail est au moins égal au montant des mêmes cotisations dues pour un salaire égal à 2.030 fois la valeur du salaire minimum de croissance au 1er janvier qui précède immédiatement le début de cette période ;
   b) Soit qu'il a effectué au moins 600 heures de travail salarié ou assimilé au cours des douze mois civils ou des 365 jours précédant l'interruption de travail.

Code de la S.S. R. 313-4 (Modifié par Décret n° 2017-736 du 3 mai 2017 - art. 1) :
Pour avoir droit à l'indemnité journalière de repos prévue à l'article L. 331-7, l'assuré ou l'assurée doit justifier :
   a) Soit que le montant des cotisations dues au titre des assurances maladie, maternité, invalidité et décès assises sur les rémunérations qu'il ou elle a perçues pendant les six mois civils précédant la date d'arrivée de l'enfant au foyer est au moins égale au montant des mêmes cotisations dues pour un salaire égale à 1.015 fois la valeur du salaire minimum de croissance au premier jour de la période de référence ;
   b) Soit qu'il ou elle a effectué au moins 150 heures de travail salarié ou assimilé au cours des trois mois civils ou des trois mois précédant la date d'arrivée de l'enfant au foyer.

Il ou elle doit, en outre, justifier de dix mois d'immatriculation à la date d'arrivée de l'enfant au foyer.
Pour permettre le service de l'indemnité journalière de repos, il est remis à l'assuré ou à l'assurée, par le service départemental de l'aide sociale à l'enfance ou par l'œuvre d'adoption autorisée, une attestation justifiant qu'un enfant lui est confié en vue de son adoption et précisant la date d'arrivée de l'enfant au foyer.

Code de la S.S. R. 313-5 (Modifié par Décret n° 2022-257 du 23 février 2022 - art. 1) :
Pour invoquer le bénéfice de l'assurance invalidité, l'assuré social doit avoir été immatriculé depuis douze mois au premier jour du mois au cours duquel est survenue l'interruption de travail suivie d'invalidité ou la constatation de l'état d'invalidité. Il doit justifier en outre :

a) Soit que le montant des cotisations dues au titre des assurances maladie, maternité, invalidité et décès assises sur les rémunérations qu'il a perçues pendant les douze mois civils précédant l'interruption de travail est au moins égal au montant des mêmes cotisations dues pour un salaire égal à 2.030 fois la valeur du salaire minimum de croissance au 1er janvier qui précède la période de référence;
b) Soit qu'il a effectué au moins 600 heures de travail salarié ou assimilé au cours des douze mois civils ou des 365 jours précédant l'interruption de travail ou la constatation de l'état d'invalidité résultant de l'usure prématurée de l'organisme.

Code de la S.S. R. 313-6 (Modifié par Décret n° 2015-1865 du 30 décembre 2015 - art. 5):
Pour ouvrir droit à l'assurance décès, l'assuré social doit justifier à la date du décès d'une des conditions suivantes:
1°) Soit le montant des cotisations dues au titre des assurances maladie, maternité, invalidité et décès assises sur les rémunérations qu'il a perçues pendant un mois civil ou trente jours consécutifs est au moins égal au montant des mêmes cotisations dues pour un salaire égal à soixante fois la valeur du salaire minimum de croissance en vigueur au premier jour du mois de référence;
2°) Soit il a effectué au moins soixante heures de travail salarié ou assimilé au cours d'un mois civil ou de trente jours consécutifs;
3°) Soit le montant des cotisations mentionnées au a et assises sur les rémunérations qu'il a perçues pendant trois mois civils est au moins égal au montant des mêmes cotisations dues pour un salaire égal à 120 fois la valeur du salaire minimum de croissance en vigueur au premier jour des trois mois de référence;
4°) Soit il a effectué au moins 120 heures de travail salarié ou assimilé pendant trois mois civils ou trois mois de date à date;
5°) Soit le montant des cotisations mentionnées au a et assises sur les rémunérations qu'il a perçues pendant cette année civile est au moins égal au montant des mêmes cotisations dues pour un salaire égal à 400 fois la valeur du salaire minimum de croissance au 1er janvier de l'année de référence;
6°) Soit il a effectué au moins 400 heures de travail salarié ou assimilé au cours de cette même année civile.

Code de la S.S. R. 313-7 (Modifié par Décret n° 2018-1255 du 27 décembre 2018 - art. 1):
Les assurés appartenant aux professions à caractère saisonnier ou discontinu et qui ne remplissent pas les conditions de montant de cotisations ou de durée de travail prévues aux articles R. 313-3 à R. 313-6 ont droit et ouvrent droit aux prestations mentionnées auxdits articles s'ils justifient:
a) Soit que le montant des cotisations dues au titre des assurances maladie, maternité, invalidité et décès assises sur les rémunérations qu'ils ont perçues au cours des douze mois civils est au moins égal au montant des mêmes cotisations dues pour un salaire égal à 2.030 fois la valeur du salaire minimum de croissance au 1er janvier qui précède immédiatement le début de cette période;
b) Soit qu'ils ont effectué au moins 600 heures de travail salarié ou assimilé au cours de douze mois civils ou de 365 jours consécutifs.

Ces dispositions s'appliquent également aux assurés occupant des emplois entrant dans le champ des services à la personne définis à l'article L. 7231-1 du code du travail et rémunérés par chèque emploi-service universel conformément au 1° de l'article L. 1271-1 du même code.
Un arrêté du ministre chargé de la sécurité sociale précise les conditions dans lesquelles la rémunération de certaines activités est considérée comme remplissant les conditions de durée du travail requises pour l'application des conditions mentionnées au présent article et à l'article R. 313-3 du présent code.
NOTA: Conformément à l'article 5 I. B du décret n° 2018-1255 du 27 décembre 2018, ces dispositions sont applicables aux arrêts de travail débutant à compter du 1er janvier 2019.

Code de la S.S. R. 313-8 (Modifié par Décret n° 2015-1865 du 30 décembre 2015 - art. 5):
Pour l'ouverture du droit aux prestations prévues par les articles R. 313-3 à R. 313-6 ci-dessus, est considérée comme équivalant à six fois la valeur du salaire minimum de croissance au 1er janvier qui précède immédiatement la période de référence ou à six heures de travail salarié:
1°) chaque journée indemnisée au titre de la maladie, de la maternité, de la paternité ou de l'invalidité ainsi que chaque journée de perception de l'allocation journalière de maternité à l'exclusion des journées indemnisées en application des articles L. 161-8 et L. 311-5;
2°) chaque journée d'interruption de travail due à la maladie au titre de laquelle l'assuré n'a pas perçu l'indemnité journalière de l'assurance maladie soit parce qu'elle est comprise dans les trois premiers jours de l'incapacité de travail, à condition que l'arrêt de travail ait donné lieu par la suite à l'attribution d'indemnités journalières, soit parce

que l'assuré a épuisé ses droits à indemnisation tels qu'ils sont fixés par les articles L. 323-1 et R. 323-1, à condition que l'incapacité physique de reprendre ou de continuer le travail soit reconnue par le médecin conseil;

3°) chaque journée d'incapacité temporaire donnant lieu au versement des indemnités journalières au titre de la législation sur les accidents du travail ainsi que chaque journée pendant laquelle l'assuré a perçu, au titre de la même législation, une rente ou allocation correspondant à une incapacité permanente d'au moins 66 2/3 %;

4°) chaque journée de stage effectuée dans un établissement de rééducation mentionné à l'article R. 481-1 par le titulaire d'une rente allouée en vertu de la législation sur les accidents du travail, quel que soit le taux de l'incapacité à laquelle cette rente correspond;

5°) chaque journée pendant laquelle l'assuré fait l'objet d'une détention provisoire.

Pour l'ouverture du droit aux prestations prévues par les articles R. 313-3 à R. 313-6, chaque journée de perception de l'allocation journalière de présence parentale est considérée comme équivalant à quatre fois la valeur du salaire minimum de croissance au 1er janvier qui précède immédiatement la période de référence ou à quatre heures de travail salarié.

Code de la S.S. R. 313-9 (Modifié par Décret n° 2015-1865 du 30 décembre 2015 - art. 5):
Pour l'ouverture du droit aux prestations prévues aux articles R. 313-3 à R. 313-6 ci-dessus, est considérée comme équivalant à huit fois la valeur du salaire minimum de croissance au 1er janvier qui précède immédiatement la période de référence ou à huit heures de travail salarié chaque journée de congé formation pour laquelle le bénéficiaire n'a reçu aucune rémunération de son employeur, le nombre des journées décomptées ne pouvant être supérieur à cinq pour une semaine de stage.

La carte de santé « électronique »

Code de la S.S. L. 161-31 (Modifié par Ordonnance n° 2021-581 du 12 mai 2021 - art. 2):

I.– Chaque bénéficiaire pris en charge au titre des articles L. 160-1, L. 160-2, L. 160-3 et L. 160-4 dispose d'un moyen d'identification électronique interrégimes. Ce moyen d'identification électronique, matériel ou immatériel, comporte la photographie de son titulaire. Sa mise à disposition est gratuite.
L'utilisation de ce moyen d'identification électronique est subordonnée à la validité des droits. En cas de vol, perte, dysfonctionnement ou compromission, ce moyen fait l'objet d'une opposition dont les professionnels, les établissements de santé et toute personne ou organisme intervenant dans la prise en charge des soins délivrés au titulaire sont informés.
Les caractéristiques de ce moyen d'identification électronique, ses modalités de délivrance, d'utilisation et de désactivation ainsi que les caractéristiques du système d'opposition sont fixées par décret en Conseil d'Etat pris après avis de la Commission nationale de l'informatique et des libertés.
Ce décret précise les conditions dans lesquelles une personne titulaire d'un moyen d'identification électronique peut déléguer temporairement son usage à une autre personne titulaire d'un moyen d'identification électronique similaire aux fins d'assurer son identification ou celles de ses ayants-droit.

II.– Le moyen d'identification électronique mentionné au I comporte un volet d'urgence destiné à recevoir les informations nécessaires aux interventions urgentes. Les professionnels de santé peuvent porter sur le volet, avec le consentement exprès du titulaire, les informations nécessaires aux interventions urgentes ainsi que la mention: « A été informé de la législation relative au don d'organes ». Un décret en Conseil d'Etat, pris après avis du Conseil national de l'ordre des médecins et de la Commission nationale de l'informatique et des libertés, fixe les conditions d'application de cette mesure ainsi que les conditions d'accès aux différentes informations figurant dans ce volet d'urgence.

III.– L'utilisation de ce moyen d'identification électronique permet d'exprimer l'accord du titulaire pour autoriser un médecin ayant adhéré à la convention mentionnée à l'article L. 162-5 ou exerçant dans un établissement ou un centre de santé et dûment authentifié au moyen du moyen d'identification électronique mentionné au dernier alinéa de l'article L. 161-33 à prendre connaissance des informations contenues sur le relevé mis à sa disposition en application de l'article L. 162-4-3.

IV.– Sur le premier décompte de l'année civile envoyé à l'assuré figure le montant des dépenses engagées par celui-ci au cours de l'année civile précédente.

V.– Le pharmacien qui délivre à un assuré social porteur du moyen d'identification électronique interrégimes ou à un de ses ayants droit une spécialité pharmaceutique remboursable par les régimes de l'assurance maladie lui communique, pour information, la charge que la spécialité représente pour ces régimes. Un décret précise les conditions de cette obligation de communication.

NOTA : Conformément à l'article 6 de l'ordonnance n° 2021-581 du 12 mai 2021 : Lorsqu'un bénéficiaire de l'assurance maladie dispose d'une carte électronique individuelle interrégimes délivrée selon les dispositions de l'article L. 161-31 applicables avant l'entrée en vigueur de la loi du 13 août 2004 susvisée, la deuxième phrase du I de l'article L. 161-31 du code de la sécurité sociale, telle qu'elle résulte du a du 2° de l'article 2 de la présente ordonnance, entre en vigueur en ce qui concerne cette personne lors de la délivrance d'un nouveau moyen d'identification électronique.

Code de la S.S. L. 161-33 (Modifié par Ordonnance n° 2021-581 du 12 mai 2021 - art. 2) :
L'ouverture du droit aux prestations de l'assurance maladie est subordonnée à la production de documents dont le contenu, le support ainsi que les conditions et délais de transmission à la caisse du bénéficiaire sont fixés par décret en Conseil d'Etat.
Si le bénéficiaire, ayant reçu du professionnel, de l'organisme ou de l'établissement dispensant des actes ou prestations remboursables par l'assurance maladie, les documents nécessaires à la constatation des soins ou d'une incapacité de travail les transmet à la caisse hors du délai prévu, il encourt une sanction fixée par voie réglementaire, pouvant aller jusqu'à la déchéance du droit aux prestations pour la période pendant laquelle le contrôle de celles-ci aurait été rendu impossible.
En cas de transmission électronique, si le professionnel, l'organisme ou l'établissement dispensant des actes ou prestations remboursables par l'assurance maladie est responsable d'un défaut de transmission à la caisse du bénéficiaire de documents mentionnés à l'alinéa précédent ou s'il les a transmis hors du délai prévu, et sans préjudice d'éventuelles sanctions prévues par les conventions nationales mentionnées au chapitre 2 du présent titre, la caisse peut exiger du professionnel ou de l'organisme concerné la restitution de tout ou partie des prestations servies à l'assuré. Pour son recouvrement, cette restitution est assimilée à une cotisation de sécurité sociale.
Dans le cas de transmission électronique par les professionnels, organismes ou établissements dispensant des actes ou prestations remboursables par l'assurance maladie, l'identification de l'émetteur, son authentification et la sécurisation des échanges sont assurées par un moyen d'identification électronique. Le contenu, les modalités de délivrance et d'utilisation de ce moyen d'identification sont fixés par décret en Conseil d'Etat après avis de la Commission nationale informatique et libertés.

Code de la S.S. R. 161-33-1 (Modifié par Décret n° 2022-1719 du 28 décembre 2022 - art. 1) :

I.– Le moyen d'identification électronique interrégimes mentionné à l'article L. 161-31 est appelé « carte Vitale ».Cette carte se présente sous la forme d'une carte matérielle ou sous la forme d'une application mobile.

II.– La carte Vitale est utilisée pour identifier électroniquement son titulaire afin :
- 1° De produire tout document nécessaire à la prise en charge ou au remboursement de ses soins par les organismes gestionnaires de l'assurance maladie ;
- 2° D'accéder aux téléservices de l'assurance maladie ;

III.– Elle contient les informations suivantes :
- 1° Des données d'identification du titulaire, y compris le numéro d'inscription au répertoire national d'identification des personnes physiques ;
- 2° La photographie du titulaire en couleur, de face, tête nue, récente et parfaitement ressemblante ;
- 3° Au moins une adresse postale ou électronique du titulaire ;
- 4° Des données techniques permettant :
  - a) D'assurer la mise en œuvre des fonctions de signature électronique ;
  - b) De protéger l'accès aux informations de la carte ;
  - c) D'authentifier la carte en tant que carte d'assurance maladie et d'identifier son titulaire.

NOTA : Conformément à l'article 4 du décret n° 2022-1719 du 28 décembre 2022, ces dispositions entrent en vigueur le 1er janvier 2023.

Code de la S.S. R. 161-33-3 (Modifié par Décret n° 2022-1719 du 28 décembre 2022 - art. 1) :

I. La fin du bénéfice des droits aux prestations à l'assurance maladie mentionnée à l'article L. 161-15-4 entraîne l'impossibilité d'utiliser la carte Vitale pour l'ensemble de ses usages. Conformément aux dispositions de cet article, la personne est alors tenue de restituer la carte matérielle à l'organisme qui la lui a délivrée. S'il dispose de la carte sous sa forme d'application, il est tenu de procéder directement à sa désactivation dans l'interface fournie à cet effet par l'application.

II. Quelle que soit la forme de la carte Vitale, son titulaire signale tout dysfonctionnement, perte, vol, ou risque d'usage détourné ou frauduleux de sa carte, selon la procédure indiquée par l'organisme d'assurance maladie obligatoire auquel il est rattaché. Des frais, dont le montant est fixé par arrêté des ministres chargés de la sécurité sociale et de l'agriculture, peuvent être facturés en cas de demandes de remplacement abusives.

Conformément au I de l'article L. 161-31, les organismes d'assurance maladie obligatoire mettent en œuvre un système d'opposition en cas de dysfonctionnement, perte, vol, ou risque d'usage détourné ou frauduleux de la carte. Ce système permet aux organismes, d'une part, d'enregistrer les cartes concernées dès que l'information est portée à leur connaissance, d'autre part, de neutraliser l'utilisation de ces cartes pour la facturation ou la prise en charge d'actes ou de prestations remboursables par l'assurance maladie. A cette fin, les cartes concernées sont signalées aux personnes procédant à la facturation ou à la prise en charge, soit en temps réel au moyen de téléservices, soit en permettant le chargement régulier d'une liste de cartes neutralisées dans les logiciels de facturation.

NOTA : Conformément à l'article 4 du décret n° 2022-1719 du 28 décembre 2022, ces dispositions entrent en vigueur le 1er janvier 2023.

Code de la S.S. R. 161-33-4 (Modifié par Décret n° 2022-1719 du 28 décembre 2022 - art. 1) :

La Caisse nationale de l'assurance maladie peut, conjointement avec la Caisse centrale de la mutualité sociale agricole ou l'Union nationale des caisses d'assurance maladie, conclure avec une ou plusieurs fédérations ou organisations professionnelles regroupant des organismes d'assurance maladie complémentaire ou avec l'Union nationale des organismes complémentaires d'assurance maladie un accord fixant les conditions dans lesquelles les organismes concernés conçoivent et gèrent, chacun pour ce qui le concerne, les éléments du système d'information permettant l'utilisation de la carte Vitale à des fins de prise en charge et de remboursement des actes, produits de santé et prestations.

NOTA : Conformément à l'article 4 du décret n° 2022-1719 du 28 décembre 2022, ces dispositions entrent en vigueur le 1er janvier 2023.

Code de la S.S. R. 161-33-5 (Modifié par Décret n° 2022-1719 du 28 décembre 2022 - art. 1) :

Les dispositions de la présente sous-section sont applicables à la Caisse des Français de l'étranger.

NOTA : Conformément à l'article 4 du décret n° 2022-1719 du 28 décembre 2022, ces dispositions entrent en vigueur le 1er janvier 2023.

Code de la S.S. R. 161-33-6 (Modifié par Décret n° 2022-1719 du 28 décembre 2022 - art. 1) :

I.– La carte Vitale sous forme matérielle dispose d'un composant électronique contenant les informations suivantes :
  1° Les données mentionnées au III de l'article R. 161-33-1 ;
  2° Les données relatives aux droits à la prise en charge des frais de santé mentionnés aux articles L. 160-1 et L. 160-13 ;
  3° Les données relatives au médecin traitant du titulaire ;
  4° Les données relatives, le cas échéant et sous réserve de son consentement, à la situation du titulaire au regard de la protection complémentaire d'assurance maladie ;
  5° Les données relatives à la situation du titulaire en matière d'accident du travail ou de maladies professionnelles et aux derniers accidents ou maladies professionnelles reconnus ;
  6° Un numéro d'émetteur, un numéro propre à la carte et la date de son émission.

II.– Sont inscrites de façon visible sur la carte les informations mentionnées aux 1° et 2° du III de l'article R. 161-33-1 et au 6° du I du présent article, ainsi qu'un signe d'identification de la carte en relief. Le titulaire peut demander à faire figurer son nom d'usage en lieu et place du nom de famille ainsi que l'un de ses prénoms non usuels.

NOTA : Conformément à l'article 4 du décret n° 2022-1719 du 28 décembre 2022, ces dispositions entrent en vigueur le 1er janvier 2023.

Code de la S.S. R. 161-33-7 (Modifié par Décret n° 2022-1719 du 28 décembre 2022 - art. 1) :

La carte Vitale sous forme matérielle peut être utilisée pour :

1° Les usages définis au II de l'article R. 161-33-1 ;
2° La consultation, l'alimentation ou la clôture du dossier pharmaceutique mentionné à l'article L. 1111-23 du code de la santé publique.

NOTA : Conformément à l'article 4 du décret n° 2022-1719 du 28 décembre 2022, ces dispositions entrent en vigueur le 1er janvier 2023.

Code de la S.S. R. 161-33-8 (Modifié par Décret n° 2022-1719 du 28 décembre 2022 - art. 1) :

Lors de la délivrance de la carte Vitale sous forme matérielle, l'organisme émetteur adresse au titulaire une copie, sur papier ou sur support dématérialisé, des informations mentionnées au III de l'article R. 161-33-1 et aux 2°, 3° et 5° du I de l'article R. 161-33-6.

Une copie de ces informations peut également être demandée par le titulaire de la carte Vitale à l'organisme d'assurance maladie obligatoire auquel il est rattaché ou, sur présentation de sa carte Vitale, à tout organisme servant de telles prestations.
Le cas échéant et sur demande du titulaire, la copie ainsi délivrée peut ne pas mentionner l'existence d'une exonération de la participation de l'assuré prévue à l'article L. 160-13.
Une copie des informations mentionnées, le cas échéant, aux 4° et 5° de l'article R. 161-33-3, est fournie, sur demande de l'assuré, par l'organisme figurant sur la carte qui sert au titulaire des prestations complémentaires ou des prestations servies en application de la législation relative aux accidents du travail ou aux maladies professionnelles.
NOTA : Conformément à l'article 4 du décret n° 2022-1719 du 28 décembre 2022, ces dispositions entrent en vigueur le 1er janvier 2023.

Code de la S.S. R. 161-33-9 (Modifié par Décret n° 2022-1719 du 28 décembre 2022 - art. 1) :
Les justificatifs d'identité fournis pour la délivrance de la carte Vitale comportant une photographie sont conservés pendant une durée maximale de trois mois à compter de la date de délivrance de la carte, aux fins du traitement d'éventuelles réclamations.
NOTA : Conformément à l'article 4 du décret n° 2022-1719 du 28 décembre 2022, ces dispositions entrent en vigueur le 1er janvier 2023.

Code de la S.S. R. 161-33-10 (Modifié par Décret n° 2022-1719 du 28 décembre 2022 - art. 1) :
Le titulaire de la carte Vitale est tenu d'effectuer la mise à jour de sa carte après une modification des données mentionnées au III de l'article R. 161-33-1 et aux 2°, 3° et 5° du I de l'article R. 161-33-6 et, au minimum, tous les ans à compter de la date d'émission de celle-ci. A cette fin, il utilise les dispositifs techniques mis à sa disposition par les organismes d'assurance maladie obligatoire.
En cas de changement d'organisme assurant la prise en charge des frais de santé, le nouvel organisme de rattachement informe le titulaire de son obligation de mettre à jour la carte Vitale délivrée par le précédent organisme et des conditions dans lesquelles il doit l'effectuer.
La carte ne peut plus être utilisée jusqu'à la mise à jour.
NOTA : Conformément à l'article 4 du décret n° 2022-1719 du 28 décembre 2022, ces dispositions entrent en vigueur le 1er janvier 2023.

Code de la S.S. R. 161-33-11 (Modifié par Décret n° 2022-1719 du 28 décembre 2022 - art. 1) :
La carte Vitale sous forme d'application mobile contient les informations suivantes :
1° Les données mentionnées au III de l'article R. 161-33-1 ;
2° L'identifiant national de santé mentionné à l'article L. 1111-8-1 du code de la santé publique ;
3° Les données de suivi des utilisations de la carte.
Les données relatives aux droits et aux conditions de prise en charge des frais de santé sont rendues disponibles et actualisées dans l'application Carte vitale par l'utilisation des téléservices sécurisés de l'assurance maladie.
Pour garantir la continuité d'utilisation de l'application en cas d'impossibilité de se connecter aux téléservices de l'assurance maladie, l'application carte Vitale conserve les dernières données consultées nécessaires à la prise en charge des frais de santé.
NOTA : Conformément à l'article 4 du décret n° 2022-1719 du 28 décembre 2022, ces dispositions entrent en vigueur le 1er janvier 2023.

Code de la S.S. L. 161-35 (Modifié par Loi n° 2019-774 du 24 juillet 2019 - art. 55 (V)) :
I. Les professionnels de santé et centres de santé mentionnés aux articles L. 162-14-1, L. 162-16-1 et L. 162-32-1 sont tenus d'assurer, pour les bénéficiaires de l'assurance maladie, la transmission électronique des documents visés à l'article L. 161-33 et servant à la prise en charge des soins, produits ou prestations remboursables par l'assurance maladie.
II. Sans préjudice des dispositions de l'article L. 161-33, le non-respect des obligations définies au I du présent article donne lieu à l'application d'une sanction conventionnelle.
III. Les conventions mentionnées aux articles L. 162-14-1, L. 162-16-1 et L. 162-32-1 déterminent le mode de mise en œuvre de cette sanction conventionnelle ainsi que les conditions de sa modulation en fonction notamment des conditions d'activité des professionnels, de réalisation de la prestation et du taux de transmission électronique des documents concernés. Elles précisent également les modalités de la procédure applicable, notamment les conditions dans lesquelles les professionnels et centres concernés peuvent faire valoir leurs observations.

IV. A défaut de dispositions conventionnelles applicables au titre du présent article, le directeur général de l'Union nationale des caisses d'assurance maladie fixe les dispositions mentionnées au III.

La justification des frais

Code de la S.S. R. 161-39 (Modifié par Décret n° 98-275 du 9 avril 1998 - art. 1) :
Les dispositions de la présente sous-section sont applicables que l'avance des frais soit à la charge de l'assuré ou qu'il bénéficie d'une dispense d'avance de frais totale ou partielle.
Dans les deux cas, les mêmes documents sont exigés pour le remboursement à l'assuré et le paiement des actes ou prestations au professionnel, à l'organisme ou à l'établissement responsable de leur délivrance.

Code de la S.S. R. 161-40 (Modifié par Décret n° 2020-120 du 13 février 2020 - art. 1) :
La constatation des soins et l'ouverture du droit au remboursement par les organismes servant les prestations en nature de l'assurance maladie sont subordonnées à la production d'une part de documents électroniques ou sur support papier, appelés feuilles de soins, constatant les actes effectués et les prestations servies, d'autre part de l'ordonnance du prescripteur, s'il y a lieu.
Par exception au premier alinéa, lorsque la prestation d'hospitalisation ouvrant droit au remboursement est réalisée par un établissement de santé mentionné aux d et e de l'article L. 162-22-6 :
a) Les feuilles de soins nécessaires aux actes effectués et aux prestations servies sont appelées bordereaux de facturation ;
b) Sauf lorsqu'elle comporte les informations mentionnées au 6° du I de l'article R. 161-45, l'ordonnance du prescripteur n'est pas soumise à transmission mais doit être conservée par l'établissement selon des modalités définies par une convention nationale conclue pour une durée au plus égale à cinq ans entre les organisations hospitalières les plus représentatives des établissements concernés et les caisses nationales d'assurance maladie. A défaut de convention nationale, la durée de conservation est de 5 ans.

Code de la S.S. R. 161-41 (Modifié par Décret n° 98-275 du 9 avril 1998 - art. 1) :
Les feuilles de soins comportent, d'une part, des rubriques de renseignements dont l'indication conditionne l'ouverture du droit à remboursement de l'assuré, d'autre part, des informations supplémentaires dont l'indication, sans conditionner l'ouverture du droit à remboursement, contribue à la maîtrise des dépenses de santé.
Un arrêté conjoint du ministre chargé de la sécurité sociale, du ministre chargé du budget, du ministre chargé de l'agriculture et du ministre chargé de la santé, pris après avis de la Commission nationale de l'informatique et des libertés, détermine les modèles et les spécifications techniques des feuilles de soins.

Code de la S.S. R. 161-42 (Modifié par Décret n° 2022-1767 du 30 décembre 2022 - art. 2) :
Les rubriques de renseignements des feuilles de soins dont l'indication conditionne la constatation des soins et le droit à remboursement de l'assuré font apparaître :
1° Selon que la feuille de soins est électronique ou utilise un support papier :
  a) Lorsqu'elle est électronique, l'identifiant de l'assuré et, lorsque ce dernier n'est pas le bénéficiaire des actes ou prestations, de son ayant droit ;
  b) Lorsqu'elle utilise un support papier, les noms, prénoms, portés par le professionnel, l'organisme ou l'établissement et le numéro d'immatriculation au répertoire national d'identification des personnes physiques de l'assuré ou, lorsque ce dernier n'est pas le bénéficiaire des actes ou prestations, les noms, prénoms, portés de manière identique, et le numéro d'immatriculation au répertoire national d'identification des personnes physiques de son ayant droit ou, à défaut de la connaissance de son numéro d'immatriculation, sa date de naissance et son rang dans le cas de dates de naissance identiques entre plusieurs ayants droit de l'assuré ;
2° Selon que la feuille de soins est électronique ou utilise un support papier :
  a) Lorsqu'elle est électronique :
    – l'identifiant personnel du professionnel ayant effectué les actes, prescrit ou servi les prestations, sa situation d'exercice ainsi que l'identifiant de la structure d'activité correspondante ;
    – le cas échéant, lorsqu'il est différent de ceux mentionnés à l'alinéa précédent, l'identifiant de l'organisme ou de l'établissement ayant servi les prestations ;
  b) Lorsqu'elle utilise un support papier :
    – les noms, prénoms, identifiant personnel et situation d'exercice du professionnel ayant effectué les actes, prescrit ou servi les prestations ainsi que la raison sociale, l'adresse et l'identifiant de la structure d'activité correspondante ;

- le cas échéant, lorsqu'ils sont différents de ceux mentionnés à l'alinéa précédent, la raison sociale, l'adresse et l'identifiant de l'organisme ou de l'établissement ayant servi les prestations;

3° La date à laquelle chaque acte ou prestation est effectué ou servi;

4° La mention, s'il y a lieu, du fait que les actes ou prestations sont effectués ou servis consécutivement à un accident, et des éléments permettant d'identifier cet accident; ces renseignements sont recueillis auprès du bénéficiaire des actes ou prestations; l'assuré est responsable de leur véracité;

5° Pour chacun des actes ou prestations et, selon le cas, le numéro de code:

a) De l'acte figurant dans la nomenclature mentionnée à l'article R. 162-52 et sa cotation;

b) De l'acte figurant dans la nomenclature mentionnée à l'article R. 162-18 et sa cotation;

c) Des produits et prestations inscrits sur la liste prévue à l'article L. 165-1;

d) Des médicaments spécialisés, préparations magistrales ou fournitures pharmaceutiques mentionnés sur les listes de l'article L. 162-17 et, le cas échéant, du médicament prescrit auquel le pharmacien en a substitué un autre, conformément à la réglementation en vigueur lorsque la prescription est libellée en dénomination commune, au sens de l'article L. 5125-23 du code de la santé publique, le numéro de code du médicament délivré par le pharmacien est complété par la mention correspondante;

e) Des produits sanguins labiles mentionnés à l'article L. 666-9 du code de la santé publique;

f) Des médicaments inscrits sur la liste mentionnée à l'article L. 618 du code de la santé publique et facturés à l'unité, par dérogation au forfait pharmaceutique journalier défini au 3° de l'article 10 du décret n° 92-1257 du 3 décembre 1992 relatif aux établissements de soins privés;

g) Pour les activités de télésurveillance médicale inscrites sur la liste prévue à l'article L. 162-52 sous forme de marque ou de nom commercial ou rattachées à une ligne générique inscrite sur cette liste:

- de la catégorie tarifaire, définie par l'arrêté prévu au II de l'article R. 162-95, applicable pour le calcul du forfait opérateur;
- d'identification individuelle du dispositif médical numérique et, le cas échéant, des accessoires de collecte associés, mentionné à l'article R. 162-102.

6° Le cas échéant, la référence de l'accord préalable;

7° Le numéro d'ordre de l'acte ou de la prestation lorsque sa prise en charge unitaire varie en vertu de conventions ou de dispositions réglementaires relatives à l'image d'un appareil et l'identification de ce dernier;

8° Le montant des honoraires ou de la facture du professionnel, de l'organisme ou de l'établissement ayant effectué l'acte ou servi la prestation ainsi que, le cas échéant, le montant de la dispense d'avance de frais totale ou partielle consentie au bénéficiaire;

9° S'il y a lieu, la mention de la disposition législative en vertu de laquelle la participation financière de l'assuré est limitée ou supprimée;

10° La date à laquelle les rubriques de la feuille de soins sont complétées, qui détermine le point de départ du délai mentionné à l'article L. 161-33; elle correspond, selon le choix du professionnel, de l'organisme ou de l'établissement, ou bien à la date du paiement par l'assuré des actes effectués ou des prestations servies et présentés au remboursement ou bien, lorsque sont en cause plusieurs actes ou prestations rapprochés ou relevant d'un même traitement, la date à laquelle le dernier acte effectué ou la dernière prestation servie a été présenté à remboursement;

11° Pour les bordereaux de facturation, tels que définis au deuxième alinéa de l'article R. 161-40:

a) Les frais afférents aux articles R. 162-31-7 et R. 162-33-1, y compris le cas échéant aux prestations servies par un autre établissement de santé au cours du séjour du patient, ainsi qu'à la fourniture des produits ou médicaments mentionnés au 1° du R. 162-32-1;

b) mentionnés au 1° de l'article R. 162-31-7 et au 2° de l'article R. 162-33-2, correspondant aux actes effectués au cours du séjour du patient, quelle que soit la nature du lien existant entre le professionnel et l'établissement.

Par dérogation au 10° du présent article, le point de départ du délai mentionné au I de l'article R. 161-47 est la date de fin d'hospitalisation du patient.

Les compléments de facturation correspondant aux prestations servies ou aux actes effectués par des tiers, hors de l'établissement, durant le séjour et pour le compte du patient, peuvent être disjoints du bordereau. Dans cette hypothèse, le délai mentionné au I de l'article R. 161-47 court à compter de la date de réception par l'établissement des derniers éléments de facturation présentés au remboursement.

Code de la S.S. R. 161-43 (Modifié par Décret n° 2022-1719 du 28 décembre 2022 - art. 1):

Sous réserve des dispositions de l'article R. 161-43-1:

1° Les feuilles de soins sont signées de l'assuré et du ou des professionnels ayant effectué les actes ou servi les prestations présentés au remboursement;

2° Lorsque sont utilisées des feuilles de soins électroniques, les signatures sont données par la lecture de la carte électronique mentionnée à l'article L. 161-31 et de la carte de professionnel de santé définie à l'article L. 161-52. Le procédé technique mis en œuvre doit garantir le maintien, dès l'obtention de la signature du bénéficiaire, de l'intégrité des données constitutives de la feuille de soins jusqu'à transmission de celle-ci aux fins de remboursement;

3° Pour les prestations dispensées par les organismes ou établissements, autres que celles mentionnées au b du 11° de l'article R. 161-42, les feuilles de soins ou bordereaux établis pour la facturation des frais correspondants, quels qu'en soient le support et le mode de transmission, sont signés de l'assuré ou du bénéficiaire des soins et du directeur de l'établissement ou de son représentant.
Dans ce cas, et par dérogation aux dispositions qui précèdent, la signature de l'assuré ou du bénéficiaire ne vaut attestation que des seuls éléments relatifs à son identité, au lieu et à la durée de son séjour et aux conditions de prise en charge dont il bénéficie.

NOTA: Conformément à l'article 4 du décret n° 2022-1719 du 28 décembre 2022, ces dispositions entrent en vigueur le 1er janvier 2023.

Code de la S.S. R. 161-43-1 (Modifié par Décret n° 2022-1767 du 30 décembre 2022 - art. 2):
Il peut être dérogé aux dispositions de l'article R. 161-43 dans les cas suivants:

1° La signature de la feuille de soins par l'assuré ou le bénéficiaire n'est pas exigée:
  - lorsque le bénéficiaire des soins n'est pas en état d'exprimer sa volonté ou lorsqu'il s'agit d'un bénéficiaire des dispositions de l'article L. 160-14 (6°), hébergé à ce titre dans un établissement éloigné du domicile de ses parents ou de la personne exerçant le droit de tutelle, pour les frais correspondants, y compris pour les frais de soins dispensés à la demande dudit établissement;
  - pour les feuilles de soins relatives à la facturation de certains produits ou prestations visés à l'article L. 165-1 et dont la liste est fixée par arrêté des ministres chargés de la santé et de l'assurance maladie;
  - pour les feuilles de soins relatives à la facturation des activités de télésurveillance médicale inscrites sous forme de marque ou de nom commercial sur la liste prévue à l'article L. 162-52 ou se rattachant à une ligne générique inscrite sur cette liste;
  - pour les feuilles de soins électroniques ou les feuilles de soins sur support papier, lorsqu'elles sont envoyées directement à l'organisme d'assurance maladie, relatives à la facturation des actes effectués ou des prestations servies par les laboratoires de biologie médicale et les anatomo-cyto-pathologistes, dans les conditions prévues à l'article R. 161-46;
  - pour les éléments de facturation mentionnés au b du 11° de l'article R. 161-42, quels que soient le support et le mode de transmission du bordereau;
  - pour la facturation des actes de télémédecine et des activités de télésoin mentionnés aux articles L. 6316-1 et L. 6316-2 du code de la santé publique.

2° Pour les éléments de facturation correspondant aux actes mentionnés au b du 11° de l'article R. 161-42, le bordereau de facturation, qu'il soit électronique ou établi sur support papier, est signé par le professionnel ayant lui-même réalisé l'acte présenté au remboursement ou, à défaut:
  - soit par un confrère ayant une qualification équivalente et exerçant son activité au sein du même établissement, sous réserve que celui-ci soit mandaté à cette fin par le professionnel auteur de l'acte présenté au remboursement et que le mandat résulte d'un acte exprès faisant apparaître l'identité et la qualité du mandataire;
  - soit, sous la même réserve, par le directeur de l'établissement ou la ou les personnes qu'il désigne à cet effet.

Quel que soit le signataire du bordereau, la facturation des frais présentés au remboursement est établie, sous la responsabilité, déterminée dans les conditions prévues par le code civil, du professionnel auteur de l'acte, chacun en ce qui le concerne, tant en ce qui concerne l'attestation de la réalisation que la cotation de l'acte, à partir des éléments communiqués et certifiés par lui en vue de compléter le bordereau de facturation.
Un arrêté du ministre chargé de l'assurance maladie détermine les modalités d'établissement du mandat.

Code de la S.S. R. 161-44 (Modifié par Décret n° 2010-211 du 1er mars 2010 - art. 1):
Les informations supplémentaires dont l'indication contribue à la maîtrise des dépenses de santé sont:

1°) Le numéro d'ordre du bordereau de facturation, et, en cas de transmission électronique, de la feuille de soins;

2°) S'il y a lieu, la mention, par le professionnel de santé qui exécute la prescription, de la date à laquelle les actes ou prestations ont été prescrits; l'identifiant du prescripteur et, le cas échéant, l'identifiant de la structure d'activité au titre de laquelle les actes ou prestations ont été prescrits; la référence permettant le rapprochement de la prescription et de la feuille de soins du professionnel exécutant.

Code de la S.S. R. 161-45 (Modifié par Décret n° 2022-1767 du 30 décembre 2022 - art. 2) :

I.– L'ordonnance, lorsqu'elle existe, doit comporter les éléments suivants.

Le prescripteur y fait mention, quel que soit le support :

1°) Des nom et prénoms du bénéficiaire des actes ou prestations ;

2°) De son propre identifiant et, le cas échéant, de l'identifiant de la structure d'activité au titre de laquelle est établie l'ordonnance ;

3°) De la date à laquelle elle est faite et de la référence permettant son rapprochement avec la feuille de soins ;

4°) Le cas échéant, de l'indication prévue à l'article L. 162-4 ;

5°) Le cas échéant, la mention de la disposition législative en vertu de laquelle la participation financière de l'assuré est limitée ou supprimée.

6°) Le cas échéant, des éléments requis en application de l'article L. 162-19-1 et précisés par les arrêtés d'inscription mentionnés aux articles R. 162-34-13, R. 162-37-2, R. 162-38, R. 162-73, R. 163-2, R. 165-1 et R. 165-93 ou par la décision des ministres prévue à l'article R. 163-32 et R. 163-51.

L'ordonnance est signée du prescripteur. Ce dernier indique en outre, s'il y a lieu, sur l'ordonnance écrite remise au bénéficiaire des soins, que la prescription est transmise électroniquement à l'organisme d'assurance maladie, conformément aux dispositions du 1° du I de l'article R. 161-48.

Un arrêté conjoint du ministre chargé de la sécurité sociale, du ministre chargé du budget, du ministre chargé de l'agriculture et du ministre chargé de la santé, pris après avis de la Commission nationale de l'informatique et des libertés, détermine les spécifications techniques de l'ordonnance électronique. Cet arrêté fixe en outre les modèles et les spécifications particulières des ordonnances, électroniques ou sur support papier, relatives aux actes ou prestations destinés à des assurés dont la loi a limité ou supprimé la participation financière.

II.– Sans préjudice des règles déontologiques qui s'appliquent aux professionnels de santé et des dispositions de l'article L. 162-36 du présent code, le professionnel qui exécute la prescription porte sur l'ordonnance écrite son identifiant et les références permettant de rapprocher cette ordonnance de la feuille de soins correspondant aux actes ou prestations qu'il a effectués ou servis.

Ces références sont :

- la date des prestations qu'il sert ;
- les nom et prénoms du bénéficiaire des soins ;
- l'identification de la caisse de l'assuré ;
- le numéro d'immatriculation au répertoire national d'identification des personnes physiques de l'assuré ou, si celui-ci n'est pas le bénéficiaire des soins, le numéro d'immatriculation au répertoire national d'identification des personnes physiques ou, à défaut, la date de naissance de ce dernier.

Le professionnel ne porte pas ces références sur l'ordonnance dans le cas prévu au 1° du I de l'article R. 161-48.

Il appose, en outre, sa signature sur l'ordonnance.

Code de la S.S. R. 161-46 (Modifié par Décret n° 2011-2119 du 30 décembre 2011 - art. 1) :

Les échantillons biologiques adressés aux laboratoires de biologie médicale dans les conditions mentionnées aux articles L. 6211-13 à L. 6211-15 et L. 6211-17 du code de la santé publique et aux anatomo-cyto-pathologistes sont accompagnés d'un bon d'examen qui comporte les informations, non mentionnées sur l'ordonnance, nécessaires pour compléter les rubriques d'une feuille de soins, envoyée à l'assuré ou à l'organisme d'assurance maladie. Ces informations sont celles définies aux 1°, 4° et 9° de l'article R. 161-42 et l'identifiant de l'organisme d'assurance maladie.

Code de la S.S. R. 161-47 (Modifié par Décret n° 2007-199 du 14 février 2007 - art. 5 () JORF 15 février 2007) :

I.– La transmission aux organismes servant les prestations de base de l'assurance maladie des feuilles de soins est assurée dans les conditions ci-après définies.

Les feuilles de soins sont transmises par voie électronique ou par envoi d'un document sur support papier.

1°) En cas de transmission par voie électronique, le professionnel, l'organisme ou l'établissement ayant effectué des actes ou servi des prestations remboursables par l'assurance maladie transmet les feuilles de soins électroniques dans un délai dont le point de départ est la date fixée au 10° et au 11° de l'article R. 161-42 et qui est fixé à :

a) Trois jours ouvrés en cas de paiement direct de l'assuré ;

b) Huit jours ouvrés lorsque l'assuré bénéficie d'une dispense d'avance de frais.

En cas d'échec de la réémission d'une feuille de soins électronique, ou si le professionnel, l'organisme ou l'établissement n'est pas en mesure, pour une raison indépendante de sa volonté, de transmettre la feuille de soins électronique, il remet un duplicata sur support papier à l'assuré ou à l'organisme servant à ce dernier les prestations de base de l'assurance maladie selon des modalités fixées par les conventions mentionnées à l'article L. 161-34.

Le professionnel, l'organisme ou l'établissement conserve le double électronique des feuilles de soins transmises pendant quatre-vingt-dix jours au moins. Il remet à l'assuré, sur demande de ce dernier, copie de la feuille de soins transmise, sauf modalités contraires prévues par les conventions mentionnées à l'article L. 161-34.

2°) En cas d'envoi sous forme de document sur support papier, la transmission par courrier à l'organisme servant à l'assuré les prestations de base de l'assurance maladie est assurée :

a) Sous la responsabilité de l'assuré lorsque ce dernier acquitte directement le prix de l'acte ou de la prestation ;

b) Sous la responsabilité du professionnel, de l'organisme ou de l'établissement, dans un délai de huit jours suivant la même date, lorsque l'assuré bénéficie d'une dispense d'avance de frais.

II.– Un arrêté des ministres chargés de la sécurité sociale, de l'agriculture et de la santé, pris après avis de la Commission nationale de l'informatique et des libertés, détermine :

1°) Les conditions de réception et de conservation par les organismes d'assurance maladie des feuilles de soins transmises par la voie électronique ;

2°) Les modalités d'envoi des messages que ces organismes émettent en application des dispositions du deuxième alinéa du 1° du I ;

3°) Les conditions d'exercice par le malade, l'assuré et le professionnel, personne physique, du droit d'accès et de rectification aux données les concernant.

Le directeur de chaque organisme d'assurance maladie est le responsable des traitements ainsi définis.

III.– En cas d'échec de la réémission d'une feuille de soins électronique prévue par la procédure mentionnée au deuxième alinéa du 1° du I du présent article, ou si le professionnel, l'organisme ou l'établissement qui l'a établie n'est pas en mesure, pour une raison indépendante de sa volonté, de transmettre la feuille de soins électronique, l'assuré peut obtenir le remboursement des sommes dues en produisant ou bien la copie électronique mentionnée au d du 2° de l'article R. 161-33-1 ou bien un duplicata sur support papier clairement signalé comme tel et conforme au modèle mentionné au deuxième alinéa de l'article R. 161-41 signé du professionnel, de l'organisme ou de l'établissement concerné. Ce duplicata peut aussi être remis directement par le professionnel, l'organisme ou l'établissement à l'organisme servant à l'assuré les prestations d'un régime de base d'assurance maladie selon des modalités fixées par les conventions mentionnées à l'article L. 161-34.

De même, si une feuille de soins utilisant un support papier n'est pas parvenue à l'organisme servant à l'assuré les prestations d'un régime de base d'assurance maladie, l'assuré peut obtenir le remboursement des sommes dues, en produisant dans les conditions mentionnées à l'alinéa précédent un duplicata signé du professionnel, de l'organisme ou de l'établissement concerné.

L'assuré ne peut faire valoir ses droits à remboursement au moyen d'une copie électronique ou d'un duplicata que si quinze jours au moins et quatre-vingt-dix jours au plus se sont écoulés depuis la date d'élaboration de la feuille de soins mentionnée au 10° de l'article R. 161-42.

Code de la S.S. R. 161-48 (Modifié par Décret n° 2003-399 du 28 avril 2003 - art. 7) :

I.– La transmission aux organismes d'assurance maladie des ordonnances est assurée selon l'une des procédures suivantes :

1°) Ou bien le prescripteur transmet l'ordonnance par voie électronique ; la transmission est faite à l'organisme servant les prestations de base de l'assurance maladie dans les mêmes conditions et délais que ceux prévus au 1° du I de l'article R. 161-47 ;

2°) Ou bien l'ordonnance est transmise par l'exécutant de la prescription, lorsqu'il transmet par voie électronique la feuille de soins à l'organisme servant à l'assuré les prestations de base de l'assurance maladie ; dans ce cas, la transmission est faite, sauf stipulation contraire d'une convention mentionnée à l'article L. 161-34, à la caisse du régime de l'assuré dans la circonscription de laquelle cet exécutant exerce, dans les mêmes délais que ceux prévus pour la transmission de la feuille de soins électronique ;

3°) Ou bien l'ordonnance est transmise dans les mêmes conditions que celles prévues au 2° du I de l'article R. 161-47 lorsque l'exécutant de la prescription utilise une feuille de soins sur support papier.

Il n'est pas fait application des dispositions qui précèdent lorsque l'ordonnance a été préalablement transmise à l'organisme d'assurance maladie à l'appui d'une demande adressée en vue de l'obtention de l'accord préalable mentionné au deuxième alinéa de l'article L. 315-2.

II.– Un arrêté des ministres chargés de la sécurité sociale, de l'agriculture et de la santé, pris après avis de la Commission nationale de l'informatique et des libertés, détermine :

1°) Les conditions de réception et de conservation par les organismes d'assurance maladie des ordonnances transmises par la voie électronique ;
2°) Les conditions d'exercice, par le malade, l'assuré et le professionnel, personne physique, du droit d'accès et de rectification aux données les concernant.
Le directeur de chaque organisme d'assurance maladie est le responsable des traitements ainsi définis.

Code de la S.S. R. 161-48-1 (Modifié par Décret n° 2020-1090 du 25 août 2020 - art. 1) :
Lorsque l'ordonnance comporte les informations mentionnées au 6° du I de l'article R. 161-45, le prescripteur ou l'exécutant de la prescription qui transmet l'ordonnance conformément aux dispositions de l'article R. 161-48 communique ces informations au service du contrôle médical selon les modalités suivantes :
1° Si la transmission est réalisée par voie électronique, seul le service du contrôle médical reçoit la totalité des informations mentionnées aux 1° à 6° du I de l'article R. 161-45, la caisse ne recevant que les informations prévues aux 1° à 5° dudit I ;
2° Si l'ordonnance est réalisée sur un support papier, seul le service du contrôle médical reçoit la totalité des informations mentionnées aux 1° à 6° du I de l'article R. 161-45 ; à cet effet les informations prévues au 6° dudit I sont portées sur l'ordonnance selon des modalités permettant d'occulter ces mentions dans la transmission faite à la caisse pour la prise en charge des prestations.
Les modalités d'inscription des informations sur les ordonnances et les modalités de transmission de ces informations permettant d'assurer le respect des dispositions du présent article sont fixées par arrêté du ministre chargé de la sécurité sociale.

Code de la S.S. R. 161-48-2 (Créé par Décret n° 2021-1631 du 13 décembre 2021) :
Lorsque qu'une ordonnance de dispensation conditionnelle mentionnée à l'article L. 5121-12-1-1 du code de la santé publique est utilisée par un prescripteur, les mentions prévues à l'article R. 5132-5-1 du même code figurent sur l'ordonnance pour permettre le remboursement ou la prise en charge des médicaments qui y sont prescrits.

Code de la S.S. R. 161-49 (Modifié par Décret n° 98-275 du 9 avril 1998 - art. 1) :
Les feuilles de soins, qu'elles soient électroniques ou sur support papier, tiennent lieu de facturation. Elles sont conservées par l'organisme d'assurance maladie durant le délai mentionné à l'article 26 du décret n° 86-1309 du 29 décembre 1986 fixant les conditions d'application de l'ordonnance du 1er décembre 1986.
Toutefois, en cas de paiement direct en espèces par l'assuré au professionnel ayant effectué des actes ou servi des prestations, ce dernier lui remet une quittance, dont le contenu est fixé par arrêté conjoint des ministres chargés de la sécurité sociale, de l'agriculture, de l'économie et des finances et de la santé.

Code de la S.S. R. 161-52 (Modifié par Décret n° 2022-1719 du 28 décembre 2022 - art. 1) :
Le moyen d'identification électronique mentionné au quatrième alinéa de l'article L. 161-33 est appelé « carte de professionnel de santé ».
Il se présente sous la forme d'une carte matérielle ou sous la forme d'une application mobile.
Un professionnel de santé ne peut être titulaire que d'une seule carte de professionnel de santé sous chacune des deux formes disponibles.
Elle est utilisée pour identifier électroniquement leur titulaire lors de l'accès aux services numériques en santé mentionnés à l'article L. 1470-1 du code de la santé publique.
NOTA : Conformément à l'article 4 du décret n° 2022-1719 du 28 décembre 2022, ces dispositions entrent en vigueur le 1er janvier 2023.

Code de la S.S. R. 161-53 (Modifié par Décret n° 2022-1719 du 28 décembre 2022 - art. 1) :
I.– La carte de professionnel de santé sous forme matérielle dispose d'un composant électronique contenant les informations suivantes :
  1° Les données d'identification du titulaire ;
  2° Les données relatives à ses activités professionnelles et à leur mode d'exercice ;
  3° Les données décrivant la situation conventionnelle du titulaire au regard de l'assurance maladie ;
  4° Un numéro d'émetteur, un numéro propre à la carte, la date de son émission et la date de fin de sa validité ;
  5° Des données techniques permettant :
    a) D'assurer les fonctions de signature et de chiffrement ;
    b) D'utiliser la carte au moyen d'un code confidentiel ;
    c) De protéger l'accès aux informations de la carte ;

d) D'authentifier la carte en tant que carte de professionnel de santé et en tant que carte propre à une personne déterminée, à une profession et à une activité déterminée.

II.– Sont inscrites de façon visible sur la carte les informations mentionnées aux 1° et 4° du I.

III.– Les données mentionnées aux 1° à 3° du I sont issues du répertoire sectoriel de référence des personnes physiques mentionné à l'article L. 1470-4 du code de la santé publique.

Les données mentionnées au 3° du I sont fournies par la Caisse nationale de l'assurance maladie.

NOTA : Conformément à l'article 4 du décret n° 2022-1719 du 28 décembre 2022, ces dispositions entrent en vigueur le 1er janvier 2023.

Code de la S.S. R. 161-54 (Modifié par Décret n° 2004-1397 du 23 décembre 2004 - art. 2) :
Un groupement d'intérêt public émet, délivre et gère les cartes de professionnel de santé. Il veille à leur bon usage et assure la fiabilité des mécanismes et la protection de clés sur lesquelles reposent la confidentialité des données chiffrées et la validité des signatures électroniques produites à l'aide de ces cartes.

Code de la S.S. R. 161-55 (Modifié par Décret n° 2022-1719 du 28 décembre 2022 - art. 1) :

I.– La carte de professionnel de santé est délivrée aux professionnels et aux directeurs d'organismes ou établissements dispensant au titre de leur activité principale des actes ou prestations remboursables par l'assurance maladie. Pour ces professionnels, la carte est renouvelée automatiquement à la fin de sa période de validité.

II.– La carte de professionnel de santé est aussi délivrée aux professionnels en formation autorisés à effectuer des remplacements.

III.– Les titulaires de la carte visée au I ci-dessus peuvent demander à l'organisme émetteur une carte pour les personnes qu'ils emploient et qui sont appelées par délégation à signer les documents électroniques mentionnés à l'article L. 161-33 ou à accéder aux dossiers pharmaceutiques des patients pris en charge. Ces cartes sont émises sur la base des informations produites par l'employeur, au nom de l'employé porteur ou au nom de l'employeur titulaire.

IV.– Les organismes gérant un régime de base d'assurance maladie peuvent demander à l'organisme émetteur une carte pour leur personnel appelé à lire et à traiter les documents mentionnés à l'article L. 161-33.

V.– Pour l'identification électronique aux services numériques en santé mentionnés à l'article L. 1470-1 du code de la santé publique, une carte peut être délivrée à tout professionnel inscrit au répertoire sectoriel de référence des personnes physiques mentionné à l'article L. 1470-4 du code de la santé publique, sur demande de celui-ci. Cette carte ne comporte pas les données mentionnées au 4° du I de l'article R. 161-53.

NOTA : Conformément à l'article 4 du décret n° 2022-1719 du 28 décembre 2022, ces dispositions entrent en vigueur le 1er janvier 2023.

Code de la S.S. R. 161-56 (Modifié par Décret n° 2022-1719 du 28 décembre 2022 - art. 1) :
En cas d'erreur relative aux informations portées sur la carte, le titulaire exerce auprès de l'organisme émetteur son droit de rectification des informations de la carte.
En cas de modification de sa situation affectant les informations portées sur la carte, le titulaire en informe les autorités d'enregistrement dans le répertoire sectoriel de référence des personnes physiques mentionné à l'article L. 1470-4 du code de la santé publique compétente, qui procède aux contrôles nécessaires et informe à son tour l'organisme émetteur afin qu'il inscrive dans la carte les nouvelles informations.

NOTA : Conformément à l'article 4 du décret n° 2022-1719 du 28 décembre 2022, ces dispositions entrent en vigueur le 1er janvier 2023.

Code de la S.S. R. 161-57 (Modifié par Décret n° 2022-1719 du 28 décembre 2022 - art. 1) :
En cas de perte, de vol, de dysfonctionnement, ou de risque d'usage détourné ou frauduleux de sa carte, le titulaire en informe l'organisme émetteur.
L'organisme émetteur met en œuvre un système d'opposition pour les cartes signalées au titre du premier alinéa ou périmées.

NOTA : Conformément à l'article 4 du décret n° 2022-1719 du 28 décembre 2022, ces dispositions entrent en vigueur le 1er janvier 2023.

Code de la S.S. R. 161-58 (Modifié par Décret n° 2022-1719 du 28 décembre 2022 - art. 1) :
Pour les transmissions électroniques mentionnées au dernier alinéa de l'article L. 161-33, la signature électronique produite par la carte de professionnel de santé sous forme matérielle ou celle qui est associée, conformément au III de l'article R. 161-53-1, à la carte de professionnel de santé sous forme d'application mobile, est reconnue par les admi-

nistrations de l'Etat et les organismes de sécurité sociale comme garantissant l'identité et la qualité du titulaire de la carte ainsi que l'intégrité du document signé. Ainsi signés, les documents électroniques sont opposables à leur auteur.
NOTA : Conformément à l'article 4 du décret n° 2022-1719 du 28 décembre 2022, ces dispositions entrent en vigueur le 1er janvier 2023.

Code de la S.S. L. 162-16 (Modifié par Loi n° 2022-1616 du 23 décembre 2022 - art. 33, 58(V) & 60) :

I. Le remboursement des frais exposés par les assurés à l'occasion de l'achat de médicaments est effectué sur la base des prix réellement facturés. Ceux-ci ne peuvent pas dépasser les prix limites résultant de l'application de l'article L. 5123-1 du code de la santé publique.

II. Pour les médicaments figurant dans un groupe générique prévu au 5° de l'article L. 5121-1 du code de la santé publique, la base de remboursement des frais exposés par les assurés peut être limitée à un tarif forfaitaire de responsabilité décidé par le Comité économique des produits de santé institué par l'article L. 162-17-3 du présent code, sauf opposition conjointe des ministres concernés, qui arrêtent dans ce cas le tarif forfaitaire de responsabilité dans un délai de quinze jours après la décision du comité.

Les dispositions du III du présent article ne s'appliquent pas aux médicaments remboursés sur la base d'un tarif forfaitaire.

III. La base de remboursement des frais exposés par l'assuré au titre de la spécialité délivrée par le pharmacien d'officine, ou d'une pharmacie à usage intérieur en application du 1° de l'article L. 5126-6 du code de la santé publique, est limitée à la base de remboursement la plus chère en vigueur pour les spécialités génériques ou hybrides appartenant au groupe générique ou hybride concerné, lorsque le pharmacien délivre une spécialité :

1) Sur présentation d'une prescription libellée en dénomination commune qui peut être respectée par la délivrance d'une spécialité figurant au sein d'un groupe générique ou hybride mentionné au 5° de l'article L. 5121-1 du même code ;
2) Ou pour laquelle la spécialité prescrite ou délivrée appartient à un groupe générique ou hybride.

Le pharmacien délivre pour la spécialité concernée le conditionnement le moins coûteux pour l'assurance maladie.
Le pharmacien propose au patient, le cas échéant par substitution, une spécialité dont la base de remboursement n'excède pas la plus chère en vigueur pour les spécialités génériques ou hybrides appartenant au groupe générique ou hybride concerné.
Pour l'application du présent III, seules les spécialités inscrites sur l'une des listes mentionnées aux premier et deuxième alinéas de l'article L. 162-17 sont prises en compte.
Pour les groupes génériques, la limitation de la base de remboursement mentionnée au présent III s'applique à compter de deux ans suivant la publication au Journal officiel ou, le cas échéant, au Bulletin officiel des produits de santé du prix de la première spécialité générique du groupe.

IV. Le III, à l'exception de l'avant-dernier alinéa, n'est pas applicable lorsque le prescripteur a exclu sur justification médicale la possibilité de substitution conformément au deuxième alinéa du II de l'article L. 5125-23 du code de la santé publique, ou lorsque la délivrance par substitution d'une spécialité hybride n'est pas admise en application du dernier alinéa du II du présent article.

V. Lorsque le pharmacien d'officine délivre, en application de l'article L. 5125-23-2 du code de la santé publique, une spécialité figurant sur la liste mentionnée au premier alinéa de l'article L. 162-17 du présent code autre que celle qui a été prescrite, cette substitution ne doit pas entraîner une dépense supplémentaire pour l'assurance maladie supérieure à la dépense qu'aurait entraînée la délivrance du médicament biologique similaire le plus onéreux du même groupe.

V bis. Les produits dispensés par un pharmacien d'officine en application de l'article L. 5125-23-3 du code de la santé publique sont pris en charge par les organismes d'assurance maladie, sous réserve que ces produits soient inscrits sur la liste des produits et prestations remboursables mentionnée à l'article L. 165-1 du présent code.
Lorsque le pharmacien d'officine délivre, en application de l'article L. 5125-23-3 du code de la santé publique, un produit figurant sur la liste mentionnée à l'article L. 165-1 du présent code autre que celui qui a été prescrit, cette substitution ne doit pas entraîner une dépense supplémentaire pour l'assurance maladie supérieure à la dépense qu'aurait entraînée la délivrance du produit prescrit.

VI. En cas d'inobservation des dispositions des III, V et V bis du présent article, le pharmacien verse à l'organisme de prise en charge, après qu'il a été mis en mesure de présenter ses observations écrites et si, après réception de celles-ci, l'organisme maintient la demande, une somme correspondant à la dépense supplémentaire mentionnée aux mêmes III, V et V bis, qui ne peut toutefois être inférieure à un montant forfaitaire déterminé par la convention prévue à l'article L. 162-16-1. A défaut, ce montant est arrêté par les ministres chargés de la sécurité sociale et de la santé.

Pour son recouvrement, ce versement est assimilé à une cotisation de sécurité sociale.

VII. Les médicaments dispensés par un pharmacien en application de l'article L. 5125-23-1 du code de la santé publique sont pris en charge par les organismes d'assurance maladie dans la limite d'une seule boîte par ligne d'ordonnance au-delà de la durée de traitement initialement prescrite.
Les médicaments renouvelés par une infirmière ou un infirmier en application du quatrième alinéa de l'article L. 4311-1 du code de la santé publique sont pris en charge par les organismes d'assurance maladie, sous réserve que ces médicaments soient inscrits sur la liste des spécialités remboursables prévue au premier alinéa de l'article L. 162-17 du présent code.
Les médicaments dispensés par un pharmacien en application du deuxième alinéa de l'article L. 5125-23-1 du code de la santé publique sont pris en charge par les organismes d'assurance maladie, sous réserve que ces médicaments soient inscrits sur la liste des spécialités remboursables prévue au premier alinéa de l'article L. 162-17 du présent code.

Code de la S.S. L. 162-17 (Modifié par Loi n° 2022-1616 du 23 décembre 2022 - art. 56) :
Les médicaments spécialisés, mentionnés à l'article L. 5121-8 du code de la santé publique, les médicaments faisant l'objet d'une distribution parallèle au sens de l'article L. 5124-13-2 du même code et les médicaments bénéficiant d'une autorisation d'importation parallèle en application de l'article L. 5124-13 du même code, ne peuvent être pris en charge ou donner lieu à remboursement par les caisses d'assurance maladie, lorsqu'ils sont dispensés en officine, que s'ils figurent sur une liste établie dans les conditions fixées par décret en Conseil d'Etat. La demande d'inscription d'un médicament sur cette liste est subordonnée à la réalisation d'essais cliniques contre des stratégies thérapeutiques, lorsqu'elles existent, dans des conditions définies par décret en Conseil d'Etat. La liste précise les seules indications thérapeutiques ouvrant droit à la prise en charge ou au remboursement des médicaments.
Les médicaments inscrits sur la liste prévue au 1° de l'article L. 5126-6 du code de la santé publique ne peuvent être pris en charge ou donner lieu à remboursement par l'assurance maladie, lorsqu'ils sont délivrés par une pharmacie à usage intérieur d'un établissement de santé dûment autorisée, que s'ils figurent sur une liste établie dans des conditions fixées par décret en Conseil d'Etat. Cette dernière précise les seules indications thérapeutiques ouvrant droit à la prise en charge ou au remboursement des médicaments. La part prise en charge par les régimes obligatoires d'assurance maladie au titre des remboursements afférents à ces médicaments est facturée à la caisse désignée en application de l'article L. 174-2 ou L. 174-18.
L'inscription d'un médicament sur les listes mentionnées aux premier et deuxième alinéas peut, au vu des exigences de qualité et de sécurité des soins mettant en œuvre ce médicament, énoncées le cas échéant par la commission prévue à l'article L. 5123-3 du code de la santé publique, être assortie de conditions concernant la qualification ou la compétence des prescripteurs, l'environnement technique ou l'organisation de ces soins et d'un dispositif de suivi des patients traités.
L'inscription peut également être assortie de conditions particulières de prescription, de dispensation ou d'utilisation, notamment de durées de prise en charge, ou de délivrance lorsque ce médicament est prescrit sur une ordonnance de dispensation conditionnelle mentionnée à l'article L. 5121-12-1 du même code.
En ce qui concerne les médicaments officinaux et les préparations magistrales, un décret en Conseil d'Etat détermine les règles selon lesquelles certaines catégories de ces médicaments peuvent être exclues du remboursement par arrêté interministériel.
NOTA : L'article L. 601 auquel il est fait référence dans le premier alinéa a été abrogé par l'ordonnance n° 2000-548 et repris sous les articles L. 5121-8, L. 5121-9, L. 5121-10 et L. 5121-20 de la nouvelle partie législative de la santé publique.

Code de la Santé Publique L. 5125-23 (Modifié par Loi n° 2019-1446 du 24 décembre 2019 – art. 42 (V)) :

I. Le pharmacien ne peut délivrer un médicament ou produit autre que celui qui a été prescrit, ou ayant une dénomination commune différente de la dénomination commune prescrite, qu'avec l'accord exprès et préalable du prescripteur, sauf en cas d'urgence et dans l'intérêt du patient.

II. Si la prescription libellée en dénomination commune peut être respectée par la délivrance d'une spécialité figurant dans un groupe générique ou hybride mentionné au 5° de l'article L. 5121-1, le pharmacien délivre une spécialité appartenant à ce groupe dans le respect des dispositions de l'article L. 162-16 du code de la sécurité sociale.
Par dérogation au I, il peut délivrer par substitution à la spécialité prescrite une spécialité du même groupe générique ou du même groupe hybride, à condition que le prescripteur n'ait pas exclu cette possibilité par une mention expresse et justifiée portée sur l'ordonnance. Un arrêté des ministres chargés de la santé et de la sécurité sociale, pris après avis de l'Agence nationale de sécurité du médicament et des produits de santé, précise les situations médicales dans lesquelles cette exclusion peut être justifiée, notamment sur l'ordonnance, ainsi que, le cas échéant,

les modalités de présentation de cette justification par le prescripteur. Parmi ces situations médicales, certaines peuvent en outre faire l'objet d'une exclusion de substitution par le pharmacien, même lorsque le prescripteur n'a pas exclu cette possibilité sur l'ordonnance. L'arrêté mentionné au présent alinéa peut également préciser les situations médicales dans lesquelles cette exclusion peut être justifiée par le pharmacien, notamment sur l'ordonnance, ainsi que, le cas échéant, les modalités de présentation de cette justification par le pharmacien et d'information du prescripteur. Pour les spécialités figurant sur l'une des listes mentionnées aux premier et deuxième alinéas de l'article L. 162-17 du code de la sécurité sociale, cette substitution s'effectue dans les conditions prévues à l'article L. 162-16 du même code.

Un arrêté des ministres chargés de la santé et de la sécurité sociale précise, après avis de l'Agence nationale de sécurité du médicament et des produits de santé, les situations médicales dans lesquelles la substitution peut être effectuée par le pharmacien au sein d'un groupe hybride.

III. Lorsque le pharmacien délivre par substitution à la spécialité prescrite une spécialité du même groupe générique ou du même groupe hybride, il doit inscrire le nom de la spécialité qu'il a délivrée. Il en est de même lorsque le pharmacien délivre une spécialité au vu d'une prescription libellée en dénomination commune.

La prescription libellée en dénomination commune est obligatoire pour les spécialités figurant dans un groupe générique mentionné au 5° de l'article L. 5121-1.

IV. Lorsqu'un traitement est prescrit pour une durée d'au moins trois mois, y compris au moyen du renouvellement multiple d'un traitement mensuel, et qu'un grand conditionnement est disponible pour le médicament concerné ou pour sa forme générique, le pharmacien doit délivrer ledit conditionnement.

V. Par dérogation au I, le pharmacien peut, en cas de rupture de stock d'un médicament d'intérêt thérapeutique majeur mentionné sur la liste prévue à l'article L. 5121-30, remplacer le médicament prescrit par un autre médicament conformément à la recommandation établie, après consultation des professionnels de santé et des associations d'usagers du système de santé agréées, par l'Agence nationale de sécurité du médicament et des produits de santé et publiée sur son site internet. L'agence informe sans délai les ministres chargés de la santé et de la sécurité sociale de la publication de chaque recommandation.

Lorsque le pharmacien procède au remplacement du médicament prescrit dans les conditions prévues au premier alinéa du présent V, il inscrit le nom du médicament qu'il a délivré sur l'ordonnance et informe le prescripteur de ce remplacement.

Le forfait journalier hospitalier

Code de la S.S. L. 174-4 (Modifié par Loi n° 2007-1786 du 19 décembre 2007 - art. 69) :

Un forfait journalier est supporté par les personnes admises dans des établissements hospitaliers ou médico-sociaux, à l'exclusion des établissements mentionnés à l'article L. 174-6 du présent code et au 6° du I de l'article L. 312-1 du code de l'action sociale et des familles. Ce forfait n'est pas pris en charge par les régimes obligatoires de protection sociale, sauf dans le cas des enfants et adolescents handicapés hébergés dans des établissements d'éducation spéciale ou professionnelle, des victimes d'accidents du travail et de maladies professionnelles, des bénéficiaires de l'assurance maternité et des bénéficiaires de l'article L. 115 du code des pensions militaires d'invalidité et des victimes de la guerre, ainsi que des donneurs d'éléments et produits du corps humain mentionnés à l'article L. 1211-2 du code de la santé publique.

Le forfait journalier peut être modulé dans des conditions fixées par décret en Conseil d'Etat, en fonction de l'un ou de plusieurs des critères suivants : catégorie de l'établissement, nature du service, durée du séjour. Ses différents montants sont fixés par arrêté.

Le forfait journalier s'impute à due concurrence sur la participation laissée éventuellement à la charge des assurés par leurs régimes respectifs d'assurance maladie, lorsque le montant de cette participation est supérieur ou égal à celui du forfait journalier ; dans le cas contraire, la participation est imputée sur le forfait. Cette disposition n'est toutefois pas applicable lorsqu'en vertu du I° de l'article L. 322-3 la participation de l'assuré à l'occasion d'une hospitalisation est limitée au motif que la dépense demeurant à sa charge dépasse un certain montant.

Le forfait journalier peut être pris en charge par le régime local d'assurance maladie dans les départements du Bas-Rhin, du Haut-Rhin et de la Moselle dans des conditions fixées par décret.

NOTA : La loi n° 70-1318 a été abrogée par l'article 7 III de la loi n° 91-1406 du 31 décembre 1991.

Code de la S.S. R. 174-4 (Modifié par Décret n° 2022-1719 du 28 décembre 2022 - art. 1) :

Pour les assurés sociaux qui attestent de leur identité, conformément aux dispositions de l'article L. 162-21, et de l'ouverture de leurs droits aux prestations de l'assurance maladie grâce à leur carte électronique individuelle mentionnée

à l'article L. 161-33-1, sous réserve que cette carte réponde aux conditions de validité prévues à cet article, les établissements sont dispensés de la demande de prise en charge.
Pour les assurés sociaux, qui ne satisfont pas aux conditions prévues au premier alinéa, la demande de prise en charge des frais d'hospitalisation et de soins est adressée par l'établissement à la caisse chargée des versements mentionnés à l'article R. 174-1. La caisse transmet la demande de prise en charge à l'organisme dont relève l'assuré pour le versement des prestations, qui notifie sa décision à l'établissement de santé ainsi qu'à la caisse mentionnée au premier alinéa de l'article R. 174-1.
En cas de refus total ou partiel de prise en charge, la décision est également notifiée à l'assuré par l'organisme dont il relève.
NOTA : Conformément à l'article 4 du décret n° 2022-1719 du 28 décembre 2022, ces dispositions entrent en vigueur le 1er janvier 2023.

Les prestations en espèces

L'indemnisation de la maladie

Code de la S.S. L. 323-1 (Modifié par Loi n° 2015-1702 du 21 décembre 2015 - art. 59) :
L'indemnité journalière prévue à l'article L. 321-1 est accordée à l'expiration d'un délai déterminé suivant le point de départ de l'incapacité de travail et est due pour chaque jour ouvrable ou non. Elle peut être servie pendant une période d'une durée maximale, et calculée dans les conditions ci-après :
1°) pour les affections donnant lieu à l'application de la procédure prévue à l'article L. 324-1, la période pendant laquelle l'indemnité journalière peut être servie est calculée de date à date pour chaque affection. Dans le cas d'interruption suivie de reprise de travail, le délai ci-dessus court à nouveau dès l'instant où la reprise du travail a été au moins d'une durée minimale ;
2°) pour les affections non mentionnées à l'article L. 324-1, l'assuré ne peut recevoir, au titre d'une ou plusieurs maladies, pour une période quelconque d'une durée fixée comme il a été dit ci-dessus, un nombre d'indemnités journalières supérieur à un chiffre déterminé.

Code de la S.S. L. 323-1-1 (Créé par Loi n° 2020-692 du 8 juin 2020 - art. 9 (V)) :
Par dérogation au premier alinéa de l'article L. 323-1, en cas de décès de son enfant âgé de moins de vingt-cinq ans ou en cas de décès d'une personne âgée de moins de vingt-cinq ans dont l'assuré a la charge effective et permanente, et dans un délai de treize semaines à compter de cette date, l'indemnité journalière versée à l'assuré pour la première incapacité de continuer ou reprendre le travail est accordée sans délai.
NOTA : Conformément au IV de l'article 9 de la loi n° 2020-692 du 8 juin 2020, ces dispositions s'appliquent aux décès intervenus à compter du 1er juillet 2020.

Code de la S.S. R. 323-1 (Modifié par Décret n° 2015-1865 du 30 décembre 2015 - art. 5) :
Pour l'application du premier alinéa de l'article L. 323-1 :
1°) le point de départ de l'indemnité journalière définie par de l'article L. 321-1 est le quatrième jour de l'incapacité de travail. Ce délai ne s'applique, pour une période de trois ans, qu'au premier des arrêts de travail dus à une même affection donnant lieu à application de la procédure prévue à l'article L. 324-1 ;
2°) la durée maximale de la période pendant laquelle l'indemnité journalière peut être servie est fixée à trois ans ;
3°) la durée de la reprise du travail, mentionnée au 1° de l'article L. 323-1, au-delà de laquelle le délai de trois ans court à nouveau, est fixée à un an ;
4°) le nombre maximal d'indemnités journalières mentionné au 2° de l'article L. 323-1, que peut recevoir l'assuré pour une période quelconque de trois ans, est fixé à 360.

La maladie de longue durée

Code de la S.S. L. 322-3 (Modifié par Loi n° 2015-1702 du 21 décembre 2015 - art. 65) :
La participation de l'assuré mentionnée au premier alinéa de l'article L. 322-2 peut être limitée ou supprimée dans des conditions fixées par décret en Conseil d'Etat, pris après avis de l'Union nationale des caisses d'assurance maladie et de l'Union nationale des organismes d'assurance maladie complémentaire, dans les cas suivants :
1) Lorsque, à l'occasion d'une hospitalisation ou au cours d'une période de temps déterminée, la dépense demeurant à la charge de l'intéressé dépasse un certain montant ;

2) Lorsque l'état du bénéficiaire justifie la fourniture d'un appareil appartenant à une catégorie déterminée par ledit décret, pour les frais d'acquisition de l'appareil ;
3) Lorsque le bénéficiaire a été reconnu atteint d'une des affections, comportant un traitement prolongé et une thérapeutique particulièrement coûteuse, inscrites sur une liste établie par décret après avis de la Haute Autorité mentionnée à l'article L. 161-37 ;
4) Lorsque les deux conditions suivantes sont cumulativement remplies :
   a) Le bénéficiaire est reconnu atteint par le service du contrôle médical soit d'une affection grave caractérisée ne figurant pas sur la liste mentionnée ci-dessus, soit de plusieurs affections entraînant un état pathologique invalidant ;
   b) Cette ou ces affections nécessitent un traitement prolongé et une thérapeutique particulièrement coûteuse ;
5) Lorsque l'assuré est titulaire de l'allocation de solidarité aux personnes âgées au titre d'un avantage vieillesse ;
6) Lorsque le bénéficiaire est un enfant ou adolescent handicapé pour les frais couverts au titre du 2° de l'article L. 321-1 ;
7) Lorsque l'assuré est hébergé dans un établissement mentionné à l'article 3 de la loi n° 75-535 du 30 juin 1975 ou lorsqu'il bénéficie de soins dispensés par un centre mentionné à l'article L. 355-1-1 du code de la santé publique ;
8) Lorsque l'assuré est hébergé dans une unité ou un centre de long séjour mentionné à l'article L. 174-5 ou à l'article 52-1 de la loi n° 70-1318 du 31 décembre 1970 ;
9) Lorsque l'assuré bénéficie de soins paramédicaux dispensés dans le cadre d'une action médico-sociale de maintien à domicile par les institutions mentionnées au 1° de l'article 1er de la loi n° 75-535 du 30 juin 1975 ;
10) Lorsque l'assuré ne relève plus du 3° mais se trouve dans une situation clinique déterminée sur la base de recommandations de la Haute Autorité de santé et justifiant des actes et examens médicaux ou biologiques de suivi de son état, pour ces actes et examens, dans des conditions et pour une durée définies par décret pris après avis de la Haute Autorité de santé ;
11) Pour l'hospitalisation des nouveau-nés lorsqu'elle se produit pendant une période fixée par décret en Conseil d'Etat, ainsi que pour tous les soins qui leur sont dispensés en établissement de santé, jusqu'à un âge fixé par décret en Conseil d'Etat ;
12) Pour les investigations nécessaires au diagnostic de la stérilité et pour le traitement de celle-ci, y compris au moyen de l'insémination artificielle ;
13) Pour les bénéficiaires des dispositions des articles L. 311-10, L. 313-4, L. 341-16 et L. 371-1 en ce qui concerne les frais engagés pour eux-mêmes ;
14) Pour les ayants droit des bénéficiaires des dispositions de l'article L. 371-1 ;
15) Pour les soins consécutifs aux sévices subis par les mineurs victimes d'actes prévus et réprimés par les articles 222-23 à 222-32 et 227-22 à 227-27 du code pénal ;
16) Dans le cadre des programmes mentionnés au 6° de l'article L. 321-1, pour les frais d'examens de dépistage et les frais liés aux consultations de prévention destinées aux mineurs et à une unique consultation de prévention pour les personnes de plus de soixante-dix ans ;
17) Pour les frais relatifs à l'examen de prévention bucco-dentaire mentionné au 9° de l'article L. 321-1 ;
18) Pour les donneurs mentionnés à l'article L. 1211-2 du code de la santé publique, en ce qui concerne l'ensemble des frais engagés au titre du prélèvement d'éléments du corps humain et de la collecte de ces produits ;
19) Pour les frais de transport liés aux soins ou traitements dans les centres mentionnés au 3° du I de l'article L. 312-1 du code de l'action sociale et des familles et les centres médico-psycho pédagogiques autorisés dans des conditions fixées par voie réglementaire, après accord préalable de l'organisme qui sert les prestations, dans les conditions prévues au 2° de l'article L. 321-1 et à l'article L. 322-5 du présent code ;
20) Pour les frais liés à une interruption volontaire de grossesse mentionnée au 4° de l'article L. 321-1 ;
21) Pour l'assurée mineure d'au moins quinze ans, pour les frais d'acquisition de certains contraceptifs ;
22) Pour certains frais dus au titre des honoraires de dispensation des pharmaciens mentionnés au 7° de l'article L. 162-16-1 ;
23) Lorsque l'assuré ne relève ni du 3° ni du 10° mais se trouve dans une situation clinique nécessitant un dépistage spécifique du cancer du sein, fixée par décret en Conseil d'Etat, pour les frais d'examens de dépistage, dans des conditions fixées par ce même décret.

La liste mentionnée au 3° du présent article comporte également en annexe les critères médicaux utilisés pour la définition de l'affection et ouvrant droit à la limitation ou à la suppression de la participation de l'assuré.

Sur proposition de l'Union nationale des caisses d'assurance maladie, un décret, pris après avis de la haute autorité mentionnée à l'article L. 161-37, peut réserver la limitation ou la suppression de la participation des assurés en application des 3° et 4° du présent article aux prestations exécutées dans le cadre d'un réseau de santé ou d'un dispositif coordonné de soins.

Code de la S.S. D. 322-1 (Modifié par Décret n° 2011-726 du 24 juin 2011 - art. 1, Transféré par Décret n° 2105-1882 du 30 décembre 2015 - art. 1) :
La liste des affections comportant un traitement prolongé et une thérapeutique particulièrement coûteuse susceptibles d'ouvrir droit à la suppression de la participation des assurés sociaux aux tarifs servant de base au calcul des prestations en nature de l'assurance maladie, en application du 3° de l'article L. 322-3, est établie ainsi qu'il suit :
- accident vasculaire cérébral invalidant ;
- insuffisances médullaires et autres cytopénies chroniques ;
- artériopathies chroniques avec manifestations ischémiques ;
- bilharziose compliquée ;
- insuffisance cardiaque grave, troubles du rythme graves, cardiopathies valvulaires graves ; cardiopathies congénitales graves ;
- maladies chroniques actives du foie et cirrhoses ;
- déficit immunitaire primitif grave nécessitant un traitement prolongé, infection par le virus de l'immuno-déficience humaine ;
- diabète de type 1 et diabète de type 2 ;
- formes graves des affections neurologiques et musculaires (dont myopathie), épilepsie grave ;
- hémoglobinopathies, hémolyses, chroniques constitutionnelles et acquises sévères ;
- hémophilies et affections constitutionnelles de l'hémostase graves ;
- maladie coronaire ;
- insuffisance respiratoire chronique grave ;
- maladie d'Alzheimer et autres démences ;
- maladie de Parkinson ;
- maladies métaboliques héréditaires nécessitant un traitement prolongé spécialisé ;
- mucoviscidose ;
- néphropathie chronique grave et syndrome néphrotique primitif ;
- paraplégie ;
- vascularites, lupus érythémateux systémique, sclérodermie systémique ;
- polyarthrite rhumatoïde évolutive ;
- affections psychiatriques de longue durée ;
- rectocolite hémorragique et maladie de Crohn évolutives ;
- sclérose en plaques ;
- scoliose idiopathique structurale évolutive ;
- spondylarthrite grave ;
- suites de transplantation d'organe ;
- tuberculose active, lèpre ;
- tumeur maligne, affection maligne du tissu lymphatique ou hématopoïétique.

Code de la S.S. R. 160-12 (Modifié par Décret n° 2015-1865 du 30 décembre 2015 - art. 2) :
L'existence d'une affection donnant droit à la suppression de la participation de l'assuré au titre du 4° de l'article L. 160-14 est reconnue lorsque les deux conditions suivantes sont cumulativement réunies :

a) Le malade est atteint soit d'une forme grave d'une maladie ou d'une forme évolutive ou invalidante d'une maladie grave, ne figurant pas sur la liste mentionnée au 3° de l'article L. 322-3, soit de plusieurs affections entraînant un état pathologique invalidant ;
b) Cette ou ces affections nécessitent un traitement d'une durée prévisible supérieure à six mois et particulièrement coûteux en raison du coût ou de la fréquence des actes, prestations et traitements.

Le montant de l'indemnité journalière de maladie

Code de la S.S. L. 323-4 (Modifié par Loi n° 2019-1446 du 24 décembre 2019 - art. 85 (V)) :
L'indemnité journalière est égale à une fraction des revenus d'activité antérieurs soumis à cotisations à la date de l'interruption du travail, retenus dans la limite d'un plafond et ramenés à une valeur journalière. Le revenu d'activité journalier antérieur est déterminé d'après la ou les dernières payes antérieures à la date de l'interruption du travail.

La fraction, le plafond ainsi que les modalités de détermination des revenus d'activité antérieurs retenus et de leur valeur journalière mentionnés au premier alinéa sont fixés par décret en Conseil d'Etat.
NOTA : Conformément au III de l'article 85 de la loi n° 2019-1446 du 24 décembre 2019, ces dispositions s'appliquent aux arrêts de travail prescrits à compter du 1er juillet 2020 et aux arrêts de travail prescrits avant cette date dont la durée n'a pas atteint trente jours consécutifs au 1er juillet 2020.

Code de la S.S. R. 323-4 (Modifié par Décret n° 2021-428 du 12 avril 2021 - art. 1) :
Le revenu d'activité antérieur retenu pour le calcul de l'indemnité journalière prévue à l'article L. 323-4 est déterminé comme suit :
1° 1/91,25 du montant des trois dernières paies des mois civils antérieurs à la date de l'interruption de travail lorsque le salaire ou le revenu d'activité antérieur est réglé mensuellement ou dans les cas autres que ceux mentionnés aux 2° et 3° ;
2° 1/84 du montant des six ou douze dernières paies des mois civils antérieurs à la date de l'interruption de travail suivant que le revenu antérieur d'activité est réglé toutes les deux semaines ou chaque semaine ;
3° 1/365 du montant du revenu d'activité antérieur des douze mois civils antérieurs à la date de l'interruption de travail, lorsque le travail n'est pas continu ou présente un caractère saisonnier.
Pour l'application des dispositions qui précèdent, il est tenu compte du revenu d'activité antérieur servant de base, lors de chaque paie, au calcul de la cotisation due pour les risques maladie, maternité, invalidité et décès dans la limite d'un plafond égal à 1,8 fois le salaire minimum de croissance en vigueur le dernier jour du mois civil précédant celui de l'interruption de travail et calculé pour un mois sur l'ensemble des revenus, et sur la base de la durée légale du travail. Toutefois, lorsque l'assiette des cotisations fait l'objet d'un abattement par application des dispositions des articles R. 242-7 à R. 242-11, il est tenu compte du revenu d'activité antérieur brut perçu par l'assuré, sans abattement, dans la limite du plafond ainsi défini.
Un arrêté du ministre chargé de la sécurité sociale fixe les modalités suivant lesquelles est déterminé le revenu d'activité antérieur servant de base au calcul des indemnités journalières dues aux assurés appartenant aux catégories pour lesquelles les cotisations sont établies forfaitairement.

Code de la S.S. R. 323-5 (Modifié par Décret n° 2021-428 du 12 avril 2021 - art. 1) :
L'indemnité journalière est égale à la moitié du revenu d'activité antérieur déterminé dans les conditions prévues à l'article R. 323-4.

Code de la S.S. R. 323-6 (Abrogé par Décret n° 2021-428 du 12 avril 2021 - art. 1).

Code de la S.S. R. 323-7 (Modifié par Décret n° 2021-428 du 12 avril 2021 - art. 1) :
Si l'assuré tombe malade au cours d'une période de chômage involontaire, de fermeture de l'établissement employeur ou d'un congé non payé, le revenu d'activité antérieur servant de base au calcul de l'indemnité journalière est celui dont bénéficiait l'assuré avant la date de la cessation effective du travail, même si celle-ci a été suivie d'un stage de formation professionnelle, sous réserve cependant de l'application des dispositions prévues pour la période comprenant la durée du stage et le mois qui suit celui-ci.

Code de la S.S. R. 323-8 (Modifié par Décret n° 2021-428 du 12 avril 2021 - art. 1) :
I.– A la date d'interruption de travail, un assuré est regardé comme n'ayant pas perçu de revenus d'activité pendant tout ou partie de la période de référence mentionnée à l'article R. 323-4 lorsque :
  1° Il débute une activité au cours d'un mois de la période de référence ;
  2° L'activité a pris fin pendant la période de référence ;
  3° Lorsque, au cours d'un ou plusieurs mois de la période de référence, l'assuré n'a pas travaillé :
    a) Par suite de maladie, accident, maternité, chômage involontaire total ou partiel ;
    b) En raison de la fermeture de l'établissement employeur à la disposition duquel reste l'assuré ;
    c) En cas de congé non payé à l'exclusion des absences non autorisées, de service militaire ou appel sous les drapeaux.
II.– Dans les cas mentionnés au I, les modalités de calcul de l'indemnité journalière sont les suivantes :
  1° Lorsque l'assuré a perçu des revenus d'activité à une ou plusieurs reprises au cours de la période de référence, les revenus antérieurs servant de base au calcul de l'indemnité journalière mentionnés à l'article R. 323-4 sont déterminés en divisant les salaires soumis à cotisation perçus au cours de la période de référence par la ou les périodes de jours calendaires travaillés auxquels ils correspondent ;

2° Lorsque l'assuré n'a perçu aucun revenu d'activité pendant la période de référence, les revenus antérieurs servant de base au calcul de l'indemnité journalière mentionnés à l'article R. 323-4 sont déterminés en divisant les salaires soumis à cotisation perçus au cours des jours calendaires travaillés depuis la fin de période de référence par la période de jours calendaires travaillés auxquels ils correspondent.

NOTA : Conformément au I de l'article 5 du décret n° 2021-428 du 12 avril 2021, ces dispositions entrent en vigueur pour les arrêts de travail prescrits à compter du 1er octobre 2022.

Code de la S.S. R. 323-9 (Modifié par Décret n° 2021-428 du 12 avril 2021 - art. 1) :
En aucun cas l'indemnité journalière servie à un assuré social ne peut être supérieure au sept cent trentième du montant annuel du plafond mentionné au cinquième alinéa de l'article R. 323-4.

L'attestation de salaire

Code de la S.S. R. 323-10 (Modifié par Décret n° 2021-428 du 12 avril 2021 - art. 1) :
En vue de la détermination du montant de l'indemnité journalière, l'employeur ou les employeurs successifs doivent établir une attestation se rapportant aux payes effectuées pendant les périodes de référence définies ci-dessus. Cette attestation, à l'appui de laquelle sont présentées, le cas échéant, les pièces prévues à l'article L. 3243-2 du code du travail est adressée à la caisse :

1° Sous forme électronique, par l'employeur ;
2° A défaut, sous forme papier par le salarié auquel l'employeur aura remis l'attestation dûment remplie.

L'attestation, établie au moyen d'un formulaire homologué, doit comporter notamment :

1° les indications figurant sur les pièces prévues à l'article L. 143-3 du code du travail en précisant la période et le nombre de journées et d'heures de travail auxquelles s'appliquent la ou les payes, le montant et la date de celles-ci, ainsi que le montant de la retenue effectuée au titre des assurances sociales ;
2° le numéro sous lequel l'employeur effectue le versement des cotisations de sécurité sociale dues pour les travailleurs qu'il emploie ;
3° le nom et l'adresse de l'organisme auquel l'employeur verse ces cotisations.

La reprise du travail

Article R. 4624-32 (Modifié par Décret n° 2016-1908 du 27 décembre 2016 - art. 1) :
L'examen de reprise a pour objet :

1° De vérifier si le poste de travail que doit reprendre le travailleur ou le poste de reclassement auquel il doit être affecté est compatible avec son état de santé ;
2° D'examiner les propositions d'aménagement ou d'adaptation du poste repris par le travailleur ou de reclassement faites par l'employeur à la suite des préconisations émises le cas échéant par le médecin du travail lors de la visite de pré-reprise ;
3° De préconiser l'aménagement, l'adaptation du poste ou le reclassement du travailleur ;
4° D'émettre, le cas échéant, un avis d'inaptitude.

Article R. 4624-33 (Modifié par Décret n° 2016-1908 du 27 décembre 2016 - art. 1) :
Le médecin du travail est informé par l'employeur de tout arrêt de travail d'une durée inférieure à trente jours pour cause d'accident du travail afin de pouvoir apprécier, notamment, l'opportunité d'un nouvel examen médical et, avec l'équipe pluridisciplinaire, de préconiser des mesures de prévention des risques professionnels.

L'indemnisation de la maternité

Article L. 1225-16 (Modifié par Loi n° 2016-41 du 26 janvier 2016 - art. 87) :
La salariée bénéficie d'une autorisation d'absence pour se rendre aux examens médicaux obligatoires prévus par l'article L. 2122-1 du code de la santé publique dans le cadre de la surveillance médicale de la grossesse et des suites de l'accouchement.
La salariée bénéficiant d'une assistance médicale à la procréation dans les conditions prévues au chapitre Ier du titre IV du livre Ier de la deuxième partie du code de la santé publique bénéficie d'une autorisation d'absence pour les actes médicaux nécessaires.
Le conjoint salarié de la femme enceinte ou bénéficiant d'une assistance médicale à la procréation ou la personne salariée liée à elle par un pacte civil de solidarité ou vivant maritalement avec elle bénéficie également d'une autorisation

d'absence pour se rendre à trois de ces examens médicaux obligatoires ou de ces actes médicaux nécessaires pour chaque protocole du parcours d'assistance médicale au maximum.
Ces absences n'entraînent aucune diminution de la rémunération et sont assimilées à une période de travail effectif pour la détermination de la durée des congés payés ainsi que pour les droits légaux ou conventionnels acquis par la salariée au titre de son ancienneté dans l'entreprise.

Article L. 1225-17 (Modifié par Loi n° 2008-67 du 21 janvier 2008 - art. 3):
La salariée a le droit de bénéficier d'un congé de maternité pendant une période qui commence six semaines avant la date présumée de l'accouchement et se termine dix semaines après la date de celui-ci.
A la demande de la salariée et sous réserve d'un avis favorable du professionnel de santé qui suit la grossesse, la période de suspension du contrat de travail qui commence avant la date présumée de l'accouchement peut être réduite d'une durée maximale de trois semaines. La période postérieure à la date présumée de l'accouchement est alors augmentée d'autant.
Lorsque la salariée a reporté après la naissance de l'enfant une partie du congé de maternité et qu'elle se voit prescrire un arrêt de travail pendant la période antérieure à la date présumée de l'accouchement, ce report est annulé et la période de suspension du contrat de travail est décomptée à partir du premier jour de l'arrêt de travail. La période initialement reportée est réduite d'autant.

Article L. 1225-18 (Version en vigueur depuis le 1er mai 2008):
Lorsque des naissances multiples sont prévues, la période de congé de maternité varie dans les conditions suivantes:
1°) Pour la naissance de deux enfants, cette période commence douze semaines avant la date présumée de l'accouchement et se termine vingt-deux semaines après la date de l'accouchement. La période de suspension antérieure à la date présumée de l'accouchement peut être augmentée d'une durée maximale de quatre semaines. La période de vingt-deux semaines postérieure à l'accouchement est alors réduite d'autant;
2°) Pour la naissance de trois enfants ou plus, cette période commence vingt-quatre semaines avant la date présumée de l'accouchement et se termine vingt-deux semaines après la date de l'accouchement.

Article L. 1225-19 (Modifié par Loi n° 2008-67 du 21 janvier 2008 - art. 3):
Lorsque, avant l'accouchement, la salariée elle-même ou le foyer assume déjà la charge de deux enfants au moins ou lorsque la salariée a déjà mis au monde au moins deux enfants nés viables, le congé de maternité commence huit semaines avant la date présumée de l'accouchement et se termine dix-huit semaines après la date de celui-ci.
A la demande de la salariée et sous réserve d'un avis favorable du professionnel de santé qui suit la grossesse, la période de suspension du contrat de travail qui commence avant la date présumée de l'accouchement peut être réduite d'une durée maximale de trois semaines. La période postérieure à la date présumée de l'accouchement est alors augmentée d'autant.
Lorsque la salariée a reporté après la naissance de l'enfant une partie du congé de maternité et qu'elle se voit prescrire un arrêt de travail pendant la période antérieure à la date présumée de l'accouchement, ce report est annulé et la période de suspension du contrat de travail est décomptée à partir du premier jour de l'arrêt de travail. La période initialement reportée est réduite d'autant.
La période de huit semaines de congé de maternité antérieure à la date présumée de l'accouchement peut être augmentée d'une durée maximale de deux semaines.
La période de dix-huit semaines postérieure à la date de l'accouchement est alors réduite d'autant.

Article L. 1225-20 (Version en vigueur depuis le 1er mai 2008):
Lorsque l'accouchement intervient avant la date présumée, le congé de maternité peut être prolongé jusqu'au terme, selon le cas, des seize, vingt-six, trente-quatre ou quarante-six semaines de suspension du contrat auxquelles la salariée a droit, en application des articles L. 1225-17 à L. 1225-19.

Article L. 1225-21 (Version en vigueur depuis le 1er mai 2008):
Lorsqu'un état pathologique est attesté par un certificat médical comme résultant de la grossesse ou de l'accouchement, le congé de maternité est augmenté de la durée de cet état pathologique dans la limite de deux semaines avant la date présumée de l'accouchement et de quatre semaines après la date de celui-ci.

Article L. 1225-22 (Version en vigueur depuis le 1er mai 2008):
Lorsque l'enfant est resté hospitalisé jusqu'à l'expiration de la sixième semaine suivant l'accouchement, la salariée peut reporter à la date de la fin de l'hospitalisation tout ou partie du congé auquel elle peut encore prétendre.

Article L. 1225-23 (Modifié par Loi n° 2008-67 du 21 janvier 2008 - art. 3) :
Lorsque l'accouchement intervient plus de six semaines avant la date prévue et exige l'hospitalisation postnatale de l'enfant, le congé de maternité est prolongé du nombre de jours courant de la date effective de l'accouchement au début des périodes de congé de maternité mentionnées aux articles L. 1225-17 à L. 1225-19.

Article L. 1225-24 (Modifié par Loi n° 2008-67 du 21 janvier 2008 - art. 3) :
Le congé de maternité entraîne la suspension du contrat de travail. La salariée avertit l'employeur du motif de son absence et de la date à laquelle elle entend y mettre fin.
La durée de ce congé est assimilée à une période de travail effectif pour la détermination des droits que la salariée tient de son ancienneté.

Article L. 1225-25 (Version en vigueur depuis le 1er mai 2008) :
A l'issue du congé de maternité, la salariée retrouve son précédent emploi ou un emploi similaire assorti d'une rémunération au moins équivalente.

Article L. 1225-26 (Version en vigueur depuis le 1er mai 2008) :
En l'absence d'accord collectif de branche ou d'entreprise déterminant des garanties d'évolution de la rémunération des salariées pendant le congé de maternité et à la suite de ce congé au moins aussi favorables que celles mentionnées dans le présent article, cette rémunération, au sens de l'article L. 3221-3, est majorée, à la suite de ce congé, des augmentations générales ainsi que de la moyenne des augmentations individuelles perçues pendant la durée de ce congé par les salariés relevant de la même catégorie professionnelle ou, à défaut, de la moyenne des augmentations individuelles dans l'entreprise.
Cette règle n'est pas applicable aux accords collectifs de branche ou d'entreprise conclus antérieurement à l'entrée en vigueur de la loi n° 2006-340 du 23 mars 2006 relative à l'égalité salariale entre les femmes et les hommes.

Article L. 1225-27 (Modifié par Loi n° 2014-288 du 5 mars 2014 - art. 5) :
La salariée qui reprend son activité à l'issue d'un congé de maternité a droit à l'entretien professionnel mentionné au I de l'article L. 6315-1.

Article L. 1225-28 (Modifié par Loi n° 2014-1554 du 22 décembre 2014 - art. 45) :
En cas de décès de la mère au cours de la période d'indemnisation définie au premier alinéa de l'article L. 331-6 du code de la sécurité sociale, le père peut suspendre son contrat de travail pendant une période au plus égale à la durée d'indemnisation restant à courir, définie au même premier alinéa, le cas échéant reportée en application du deuxième alinéa du même article.
L'intéressé avertit son employeur du motif de son absence et de la date à laquelle il entend mettre fin à la suspension de son contrat de travail. Le père bénéficie alors de la protection contre le licenciement prévue aux articles L. 1225-4 et L. 1225-5.
Lorsque le père de l'enfant n'exerce pas son droit, le bénéfice de celui-ci est accordé au conjoint salarié de la mère ou à la personne salariée liée à elle par un pacte civil de solidarité ou vivant maritalement avec elle.

Article L. 1225-29 (Version en vigueur depuis le 1er mai 2008) :
Il est interdit d'employer la salariée pendant une période de huit semaines au total avant et après son accouchement.
Il est interdit d'employer la salariée dans les six semaines qui suivent son accouchement.

Code de la S.S. R. 313-3 (Modifié par Loi n° 2017-736 du 3 mai 2017 - art. 1) :

1°) Pour avoir droit aux indemnités journalières de l'assurance maladie pendant les six premiers mois d'interruption de travail, aux allocations journalières de maternité et aux indemnités journalières de l'assurance maternité, l'assuré social doit justifier aux dates de référence prévues aux 2° et 3° de l'article R. 313-1 :
   a) Soit que le montant des cotisations dues au titre des assurances maladie, maternité, invalidité et décès assises sur les rémunérations qu'il a perçues pendant les six mois civils précédents est au moins égale au montant des mêmes cotisations dues pour un salaire égal à 1.015 fois la valeur du salaire minimum de croissance au premier jour de la période de référence ;
   b) Soit avoir effectué au moins 150 heures de travail salarié ou assimilé au cours des trois mois civils ou des quatre-vingt-dix jours précédents.

   L'assuré doit en outre justifier de dix mois d'affiliation à la date présumée de l'accouchement pour bénéficier des indemnités journalières de l'assurance maternité.

2°) Lorsque l'arrêt de travail se prolonge sans interruption au-delà du sixième mois, l'assuré social, pour avoir droit aux indemnités journalières après le sixième mois d'incapacité de travail, doit avoir été affilié depuis douze mois au moins à la date de référence prévue au 2° de l'article R. 313-1.
Il doit justifier en outre :
 a) Soit que le montant des cotisations dues au titre des assurances maladie, maternité, invalidité et décès assises sur les rémunérations qu'il a perçues pendant les douze mois civils précédant l'interruption de travail est au moins égal au montant des mêmes cotisations dues pour un salaire égal à 2.030 fois la valeur du salaire minimum de croissance au 1er janvier qui précède immédiatement le début de cette période ;
 b) Soit qu'il a effectué au moins 600 heures de travail salarié ou assimilé au cours des douze mois civils ou des 365 jours précédant l'interruption de travail.

Code de la S.S. R. 313-4 (Modifié par Décret n° 2017-736 du 3 mai 2017 - art. 1) :
Pour avoir droit à l'indemnité journalière de repos prévue à l'article L. 331-7, l'assuré ou l'assurée doit justifier :
a) Soit que le montant des cotisations dues au titre des assurances maladie, maternité, invalidité et décès assises sur les rémunérations qu'il ou elle a perçues pendant les six mois civils précédant la date d'arrivée de l'enfant au foyer est au moins égale au montant des mêmes cotisations dues pour un salaire égale à 1.015 fois la valeur du salaire minimum de croissance au premier jour de la période de référence ;
b) Soit qu'il ou elle a effectué au moins 150 heures de travail salarié ou assimilé au cours des trois mois civils ou des trois mois précédant la date d'arrivée de l'enfant au foyer.

Il ou elle doit, en outre, justifier de dix mois d'affiliation à la date d'arrivée de l'enfant au foyer.
Pour permettre le service de l'indemnité journalière de repos, il est remis à l'assuré ou à l'assurée, par le service départemental de l'aide sociale à l'enfance ou par l'œuvre d'adoption autorisée, une attestation justifiant qu'un enfant lui est confié en vue de son adoption et précisant la date d'arrivée de l'enfant au foyer.

Code de la S.S. L. 331-6 (Modifié par Loi n° 2014-1554 du 22 décembre 2014 - art. 45) :
En cas de décès de la mère au cours de la période d'indemnisation de la cessation d'activité comprise, selon le cas, soit entre la naissance de l'enfant et la fin de l'indemnisation au titre du régime d'assurance maternité, soit entre la naissance de l'enfant et la fin du maintien de traitement lié à la maternité, le père bénéficie, dans des conditions fixées par décret, d'un droit à indemnisation pour la durée restant à courir entre la date du décès et la fin de la période d'indemnisation dont aurait bénéficié la mère, sous réserve qu'il cesse tout travail salarié pendant cette durée et sans qu'il soit fait application des conditions prévues à l'article L. 313-1. Pendant cette durée, le père bénéficie de l'indemnité journalière mentionnée à l'article L. 331-3.
Le père peut demander le report de tout ou partie de la période d'indemnisation à laquelle il a droit dans les conditions fixées par le premier alinéa de l'article L. 331-5.
Lorsque le père de l'enfant ne demande pas à bénéficier de l'indemnité, le droit à indemnisation est accordé au conjoint de la mère ou à la personne liée à elle par un pacte civil de solidarité ou vivant maritalement avec elle.

Code de la S.S. L. 331-5 (Modifié par Loi n° 2006-340 du 23 mars 2006 - art. 15(V)) :
Dans le cas où l'enfant est resté hospitalisé jusqu'à l'expiration de la sixième semaine suivant l'accouchement, l'assurée peut demander le report, à la date de la fin de l'hospitalisation de l'enfant, de tout ou partie de la période d'indemnisation à laquelle elle peut encore prétendre en application de l'article L. 331-3 ou L. 331-4.
Toutefois, lorsque l'assurée bénéficie de la période supplémentaire mentionnée au dernier alinéa de l'article L. 331-3, la possibilité de report prévu à l'alinéa précédent ne peut lui être ouverte qu'à l'issue de ladite période.
L'indemnité journalière de repos peut également être attribuée sur prescription médicale pendant une période supplémentaire n'excédant pas deux semaines, dans des conditions déterminées par décret en Conseil d'Etat.

Le montant de l'indemnisation (IJ Maternité)

Code de la S.S. R. 331-5 (Modifié par Décret n° 2021-428 du 12 avril 2021 - art. 1) :
L'indemnité journalière prévue à l'article L. 331-3 est déterminée selon les modalités prévues aux articles R. 323-4 et R. 323-8 dans la limite du plafond prévu à l'article L. 241-3 appliqué à la totalité des revenus d'activité antérieurs soumis à cotisations. Elle est allouée même si l'enfant n'est pas né vivant au terme de vingt-deux semaines d'aménorrhée.
Pour le calcul de l'indemnité journalière de repos, le revenu d'activité antérieur est déterminé selon les règles prévues aux articles R. 323-4 et R. 323-8. Toutefois, pour l'application de ces dispositions, le salaire pris en compte est le salaire servant de base, lors de chaque paie, au calcul de la cotisation due pour les risques maladie, maternité, invalidité et

décès dans la limite du plafond mentionné à l'article L. 241-3 en vigueur le dernier jour du mois civil précédant celui de l'interruption de travail. Ce salaire est diminué par application d'un taux forfaitaire représentatif de la part salariale des cotisations et contributions d'origine légale ou conventionnelle rendues obligatoires par la loi ; ce taux forfaitaire est fixé par arrêté du ministre chargé de la sécurité sociale.
L'indemnité journalière de repos ne peut être inférieure à un minimum fixé par arrêté du ministre chargé de la sécurité sociale et du ministre chargé du budget.
Les dispositions des articles R. 323-10 et R. 323-11 sont applicables à l'indemnité journalière de repos.

Code de la S.S. R. 331-6 (Créé par Décret 85-1353 1985-12-17 art. 1 JORF 21 décembre 1985) :
L'indemnité journalière de repos de l'assurance maternité prévue à l'article L. 331-3 est due pendant la période de repos prévue audit article, même en cas de prolongation d'un état morbide antérieurement constaté ou de constatation d'un état morbide au cours de cette période.
Si l'état morbide consécutif à l'accouchement se déclare après la période légale de repos et si l'intéressée n'a pas repris le travail, les prestations en espèces de l'assurance maladie sont servies sans qu'il y ait lieu de faire état du délai de carence.
Pendant la période où l'intéressée reçoit les prestations en espèces de l'assurance maternité, elle ne peut recevoir en même temps les prestations en espèces de l'assurance maladie.
L'indemnité journalière de repos supplémentaire, prévue au deuxième alinéa de l'article L. 331-5, est attribuée au cours de la période prénatale en cas d'état pathologique résultant de la grossesse. Le repos auquel correspond cette indemnité peut être prescrit à partir de la déclaration de grossesse.

L'indemnisation de la paternité

Article L. 1225-35 (Modifié par Loi n° 2020-1576 du 14 décembre 2020 - art. 73) :
Après la naissance de l'enfant, le père salarié ainsi que, le cas échéant, le conjoint ou concubin salarié de la mère ou la personne salariée liée à elle par un pacte civil de solidarité bénéficient d'un congé de paternité et d'accueil de l'enfant de vingt-cinq jours calendaires ou de trente-deux jours calendaires en cas de naissances multiples.
Le congé de paternité et d'accueil de l'enfant entraîne la suspension du contrat de travail.
Ce congé est composé d'une période de quatre jours calendaires consécutifs, faisant immédiatement suite au congé de naissance mentionné au 3° de l'article L. 3142-1, et d'une période de vingt et un jours calendaires, portée à vingt-huit jours calendaires en cas de naissances multiples.
Le délai de prévenance de l'employeur quant à la date prévisionnelle de l'accouchement et aux dates de prise du congé et à la durée de la ou des périodes de congés, le délai dans lequel les jours de congé doivent être pris ainsi que les modalités de fractionnement de la période de congé de vingt et un jours et de vingt-huit jours sont fixés par décret. Le délai de prévenance relatif à la date prévisionnelle de l'accouchement et celui relatif aux dates de prise du ou des congés de la seconde période de vingt et un jours ou de vingt-huit jours ainsi qu'à la durée de ces congés doivent être compris entre quinze jours et deux mois.
Par dérogation aux quatre premiers alinéas, lorsque l'état de santé de l'enfant nécessite son hospitalisation immédiate après la naissance dans une unité de soins spécialisée définie par arrêté des ministres chargés de la santé et de la sécurité sociale, la période de congé de quatre jours consécutifs mentionnée au troisième alinéa est prolongée de droit, à la demande du salarié, pendant la période d'hospitalisation, dans la limite d'une durée maximale déterminée par décret.
NOTA : Conformément au IV de l'article 73 de la loi n° 2020-1576 du 14 décembre 2020, le présent article entre en vigueur le 1er juillet 2021. Il s'applique aux enfants nés ou adoptés à compter de cette date ainsi qu'aux enfants, nés avant cette date, dont la naissance était supposée intervenir à compter de cette date.
Par dérogation au premier alinéa du présent IV, les dispositions du présent article relatives à l'information de l'employeur sur la date prévisionnelle de la naissance s'appliquent aux naissances prévues à compter du 1er juillet 2021.

L'indemnisation des accidents du travail et de trajet et de la maladie professionnelle

Code de la S.S. R. 441-1 (Modifié par Décret n° 2019-356 du 23 avril 2019 - art. 1) :
Les formalités de déclaration d'accident sont effectuées par l'employeur conformément aux dispositions des articles L. 441-2 et L. 441-4.
Dans les collectivités, établissements et entreprises assurant directement la charge de la réparation, un exemplaire des certificats médicaux prévus à l'article L. 441-6 est transmis sans délai par la caisse primaire au comité social et économique intéressé.

Code de la S.S. R. 441-2 (Modifié par Décret n° 2019-356 du 23 avril 2019 - art. 1) :
La déclaration à laquelle la victime d'un accident du travail est tenue conformément à l'article L. 441-1 doit être effectuée dans la journée où l'accident s'est produit ou au plus tard dans les vingt-quatre heures.
Elle doit être envoyée, par tout moyen conférant date certaine à sa réception, si elle n'est pas faite à l'employeur ou à son préposé sur le lieu de l'accident.

Code de la S.S. R. 441-3 (Modifié par Décret n° 2019-356 du 23 avril 2019 - art. 1) :
La déclaration de l'employeur ou l'un de ses préposés prévue à l'article L. 441-2 doit être faite, par tout moyen conférant date certaine à sa réception, dans les quarante-huit heures non compris les dimanches et jours fériés.
Pour la déclaration des accidents dont sont victimes hors des locaux de l'établissement les personnes mentionnées aux 1°, 2°, 4°, 6°, 8° et 13° de l'article L. 311-3 auquel renvoie l'article L. 412-2, le délai imparti à l'employeur ne commence à courir que du jour où il a été informé de l'accident.

Code de la S.S. R. 441-4 (Modifié par Décret n° 2006-111 du 2 février 2006 - art. 1) :
L'employeur est tenu d'adresser à la caisse primaire d'assurance maladie, en même temps que la déclaration d'accident ou au moment de l'arrêt du travail, si celui-ci est postérieur, une attestation indiquant la période du travail, le nombre de journées et d'heures auxquelles s'appliquent la ou les payes mentionnées à l'article R. 433-4, le montant et la date de ces payes.
La caisse primaire peut demander à l'employeur et à la victime ou à ses ayants droit tous renseignements complémentaires qu'elle juge utiles.

Code de la S.S. L. 433-1 (Modifié par Loi n° 2019-1446 du 24 décembre 2019 - art. 85(V)) :
La journée de travail au cours de laquelle l'accident s'est produit, quel que soit le mode de paiement du salaire, est intégralement à la charge de l'employeur.
Une indemnité journalière est payée à la victime par la caisse primaire, à partir du premier jour qui suit l'arrêt du travail consécutif à l'accident sans distinction entre les jours ouvrables et les dimanches et jours fériés, pendant toute la période d'incapacité de travail qui précède soit la guérison complète, soit la consolidation de la blessure ou le décès ainsi que dans le cas de rechute ou d'aggravation prévu à l'article L. 443-2.
Une indemnité journalière est servie en cas de délivrance par le médecin traitant d'un certificat autorisant un travail aménagé ou à temps partiel, si ce travail est reconnu par le médecin-conseil de la caisse primaire comme de nature à favoriser la guérison ou la consolidation de la blessure.
L'article L. 323-3-1 est applicable aux arrêts de travail résultant d'un accident de travail ou d'une maladie professionnelle.
L'indemnité journalière peut être rétablie pendant le délai mentionné à l'article L. 1226-11 du code du travail lorsque la victime ne peut percevoir aucune rémunération liée à son activité salariée. Le versement de l'indemnité cesse dès que l'employeur procède au reclassement dans l'entreprise du salarié inapte ou le licencie. Lorsque le salarié bénéficie d'une rente, celle-ci s'impute sur l'indemnité journalière. Un décret détermine les conditions d'application du présent alinéa.
Le droit à l'indemnité journalière est ouvert dans les conditions définies à l'article L. 323-6.

Code de la S.S. L. 433-2 (Modifié par Loi 90-86 1990-01-23 art. 1 V, VIII en vigueur depuis le 1er janvier 1991) :
L'indemnité journalière est égale à une fraction du salaire journalier. Ce dernier n'entre en compte que dans la limite d'un pourcentage du maximum de rémunération annuelle retenu pour l'assiette des cotisations d'assurance vieillesse en vertu de l'article L. 241-3.
Le délai à l'expiration duquel le taux de l'indemnité journalière est majoré ainsi que les modalités de détermination du salaire journalier de base sont fixés par décret en Conseil d'Etat.
En cas d'augmentation générale des salaires postérieurement à l'accident et lorsque l'interruption de travail se prolonge au-delà d'une durée déterminée, le taux de l'indemnité journalière peut faire l'objet d'une révision.

2. L'indemnisation de l'employeur

La loi de mensualisation

Article L. 1226-1 (Modifié par Loi n° 2015-1702 du 21 décembre 2015 - art. 63):
Tout salarié ayant une année d'ancienneté dans l'entreprise bénéficie, en cas d'absence au travail justifiée par l'incapacité résultant de maladie ou d'accident constaté par certificat médical et contre-visite s'il y a lieu, d'une indemnité complémentaire à l'allocation journalière prévue à l'article L. 321-1 du code de la sécurité sociale, à condition:

1°) D'avoir justifié dans les quarante-huit heures de cette incapacité, sauf si le salarié fait partie des personnes mentionnées à l'article L. 169-1 du code de la sécurité sociale;
2°) D'être pris en charge par la sécurité sociale;
3°) D'être soigné sur le territoire français ou dans l'un des autres Etats membres de la Communauté européenne ou dans l'un des autres Etats partie à l'accord sur l'Espace économique européen.

Ces dispositions ne s'appliquent pas aux salariés travaillant à domicile, aux salariés saisonniers, aux salariés intermittents et aux salariés temporaires.
Un décret en Conseil d'Etat détermine les formes et conditions de la contre-visite mentionnée au premier alinéa.
Le taux, les délais et les modalités de calcul de l'indemnité complémentaire sont déterminés par voie réglementaire.

La contre-visite médicale

Code de la S.S. L. 315-1 (Modifié par Loi n° 2019-774 du 24 juillet 2019 - art. 65):

I.– Le contrôle médical porte sur tous les éléments d'ordre médical qui commandent l'attribution et le service de l'ensemble des prestations de l'assurance maladie, maternité et invalidité ainsi que des prestations prises en charge en application des articles L. 251-2 et L. 254-1 du code de l'action sociale et des familles.

II.– Le service du contrôle médical constate les abus en matière de soins, de prescription d'arrêt de travail et d'application de la tarification des actes et autres prestations.
Lorsque l'activité de prescription d'arrêt de travail apparaît anormalement élevée au regard de la pratique constatée chez les professionnels de santé appartenant à la même profession, des contrôles systématiques de ces prescriptions sont mis en œuvre dans des conditions définies par la convention mentionnée à l'article L. 227-1.
Lorsqu'un contrôle effectué par un médecin à la demande de l'employeur, en application de l'article L. 1226-1 du code du travail, conclut à l'absence de justification d'un arrêt de travail ou fait état de l'impossibilité de procéder à l'examen de l'assuré, ce médecin transmet son rapport au service du contrôle médical de la caisse dans un délai maximal de quarante-huit heures. Le rapport précise si le médecin diligenté par l'employeur a ou non procédé à un examen médical de l'assuré concerné. Au vu de ce rapport, ce service:
1° Soit demande à la caisse de suspendre les indemnités journalières. Dans un délai fixé par décret à compter de la réception de l'information de suspension des indemnités journalières, l'assuré peut demander à son organisme de prise en charge de saisir le service du contrôle médical pour examen de sa situation. Le service du contrôle médical se prononce dans un délai fixé par décret;
2° Soit procède à un nouvel examen de la situation de l'assuré. Ce nouvel examen est de droit si le rapport a fait état de l'impossibilité de procéder à l'examen de l'assuré.

III.– Le service du contrôle médical procède à l'analyse, sur le plan médical, de l'activité des établissements de santé mentionnés aux articles L. 162-29 et L. 162-29-1 dans lesquels sont admis des bénéficiaires de l'assurance maladie, de l'aide médicale de l'Etat ou de la prise en charge des soins urgents mentionnée à l'article L. 254-1 du code de l'action sociale et des familles, notamment au regard des règles définies en application des dispositions de l'article L. 162-1-7.

III. bis – Le service du contrôle médical procède auprès des établissements de santé visés à l'article L. 162-22-6, des pharmaciens et des distributeurs de produits ou prestations, dans le respect des règles déontologiques, aux contrôles nécessaires en matière de délivrance et de facturation de médicaments, produits ou prestations donnant lieu à remboursement par les caisses d'assurance maladie ou à prise en charge par l'Etat en application des articles L. 251-2 ou L. 254-1 du code de l'action sociale et des familles.

IV.– Il procède également à l'analyse, sur le plan médical, de l'activité des professionnels de santé dispensant des soins aux bénéficiaires de l'assurance maladie, de l'aide médicale de l'Etat ou de la prise en charge des soins urgents mentionnée à l'article L. 254-1 du code de l'action sociale et des familles, notamment au regard des règles définies par les conventions qui régissent leurs relations avec les organismes d'assurance maladie ou, en ce qui concerne les médecins, du règlement mentionné à l'article L. 162-14-2. La procédure d'analyse de l'activité se déroule dans le respect des droits de la défense selon des conditions définies par décret.

Par l'ensemble des actions mentionnées au présent article, le service du contrôle médical concourt, dans les conditions prévues aux articles L. 183-1, L. 211-2-1 et au 5° de l'article L. 221-1, à la gestion du risque assurée par les caisses d'assurance maladie.

IV. bis – Le service du contrôle médical s'assure de l'identité du patient à l'occasion des examens individuels qu'il réalise, en demandant à la personne concernée de présenter sa carte nationale d'identité ou tout autre document officiel comportant sa photographie.

V.– Les praticiens-conseils du service du contrôle médical et les personnes placées sous leur autorité n'ont accès aux données de santé à caractère personnel que si elles sont strictement nécessaires à l'exercice de leur mission, dans le respect du secret médical.

VI.– Le service du contrôle médical transmet, sauf opposition du bénéficiaire, les informations de nature médicale qu'il détient, notamment le protocole de soins mentionné à l'article L. 324-1, en cas de changement d'organisme ou de régime d'assurance maladie, au nouveau service chargé du contrôle médical dont relève l'assuré.

VII.– Le service du contrôle médical peut, en application de l'article L. 1435-7 du code de la santé publique, procéder au contrôle du recueil des indicateurs de qualité et de sécurité des soins mentionnés aux articles L. 6144-1 et L. 6161-2-2 du même code.

7. Le temps partiel thérapeutique

Code de la S.S. L. 323-3 (Modifié par Loi n° 2019-1446 du 24 décembre 2019 - art. 85(V)) :
L'indemnité journalière prévue à l'article L. 321-1 est servie, en cas de travail à temps partiel pour motif thérapeutique, dans les cas suivants :

1°) Le maintien au travail ou la reprise du travail et le travail effectué sont reconnus comme étant de nature à favoriser l'amélioration de l'état de santé de l'assuré ;

2°) L'assuré doit faire l'objet d'une rééducation ou d'une réadaptation professionnelle pour recouvrer un emploi compatible avec son état de santé.

Le délai mentionné au premier alinéa de l'article L. 323-1 n'est pas applicable pour le versement de cette indemnité.
Les modalités de calcul de l'indemnité journalière versée en cas de travail à temps partiel pour motif thérapeutique ainsi que sa durée de versement sont déterminées par décret en Conseil d'Etat.

Code de la S.S. R. 323-3 (Modifié par Décret n° 2019-856 du 20 août 2019 - art. 2) :
Les modalités de calcul de l'indemnité journalière mentionnée à l'article L. 323-3 sont identiques à celles prévues à l'article L. 323-4. Le montant de cette indemnité journalière ne peut être supérieur à la perte de gain journalière liée à la réduction de l'activité résultant du travail à temps partiel pour motif thérapeutique.
La durée maximale, prévue au premier alinéa de l'article L. 323-3, durant laquelle, en cas de reprise du travail, l'indemnité journalière peut être maintenue par la caisse ne peut excéder d'un an le délai de trois ans prévu à l'article R. 323-1.

Article R. 4624-30 (Modifié par Décret n° 2022-679 du 26 avril 2022 - art. 2) :
Au cours de l'examen de pré-reprise, le médecin du travail peut recommander :

1°) Des aménagements et adaptations du poste de travail ;

2°) Des préconisations de reclassement ;

3°) Des formations professionnelles à organiser en vue de faciliter le reclassement du travailleur ou sa réorientation professionnelle.

A cet effet, il s'appuie en tant que de besoin sur le service social du travail du service de prévention et de santé au travail interentreprises ou sur celui de l'entreprise.
Il informe, sauf si le travailleur s'y oppose, l'employeur et le médecin conseil de ces recommandations afin que toutes les mesures soient mises en œuvre en vue de favoriser le maintien dans l'emploi du travailleur.

Article R. 4624-31 (Idem R. 4624-30) :
Le travailleur bénéficie d'un examen de reprise du travail par le médecin du travail :

1°) Après un congé de maternité ;

2°) Après une absence pour cause de maladie professionnelle ;

3°) Après une absence d'au moins trente jours pour cause d'accident du travail, de maladie ou d'accident non professionnel.

Dès que l'employeur a connaissance de la date de la fin de l'arrêt de travail, il saisit le service de prévention et santé au travail qui organise l'examen de reprise le jour de la reprise effective du travail par le travailleur, et au plus tard dans un délai de huit jours qui suivent cette reprise.

Article R. 4624-32 (Modifié par Décret n° 2016-1908 du 27 décembre 2016 - art. 1) :
L'examen de reprise a pour objet :

1°) De vérifier si le poste de travail que doit reprendre le travailleur ou le poste de reclassement auquel il doit être affecté est compatible avec son état de santé ;
2°) D'examiner les propositions d'aménagement ou d'adaptation du poste repris par le travailleur ou de reclassement faites par l'employeur à la suite des préconisations émises le cas échéant par le médecin du travail lors de la visite de pré-reprise ;
3°) De préconiser l'aménagement, l'adaptation du poste ou le reclassement du travailleur ;
4°) D'émettre, le cas échéant, un avis d'inaptitude.

Article L. 1243-1 (Modifié par Loi n° 2014-1545 du 20 décembre 2014 - art. 6) :
Sauf accord des parties, le contrat de travail à durée déterminée ne peut être rompu avant l'échéance du terme qu'en cas de faute grave, de force majeure ou d'inaptitude constatée par le médecin du travail.
Lorsqu'il est conclu en application du 6° de l'article L. 1242-2, le contrat de travail à durée déterminée peut, en outre, être rompu par l'une ou l'autre partie, pour un motif réel et sérieux, dix-huit mois après sa conclusion puis à la date anniversaire de sa conclusion.

Article L. 3123-2 (Modifié par Loi n° 2016-1088 du 8 août 2016 - art. 8(V)) :
Le salarié qui en fait la demande peut bénéficier d'une réduction de la durée du travail sous forme d'une ou plusieurs périodes d'au moins une semaine en raison des besoins de sa vie personnelle. Sa durée de travail est fixée dans la limite annuelle prévue au 3° de l'article L. 3123-1.
Pendant les périodes travaillées, le salarié est occupé selon l'horaire collectif applicable dans l'entreprise ou l'établissement.
Les dispositions relatives au régime des heures supplémentaires et à la contrepartie obligatoire sous forme de repos s'appliquent aux heures accomplies au cours d'une semaine au-delà de la durée légale fixée en application de l'article L. 3121-27 ou, en cas d'application d'un accord collectif conclu sur le fondement de l'article L. 3121-44, aux heures accomplies au-delà des limites fixées par cet accord.
L'avenant au contrat de travail précise la ou les périodes non travaillées. Il peut également prévoir les modalités de calcul de la rémunération mensualisée indépendamment de l'horaire réel du mois.

Article L. 1226-10 (Modifié par Ordonnance n° 2017-1718 du 20 décembre 2017 - art. 1) :
Lorsque le salarié victime d'un accident du travail ou d'une maladie professionnelle est déclaré inapte par le médecin du travail, en application de l'article L. 4624-4, à reprendre l'emploi qu'il occupait précédemment, l'employeur lui propose un autre emploi approprié à ses capacités, au sein de l'entreprise ou des entreprises du groupe auquel elle appartient le cas échéant, situées sur le territoire national et dont l'organisation, les activités ou le lieu d'exploitation assurent la permutation de tout ou partie du personnel.
Cette proposition prend en compte, après avis du comité économique et social, les conclusions écrites du médecin du travail et les indications qu'il formule sur les capacités du salarié à exercer l'une des tâches existant dans l'entreprise. Le médecin du travail formule également des indications sur l'aptitude du salarié à bénéficier d'une formation le préparant à occuper un poste adapté.
L'emploi proposé est aussi comparable que possible à l'emploi précédemment occupé, au besoin par la mise en œuvre de mesures telles que mutations, aménagements, adaptations ou transformations de postes existants ou aménagement du temps de travail.
Pour l'application du présent article, la notion de groupe désigne le groupe formé par une entreprise appelée entreprise dominante et les entreprises qu'elle contrôle dans les conditions définies à l'article L. 233-1, aux I et II de l'article L. 233-3 et à l'article L. 233-16 du code de commerce.

Article L. 1226-11 (Version en vigueur depuis le 1er mai 2008) :
Lorsque, à l'issue d'un délai d'un mois à compter de la date de l'examen médical de reprise du travail, le salarié déclaré inapte n'est pas reclassé dans l'entreprise ou s'il n'est pas licencié, l'employeur lui verse, dès l'expiration de ce délai, le salaire correspondant à l'emploi que celui-ci occupait avant la suspension de son contrat de travail.

Ces dispositions s'appliquent également en cas d'inaptitude à tout emploi dans l'entreprise constatée par le médecin du travail.

Article L. 1226-12 (Modifié par Loi n° 2016-1088 du 8 août 2016 - art. 102(V)) :
Lorsque l'employeur est dans l'impossibilité de proposer un autre emploi au salarié, il lui fait connaître par écrit les motifs qui s'opposent au reclassement.
L'employeur ne peut rompre le contrat de travail que s'il justifie soit de son impossibilité de proposer un emploi dans les conditions prévues à l'article L. 1226-10, soit du refus par le salarié de l'emploi proposé dans ces conditions, soit de la mention expresse dans l'avis du médecin du travail que tout maintien du salarié dans l'emploi serait gravement préjudiciable à sa santé ou que l'état de santé du salarié fait obstacle à tout reclassement dans l'emploi.
L'obligation de reclassement est réputée satisfaite lorsque l'employeur a proposé un emploi, dans les conditions prévues à l'article L. 1226-10, en prenant en compte l'avis et les indications du médecin du travail.
S'il prononce le licenciement, l'employeur respecte la procédure applicable au licenciement pour motif personnel prévue au chapitre II du titre III.

LES CRÉANCES

PARTIE VIII

1. Les créances de l'employeur

L'acompte

Article L. 3242-1 (Version en vigueur depuis le 1er mai 2008) :
La rémunération des salariés est mensuelle et indépendante, pour un horaire de travail effectif déterminé, du nombre de jours travaillés dans le mois. Le paiement mensuel neutralise les conséquences de la répartition inégale des jours entre les douze mois de l'année.
Pour un horaire équivalent à la durée légale hebdomadaire, la rémunération mensuelle due au salarié se calcule en multipliant la rémunération horaire par les 52/12 de la durée légale hebdomadaire.
Le paiement de la rémunération est effectué une fois par mois. Un acompte correspondant, pour une quinzaine, à la moitié de la rémunération mensuelle, est versé au salarié qui en fait la demande.
Ces dispositions ne s'appliquent pas aux salariés travaillant à domicile, aux salariés saisonniers, aux salariés intermittents et aux salariés temporaires.

L'avance

Article L. 3251-1 (Version en vigueur depuis le 1er mai 2008) :
L'employeur ne peut opérer une retenue de salaire pour compenser des sommes qui lui seraient dues par un salarié pour fournitures diverses, quelle qu'en soit la nature.

Article L. 3251-2 (Version en vigueur depuis le 1er mai 2008) :
Par dérogation aux dispositions de l'article L. 3251-1, une compensation entre le montant des salaires et les sommes qui seraient dues à l'employeur peut être opérée dans les cas de fournitures suivants :
1° Outils et instruments nécessaires au travail ;
2° Matières ou matériaux dont le salarié a la charge et l'usage ;
3° Sommes avancées pour l'acquisition de ces mêmes objets.

Article L. 3251-3 (Version en vigueur depuis le 1er mai 2008) :
En dehors des cas prévus au 3° de l'article L. 3251-2, l'employeur ne peut opérer de retenue de salaire pour les avances en espèces qu'il a faites, que s'il s'agit de retenues successives ne dépassant pas le dixième du montant des salaires exigibles.
La retenue opérée à ce titre ne se confond pas avec la partie saisissable ou cessible.
Les acomptes sur un travail en cours ne sont pas considérés comme des avances.

2. Les créances des tiers

La saisie-arrêt

Article L. 3252-1 (Version en vigueur depuis le 1er mai 2008) :
Les dispositions du présent chapitre sont applicables aux sommes dues à titre de rémunération à toute personne salariée ou travaillant, à quelque titre ou en quelque lieu que ce soit, pour un ou plusieurs employeurs, quels que soient le montant et la nature de sa rémunération, la forme et la nature de son contrat.

Article L. 3252-2 (Version en vigueur depuis le 1er mai 2008) :
Sous réserve des dispositions relatives aux pensions alimentaires prévues à l'article L. 3252-5, les sommes dues à titre de rémunération ne sont saisissables ou cessibles que dans des proportions et selon des seuils de rémunération affectés d'un correctif pour toute personne à charge, déterminés par décret en Conseil d'Etat.
Ce décret précise les conditions dans lesquelles ces seuils et correctifs sont révisés en fonction de l'évolution des circonstances économiques.

Article L. 3252-3 (Modifié par Loi n° 2016-1917 du 29 décembre 2016 - art. 60(VD)) :
Pour la détermination de la fraction insaisissable, il est tenu compte du montant de la rémunération, de ses accessoires ainsi que de la valeur des avantages en nature, après déduction des cotisations et contributions sociales obligatoires et de la retenue à la source prévue à l'article 204 A du code général des impôts.
Il est en outre tenu compte d'une fraction insaisissable égale au montant forfaitaire mentionné à l'article L. 262-2 du code de l'action sociale et des familles applicable à un foyer composé d'une seule personne.

Il n'est pas tenu compte des indemnités insaisissables, des sommes allouées à titre de remboursement de frais exposés par le travailleur et des allocations ou indemnités pour charges de famille.
NOTA : Conformément à l'article 1er de l'ordonnance n° 2017-1390 du 22 septembre 2017, les dispositions du présent article s'appliquent aux revenus perçus ou réalisés à compter du 1er janvier 2019.

Article L. 3252-4 (Modifié par Loi n° 2011-1862 du 13 décembre 2011 - art. 3) :
Lorsqu'un débiteur perçoit de plusieurs payeurs des sommes saisissables ou cessibles dans les conditions prévues par le présent chapitre, la fraction saisissable est calculée sur l'ensemble de ces sommes.
Les retenues sont opérées selon les modalités déterminées par décret en Conseil d'Etat.

Article L. 3252-5 (Modifié par Loi n° 2015-1702 du 21 décembre 2015 - art. 44(V)) :
Le prélèvement direct du terme mensuel courant et des six derniers mois impayés des pensions alimentaires ou des vingt-quatre derniers mois lorsque l'organisme débiteur des prestations familiales agit pour le compte du créancier peut être poursuivi sur l'intégralité de la rémunération. Il est d'abord imputé sur la fraction insaisissable et, s'il y a lieu, sur la fraction saisissable.
Toutefois, une somme est, dans tous les cas, laissée à la disposition du salarié dans des conditions déterminées par décret en Conseil d'Etat.

Article L. 3252-7 (Version en vigueur depuis le 1er mai 2008)) :
Les rémunérations ne peuvent faire l'objet d'une saisie conservatoire.

Article L. 3252-8 (Modifié par Loi n° 2011-1862 du 13 décembre 2011 - art. 3) :
En cas de pluralité de saisies, les créanciers viennent en concours sous réserve des causes légitimes de préférence.
Toutefois, les créances résiduelles les plus faibles, prises dans l'ordre croissant de leur montant, sans que celles-ci puissent excéder un montant fixé par décret, sont payées prioritairement dans les conditions fixées par ce décret.

Article L. 3252-9 (Modifié par Loi n° 2017-1775 du 28 décembre 2017 - art. 73(V)) :
Le tiers saisi fait connaître :
1°) La situation de droit existant entre lui-même et le débiteur saisi ;
2°) Les cessions, saisies, saisies administratives à tiers détenteur ou paiement direct de créances d'aliments en cours d'exécution.

Le tiers employeur saisi qui s'abstient sans motif légitime de faire cette déclaration ou fait une déclaration mensongère peut être condamné par le juge au paiement d'une amende civile sans préjudice d'une condamnation à des dommages et intérêts et de l'application des dispositions du deuxième alinéa de l'article L. 3252-10.
NOTA : Aux termes de l'article 73 XVII de la loi n° 2017-1775 du 28 décembre 2017 de finances rectificative pour 2017, les présentes dispositions entrent en vigueur à une date fixée par décret, et au plus tard le 1er janvier 2019.

Article L. 3252-10 (Modifié par Loi n° 2011-1862 du 13 décembre 2011 - art. 3, modifié par Ordonnance n° 2011-1895 du 19 décembre 2011 - art. 2(V)) :
Le tiers saisi verse mensuellement les retenues pour lesquelles la saisie est opérée dans les limites des sommes disponibles.
A défaut, le juge, même d'office, le déclare débiteur des retenues qui auraient dû être opérées. Il peut, pour déterminer le montant de ces retenues, s'adresser aux organismes fiscaux et sociaux dans les conditions prévues à l'article 39 de la loi n° 91-650 du 9 juillet 1991 portant réforme des procédures civiles d'exécution pour obtenir les informations relatives au montant de la rémunération perçue par le débiteur ainsi que sur la composition de sa famille.
Le recours du tiers saisi contre le débiteur ne peut être exercé qu'après mainlevée de la saisie.

Article R. 3252-6 (Modifié par Décret n° 2013-109 du 30 janvier 2013 - art. 2) :
Sauf disposition contraire, les notifications et convocations faites en application du présent chapitre sont adressées par lettre recommandée avec avis de réception.
Ces notifications sont régulièrement faites à l'adresse préalablement indiquée par le ou les créanciers. En cas de retour au greffe de l'avis de réception non signé, la date de notification à l'égard du destinataire est celle de la présentation et la notification est réputée faite à domicile ou à résidence.

Article R. 3252-7 (Modifié par Décret n° 2019-913 du 30 août 2019 - art. 25) :
Le juge de l'exécution compétent pour connaître de la saisie des sommes dues à titre de rémunération est celui du domicile du débiteur. Si celui-ci réside à l'étranger ou n'a pas de domicile connu, la procédure est portée devant le juge de l'exécution du lieu où demeure le tiers saisi.

Ces règles de compétence sont d'ordre public.

NOTA : Conformément à l'article 36 du décret n° 2019-913 du 30 août 2019, ces dispositions entrent en vigueur le 1er janvier 2020.

Article R. 3252-8 (Modifié par Décret n° 2019-1333 du 11 décembre 2019 - art. 36) :

Les contestations auxquelles donne lieu la saisie sont formées, instruites et jugées selon les règles de la procédure orale ordinaire devant le tribunal judiciaire.

NOTA : Conformément au I de l'article 55 du décret n° 2019-1333 du 11 décembre 2019, ces dispositions entrent en vigueur le 1er janvier 2020. Elles sont applicables aux instances en cours à cette date.

Article R. 3252-9 (Modifié par Décret n° 2019-966 du 18 septembre 2019 - art. 8) :

Il est tenu au greffe de chaque tribunal judiciaire des fiches individuelles sur lesquelles sont mentionnés tous les actes d'une nature quelconque, décisions et formalités auxquels donne lieu l'exécution des dispositions du présent chapitre.

Les fiches peuvent être tenues sur support électronique. Le système de traitement des informations en garantit l'intégrité et la confidentialité et permet d'en assurer la conservation.

NOTA : Conformément à l'article 9 du décret n° 2019-966 du 18 septembre 2019, les présentes dispositions entrent en vigueur le 1er janvier 2020.

Article R. 3252-10 (Modifié par Décret n° 2019-913 du 30 août 2019 - art. 25) :

Le régisseur installé auprès du greffe du tribunal judiciaire ou, le cas échéant, de l'une de ses chambres de proximité verse les sommes dont il est comptable au préposé de la Caisse des dépôts et consignations le plus rapproché du siège du tribunal auprès duquel le greffe est installé, qui lui ouvre un compte spécial.

Il opère ses retraits pour les besoins des répartitions, sur leur simple quittance, en justifiant de l'autorisation du directeur de greffe.

NOTA : Conformément à l'article 36 du décret n° 2019-913 du 30 août 2019, ces dispositions entrent en vigueur le 1er janvier 2020.

Article R. 3252-12 (Créé par Décret n° 2008-244 du 7 mars 2008 - art. (V)) :

La procédure de saisie des sommes dues à titre de rémunération est précédée, à peine de nullité, d'une tentative de conciliation, en chambre du conseil.

Article R. 3252-13 (Modifié par Décret n° 2019-1333 du 11 décembre 2019 - art. 36) :

La demande est formée par requête remise ou adressée au greffe par le créancier.

Outre les mentions prescrites par l'article 57 du code de procédure civile, la requête contient, à peine de nullité :

1°) Les nom et adresse de l'employeur du débiteur ;

2°) Le décompte distinct des sommes réclamées en principal, frais et intérêts échus ainsi que l'indication du taux des intérêts ;

3°) Les indications relatives aux modalités de versement des sommes saisies. Une copie du titre exécutoire est jointe à la requête.

NOTA : Conformément au I de l'article 55 du décret n° 2019-1333 du 11 décembre 2019, ces dispositions entrent en vigueur le 1er janvier 2020. Elles sont applicables aux instances en cours à cette date.

Article R. 3252-14 (Créé par Décret n° 2008-244 du 7 mars 2008 - art. (V)) :

Le greffier avise le demandeur des lieu, jour et heure de la tentative de conciliation par tout moyen.

Article R. 3252-15 (Créé par Décret n° 2008-244 du 7 mars 2008 - art. (V)) :

Le greffier convoque le débiteur à l'audience.

La convocation :

1°) Mentionne les nom, prénom et adresse du créancier ou, s'il s'agit d'une personne morale, sa dénomination et son siège social ;

2°) Indique les lieu, jour et heure de la tentative de conciliation ;

3°) Contient l'objet de la demande et l'état des sommes réclamées, avec le décompte distinct du principal, des frais et des intérêts échus ;

4°) Indique au débiteur qu'il doit élever lors de cette audience toutes les contestations qu'il peut faire valoir et qu'une contestation tardive ne suspendrait pas le cours des opérations de saisie ;

5°) Reproduit les dispositions de l'article L. 3252-11 relatives à la représentation des parties.

Article R. 3252-16 (Modifié par Décret n° 2013-109 du 30 janvier 2013 - art. 3):
Le créancier et le débiteur sont convoqués quinze jours au moins avant la date de l'audience.

Article R. 3252-17 (Créé par Décret n° 2008-244 du 7 mars 2008 - art. (V)):
Le jour de l'audience, le juge tente de concilier les parties.

Article R. 3252-18 (Créé par Décret n° 2008-244 du 7 mars 2008 - art. (V)):
Si le débiteur manque aux engagements pris à l'audience, le créancier peut demander au greffe de procéder à la saisie sans nouvelle conciliation. Le créancier joint un décompte des sommes perçues en exécution de la conciliation.

Article R. 3252-19 (Créé par Décret n° 2008-244 du 7 mars 2008 - art. (V)):
Si le créancier ne comparaît pas, il est fait application des dispositions de l'article 468 du code de procédure civile.
Si le débiteur ne comparaît pas, il est procédé à la saisie, à moins que le juge n'estime nécessaire une nouvelle convocation.
Si les parties ne se sont pas conciliées, il est procédé à la saisie après que le juge a vérifié le montant de la créance en principal, intérêts et frais et, s'il y a lieu, tranché les contestations soulevées par le débiteur.

Article R. 3252-20 (Modifié par Décret n° 2016-1359 du 11 octobre 2016 - art. 5):
Le directeur de greffe veille au bon déroulement des opérations de saisie.

Article R. 3252-21 (Créé par Décret n° 2008-244 du 7 mars 2008 - art. (V)):
Au vu du procès-verbal de non-conciliation, le greffier procède à la saisie dans les huit jours.
Si l'audience de conciliation a donné lieu à un jugement, le greffier procède à la saisie dans les huit jours suivant la notification du jugement s'il est exécutoire et, à défaut, suivant l'expiration des délais de recours contre ce jugement.

Article R. 3252-22 (Créé par Décret n° 2008-244 du 7 mars 2008 - art. (V)):
L'acte de saisie établi par le greffe contient:
1°) Les nom, prénoms et domicile du débiteur et du créancier ou, s'il s'agit d'une personne morale, sa dénomination et son siège social;
2°) Le décompte distinct des sommes pour lesquelles la saisie est pratiquée, en principal, frais et intérêts échus ainsi que l'indication du taux des intérêts;
3°) Le mode de calcul de la fraction saisissable et les modalités de son règlement;
4°) L'injonction d'effectuer au greffe, dans un délai de quinze jours, la déclaration prévue par l'article L. 3252-9;
5°) La reproduction des articles L. 3252-9 et L. 3252-10.

Article R. 3252-23 (Créé par Décret n° 2008-244 du 7 mars 2008 - art. (V)):
L'acte de saisie est notifié à l'employeur.
Il en est donné copie au débiteur saisi par lettre simple avec l'indication qu'en cas de changement d'employeur, la saisie sera poursuivie entre les mains du nouvel employeur.

Article R. 3252-24 (Créé par Décret n° 2008-244 du 7 mars 2008 - art. (V)):
L'employeur fournit au greffe, dans les quinze jours au plus tard à compter de la notification de l'acte de saisie, les renseignements mentionnés dans l'article L. 3252-9.
Cette déclaration peut être consultée au greffe par le créancier, le débiteur ou leur mandataire. A leur demande, le greffier en délivre une copie.

Article R. 3252-25 (Modifié par Décret n° 2017-892 du 6 mai 2017 - art. 67):
L'amende civile prévue par l'article L. 3252-9 ne peut excéder 10.000 euros.

Article R. 3252-26 (Créé par Décret n° 2008-244 du 7 mars 2008 - art. (V)):
L'employeur informe le greffe, dans les huit jours, de tout événement qui suspend la saisie ou y met fin.

Article R. 3252-27 (Modifié par Décret n° 2019-913 du 30 août 2019 - art. 2):
L'employeur adresse tous les mois au greffe une somme égale à la fraction saisissable du salaire.
Lorsqu'il n'existe qu'un seul créancier saisissant, le versement est réalisé au moyen d'un chèque libellé conformément aux indications données par celui-ci. Le greffier l'adresse dès sa réception, et après mention au dossier, au créancier ou à son mandataire. L'employeur peut également procéder par virement, établi, conformément aux indications données par le créancier. Dans ce cas, il lui incombe de justifier auprès du greffe de la date et du montant du virement.
S'il existe plusieurs créanciers saisissants, le versement est fait par chèque ou par virement établi à l'ordre du régisseur installé auprès du greffe du tribunal judiciaire ou le cas échéant, de l'une de ses chambres de proximité.

NOTA ; Conformément à l'article 36 du décret n° 2019-913 du 30 août 2019, ces dispositions entrent en vigueur le 1er janvier 2020.

Article R. 3252-28 (Créé par Décret n° 2008-244 du 7 mars 2008 - art. (V)) :
Si l'employeur omet d'effectuer les versements en exécution d'une saisie, le juge rend à son encontre une ordonnance le déclarant personnellement débiteur conformément à l'article L. 3252-10. L'ordonnance est notifiée à l'employeur. Le greffier informe le créancier et le débiteur.
A défaut d'opposition dans les quinze jours de la notification, l'ordonnance devient exécutoire. L'exécution en est poursuivie à la requête de la partie la plus diligente.

Article R. 3252-29 (Créé par Décret n° 2008-244 du 7 mars 2008 - art. (V)) :
La mainlevée de la saisie résulte soit d'un accord des créanciers, soit de la constatation par le juge de l'extinction de la dette.
Elle est notifiée à l'employeur dans les huit jours.

Article R. 3252-30 (Modifié par Décret n° 2013-1280 du 29 décembre 2013 - art. 11) :
Le créancier muni d'un titre exécutoire peut, sans tentative de conciliation préalable, intervenir à une procédure de saisie des sommes dues à titre de rémunération en cours, afin de participer à la répartition des sommes saisies.
Cette intervention est formée par requête remise contre récépissé ou adressée au greffe.
La requête contient les mentions prescrites par l'article R. 3252-13.

Article R. 3252-31 (Modifié par Décret n° 2019-913 du 30 août 2019 - art. 2) :
Après que le juge a vérifié le montant, en principal, intérêts et frais, de la créance nouvelle faisant l'objet d'une intervention à une saisie en cours, le greffier avise le débiteur et les créanciers qui sont parties à la procédure de cette intervention.
Lors de la première intervention, le greffier informe l'employeur que les versements sont désormais effectués à l'ordre du régisseur installé auprès du greffe du tribunal judiciaire ou le cas échéant, de l'une de ses chambres de proximité.
NOTA : Conformément à l'article 36 du décret n° 2019-913 du 30 août 2019, ces dispositions entrent en vigueur le 1er janvier 2020.

Article R. 3252-32 (Créé par Décret n° 2008-244 du 7 mars 2008 - art. (V)) :
L'intervention d'un nouveau créancier peut être contestée à tout moment de la procédure de saisie.
Le débiteur peut encore, la saisie terminée, agir en répétition à ses frais contre l'intervenant qui aurait été indûment payé.

Article R. 3252-33 (Créé par Décret n° 2008-244 du 7 mars 2008 - art. (V)) :
Un créancier partie à la procédure peut, par voie d'intervention, réclamer les intérêts échus et les frais et dépens liquidés ou vérifiés depuis la saisie.

Article R. 3252-34 (Modifié par Décret n° 2019-913 du 30 août 2019 - art. 2) :
La répartition des sommes versées, en cas de saisie de sommes dues à titre de rémunération, au régisseur installé auprès du greffe du tribunal judiciaire ou le cas échéant, de l'une de ses chambres de proximité est opérée au moins tous les six mois, à moins que dans l'intervalle les sommes atteignent un montant suffisant pour désintéresser les créanciers.
NOTA : Conformément à l'article 36 du décret n° 2019-913 du 30 août 2019, ces dispositions entrent en vigueur le 1er janvier 2020.

Article R. 3252-34-1 (Créé par Décret n° 2012-1401 du 13 décembre 2012 - art. 1) :
Le montant maximal des créances résiduelles payées prioritairement en application du second alinéa de l'article L. 3252-8 est fixé à 500 €.

Article R. 3252-35 (Créé par Décret n° 2008-244 du 7 mars 2008 - art. (V)) :
Le greffier notifie à chaque créancier l'état de répartition.
Si une intervention a été contestée, les sommes revenant au créancier intervenant sont consignées. Elles lui sont remises si la contestation est rejetée. Dans le cas contraire, ces sommes sont distribuées aux créanciers ou restituées au débiteur selon le cas.

Article R. 3252-36 (Créé par Décret n° 2008-244 du 7 mars 2008 - art. (V)) :
L'état de répartition peut être contesté dans le délai de quinze jours de sa notification.
A défaut de contestation formée dans ce délai, le greffier envoie à chaque créancier un chèque du montant des sommes qui lui reviennent. En cas de contestation de l'état de répartition, il est procédé au versement des sommes dues aux créanciers après que le juge a statué sur la contestation.

Article R. 3252-37 (Modifié par Décret n° 2018-970 du 8 novembre 2018 - art. 6) :
La notification à l'employeur d'une saisie administrative à tiers détenteur relative à une créance garantie par le privilège du Trésor public conforme à l'article L. 262 du livre des procédures fiscales suspend le cours de la saisie jusqu'à l'extinction de l'obligation du redevable, sous réserve des procédures de paiement direct engagées pour le recouvrement des pensions alimentaires.
L'employeur informe le comptable public de la saisie en cours. Le comptable indique au greffe du tribunal la date de la saisie administrative à tiers détenteur relative à une créance garantie par le privilège du Trésor public détenteur et celle de sa notification au redevable. Le greffier avise les créanciers de la suspension de la saisie.
Après extinction de la dette du redevable, le comptable en informe le greffe qui avise les créanciers de la reprise des opérations de saisie.

Article R. 3252-38 (Modifié par Décret n° 2019-913 du 30 août 2019 - art. 2) :
En cas de notification à l'employeur d'une saisie administrative à tiers détenteur relative à une créance non garantie par le privilège du Trésor public, conformément à l'article L. 262 du livre des procédures fiscales, l'employeur informe le comptable public de la saisie en cours.
Le comptable adresse au greffe du tribunal une copie de la saisie administrative à tiers détenteur relative à une créance non garantie par le privilège du trésor public et lui indique la date de sa notification au redevable. Le greffier en avise les créanciers qui sont déjà parties à la procédure.
La répartition est effectuée par le greffe conformément aux articles R. 3252-34 à R. 3252-36. A cet effet, la saisie administrative à tiers détenteur relative à une créance non garantie par le privilège du trésor public est assimilée à une intervention.
Le cas échéant, le greffe avise l'employeur que les versements sont désormais effectués à l'ordre du régisseur installé auprès du greffe du tribunal judiciaire ou le cas échéant, de l'une de ses chambres de proximité. Le comptable public informe le greffe de toute extinction, de toute suspension et de toute reprise des effets de la saisie administrative à tiers détenteur relative à une créance non garantie par le privilège du trésor public.
NOTA : Conformément à l'article 36 du décret n° 2019-913 du 30 août 2019, ces dispositions entrent en vigueur le 1er janvier 2020.

Article R. 3252-39 (Créé par Décret n° 2008-244 du 7 mars 2008 - art. (V)) :
En cas de notification d'une demande de paiement direct d'une créance alimentaire, l'employeur verse au débiteur la fraction de la rémunération prévue à l'article L. 3252-5. Il verse au créancier d'aliments les sommes qui lui sont dues. Si ces sommes n'excèdent pas la fraction insaisissable de la rémunération, l'employeur en remet le reliquat au débiteur.
L'employeur continue de verser au greffe la fraction saisissable de la rémunération, après imputation, le cas échéant, des sommes versées au créancier d'aliments.

Article R. 3252-40 (Modifié par Décret n° 2013-109 du 30 janvier 2013 - art. 6) :
Lorsque le débiteur perçoit plusieurs rémunérations, le greffier détermine les employeurs chargés d'opérer les retenues.
Si l'un d'eux est en mesure de verser la totalité de la fraction saisissable, la saisie peut être pratiquée entre ses mains.

Article R. 3252-41 (Créé par Décret n° 2008-244 du 7 mars 2008 - art. (V)) :
Si le créancier transfère son domicile, il en avise le greffe, à moins qu'il n'ait comparu par mandataire.

Article R. 3252-42 (Créé par Décret n° 2008-244 du 7 mars 2008 - art. (V)) :
Lorsque, sans changer d'employeur, le débiteur transfère son domicile hors du ressort du tribunal saisi de la procédure, celle-ci est poursuivie devant ce même tribunal. Les dossiers des saisies susceptibles d'être ensuite pratiquées contre le débiteur lui sont transmis. Le greffier avise les créanciers.

Article R. 3252-43 (Créé par Décret n° 2008-244 du 7 mars 2008 - art. (V)) :
Lorsque le lien de droit entre le débiteur et l'employeur prend fin, les fonds détenus par le régisseur sont répartis.

Article R. 3252-44 (Modifié par Décret n° 2019-913 du 30 août 2019 - art. 2) :
En cas de changement d'employeur, la saisie peut être poursuivie par le nouvel employeur, sans conciliation préalable, si la demande est faite dans l'année qui suit l'avis donné par l'ancien employeur. A défaut, la saisie prend fin et les fonds sont répartis.
Si, en outre, le débiteur a transféré le lieu où il demeure dans le ressort d'un autre tribunal d'instance, le créancier est également dispensé de conciliation préalable à la condition que la demande de saisie soit faite au greffe du juge de l'exécution de ce tribunal dans le délai prévu au premier alinéa.

NOTA : Conformément à l'article 36 du décret n° 2019-913 du 30 août 2019, ces dispositions entrent en vigueur le 1er janvier 2020.

Article R. 3252-2 (Modifié par Décret n° 2022-1648 du 23 décembre 2022 - art. 1) :
La proportion dans laquelle les sommes dues à titre de rémunération sont saisissables ou cessibles, en application de l'article L. 3252-2, est fixée comme suit :

1°) Le vingtième, sur la tranche inférieure ou égale à 4.170 € ;
2°) Le dixième, sur la tranche supérieure à 4.170 € et inférieure ou égale à 8.140 € ;
3°) Le cinquième, sur la tranche supérieure à 8.140 € et inférieure ou égale à 12.130 € ;
4°) Le quart, sur la tranche supérieure à 12.130 € et inférieure ou égale à 16.080 € ;
5°) Le tiers, sur la tranche supérieure à 16.080 € et inférieure ou égale à 20.050 € ;
6°) Les deux tiers, sur la tranche supérieure à 20.050 € et inférieure ou égale à 24.090 € ;
7°) La totalité, sur la tranche supérieure à 24.090 €.

NOTA : Conformément à l'article 3 du décret n° 2022-1648 du 23 décembre 2022, ces dispositions entrent en vigueur le 1er janvier 2023.

Article R. 3252-3 (Modifié par Décret n° 2022-1648 du 23 décembre 2022 - art. 2) :
Les seuils déterminés à l'article R. 3252-2 sont augmentés d'un montant de 1.610 € par personne à la charge du débiteur saisi ou du cédant, sur justification présentée par l'intéressé.
Pour l'application du premier alinéa, sont considérés comme personnes à charge :

1°) Le conjoint, le partenaire lié par un pacte civil de solidarité ou le concubin du débiteur, dont les ressources personnelles sont inférieures au montant forfaitaire du revenu de solidarité active mentionné à l'article L. 262-2 du code de l'action sociale et des familles, fixé pour un foyer composé d'une seule personne tel qu'il est fixé chaque année par décret ;
2°) L'enfant ouvrant droit aux prestations familiales en application des articles L. 512-3 et L. 512-4 du code de la sécurité sociale et se trouvant à la charge effective et permanente du débiteur au sens de l'article L. 513-1 du même code. Est également considéré comme étant à charge l'enfant à qui ou pour l'entretien duquel le débiteur verse une pension alimentaire ;
3°) L'ascendant dont les ressources personnelles sont inférieures au montant forfaitaire du revenu de solidarité active mentionné à l'article L. 262-2 du code de l'action sociale et des familles, fixé pour un foyer composé d'une seule personne et qui habite avec le débiteur ou auquel le débiteur verse une pension alimentaire.

NOTA : Conformément à l'article 3 du décret n° 2022-1648 du 23 décembre 2022, ces dispositions entrent en vigueur le 1er janvier 2023.

Article R. 3252-4 (Modifié par Décret n° 2017-892 du 6 mai 2017 - art. 47) :
Les seuils et correctifs prévus aux articles R. 3252-2 et R. 3252-3 sont révisés annuellement par décret en fonction de l'évolution de l'indice des prix à la consommation, hors tabac, des ménages urbains dont le chef est ouvrier ou employé tel qu'il est fixé au mois d'août de l'année précédente dans la série France-entière. Ils sont arrondis à la dizaine d'euros supérieure.

Article R. 3252-5 (Modifié par Décret n° 2015-1709 du 21 décembre 2015 - art. 3) :
La somme laissée dans tous les cas à la disposition du salarié dont la rémunération fait l'objet d'une saisie ou d'une cession, en application du second alinéa de l'article L. 3252-5, est égale au montant forfaitaire mentionné à l'article L. 262-2 du code de l'action sociale et des familles fixé pour un foyer composé d'une seule personne.

La cession des rémunérations

Article R. 3252-45 (Créé par Décret n° 2008-244 du 7 mars 2008 - art. (V)) :
La cession des sommes dues à titre de rémunération s'opère par une déclaration du cédant en personne au greffe du tribunal du lieu où il demeure.
Une copie de la déclaration est remise ou notifiée au cessionnaire.

Article R. 3252-46 (Créé par Décret n° 2008-244 du 7 mars 2008 - art. (V)) :
A la demande du cessionnaire le greffier notifie la cession à l'employeur.
Cette notification rend la cession opposable aux tiers. Elle est dénoncée au débiteur.
La cession qui n'est pas notifiée dans le délai d'un an est périmée.

Article R. 3252-47 (Créé par Décret n° 2008-244 du 7 mars 2008 - art. (V)) :
A compter de la notification de la cession, l'employeur verse directement au cessionnaire le montant des sommes cédées dans la limite de la fraction saisissable.

LA RUPTURE DU CONTRAT DE TRAVAIL

PARTIE IX

1. La rupture de contrat à durée déterminée

Article L. 1243-5 (Modifié par Loi n° 2014-1545 du 20 décembre 2014 - art. 6) :
Le contrat de travail à durée déterminée cesse de plein droit à l'échéance du terme. Lorsqu'il est conclu en application du 6° de l'article L. 1242-2, il prend fin avec la réalisation de l'objet pour lequel il a été conclu après un délai de prévenance au moins égal à deux mois.
Toutefois, ce principe ne fait pas obstacle à l'application des dispositions relatives à la rupture du contrat de travail à durée déterminée :
1°) Des salariés victimes d'un accident du travail ou d'une maladie professionnelle, prévues à l'article L. 1226-19 ;
2°) Des salariés titulaires d'un mandat de représentation mentionnés à l'article L. 2412-1.

Article L. 1243-1 (Modifié par Loi n° 2014-1545 du 20 décembre 2014 - art. 6) :
Sauf accord des parties, le contrat de travail à durée déterminée ne peut être rompu avant l'échéance du terme qu'en cas de faute grave, de force majeure ou d'inaptitude constatée par le médecin du travail.
Lorsqu'il est conclu en application du 6° de l'article L. 1242-2, le contrat de travail à durée déterminée peut, en outre, être rompu par l'une ou l'autre partie, pour un motif réel et sérieux, dix-huit mois après sa conclusion puis à la date anniversaire de sa conclusion.

Article L. 1243-2 (Modifié par Loi n° 2015-994 du 17 août 2015 - art. 55) :
Par dérogation aux dispositions de l'article L. 1243-1, le contrat de travail à durée déterminée peut être rompu avant l'échéance du terme à l'initiative du salarié, lorsque celui-ci justifie de la conclusion d'un contrat à durée indéterminée.
Sauf accord des parties, le salarié est alors tenu de respecter un préavis dont la durée est calculée à raison d'un jour par semaine compte tenu :
1°) De la durée totale du contrat incluant, le cas échéant, son ou ses deux renouvellements, lorsque celui-ci comporte un terme précis ;
2°) De la durée effectuée lorsque le contrat ne comporte pas un terme précis.
Le préavis ne peut excéder deux semaines.

Article L. 1243-3 (Version en vigueur depuis le 1er mai 2008) :
La rupture anticipée du contrat de travail à durée déterminée qui intervient à l'initiative du salarié en dehors des cas prévus aux articles L. 1243-1 et L. 1243-2 ouvre droit pour l'employeur à des dommages et intérêts correspondant au préjudice subi.

Article L. 1243-4 (Modifié par Loi n° 2011-525 du 17 mai 2011 - art. 49) :
La rupture anticipée du contrat de travail à durée déterminée qui intervient à l'initiative de l'employeur, en dehors des cas de faute grave, de force majeure ou d'inaptitude constatée par le médecin du travail, ouvre droit pour le salarié à des dommages et intérêts d'un montant au moins égal aux rémunérations qu'il aurait perçues jusqu'au terme du contrat, sans préjudice de l'indemnité de fin de contrat prévue à l'article L. 1243-8.
Toutefois, lorsque le contrat de travail est rompu avant l'échéance du terme en raison d'un sinistre relevant d'un cas de force majeure, le salarié a également droit à une indemnité compensatrice dont le montant est égal aux rémunérations qu'il aurait perçues jusqu'au terme du contrat. Cette indemnité est à la charge de l'employeur.

Article L. 1243-6 (Version en vigueur depuis le 1er mai 2008) :
La suspension du contrat de travail à durée déterminée ne fait pas obstacle à l'échéance du terme.

Article L. 1243-7 (Version en vigueur depuis le 1er mai 2008) :
Lorsque le contrat de travail à durée déterminée est conclu pour remplacer un salarié temporairement absent ou dont le contrat de travail est suspendu ou pour un remplacement effectué au titre des 4° et 5° de l'article L. 1242-2, le terme du contrat initialement fixé peut être reporté jusqu'au surlendemain du jour où la personne remplacée reprend son emploi.

Code Civil, article 1102 (Modifié par Ordonnance n° 2016-131 du 10 février 2016 - art. 2) :
Chacun est libre de contracter ou de ne pas contracter, de choisir son cocontractant et de déterminer le contenu et la forme du contrat dans les limites fixées par la loi.
La liberté contractuelle ne permet pas de déroger aux règles qui intéressent l'ordre public.

Article L. 1231-4 (Version en vigueur depuis le 1er mai 2008) :
L'employeur et le salarié ne peuvent renoncer par avance au droit de se prévaloir des règles prévues par le présent titre.

Article L. 1226-4 (Modifié par Loi n° 2012-387 du 22 mars 2012 - art. 47) :
Lorsque, à l'issue d'un délai d'un mois à compter de la date de l'examen médical de reprise du travail, le salarié déclaré inapte n'est pas reclassé dans l'entreprise ou s'il n'est pas licencié, l'employeur lui verse, dès l'expiration de ce délai, le salaire correspondant à l'emploi que celui-ci occupait avant la suspension de son contrat de travail.
Ces dispositions s'appliquent également en cas d'inaptitude à tout emploi dans l'entreprise constatée par le médecin du travail.
En cas de licenciement, le préavis n'est pas exécuté et le contrat de travail est rompu à la date de notification du licenciement. Le préavis est néanmoins pris en compte pour le calcul de l'indemnité mentionnée à l'article L. 1234-9. Par dérogation à l'article L. 1234-5, l'inexécution du préavis ne donne pas lieu au versement d'une indemnité compensatrice.

Article L. 1226-11 (Version en vigueur depuis le 1er mai 2008) :
Lorsque, à l'issue d'un délai d'un mois à compter de la date de l'examen médical de reprise du travail, le salarié déclaré inapte n'est pas reclassé dans l'entreprise ou s'il n'est pas licencié, l'employeur lui verse, dès l'expiration de ce délai, le salaire correspondant à l'emploi que celui-ci occupait avant la suspension de son contrat de travail.
Ces dispositions s'appliquent également en cas d'inaptitude à tout emploi dans l'entreprise constatée par le médecin du travail.

Article L. 1226-15 (Modifié par Ordonnance n° 2017-1387 du 22 septembre 2017 - art. 3) :
Lorsqu'un licenciement est prononcé en méconnaissance des dispositions relatives à la réintégration du salarié, prévues à l'article L. 1226-8, le tribunal saisi peut proposer la réintégration du salarié dans l'entreprise, avec maintien de ses avantages acquis.
Il en va de même en cas de licenciement prononcé en méconnaissance des dispositions relatives au reclassement du salarié déclaré inapte prévues aux articles L. 1226-10 à L. 1226-12.
En cas de refus de réintégration par l'une ou l'autre des parties, le juge octroie une indemnité au salarié dont le montant est fixé conformément aux dispositions de l'article L. 1235-3-1. Elle se cumule avec l'indemnité compensatrice et, le cas échéant, l'indemnité spéciale de licenciement, prévues à l'article L. 1226-14.
Lorsqu'un licenciement est prononcé en méconnaissance des dispositions du dernier alinéa de l'article L. 1226-12, il est fait application des dispositions prévues par l'article L. 1235-2 en cas d'inobservation de la procédure de licenciement.
NOTA : Conformément à l'article 40-I de l'ordonnance n° 2017-1387 du 22 septembre 2017, ces dispositions sont applicables aux licenciements prononcés postérieurement à la publication de ladite ordonnance.

Article L. 1225-4 (Modifié par Loi n° 2016-1088 du 8 août 2016 - art. 10) :
Aucun employeur ne peut rompre le contrat de travail d'une salariée lorsqu'elle est en état de grossesse médicalement constaté, pendant l'intégralité des périodes de suspension du contrat de travail auxquelles elle a droit au titre du congé de maternité, qu'elle use ou non de ce droit, et au titre des congés payés pris immédiatement après le congé de maternité ainsi que pendant les dix semaines suivant l'expiration de ces périodes.
Toutefois, l'employeur peut rompre le contrat s'il justifie d'une faute grave de l'intéressée, non liée à l'état de grossesse, ou de son impossibilité de maintenir ce contrat pour un motif étranger à la grossesse ou à l'accouchement. Dans ce cas, la rupture du contrat de travail ne peut prendre effet ou être notifiée pendant les périodes de suspension du contrat de travail mentionnées au premier alinéa.

Article L. 1225-4-1 (Modifié par Loi n° 2016-1088 du 8 août 2016 - art. 10) :
Aucun employeur ne peut rompre le contrat de travail d'un salarié pendant les dix semaines suivant la naissance de son enfant.
Toutefois, l'employeur peut rompre le contrat s'il justifie d'une faute grave de l'intéressé ou de son impossibilité de maintenir ce contrat pour un motif étranger à l'arrivée de l'enfant.

Article L. 1225-4-2 (Créé par Loi n° 2020-692 du 8 juin 2020 - art. 8) :
Aucun employeur ne peut rompre le contrat de travail d'un salarié pendant les treize semaines suivant le décès de son enfant âgé de moins de vingt-cinq ans ou de la personne âgée de moins de vingt-cinq ans dont le salarié a la charge effective et permanente.

Toutefois, l'employeur peut rompre le contrat s'il justifie d'une faute grave de l'intéressé ou de son impossibilité de maintenir ce contrat pour un motif étranger au décès de l'enfant.

Article L. 1225-5 (Version en vigueur depuis le 1er mai 2008) :
Le licenciement d'une salariée est annulé lorsque, dans un délai de quinze jours à compter de sa notification, l'intéressée envoie à son employeur, dans des conditions déterminées par voie réglementaire, un certificat médical justifiant qu'elle est enceinte.
Ces dispositions ne s'appliquent pas lorsque le licenciement est prononcé pour une faute grave non liée à l'état de grossesse ou par impossibilité de maintenir le contrat pour un motif étranger à la grossesse ou à l'accouchement.

La transaction

Code Civil, Art. 2044 (Modifié par Loi n° 2016-1547 du 18 novembre 2016 - art. 10) :
La transaction est un contrat par lequel les parties, par des concessions réciproques, terminent une contestation née, ou préviennent une contestation à naître.
Ce contrat doit être rédigé par écrit.

Code Civil : Art. 2045 (Modifié par Loi n° 2011-525 du 17 mai 2011 - art. 158) :
Pour transiger, il faut avoir la capacité de disposer des objets compris dans la transaction.
Le tuteur ne peut transiger pour le mineur ou le majeur en tutelle que conformément à l'article 467 au titre « De la minorité, de la tutelle et de l'émancipation » ; et il ne peut transiger avec le mineur devenu majeur, sur le compte de tutelle, que conformément à l'article 472 au même titre.
Les établissements publics de l'Etat ne peuvent transiger qu'avec l'autorisation expresse du Premier ministre.

Code Civil : Art. 2046 (Créé par Loi n° 1804-03-20 promulguée le 30 mars 1804) :
On peut transiger sur l'intérêt civil qui résulte d'un délit.
La transaction n'empêche pas la poursuite du ministère public.

Code Civil : Art. 2048 (Créé par Loi n° 1804-03-20 promulguée le 30 mars 1804) :
Les transactions se renferment dans leur objet : la renonciation qui y est faite à tous droits, actions et prétentions, ne s'entend que de ce qui est relatif au différend qui y a donné lieu.

Code Civil : Art. 2049 (Créé par Loi n° 1804-03-20 promulguée le 30 mars 1804) :
Les transactions ne règlent que les différends qui s'y trouvent compris, soit que les parties aient manifesté leur intention par des expressions spéciales ou générales, soit que l'on reconnaisse cette intention par une suite nécessaire de ce qui est exprimé.

Code Civil : Art. 2050 (Créé par Loi n° 1804-03-20 promulguée le 30 mars 1804) :
Si celui qui avait transigé sur un droit qu'il avait de son chef acquiert ensuite un droit semblable du chef d'une autre personne, il n'est point, quant au droit nouvellement acquis, lié par la transaction antérieure.

Code Civil : Art. 2051 (Créé par Loi n° 1804-03-20 promulguée le 30 mars 1804) :
La transaction faite par l'un des intéressés ne lie point les autres intéressés et ne peut être opposée par eux.

Code Civil : Art. 2052 (Modifié par Loi n° 2016-1547 du 18 novembre 2016 - art. 10) :
La transaction fait obstacle à l'introduction ou à la poursuite entre les parties d'une action en justice ayant le même objet.

Code Civil : Art. 1224 (Modifié par Ordonnance n° 2016-131 du 10 février 2016 - art. 2) :
La résolution résulte soit de l'application d'une clause résolutoire soit, en cas d'inexécution suffisamment grave, d'une notification du créancier au débiteur ou d'une décision de justice.

2. La fin de contrat à durée indéterminée

Article L. 1231-1 (Modifié par Loi n° 2008-596 du 25 juin 2008 - art. 5) :
Le contrat de travail à durée indéterminée peut être rompu à l'initiative de l'employeur ou du salarié, ou d'un commun accord, dans les conditions prévues par les dispositions du présent titre.
Ces dispositions ne sont pas applicables pendant la période d'essai.

Le licenciement pour motif personnel

Article L. 1232-1 (Modifié par Loi n° 2008-596 du 25 juin 2008 - art. 4) :
Tout licenciement pour motif personnel est motivé dans les conditions définies par le présent chapitre.
Il est justifié par une cause réelle et sérieuse.

Article L. 1232-2 (Version en vigueur depuis le 1er mai 2008) :
L'employeur qui envisage de licencier un salarié le convoque, avant toute décision, à un entretien préalable.
La convocation est effectuée par lettre recommandée ou par lettre remise en main propre contre décharge. Cette lettre indique l'objet de la convocation.
L'entretien préalable ne peut avoir lieu moins de cinq jours ouvrables après la présentation de la lettre recommandée ou la remise en main propre de la lettre de convocation.

Article L. 1232-3 (Version en vigueur depuis le 1er mai 2008) :
Au cours de l'entretien préalable, l'employeur indique les motifs de la décision envisagée et recueille les explications du salarié.

Article L. 1232-4 (Version en vigueur depuis le 1er mai 2008) :
Lors de son audition, le salarié peut se faire assister par une personne de son choix appartenant au personnel de l'entreprise.
Lorsqu'il n'y a pas d'institutions représentatives du personnel dans l'entreprise, le salarié peut se faire assister soit par une personne de son choix appartenant au personnel de l'entreprise, soit par un conseiller du salarié choisi sur une liste dressée par l'autorité administrative.
La lettre de convocation à l'entretien préalable adressée au salarié mentionne la possibilité de recourir à un conseiller du salarié et précise l'adresse des services dans lesquels la liste de ces conseillers est tenue à sa disposition.

Article L. 1232-6 (Modifié par Loi n° 2018-217 du 29 mars 2018 - art. 11) :
Lorsque l'employeur décide de licencier un salarié, il lui notifie sa décision par lettre recommandée avec avis de réception.
Cette lettre comporte l'énoncé du ou des motifs invoqués par l'employeur.
Elle ne peut être expédiée moins de deux jours ouvrables après la date prévue de l'entretien préalable au licenciement auquel le salarié a été convoqué.
Un décret en Conseil d'Etat détermine les modalités d'application du présent article. Un arrêté du ministre chargé du travail fixe les modèles que l'employeur peut utiliser pour procéder à la notification du licenciement.

Article L. 1232-7 (Version en vigueur depuis le 1er mai 2008) :
Le conseiller du salarié est chargé d'assister le salarié lors de l'entretien préalable au licenciement dans les entreprises dépourvues d'institutions représentatives du personnel.
Il est inscrit sur une liste arrêtée par l'autorité administrative après consultation des organisations représentatives d'employeurs et de salariés au niveau national, dans des conditions déterminées par décret.
La liste des conseillers comporte notamment le nom, l'adresse, la profession ainsi que l'appartenance syndicale éventuelle des conseillers. Elle ne peut comporter de conseillers prud'hommes en activité.

Le licenciement pour motif économique

Article L. 1233-2 (Modifié par Loi n° 2008-596 du 25 juin 2008 - art. 4) :
Tout licenciement pour motif économique est motivé dans les conditions définies par le présent chapitre.
Il est justifié par une cause réelle et sérieuse.

Article L. 1233-3 (Modifié par Loi n° 2018-217 du 29 mars 2018 - art. 11) :
Constitue un licenciement pour motif économique le licenciement effectué par un employeur pour un ou plusieurs motifs non inhérents à la personne du salarié résultant d'une suppression ou transformation d'emploi ou d'une modification, refusée par le salarié, d'un élément essentiel du contrat de travail, consécutives notamment :

1°) A des difficultés économiques caractérisées soit par l'évolution significative d'au moins un indicateur économique tel qu'une baisse des commandes ou du chiffre d'affaires, des pertes d'exploitation ou une dégradation de la trésorerie ou de l'excédent brut d'exploitation, soit par tout autre élément de nature à justifier de ces difficultés.
Une baisse significative des commandes ou du chiffre d'affaires est constituée dès lors que la durée de cette baisse est, en comparaison avec la même période de l'année précédente, au moins égale à :

a) Un trimestre pour une entreprise de moins de onze salariés ;
b) Deux trimestres consécutifs pour une entreprise d'au moins onze salariés et de moins de cinquante salariés ;
c) Trois trimestres consécutifs pour une entreprise d'au moins cinquante salariés et de moins de trois cents salariés ;
d) Quatre trimestres consécutifs pour une entreprise de trois cents salariés et plus ;

2°) A des mutations technologiques ;
3°) A une réorganisation de l'entreprise nécessaire à la sauvegarde de sa compétitivité ;
4°) A la cessation d'activité de l'entreprise.

La matérialité de la suppression, de la transformation d'emploi ou de la modification d'un élément essentiel du contrat de travail s'apprécie au niveau de l'entreprise.

Les difficultés économiques, les mutations technologiques ou la nécessité de sauvegarder la compétitivité de l'entreprise s'apprécient au niveau de cette entreprise si elle n'appartient pas à un groupe et, dans le cas contraire, au niveau du secteur d'activité commun à cette entreprise et aux entreprises du groupe auquel elle appartient, établies sur le territoire national, sauf fraude.

Pour l'application du présent article, la notion de groupe désigne le groupe formé par une entreprise appelée entreprise dominante et les entreprises qu'elle contrôle dans les conditions définies à l'article L. 233-1, aux I et II de l'article L. 233-3 et à l'article L. 233-16 du code de commerce.

Le secteur d'activité permettant d'apprécier la cause économique du licenciement est caractérisé, notamment, par la nature des produits biens ou services délivrés, la clientèle ciblée, ainsi que les réseaux et modes de distribution, se rapportant à un même marché.

Les dispositions du présent chapitre sont applicables à toute rupture du contrat de travail résultant de l'une des causes énoncées au présent article, à l'exclusion de la rupture conventionnelle visée aux articles L. 1237-11 et suivants et de la rupture d'un commun accord dans le cadre d'un accord collectif visée aux articles L. 1237-17 et suivants.

Article L. 1233-4 (Modifié par Ordonnance n° 2017-1718 du 20 décembre 2017 - art. 1) :

Le licenciement pour motif économique d'un salarié ne peut intervenir que lorsque tous les efforts de formation et d'adaptation ont été réalisés et que le reclassement de l'intéressé ne peut être opéré sur les emplois disponibles, situés sur le territoire national dans l'entreprise ou les autres entreprises du groupe dont l'entreprise fait partie et dont l'organisation, les activités ou le lieu d'exploitation assurent la permutation de tout ou partie du personnel.

Pour l'application du présent article, la notion de groupe désigne le groupe formé par une entreprise appelée entreprise dominante et les entreprises qu'elle contrôle dans les conditions définies à l'article L. 233-1, aux I et II de l'article L. 233-3 et à l'article L. 233-16 du code de commerce.

Le reclassement du salarié s'effectue sur un emploi relevant de la même catégorie que celui qu'il occupe ou sur un emploi équivalent assorti d'une rémunération équivalente. A défaut, et sous réserve de l'accord exprès du salarié, le reclassement s'effectue sur un emploi d'une catégorie inférieure.

L'employeur adresse de manière personnalisée les offres de reclassement à chaque salarié ou diffuse par tout moyen une liste des postes disponibles à l'ensemble des salariés, dans des conditions précisées par décret.

Les offres de reclassement proposées au salarié sont écrites et précises.

NOTA : Conformément à l'article 40 de l'ordonnance n° 2017-1387 du 22 septembre 2017 :

V.– Ces dispositions sont applicables aux procédures de licenciement économique engagées après la publication de ladite ordonnance.

X.– Les dispositions nécessitant des mesures d'application entrent en vigueur à la date de publication des décrets d'application, et au plus tard le 1er janvier 2018.

Article L. 1233-5 (Modifié par Ordonnance n° 2017-1718 du 20 décembre 2017 - art. 1) :

Lorsque l'employeur procède à un licenciement collectif pour motif économique et en l'absence de convention ou accord collectif de travail applicable, il définit les critères retenus pour fixer l'ordre des licenciements, après consultation du comité social et économique.

Ces critères prennent notamment en compte :

1°) Les charges de famille, en particulier celles des parents isolés ;
2°) L'ancienneté de service dans l'établissement ou l'entreprise ;
3°) La situation des salariés qui présentent des caractéristiques sociales rendant leur réinsertion professionnelle particulièrement difficile, notamment celle des personnes handicapées et des salariés âgés ;
4°) Les qualités professionnelles appréciées par catégorie.

L'employeur peut privilégier un de ces critères, à condition de tenir compte de l'ensemble des autres critères prévus au présent article.

Le périmètre d'application des critères d'ordre des licenciements peut être fixé par un accord collectif.
En l'absence d'un tel accord, ce périmètre ne peut être inférieur à celui de chaque zone d'emplois dans laquelle sont situés un ou plusieurs établissements de l'entreprise concernés par les suppressions d'emplois.
Les conditions d'application de l'avant-dernier alinéa du présent article sont définies par décret.
NOTA : Conformément à l'article 40-V de l'ordonnance n° 2017-1387 du 22 septembre 2017, ces dispositions sont applicables aux procédures de licenciement économique engagées après la publication de ladite ordonnance.
Conformément à l'article 40-X, ces dispositions entrent en vigueur à la date de publication du décret d'application, et au plus tard le 1er janvier 2018.

Article L. 1233-6 (Version en vigueur depuis le 1er mai 2008) :
Les critères retenus par la convention et l'accord collectif de travail ou, à défaut, par la décision de l'employeur ne peuvent établir une priorité de licenciement à raison des seuls avantages à caractère viager dont bénéficie un salarié.

Article L. 1233-7 (Version en vigueur depuis le 1er mai 2008) :
Lorsque l'employeur procède à un licenciement individuel pour motif économique, il prend en compte, dans le choix du salarié concerné, les critères prévus à l'article L. 1233-5.

Article L. 1233-8 (Modifié par Ordonnance n° 2017-1718 du 20 décembre 2017 - art. 1) :
L'employeur qui envisage de procéder à un licenciement collectif pour motif économique de moins de dix salariés dans une même période de trente jours réunit et consulte le comité social et économique dans les entreprises d'au moins onze salariés, dans les conditions prévues par la présente sous-section.
Le comité social et économique rend son avis dans un délai qui ne peut être supérieur, à compter de la date de la première réunion au cours de laquelle il est consulté, à un mois. En l'absence d'avis rendu dans ce délai, le comité social et économique est réputé avoir été consulté.
NOTA : Conformément à l'article 40-VI de l'ordonnance n° 2017-1387 du 22 septembre 2017, ces dispositions sont applicables aux procédures de licenciement économique engagées dans les entreprises ayant mis en place un comité social et économique.

Article L. 1233-9 (Modifié par Ordonnance n° 2017-1386 du 22 septembre 2017 - art. 4) :
Dans les entreprises dotées d'un comité social et économique central d'entreprise, l'employeur réunit le comité social et économique central et le ou les comités sociaux et économiques d'établissements intéressés dès lors que les mesures envisagées excèdent le pouvoir du ou des chefs d'établissement concernés ou portent sur plusieurs établissements simultanément.

Article L. 1233-10 (Modifié par Ordonnance n° 2017-1386 du 22 septembre 2017 - art. 4) :
L'employeur adresse aux représentants du personnel, avec la convocation à la réunion prévue à l'article L. 1233-8, tous renseignements utiles sur le projet de licenciement collectif.
Il indique :
1°) La ou les raisons économiques, financières ou techniques du projet de licenciement ;
2°) Le nombre de licenciements envisagé ;
3°) Les catégories professionnelles concernées et les critères proposés pour l'ordre des licenciements ;
4°) Le nombre de salariés, permanents ou non, employés dans l'établissement ;
5°) Le calendrier prévisionnel des licenciements ;
6°) Les mesures de nature économique envisagées ;
7°) Le cas échéant, les conséquences des licenciements projetés en matière de santé, de sécurité ou de conditions de travail.
NOTA : Conformément à l'article 40-VI de l'ordonnance n° 2017-1387 du 22 septembre 2017, ces dispositions sont applicables aux procédures de licenciement économique engagées dans les entreprises ayant mis en place un comité social et économique.

Article L. 1233-11 (Version en vigueur depuis le 1er mai 2008) :
L'employeur qui envisage de procéder à un licenciement pour motif économique, qu'il s'agisse d'un licenciement individuel ou inclus dans un licenciement collectif de moins de dix salariés dans une même période de trente jours, convoque, avant toute décision, le ou les intéressés à un entretien préalable.
La convocation est effectuée par lettre recommandée ou par lettre remise en main propre contre décharge. Cette lettre indique l'objet de la convocation.
L'entretien préalable ne peut avoir lieu moins de cinq jours ouvrables après la présentation de la lettre recommandée ou la remise en main propre de la lettre de convocation.

Article L. 1233-12 (Version en vigueur depuis le 1er mai 2008) :
Au cours de l'entretien préalable, l'employeur indique les motifs de la décision envisagée et recueille les explications du salarié.

Article L. 1233-13 (Version en vigueur depuis le 1er mai 2008) :
Lors de son audition, le salarié peut se faire assister par une personne de son choix appartenant au personnel de l'entreprise.
Lorsqu'il n'y a pas d'institutions représentatives du personnel dans l'entreprise, le salarié peut se faire assister soit par une personne de son choix appartenant au personnel de l'entreprise, soit par un conseiller du salarié choisi sur une liste dressée par l'autorité administrative.
La lettre de convocation à l'entretien préalable adressée au salarié mentionne la possibilité de recourir à un conseiller et précise l'adresse des services où la liste des conseillers est tenue à la disposition des salariés.

Article L. 1233-15 (Modifié par Ordonnance n° 2016-388 du 31 mars 2016 - art. 1) :
Lorsque l'employeur décide de licencier un salarié pour motif économique, qu'il s'agisse d'un licenciement individuel ou inclus dans un licenciement collectif de moins de dix salariés dans une même période de trente jours, il lui notifie le licenciement par lettre recommandée avec avis de réception.
Cette lettre ne peut être expédiée moins de sept jours ouvrables à compter de la date prévue de l'entretien préalable de licenciement auquel le salarié a été convoqué.
Ce délai est de quinze jours ouvrables pour le licenciement individuel d'un membre du personnel d'encadrement mentionné au 2° de l'article L. 1441-13.

Article L. 1233-16 (Modifié par Loi n° 2018-217 du 29 mars 2018 - art. 11) :
La lettre de licenciement comporte l'énoncé des motifs économiques invoqués par l'employeur.
Elle mentionne également la priorité de réembauche prévue par l'article L. 1233-45 et ses conditions de mise en œuvre.
Un arrêté du ministre chargé du travail fixe les modèles que l'employeur peut utiliser pour procéder à la notification du licenciement.

Article L. 1233-17 (Version en vigueur depuis le 1er mai 2008) :
Sur demande écrite du salarié, l'employeur indique par écrit les critères retenus pour fixer l'ordre des licenciements.

Article L. 1233-19 (Version en vigueur depuis le 1er mai 2008) :
L'employeur qui procède à un licenciement collectif pour motif économique de moins de dix salariés dans une même période de trente jours informe l'autorité administrative du ou des licenciements prononcés.

Article L. 1233-20 (Modifié par Ordonnance n° 2017-1386 du 22 septembre 2017 - art. 4) :
Le procès-verbal de la réunion du comité social et économique consulté sur un projet de licenciement collectif pour motif économique est transmis à l'autorité administrative.

Article L. 1233-21 (Modifié par Ordonnance n° 2017-1718 du 20 décembre 2017 - art. 1) :
Un accord d'entreprise, de groupe ou de branche peut fixer, par dérogation aux règles de consultation des instances représentatives du personnel prévues par le présent titre et par le livre III de la deuxième partie, les modalités d'information et de consultation du comité social et économique et, le cas échéant, le cadre de recours à une expertise par ce comité lorsque l'employeur envisage de prononcer le licenciement économique d'au moins dix salariés dans une même période de trente jours.
NOTA : Conformément à l'article 40-VI de l'ordonnance n° 2017-1387 du 22 septembre 2017, ces dispositions sont applicables aux procédures de licenciement économique engagées dans les entreprises ayant mis en place un comité social et économique.

Article L. 1233-22 (Modifié par Ordonnance n° 2017-1387 du 22 septembre 2017 - art. 20) :
L'accord prévu à l'article L. 1233-21 fixe les conditions dans lesquelles le comité social et économique :
1°) Est réuni et informé de la situation économique et financière de l'entreprise ;
2°) Peut formuler des propositions alternatives au projet économique à l'origine d'une restructuration ayant des incidences sur l'emploi et obtenir une réponse motivée de l'employeur à ses propositions ;
3°) Peut recourir à une expertise.
NOTA : Conformément à l'article 40-VI de l'ordonnance n° 2017-1387 du 22 septembre 2017, ces dispositions sont applicables aux procédures de licenciement économique engagées dans les entreprises ayant mis en place un comité social et économique.

Article L. 1233-23 (Modifié par Ordonnance n° 2017-1386 du 22 septembre 2017 - art. 4) :
L'accord prévu à l'article L. 1233-21 ne peut déroger :

1°) Aux règles générales d'information et de consultation du comité social et économique prévues aux articles L. 2323-2, L. 2323-4 et L. 2323-5 ;
2°) A la communication aux représentants du personnel des renseignements prévus aux articles L. 1233-31 à L. 1233-33 ;
3°) Aux règles de consultation applicables lors d'un redressement ou d'une liquidation judiciaire, prévues à l'article L. 1233-58.

Article L. 1233-24 (Modifié par Loi n° 2013-504 du 14 juin 2013 - art. 18(V)) :
Toute action en contestation visant tout ou partie d'un accord prévu à l'article L. 1233-21 doit être formée, à peine d'irrecevabilité, avant l'expiration d'un délai de trois mois à compter de la date du dépôt de l'accord prévu à l'article L. 2231-6.

Article L. 1233-24-1 (Modifié par Ordonnance n° 2017-1718 du 20 décembre 2017 - art. 1) :
Dans les entreprises de cinquante salariés et plus, un accord collectif peut déterminer le contenu du plan de sauvegarde de l'emploi mentionné aux articles L. 1233-61 à L. 1233-63 ainsi que les modalités de consultation du comité social et économique et de mise en œuvre des licenciements. Cet accord est signé par une ou plusieurs organisations syndicales représentatives ayant recueilli au moins 50 % des suffrages exprimés en faveur d'organisations reconnues représentatives au premier tour des dernières élections des titulaires au comité social et économique, quel que soit le nombre de votants, ou par le conseil d'entreprise dans les conditions prévues à l'article L. 2321-9. L'administration est informée sans délai de l'ouverture d'une négociation en vue de l'accord précité.

Article L. 1233-24-2 (Modifié par Ordonnance n° 2017-1718 du 20 décembre 2017 - art. 1) :
L'accord collectif mentionné à l'article L. 1233-24-1 porte sur le contenu du plan de sauvegarde de l'emploi mentionné aux articles L. 1233-61 à L. 1233-63.
Il peut également porter sur :

1°) Les modalités d'information et de consultation du comité social et économique, en particulier les conditions dans lesquelles ces modalités peuvent être aménagées en cas de projet de transfert d'une ou de plusieurs entités économiques prévu à l'article L. 1233-61, nécessaire à la sauvegarde d'une partie des emplois ;
2°) La pondération et le périmètre d'application des critères d'ordre des licenciements mentionnés à l'article L. 1233-5 ;
3°) Le calendrier des licenciements ;
4°) Le nombre de suppressions d'emploi et les catégories professionnelles concernées ;
5°) Les modalités de mise en œuvre des mesures de formation, d'adaptation et de reclassement prévues à l'article L. 1233-4.

NOTA : Conformément à l'article 40-VI de l'ordonnance n° 2017-1387 du 22 septembre 2017, ces dispositions sont applicables aux procédures de licenciement économique engagées dans les entreprises ayant mis en place un comité social et économique.

Article L. 1233-24-3 (Modifié par Ordonnance n° 2017-1386 du 22 septembre 2017 - art. 4) :
L'accord prévu à l'article L. 1233-24-1 ne peut déroger :

1°) A l'obligation d'effort de formation, d'adaptation et de reclassement incombant à l'employeur en application de l'article L. 1233-4 ;
2°) Aux règles générales d'information et de consultation du comité social et économique prévues aux articles L. 2323-2, L. 2323-4 et L. 2323-5 sauf lorsque l'accord est conclu par le conseil d'entreprise ;
3°) A l'obligation, pour l'employeur, de proposer aux salariés le contrat de sécurisation professionnelle prévu à l'article L. 1233-65 ou le congé de reclassement prévu à l'article L. 1233-71 ;
4°) A la communication aux représentants du personnel des renseignements prévus aux articles L. 1233-31 à L. 1233-33 ;
5°) Aux règles de consultation applicables lors d'un redressement ou d'une liquidation judiciaire, prévues à l'article L. 1233-58.

Article L. 1233-24-4 (Modifié par Ordonnance n° 2017-1386 du 22 septembre 2017 - art. 4) :
A défaut d'accord mentionné à l'article L. 1233-24-1, un document élaboré par l'employeur après la dernière réunion du comité social et économique fixe le contenu du plan de sauvegarde de l'emploi et précise les éléments prévus aux 1° à 5° de l'article L. 1233-24-2, dans le cadre des dispositions légales et conventionnelles en vigueur.

Article L. 1233-25 (Version en vigueur depuis le 1er mai 2008) :
Lorsqu'au moins dix salariés ont refusé la modification d'un élément essentiel de leur contrat de travail, proposée par leur employeur pour l'un des motifs économiques énoncés à l'article L. 1233-3 et que leur licenciement est envisagé, celui-ci est soumis aux dispositions applicables en cas de licenciement collectif pour motif économique.

Article L. 1233-26 (Modifié par Ordonnance n° 2017-1387 du 22 septembre 2017 - art. 20) :
Lorsqu'une entreprise ou un établissement employant habituellement au moins cinquante salariés a procédé pendant trois mois consécutifs à des licenciements économiques de plus de dix salariés au total, sans atteindre dix salariés dans une même période de trente jours, tout nouveau licenciement économique envisagé au cours des trois mois suivants est soumis aux dispositions du présent chapitre.
NOTA : Conformément à l'article 40-VI de l'ordonnance n° 2017-1387 du 22 septembre 2017, ces dispositions sont applicables aux procédures de licenciement économique engagées dans les entreprises ayant mis en place un comité social et économique.

Article L. 1233-27 (Modifié par Ordonnance n° 2017-1387 du 22 septembre 2017 - art. 20) :
Lorsqu'une entreprise ou un établissement employant habituellement au moins cinquante salariés a procédé au cours d'une année civile à des licenciements pour motif économique de plus de dix-huit salariés au total, sans avoir été tenu de présenter de plan de sauvegarde de l'emploi en application de l'article L. 1233-26 ou de l'article L. 1233-28, tout nouveau licenciement économique envisagé au cours des trois premiers mois de l'année civile suivante est soumis aux dispositions du présent chapitre.
NOTA : Conformément à l'article 40-VI de l'ordonnance n° 2017-1387 du 22 septembre 2017, ces dispositions sont applicables aux procédures de licenciement économique engagées dans les entreprises ayant mis en place un comité social et économique.

Article L. 1233-28 (Modifié par Ordonnance n° 2017-1386 du 22 septembre 2017 - art. 4) :
L'employeur qui envisage de procéder à un licenciement collectif pour motif économique d'au moins dix salariés dans une même période de trente jours réunit et consulte le comité social et économique dans les conditions prévues par le présent paragraphe.

Article L. 1233-29 (Modifié par Ordonnance n° 2017-1386 du 22 septembre 2017 - art. 4) :
Dans les entreprises ou établissements employant habituellement moins de cinquante salariés, l'employeur réunit et consulte le comité social et économique. Ce dernier tient deux réunions, séparées par un délai qui ne peut être supérieur à quatorze jours.

Article L. 1233-30 (Modifié par Ordonnance n° 2017-1387 du 22 septembre 2017 - art. 20) :
I.– Dans les entreprises ou établissements employant habituellement au moins cinquante salariés, l'employeur réunit et consulte le comité social et économique sur :
  1°) L'opération projetée et ses modalités d'application, conformément à l'article L. 2323-31 ;
  2°) Le projet de licenciement collectif : le nombre de suppressions d'emploi, les catégories professionnelles concernées, les critères d'ordre et le calendrier prévisionnel des licenciements, les mesures sociales d'accompagnement prévues par le plan de sauvegarde de l'emploi et, le cas échéant, les conséquences des licenciements projetés en matière de santé, de sécurité ou de conditions de travail.
  Les éléments mentionnés au 2° du présent I qui font l'objet de l'accord mentionné à l'article L. 1233-24-1 ne sont pas soumis à la consultation du comité social et économique prévue au présent article.
Le comité social et économique tient au moins deux réunions espacées d'au moins quinze jours.
II.– Le comité social et économique rend ses deux avis dans un délai qui ne peut être supérieur, à compter de la date de sa première réunion au cours de laquelle il est consulté sur les 1° et 2° du I, à :
  1°) Deux mois lorsque le nombre des licenciements est inférieur à cent ;
  2°) Trois mois lorsque le nombre des licenciements est au moins égal à cent et inférieur à deux cent cinquante ;
  3°) Quatre mois lorsque le nombre des licenciements est au moins égal à deux cent cinquante.
Une convention ou un accord collectif de travail peut prévoir des délais différents.
En l'absence d'avis du comité social et économique dans ces délais, celui-ci est réputé avoir été consulté.
NOTA : Conformément à l'article 40-VI de l'ordonnance n° 2017-1387 du 22 septembre 2017, ces dispositions sont applicables aux procédures de licenciement économique engagées dans les entreprises ayant mis en place un comité social et économique.

Article L. 1233-31 (Modifié par Ordonnance n° 2017-1387 du 22 septembre 2017 - art. 20) :
L'employeur adresse aux représentants du personnel, avec la convocation à la première réunion, tous renseignements utiles sur le projet de licenciement collectif.

Il indique :
1°) La ou les raisons économiques, financières ou techniques du projet de licenciement ;
2°) Le nombre de licenciements envisagé ;
3°) Les catégories professionnelles concernées et les critères proposés pour l'ordre des licenciements ;
4°) Le nombre de salariés, permanents ou non, employés dans l'établissement ;
5°) Le calendrier prévisionnel des licenciements ;
6°) Les mesures de nature économique envisagées ;
7°) Le cas échéant, les conséquences de la réorganisation en matière de santé, de sécurité ou de conditions de travail.
NOTA : Conformément à l'article 40-VI de l'ordonnance n° 2017-1387 du 22 septembre 2017, ces dispositions sont applicables aux procédures de licenciement économique engagées dans les entreprises ayant mis en place un comité social et économique.

Article L. 1233-32 (Modifié par Loi n° 2012-387 du 22 mars 2012 - art. 43) :
Outre les renseignements prévus à l'article L. 1233-31, dans les entreprises de moins de cinquante salariés, l'employeur adresse aux représentants du personnel les mesures qu'il envisage de mettre en œuvre pour éviter les licenciements ou en limiter le nombre et pour faciliter le reclassement du personnel dont le licenciement ne pourrait être évité.
Dans les entreprises d'au moins cinquante salariés, l'employeur adresse le plan de sauvegarde de l'emploi concourant aux mêmes objectifs.

Article L. 1233-33 (Modifié par Ordonnance n° 2017-1386 du 22 septembre 2017 - art. 4) :
L'employeur met à l'étude, dans le délai prévu à l'article L. 1233-30, les suggestions relatives aux mesures sociales envisagées et les propositions alternatives au projet de restructuration mentionné à l'article L. 2323-31 formulées par le comité social et économique. Il leur donne une réponse motivée.

Article L. 1233-34 (Modifié par Loi n° 2018-217 du 29 mars 2018 - art. 11) :
Dans les entreprises d'au moins cinquante salariés, lorsque le projet de licenciement concerne au moins dix salariés dans une même période de trente jours, le comité social et économique peut, le cas échéant sur proposition des commissions constituées en son sein, décider, lors de la première réunion prévue à l'article L. 1233-30, de recourir à une expertise pouvant porter sur les domaines économique et comptable ainsi que sur la santé, la sécurité ou les effets potentiels du projet sur les conditions de travail.
Les modalités et conditions de réalisation de l'expertise, lorsqu'elle porte sur un ou plusieurs des domaines cités au premier alinéa, sont déterminées par un décret en Conseil d'Etat.
L'expert peut être assisté dans les conditions prévues à l'article L. 2315-81.
Le comité social et économique peut également mandater un expert afin qu'il apporte toute analyse utile aux organisations syndicales pour mener la négociation prévue à l'article L. 1233-24-1.
Le rapport de l'expert est remis au comité social et économique et, le cas échéant, aux organisations syndicales, au plus tard quinze jours avant l'expiration du délai mentionné à l'article L. 1233-30.
NOTA : Conformément à l'article 40-VI de l'ordonnance n° 2017-1387 du 22 septembre 2017, ces dispositions sont applicables aux procédures de licenciement économique engagées dans les entreprises ayant mis en place un comité social et économique.

Article L. 1233-35 (Modifié par Ordonnance n° 2017-1718 du 20 décembre 2017 - art. 1) :
L'expert désigné par le comité social et économique demande à l'employeur, dans les dix jours à compter de sa désignation, toutes les informations qu'il juge nécessaires à la réalisation de sa mission. L'employeur répond à cette demande dans les huit jours. Le cas échéant, l'expert demande, dans les dix jours, des informations complémentaires à l'employeur, qui répond à cette demande dans les huit jours à compter de la date à laquelle la demande de l'expert est formulée.
NOTA : Conformément à l'article 40-VI de l'ordonnance n° 2017-1387 du 22 septembre 2017, ces dispositions sont applicables aux procédures de licenciement économique engagées dans les entreprises ayant mis en place un comité social et économique.

Article L. 1233-35-1 (Modifié par Ordonnance n° 2017-1387 du 22 septembre 2017 - art. 20) :
Toute contestation relative à l'expertise est adressée, avant transmission de la demande de validation ou d'homologation prévue à l'article L. 1233-57-4, à l'autorité administrative, qui se prononce dans un délai de cinq jours. Cette décision peut être contestée dans les conditions prévues à l'article L. 1235-7-1.
NOTA : Conformément à l'article 40-VI de l'ordonnance n° 2017-1387 du 22 septembre 2017, ces dispositions sont applicables aux procédures de licenciement économique engagées dans les entreprises ayant mis en place un comité social et économique.

Article L. 1233-36 (Modifié par Ordonnance n° 2017-1387 du 22 septembre 2017 - art. 20) :
Dans les entreprises dotées d'un comité social et économique central, l'employeur consulte le comité central et le ou les comités sociaux et économiques d'établissement intéressés dès lors que les mesures envisagées excèdent le pouvoir du ou des chefs d'établissement concernés ou portent sur plusieurs établissements simultanément. Dans ce cas, le ou les comités sociaux et économiques d'établissement tiennent leurs réunions après celles du comité social et économique central tenues en application de l'article L. 1233-30. Ces réunions ont lieu dans les délais prévus à l'article L. 1233-30.
Si la désignation d'un expert est envisagée, elle est effectuée par le comité social et économique central, dans les conditions et les délais prévus au paragraphe 2.
NOTA : Conformément à l'article 40-VI de l'ordonnance n° 2017-1387 du 22 septembre 2017, ces dispositions sont applicables aux procédures de licenciement économique engagées dans les entreprises ayant mis en place un comité social et économique.

Article L. 1233-37 (Modifié par Ordonnance n° 2017-1387 du 22 septembre 2017 - art. 20) :
Lorsque le comité social et économique central recourt à l'assistance d'un expert, l'article L. 1233-50 ne s'applique pas.
NOTA : Conformément à l'article 40-VI de l'ordonnance n° 2017-1387 du 22 septembre 2017, ces dispositions sont applicables aux procédures de licenciement économique engagées dans les entreprises ayant mis en place un comité social et économique.

Article L. 1233-38 (Modifié par Ordonnance n° 2017-1386 du 22 septembre 2017 - art. 4) :
Lorsque l'employeur procède au licenciement pour motif économique d'au moins dix salariés dans une même période de trente jours et qu'il existe un comité social et économique dans l'entreprise, la procédure d'entretien préalable au licenciement ne s'applique pas.
Un décret en Conseil d'Etat détermine les modalités d'application du présent article.

Article L. 1233-39 (Modifié par Loi n° 2013-504 du 14 juin 2013 - art. 18(V)) :
Dans les entreprises de moins de cinquante salariés, l'employeur notifie au salarié le licenciement pour motif économique par lettre recommandée avec avis de réception.
La lettre de notification ne peut être adressée avant l'expiration d'un délai courant à compter de la notification du projet de licenciement à l'autorité administrative.
Ce délai ne peut être inférieur à trente jours.
Une convention ou un accord collectif de travail peut prévoir des délais plus favorables aux salariés.
Dans les entreprises de cinquante salariés ou plus, lorsque le projet de licenciement concerne dix salariés ou plus dans une même période de trente jours, l'employeur notifie le licenciement selon les modalités prévues au premier alinéa du présent article, après la notification par l'autorité administrative de la décision de validation mentionnée à l'article L. 1233-57-2 ou de la décision d'homologation mentionnée à l'article L. 1233-57-3, ou à l'expiration des délais prévus à l'article L. 1233-57-4.
Il ne peut procéder, à peine de nullité, à la rupture des contrats de travail avant la notification de cette décision d'homologation ou de validation ou l'expiration des délais prévus à l'article L. 1233-57-4.

Article L. 1233-42 (Modifié par Loi n° 2018-217 du 29 mars 2018 - art. 11) :
La lettre de licenciement comporte l'énoncé des motifs économiques invoqués par l'employeur.
Elle mentionne également la priorité de réembauche prévue par l'article L. 1233-45 et ses conditions de mise en œuvre.
Un arrêté du ministre chargé du travail fixe les modèles que l'employeur peut utiliser pour procéder à la notification du licenciement.

Article L. 1243-43 (Version en vigueur depuis le 1er mai 2008) :
Sur demande écrite du salarié, l'employeur indique par écrit les critères retenus pour fixer l'ordre des licenciements.

Article L. 1233-45 (Modifié par Ordonnance n° 2014-699 du 26 juin 2014 - art. 4) :
Le salarié licencié pour motif économique bénéficie d'une priorité de réembauche durant un délai d'un an à compter de la date de rupture de son contrat s'il en fait la demande au cours de ce même délai.
Dans ce cas, l'employeur informe le salarié de tout emploi devenu disponible et compatible avec sa qualification. En outre, l'employeur informe les représentants du personnel des postes disponibles.
Le salarié ayant acquis une nouvelle qualification bénéficie également de la priorité de réembauche au titre de celle-ci, s'il en informe l'employeur.

Article L. 1233-45-1 (Modifié par Ordonnance n° 2017-1386 du 22 septembre 2017 - art. 4) :
Dans les entreprises de cinquante salariés ou plus, l'employeur peut, après avis favorable du comité social et économique, proposer des mesures de reclassement interne avant l'expiration du délai mentionné à l'article L. 1233-30.

Article L. 1233-46 (Modifié par Ordonnance n° 2017-1386 du 22 septembre 2017 - art. 4) :
L'employeur notifie à l'autorité administrative tout projet de licenciement pour motif économique d'au moins dix salariés dans une même période de trente jours.
Lorsque l'entreprise est dotée de représentants du personnel, la notification est faite au plus tôt le lendemain de la date prévue pour la première réunion prévue aux articles L. 1233-29 et L. 1233-30.
La notification est accompagnée de tout renseignement concernant la convocation, l'ordre du jour et la tenue de cette réunion. Au plus tard à cette date, elle indique, le cas échéant, l'intention de l'employeur d'ouvrir la négociation prévue à l'article L. 1233-24-1. Le seul fait d'ouvrir cette négociation avant cette date ne peut constituer une entrave au fonctionnement du comité social et économique.

Article L. 1233-48 (Version en vigueur depuis le 1er mai 2008) :
L'ensemble des informations communiquées aux représentants du personnel lors de leur convocation aux réunions prévues par les articles L. 1233-29 et L. 1233-30 est communiqué simultanément à l'autorité administrative.
L'employeur lui adresse également les procès-verbaux des réunions. Ces procès-verbaux comportent les avis, suggestions et propositions des représentants du personnel.

Article L. 1233-49 (Modifié par Ordonnance n° 2017-1386 du 22 septembre 2017 - art. 4) :
Lorsque l'entreprise est dépourvue de comité social et économique et est soumise à l'obligation d'établir un plan de sauvegarde de l'emploi, ce plan ainsi que les informations destinées aux représentants du personnel mentionnées à l'article L. 1233-31 sont communiqués à l'autorité administrative en même temps que la notification du projet de licenciement. En outre, le plan est porté à la connaissance des salariés par tout moyen sur les lieux de travail.

Article L. 1233-50 (Modifié par Ordonnance n° 2017-1387 du 22 septembre 2017 - art. 20) :
Lorsque le comité social et économique recourt à l'assistance d'un expert, l'employeur en informe l'autorité administrative. Il lui transmet également son rapport et les modifications éventuelles du projet de licenciement.
NOTA : Conformément à l'article 40-VI de l'ordonnance n° 2017-1387 du 22 septembre 2017, ces dispositions sont applicables aux procédures de licenciement économique engagées dans les entreprises ayant mis en place un comité social et économique.

Article L. 1233-51 (Modifié par Ordonnance n° 2017-1387 du 22 septembre 2017 - art. 20) :
Lorsque le projet de licenciement donne lieu à consultation du comité social et économique central, l'autorité administrative du siège de l'entreprise est informée de cette consultation et, le cas échéant, de la désignation d'un expert.
NOTA : Conformément à l'article 40-VI de l'ordonnance n° 2017-1387 du 22 septembre 2017, ces dispositions sont applicables aux procédures de licenciement économique engagées dans les entreprises ayant mis en place un comité social et économique.

Article L. 1233-53 (Modifié par Loi n° 2015-990 du 6 août 2015 - art. 289) :
Dans les entreprises de moins de cinquante salariés, l'autorité administrative vérifie, dans le délai de vingt et un jours à compter de la date de la notification du projet de licenciement, que :
1°) Les représentants du personnel ont été informés, réunis et consultés conformément aux dispositions légales et conventionnelles en vigueur ;
2°) Les obligations relatives à l'élaboration des mesures sociales prévues par l'article L. 1233-32 ou par des conventions ou accords collectifs de travail ont été respectées ;
3°) Les mesures prévues à l'article L. 1233-32 seront effectivement mises en œuvre.

Article L. 1233-56 (Modifié par Ordonnance n° 2017-1386 du 22 septembre 2017 - art. 4) :
Lorsque l'autorité administrative relève une irrégularité de procédure au cours des vérifications qu'elle effectue, elle adresse à l'employeur un avis précisant la nature de l'irrégularité constatée. Elle envoie simultanément copie de ses observations au comité social et économique.
L'autorité administrative peut formuler des observations sur les mesures sociales prévues à l'article L. 1233-32.
L'employeur répond aux observations de l'autorité administrative et adresse copie de sa réponse aux représentants du personnel. Si cette réponse intervient après le délai d'envoi des lettres de licenciement prévu à l'article L. 1233-39, celui-ci est reporté jusqu'à la date d'envoi de la réponse à l'autorité administrative. Les lettres de licenciement ne peuvent être adressées aux salariés qu'à compter de cette date.

Article L. 1233-57 (Modifié par Ordonnance n° 2017-1386 du 22 septembre 2017 - art. 4) :
L'autorité administrative peut présenter toute proposition pour compléter ou modifier le plan de sauvegarde de l'emploi, en tenant compte de la situation économique de l'entreprise.

Ces propositions sont formulées avant la dernière réunion du comité social et économique. Elles sont communiquées à l'employeur et au comité social et économique. L'employeur adresse une réponse motivée à l'autorité administrative. En l'absence de représentants du personnel, ces propositions ainsi que la réponse motivée de l'employeur à celles-ci, qu'il adresse à l'autorité administrative, sont portées à la connaissance des salariés par voie d'affichage sur les lieux de travail.

Article L. 1233-57-1 (Créé par Loi n° 2013-504 du 14 juin 2013 - art. 18(V)) :
L'accord collectif majoritaire mentionné à l'article L. 1233-24-1 ou le document élaboré par l'employeur mentionné à l'article L. 1233-24-4 sont transmis à l'autorité administrative pour validation de l'accord ou homologation du document.

Article L. 1233-57-2 (Modifié par Ordonnance n° 2017-1386 du 22 septembre 2017 - art. 4) :
L'autorité administrative valide l'accord collectif mentionné à l'article L. 1233-24-1 dès lors qu'elle s'est assurée de :
1°) Sa conformité aux articles L. 1233-24-1 à L. 1233-24-3 ;
2°) La régularité de la procédure d'information et de consultation du comité social et économique ;
3°) La présence dans le plan de sauvegarde de l'emploi des mesures prévues aux articles L. 1233-61 et L. 1233-63 ;
4°) La mise en œuvre effective, le cas échéant, des obligations prévues aux articles L. 1233-57-9 à L. 1233-57-16, L. 1233-57-19 et L. 1233-57-20.

Article L. 1233-57-3 (Modifié par Loi n° 2017-1837 du 30 décembre 2017 - art. 86(V)) :
En l'absence d'accord collectif ou en cas d'accord ne portant pas sur l'ensemble des points mentionnés aux 1° à 5° de l'article L. 1233-24-2, l'autorité administrative homologue le document élaboré par l'employeur mentionné à l'article L. 1233-24-4, après avoir vérifié la conformité de son contenu aux dispositions législatives et aux stipulations conventionnelles relatives aux éléments mentionnés aux 1° à 5° de l'article L. 1233-24-2, la régularité de la procédure d'information et de consultation du comité social et économique, le respect, le cas échéant, des obligations prévues aux articles L. 1233-57-9 à L. 1233-57-16, L. 1233-57-19 et L. 1233-57-20 et le respect par le plan de sauvegarde de l'emploi des articles L. 1233-61 à L. 1233-63 en fonction des critères suivants :
1°) Les moyens dont disposent l'entreprise, l'unité économique et sociale et le groupe ;
2°) Les mesures d'accompagnement prévues au regard de l'importance du projet de licenciement ;
3°) Les efforts de formation et d'adaptation tels que mentionnés aux articles L. 1233-4 et L. 6321-1.
Elle s'assure que l'employeur a prévu le recours au contrat de sécurisation professionnelle mentionné à l'article L. 1233-65 ou la mise en place du congé de reclassement mentionné à l'article L. 1233-71.
NOTA : Conformément à l'article 86 V B de la loi n° 2017-1837 du 30 décembre 2017 de finances pour 2018, les présentes dispositions s'appliquent aux rémunérations versées à compter du 1er janvier 2019.

Article L. 1233-57-4 (Modifié par Ordonnance n° 2017-1386 du 22 septembre 2017 - art. 4) :
L'autorité administrative notifie à l'employeur la décision de validation dans un délai de quinze jours à compter de la réception de l'accord collectif mentionné à l'article L. 1233-24-1 et la décision d'homologation dans un délai de vingt et un jours à compter de la réception du document complet élaboré par l'employeur mentionné à l'article L. 1233-24-4.
Elle la notifie, dans les mêmes délais, au comité social et économique et, si elle porte sur un accord collectif, aux organisations syndicales représentatives signataires. La décision prise par l'autorité administrative est motivée.
Le silence gardé par l'autorité administrative pendant les délais prévus au premier alinéa vaut décision d'acceptation de validation ou d'homologation. Dans ce cas, l'employeur transmet une copie de la demande de validation ou d'homologation, accompagnée de son accusé de réception par l'administration, au comité social et économique et, si elle porte sur un accord collectif, aux organisations syndicales représentatives signataires.
La décision de validation ou d'homologation ou, à défaut, les documents mentionnés au troisième alinéa et les voies et délais de recours sont portés à la connaissance des salariés par voie d'affichage sur leurs lieux de travail ou par tout autre moyen permettant de conférer date certaine à cette information.

Article L. 1233-57-5 (Créé par Loi n° 2013-504 du 14 juin 2013 - art. 18(V)) :
Toute demande tendant, avant transmission de la demande de validation ou d'homologation, à ce qu'il soit enjoint à l'employeur de fournir les éléments d'information relatifs à la procédure en cours ou de se conformer à une règle de procédure prévue par les textes législatifs, les conventions collectives ou un accord collectif est adressée à l'autorité administrative. Celle-ci se prononce dans un délai de cinq jours.

Article L. 1233-57-6 (Modifié par Loi n° 2017-1718 du 20 décembre 2017 - art. 1) :
L'administration peut, à tout moment en cours de procédure, faire toute observation ou proposition à l'employeur concernant le déroulement de la procédure ou les mesures sociales prévues à l'article L. 1233-32. Elle envoie simul-

tanément copie de ses observations au comité social et économique et, lorsque la négociation de l'accord visé à l'article L. 1233-24-1 est engagée, le cas échéant aux organisations syndicales représentatives dans l'entreprise.
L'employeur répond à ces observations et adresse copie de sa réponse aux représentants du personnel et, le cas échéant, aux organisations syndicales.

Article L. 1233-57-7 (Modifié par Ordonnance n° 2017-1386 du 22 septembre 2017 - art. 4):
En cas de décision de refus de validation ou d'homologation, l'employeur, s'il souhaite reprendre son projet, présente une nouvelle demande après y avoir apporté les modifications nécessaires et consulté le comité social et économique.

Article L. 1233-57-8 (Modifié par Décret n° 2020-88 du 5 février 2020 - art. 1):
L'autorité administrative compétente pour prendre la décision d'homologation ou de validation mentionnée à l'article L. 1233-57-1 est celle du lieu où l'entreprise ou l'établissement concerné par le projet de licenciement collectif est établi. Si le projet de licenciement collectif porte sur des établissements relevant de la compétence d'autorités différentes, l'autorité administrative compétente est désignée dans les conditions prévues par décret en Conseil d'Etat.
Article **L. 1233-57-9** (Modifié par Ordonnance n° 2017-1386 du 22 septembre 2017 - art. 4)**:**
Lorsqu'elle envisage la fermeture d'un établissement qui aurait pour conséquence un projet de licenciement collectif, l'entreprise mentionnée à l'article L. 1233-71 réunit et informe le comité social et économique, au plus tard à l'ouverture de la procédure d'information et de consultation prévue à l'article L. 1233-30.

Article L. 1233-57-10 (Modifié par Loi n° 2014-856 du 31 juillet 2014 - art. 30):
L'employeur adresse aux représentants du personnel, avec la convocation à la réunion prévue à l'article L. 1233-57-9, tous renseignements utiles sur le projet de fermeture de l'établissement.
Il indique notamment:

1°) Les raisons économiques, financières ou techniques du projet de fermeture;
2°) Les actions qu'il envisage d'engager pour trouver un repreneur;
3°) Les possibilités pour les salariés de déposer une offre de reprise, les différents modèles de reprise possibles, notamment par les sociétés prévues par la loi n° 78-763 du 19 juillet 1978 portant statut des sociétés coopératives de production, ainsi que le droit des représentants du personnel de recourir à un expert prévu à l'article L. 1233-57-17.

NOTA: Conformément à l'article 1 III de la loi n° 2014-384 du 29 mars 2014, la section 4 bis du chapitre III du titre III du livre II de la première partie du code du travail (L. 1233-57-9 à L. 1233-57-22) est applicable aux procédures de licenciement collectif engagées à compter du 1er avril 2014.

Article L. 1233-57-11 (Modifié par Ordonnance n° 2017-1386 du 22 septembre 2017 - art. 4):
Dans les entreprises dotées d'un comité social et économique central d'entreprise, l'employeur réunit et informe le comité social et économique central et les comités sociaux et économiques d'établissement intéressés dès lors que les mesures envisagées excèdent le pouvoir des chefs d'établissement concernés ou portent sur plusieurs établissements simultanément. Dans ce cas, les comités sociaux et économiques d'établissement tiennent leur réunion après la réunion du comité social et économique central d'entreprise tenue en application de l'article L. 1233-57-9.

Article L. 1233-57-12 (Créé par Loi n° 2014-384 du 29 mars 2014 - art. 1(V)):
L'employeur notifie sans délai à l'autorité administrative tout projet de fermeture d'un établissement mentionné à l'article L. 1233-57-9.
L'ensemble des informations mentionnées à l'article L. 1233-57-10 est communiqué simultanément à l'autorité administrative. L'employeur lui adresse également le procès-verbal de la réunion mentionnée à l'article L. 1233-57-9, ainsi que tout renseignement concernant la convocation, l'ordre du jour et la tenue de cette réunion.
NOTA: Conformément à l'article 1 III de la loi n° 2014-384 du 29 mars 2014, la section 4 bis du chapitre III du titre III du livre II de la première partie du code du travail (L. 1233-57-9 à L. 1233-57-22) est applicable aux procédures de licenciement collectif engagées à compter du 1er avril 2014.

Article L. 1233-57-13 (Créé par Loi n° 2014-384 du 29 mars 2014 - art. 1(V)):
L'employeur informe le maire de la commune du projet de fermeture de l'établissement. Dès que ce projet lui a été notifié, l'autorité administrative en informe les élus concernés.

Article L. 1233-57-14 (Modifié par Ordonnance n° 2017-1386 du 22 septembre 2017 - art. 4):
L'employeur ayant informé le comité social et économique du projet de fermeture d'un établissement recherche un repreneur. Il est tenu:

1°) D'informer, par tout moyen approprié, des repreneurs potentiels de son intention de céder l'établissement;

2°) De réaliser sans délai un document de présentation de l'établissement destiné aux repreneurs potentiels;
3°) Le cas échéant, d'engager la réalisation du bilan environnemental mentionné à l'article L. 623-1 du code de commerce, ce bilan devant établir un diagnostic précis des pollutions dues à l'activité de l'établissement et présenter les solutions de dépollution envisageables ainsi que leur coût;
4°) De donner accès à toutes informations nécessaires aux entreprises candidates à la reprise de l'établissement, exceptées les informations dont la communication serait de nature à porter atteinte aux intérêts de l'entreprise ou mettrait en péril la poursuite de l'ensemble de son activité. Les entreprises candidates à la reprise de l'établissement sont tenues à une obligation de confidentialité;
5°) D'examiner les offres de reprise qu'il reçoit;
6°) D'apporter une réponse motivée à chacune des offres de reprise reçues, dans les délais prévus à l'article L. 1233-30.

Article L. 1233-57-15 (Modifié par Ordonnance n° 2017-1386 du 22 septembre 2017 - art. 4):
Le comité social et économique est informé des offres de reprise formalisées, au plus tard huit jours après leur réception. Les informations qui lui sont communiquées à ce titre sont réputées confidentielles dans les conditions prévues à l'article L. 2325-5. Il peut émettre un avis, dans les délais prévus à l'article L. 1233-30, participer à la recherche d'un repreneur et formuler des propositions.

Article L. 1233-57-16 (Modifié par Ordonnance n° 2017-1386 du 22 septembre 2017 - art. 4):
Si le comité social et économique souhaite participer à la recherche d'un repreneur, l'employeur lui donne accès, à sa demande, aux informations mentionnées aux 4° à 6° de l'article L. 1233-57-14.

Article L. 1233-57-17 (Modifié par Ordonnance n° 2017-1386 du 22 septembre 2017 - art. 4):
Le comité social et économique peut recourir à l'assistance d'un expert de son choix rémunéré par l'entreprise.
Cet expert a pour mission d'analyser le processus de recherche d'un repreneur, sa méthodologie et son champ, d'apprécier les informations mises à la disposition des repreneurs potentiels, d'étudier les offres de reprise et d'apporter son concours à la recherche d'un repreneur par le comité social et économique et à l'élaboration de projets de reprise.
L'expert présente son rapport dans les délais prévus à l'article L. 1233-30.
Lorsque le comité social et économique recourt à l'assistance d'un expert, l'employeur en informe sans délai l'autorité administrative.

Article L. 1233-57-18 (Modifié par Ordonnance n° 2017-1386 du 22 septembre 2017 - art. 4):
Dans les entreprises dotées d'un comité social et économique central d'entreprise, les comités sociaux et économiques d'établissement exercent les attributions confiées au comité social et économique en application des articles L. 1233-57-15 à L. 1233-57-17, L. 1233-57-19 et L. 1233-57-20, dans la limite des pouvoirs confiés aux chefs de ces établissements.

Article L. 1233-57-19 (Modifié par Ordonnance n° 2017-1386 du 22 septembre 2017 - art. 4):
L'employeur consulte le comité social et économique sur toute offre de reprise à laquelle il souhaite donner suite et indique les raisons qui le conduisent à accepter cette offre, notamment au regard de la capacité de l'auteur de l'offre à garantir la pérennité de l'activité et de l'emploi de l'établissement. Le comité social et économique émet un avis sur cette offre dans un délai fixé en application de l'article L. 2323-3.
Lorsque la procédure est aménagée en application de l'article L. 1233-24-2 pour favoriser un projet de transfert d'une ou de plusieurs entités économiques mentionné à l'article L. 1233-61, l'employeur consulte le comité social et économique sur l'offre de reprise dans le délai fixé par l'accord collectif mentionné à l'article L. 1233-24-2.

Article L. 1233-57-20 (Modifié par Ordonnance n° 2017-1386 du 22 septembre 2017 - art. 4):
Avant la fin de la procédure d'information et de consultation prévue à l'article L. 1233-30, si aucune offre de reprise n'a été reçue ou si l'employeur n'a souhaité donner suite à aucune des offres, celui-ci réunit le comité social et économique et lui présente un rapport, qui est communiqué à l'autorité administrative. Ce rapport indique:
1° Les actions engagées pour rechercher un repreneur;
2° Les offres de reprise qui ont été reçues ainsi que leurs caractéristiques;
3° Les motifs qui l'ont conduit, le cas échéant, à refuser la cession de l'établissement.

Article L. 1233-57-21 (Modifié par Loi n° 2014-856 du 31 juillet 2014 - art. 22):
Les actions engagées par l'employeur au titre de l'obligation de recherche d'un repreneur sont prises en compte dans la convention de revitalisation conclue entre l'entreprise et l'autorité administrative en application des articles L. 1233-84 à L. 1233-90.

Eu égard à la capacité de l'employeur à éviter les licenciements ou à en limiter le nombre par la cession de l'établissement concerné par le projet de fermeture, attestée par les rapports mentionnés aux articles L. 1233-57-17 et L. 1233-57-20, l'autorité administrative peut demander le remboursement des aides pécuniaires en matière d'installation, de développement économique, de recherche ou d'emploi attribuées par une personne publique à l'entreprise, au titre de l'établissement concerné par le projet de fermeture, au cours des deux années précédant la réunion prévue au I de l'article L. 1233-30 et après l'entrée en vigueur de la loi n° 2014-856 du 31 juillet 2014 relative à l'économie sociale et solidaire.

La rupture conventionnelle individuelle

Article L. 2242-13 (Modifié par Loi n° 2021-1018 du 2 août 2021 - art.4) :
A défaut d'accord prévu à l'article L. 2242-11 ou en cas de non-respect de ses stipulations, l'employeur engage, dans les entreprises mentionnées à ce même article :
1° Chaque année, une négociation sur la rémunération, le temps de travail et le partage de la valeur ajoutée dans l'entreprise, dans les conditions prévues à la sous-section 2 de la présente section ;
2° Chaque année, une négociation sur l'égalité professionnelle entre les femmes et les hommes et la qualité de vie au travail, dans les conditions prévues à la sous-section 3 de la présente section ;
3° Tous les trois ans, dans les entreprises d'au moins trois cents salariés mentionnées à l'article L. 2242-2, une négociation sur la gestion des emplois et des parcours professionnels, dans les conditions prévues à la sous-section 4 de la présente section.

A défaut d'une initiative de l'employeur depuis plus de douze mois, pour chacune des deux négociations annuelles, et depuis plus de trente-six mois, pour la négociation triennale, suivant la précédente négociation, cette négociation s'engage obligatoirement à la demande d'une organisation syndicale représentative.
La demande de négociation formulée par l'organisation syndicale est transmise dans les huit jours par l'employeur aux autres organisations représentatives.
Dans les quinze jours qui suivent la demande formulée par une organisation syndicale, l'employeur convoque les parties à la négociation.
NOTA : Conformément au I de l'article 40 de la loi n° 2021-1018 du 2 août 2021, ces dispositions entrent en vigueur le 31 mars 2022. Se reporter aux conditions d'application prévues par le II de l'article susmentionné.

Article L. 1233-61 (Modifié par Ordonnance n° 2017-1718 du 20 décembre 2017 - art. 1) :
Dans les entreprises d'au moins cinquante salariés, lorsque le projet de licenciement concerne au moins dix salariés dans une même période de trente jours, l'employeur établit et met en œuvre un plan de sauvegarde de l'emploi pour éviter les licenciements ou en limiter le nombre.
Ce plan intègre un plan de reclassement visant à faciliter le reclassement sur le territoire national des salariés dont le licenciement ne pourrait être évité, notamment celui des salariés âgés ou présentant des caractéristiques sociales ou de qualification rendant leur réinsertion professionnelle particulièrement difficile.
Lorsque le plan de sauvegarde de l'emploi comporte, en vue d'éviter la fermeture d'un ou de plusieurs établissements, le transfert d'une ou de plusieurs entités économiques nécessaire à la sauvegarde d'une partie des emplois et lorsque ces entreprises souhaitent accepter une offre de reprise les dispositions de l'article L. 1224-1 relatives au transfert des contrats de travail ne s'appliquent que dans la limite du nombre des emplois qui n'ont pas été supprimés à la suite des licenciements, à la date d'effet de ce transfert.
NOTA : Conformément à l'article 40-V de l'ordonnance n° 2017-1387 du 22 septembre 2017, ces dispositions sont applicables aux procédures de licenciement économique engagées après la publication de ladite ordonnance.

Article L. 1237-11 (Créé par Loi n° 2008-596 du 25 juin 2008 - art. 5) :
L'employeur et le salarié peuvent convenir en commun des conditions de la rupture du contrat de travail qui les lie.
La rupture conventionnelle, exclusive du licenciement ou de la démission, ne peut être imposée par l'une ou l'autre des parties.
Elle résulte d'une convention signée par les parties au contrat. Elle est soumise aux dispositions de la présente section destinées à garantir la liberté du consentement des parties.

Article L. 1237-12 (Créé par Loi n° 2008-596 du 25 juin 2008 - art. 5) :
Les parties au contrat conviennent du principe d'une rupture conventionnelle lors d'un ou plusieurs entretiens au cours desquels le salarié peut se faire assister :

1°) Soit par une personne de son choix appartenant au personnel de l'entreprise, qu'il s'agisse d'un salarié titulaire d'un mandat syndical ou d'un salarié membre d'une institution représentative du personnel ou tout autre salarié ;
2°) Soit, en l'absence d'institution représentative du personnel dans l'entreprise, par un conseiller du salarié choisi sur une liste dressée par l'autorité administrative.

Lors du ou des entretiens, l'employeur a la faculté de se faire assister quand le salarié en fait lui-même usage. Le salarié en informe l'employeur auparavant ; si l'employeur souhaite également se faire assister, il en informe à son tour le salarié.
L'employeur peut se faire assister par une personne de son choix appartenant au personnel de l'entreprise ou, dans les entreprises de moins de cinquante salariés, par une personne appartenant à son organisation syndicale d'employeurs ou par un autre employeur relevant de la même branche.

Article L. 1237-13 (Créé par Loi n° 2008-596 du 25 juin 2008 - art. 5) :
La convention de rupture définit les conditions de celle-ci, notamment le montant de l'indemnité spécifique de rupture conventionnelle qui ne peut pas être inférieur à celui de l'indemnité prévue à l'article L. 1234-9.
Elle fixe la date de rupture du contrat de travail, qui ne peut intervenir avant le lendemain du jour de l'homologation.
A compter de la date de sa signature par les deux parties, chacune d'entre elles dispose d'un délai de quinze jours calendaires pour exercer son droit de rétractation. Ce droit est exercé sous la forme d'une lettre adressée par tout moyen attestant de sa date de réception par l'autre partie.

Article L. 1237-14 (Créé par Loi n° 2008-596 du 25 juin 2008 - art. 5) :
A l'issue du délai de rétractation, la partie la plus diligente adresse une demande d'homologation à l'autorité administrative, avec un exemplaire de la convention de rupture. Un arrêté du ministre chargé du travail fixe le modèle de cette demande.
L'autorité administrative dispose d'un délai d'instruction de quinze jours ouvrables, à compter de la réception de la demande, pour s'assurer du respect des conditions prévues à la présente section et de la liberté de consentement des parties. A défaut de notification dans ce délai, l'homologation est réputée acquise et l'autorité administrative est dessaisie.
La validité de la convention est subordonnée à son homologation.
L'homologation ne peut faire l'objet d'un litige distinct de celui relatif à la convention. Tout litige concernant la convention, l'homologation ou le refus d'homologation relève de la compétence du conseil des prud'hommes, à l'exclusion de tout autre recours contentieux ou administratif. Le recours juridictionnel doit être formé, à peine d'irrecevabilité, avant l'expiration d'un délai de douze mois à compter de la date d'homologation de la convention.

Article L. 1237-15 (Modifié par Loi n° 2011-867 du 20 juillet 2011 - art. 6) :
Les salariés bénéficiant d'une protection mentionnés aux articles L. 2411-1 et L. 2411-2 peuvent bénéficier des dispositions de la présente section. Par dérogation aux dispositions de l'article L. 1237-14, la rupture conventionnelle est soumise à l'autorisation de l'inspecteur du travail dans les conditions prévues au chapitre Ier du titre Ier du livre IV, à la section 1 du chapitre Ier et au chapitre II du titre II du livre IV de la deuxième partie. Dans ce cas, et par dérogation aux dispositions de l'article L. 1237-13, la rupture du contrat de travail ne peut intervenir que le lendemain du jour de l'autorisation.
Pour les médecins du travail, la rupture conventionnelle est soumise à l'autorisation de l'inspecteur du travail, après avis du médecin inspecteur du travail.

La rupture conventionnelle collective

Article L. 1237-17 (Créé par Ordonnance n° 2017-1387 du 22 septembre 2017 - art. 10(V)) :
Un accord collectif portant gestion prévisionnelle des emplois et des compétences ou rupture conventionnelle collective peut définir les conditions et modalités de la rupture d'un commun accord du contrat de travail qui lie l'employeur et le salarié.
Ces ruptures, exclusives du licenciement ou de la démission, ne peuvent être imposées par l'une ou l'autre des parties.
Elles sont soumises aux dispositions de la présente section.
NOTA : Conformément aux dispositions du X de l'article 40 et du III de l'article 10 de l'ordonnance n° 2017-1387 du 22 septembre 2017, les dispositions résultant de l'article 10 de ladite ordonnance et nécessitant des mesures d'application entrent en vigueur à la date de publication des décrets d'application, et au plus tard le 1er janvier 2018.

Article L. 1237-18 (Modifié par Loi n° 2018-217 du 29 mars 2018 - art. 11) :
Un congé de mobilité peut être proposé par l'employeur soit dans le cadre d'un accord portant rupture conventionnelle collective conclu dans les conditions prévues aux articles L. 1237-19 à L. 1237-19-8, soit dans les entreprises ayant conclu un accord collectif portant sur la gestion des emplois et des compétences.

Le congé de mobilité a pour objet de favoriser le retour à un emploi stable par des mesures d'accompagnement, des actions de formation et des périodes de travail.

Article L. 1237-18-1 (Créé par Ordonnance n° 2017-1387 du 22 septembre 2017 - art. 10(V)) :
Les périodes de travail du congé de mobilité peuvent être accomplies au sein ou en dehors de l'entreprise qui a proposé le congé.
Elles peuvent prendre soit la forme d'un contrat de travail à durée indéterminée, soit celle d'un contrat de travail à durée déterminée conclu en application du 1° de l'article L. 1242-3 dans une limite fixée par l'accord collectif. Dans ce dernier cas, le congé de mobilité est suspendu et reprend à l'issue du contrat pour la durée du congé restant à courir.

Article L. 1237-18-2 (Créé par Ordonnance n° 2017-1387 du 22 septembre 2017 - art. 10(V)) :
L'accord collectif détermine :
1°) La durée du congé de mobilité ;
2°) Les conditions que doit remplir le salarié pour en bénéficier ;
3°) Les modalités d'adhésion du salarié à la proposition de l'employeur, comprenant les conditions d'expression de son consentement écrit, et les engagements des parties ;
4°) L'organisation des périodes de travail, les conditions auxquelles il est mis fin au congé et les modalités d'accompagnement des actions de formation envisagées ;
5°) Le niveau de la rémunération versée pendant la période du congé de mobilité ;
6°) Les conditions d'information des institutions représentatives du personnel ;
7°) Les indemnités de rupture garanties au salarié, qui ne peuvent être inférieures aux indemnités légales dues en cas de licenciement pour motif économique.

Article L. 1237-18-3 (Modifié par Loi n° 2020-1576 du 14 décembre 2020 - art. 8 (V)) :
Le montant de la rémunération versée pendant la période du congé de mobilité est au moins égal au montant de l'allocation prévue au 3° de l'article L. 5123-2.
Cette rémunération est soumise, dans la limite des douze premiers mois du congé pouvant être portés à vingt-quatre mois en cas de formation de reconversion professionnelle, au même régime de cotisations et contributions sociales que celui de l'allocation versée au bénéficiaire du congé de reclassement prévue au troisième alinéa de l'article L. 1233-72, à laquelle elle est assimilée.
NOTA : Conformément au VII de l'article 8 de la loi n° 2020-1576 du 14 décembre 2020, les présentes dispositions s'appliquent aux avantages dus à compter du 1er janvier 2021.

Article L. 1237-18-4 (Créé par Ordonnance n° 2017-1387 du 22 septembre 2017 - art. 10(V)) :
L'acceptation par le salarié de la proposition de congé de mobilité emporte rupture du contrat de travail d'un commun accord des parties à l'issue du congé.
Les salariés bénéficiant d'une protection mentionnée au chapitre Ier du titre Ier du livre IV de la deuxième partie peuvent bénéficier du congé de mobilité. Par dérogation au premier alinéa du présent article, la rupture amiable dans le cadre du congé de mobilité est soumise à l'autorisation de l'inspecteur du travail dans les conditions prévues au chapitre Ier du titre II du livre IV de la deuxième partie. Dans ce cas la rupture du contrat de travail ne peut intervenir que le lendemain du jour de l'autorisation.
Pour les médecins du travail, la rupture du contrat est soumise à l'autorisation de l'inspecteur du travail, après avis du médecin inspecteur du travail.

Article L. 1237-18-5 (Modifié par Ordonnance n° 2017-1718 du 20 décembre 2017 - art. 1) :
L'autorité administrative du lieu où l'entreprise concernée par l'accord de gestion prévisionnelle des emplois et des compétences est établie est informée par l'employeur des ruptures prononcées dans le cadre du congé de mobilité dans des conditions prévues par décret.

Article L. 1237-19 (Créé par Ordonnance n° 2017-1387 du 22 septembre 2017 - art. 10(V)) :
Un accord collectif peut déterminer le contenu d'une rupture conventionnelle collective excluant tout licenciement pour atteindre les objectifs qui lui sont assignés en termes de suppression d'emplois.
L'administration est informée sans délai de l'ouverture d'une négociation en vue de l'accord précité.

Article L. 1237-19-1 (Modifié par Loi n° 2018-217 du 29 mars 2018 - art. 11) :
L'accord portant rupture conventionnelle collective détermine :
1°) Les modalités et conditions d'information du comité social et économique, s'il existe ;

2°) Le nombre maximal de départs envisagés, de suppressions d'emplois associées, et la durée pendant laquelle des ruptures de contrat de travail peuvent être engagées sur le fondement de l'accord ;
3°) Les conditions que doit remplir le salarié pour en bénéficier ;
4°) Les modalités de présentation et d'examen des candidatures au départ des salariés, comprenant les conditions de transmission de l'accord écrit du salarié au dispositif prévu par l'accord collectif ;
4° bis) Les modalités de conclusion d'une convention individuelle de rupture entre l'employeur et le salarié et d'exercice du droit de rétractation des parties ;
5°) Les modalités de calcul des indemnités de rupture garanties au salarié, qui ne peuvent être inférieures aux indemnités légales dues en cas de licenciement ;
6°) Les critères de départage entre les potentiels candidats au départ ;
7°) Des mesures visant à faciliter l'accompagnement et le reclassement externe des salariés sur des emplois équivalents, telles que le congé de mobilité dans les conditions prévues aux articles L. 1237-18-1 à L. 1237-18-5, des actions de formation, de validation des acquis de l'expérience ou de reconversion ou des actions de soutien à la création d'activités nouvelles ou à la reprise d'activités existantes par les salariés ;
8°) Les modalités de suivi de la mise en œuvre effective de l'accord portant rupture conventionnelle collective.

NOTA : Conformément aux dispositions du X de l'article 40 et du III de l'article 10 de l'ordonnance n° 2017-1387 du 22 septembre 2017, les dispositions résultant de l'article 10 de ladite ordonnance et nécessitant des mesures d'application entrent en vigueur à la date de publication des décrets d'application, et au plus tard le 1er janvier 2018.

Article L. 1237-19-2 (Modifié par Loi n° 2018-217 du 29 mars 2018 - art. 11) :
L'acceptation par l'employeur de la candidature du salarié dans le cadre de la rupture conventionnelle collective emporte rupture du contrat de travail d'un commun accord des parties, le cas échéant dans les conditions prévues à l'article L. 1237-18-4.
Les salariés bénéficiant d'une protection mentionnée au chapitre Ier du titre Ier du livre IV de la deuxième partie peuvent bénéficier des dispositions de l'accord portant rupture conventionnelle collective. Par dérogation au premier alinéa du présent article, la rupture d'un commun accord dans le cadre de la rupture conventionnelle collective est soumise à l'autorisation de l'inspecteur du travail dans les conditions prévues au chapitre Ier du titre II du livre IV de la deuxième partie. Dans ce cas la rupture du contrat de travail ne peut intervenir que le lendemain du jour de l'autorisation.
Pour les médecins du travail, la rupture du contrat est soumise à l'autorisation de l'inspecteur du travail, après avis du médecin inspecteur du travail.

Article L. 1237-19-3 (Modifié par Loi n° 2018-217 du 29 mars 2018 - art. 11) :
L'accord collectif mentionné à l'article L. 1237-19 est transmis à l'autorité administrative pour validation.
L'autorité administrative valide l'accord collectif dès lors qu'elle s'est assurée :
1° De sa conformité au même article L. 1237-19 ;
2° De la présence des clauses prévues à l'article L. 1237-19-1 ;
3° Du caractère précis et concret des mesures prévues au 7° du même article L. 1237-19-1 ;
4° Le cas échéant, de la régularité de la procédure d'information du comité social et économique.

Article L. 1237-19-4 (Modifié par Loi n° 2018-217 du 29 mars 2018 - art. 11) :
L'autorité administrative notifie à l'employeur la décision de validation dans un délai de quinze jours à compter de la réception de l'accord collectif mentionné à l'article L. 1237-19.
Elle la notifie, dans les mêmes délais, au comité social et économique, s'il existe, et aux signataires de l'accord. La décision prise par l'autorité administrative est motivée.
Le silence gardé par l'autorité administrative à l'issue du délai prévu au premier alinéa vaut décision d'acceptation de validation. Dans ce cas, l'employeur transmet une copie de la demande de validation, accompagnée de son accusé de réception par l'administration, au comité social et économique, s'il existe, et aux signataires de l'accord.
La décision de validation ou, à défaut, les documents mentionnés au troisième alinéa et les voies et délais de recours sont portés à la connaissance des salariés par voie d'affichage sur leurs lieux de travail ou par tout autre moyen permettant de conférer date certaine à cette information.

Article L. 1237-19-5 (Modifié par Décret n° 2020-88 du 5 février 2020 - art. 1) :
L'autorité administrative compétente pour prendre la décision de validation est celle du lieu où l'entreprise ou l'établissement concerné par le projet d'accord portant rupture conventionnelle collective est établi. Si le projet d'accord portant rupture conventionnelle collective porte sur des établissements relevant de la compétence d'autorités différentes, l'autorité administrative compétente est désignée dans les conditions prévues par décret en Conseil d'Etat.

Article L. 1237-19-6 (Modifié par Loi n° 2018-217 du 29 mars 2018 - art. 11):
En cas de refus de validation, un nouvel accord peut être négocié, qui tient compte des éléments de motivation accompagnant la décision de l'administration. Le comité social et économique, s'il existe, est informé de la reprise de la négociation. Le nouvel accord conclu est transmis à l'autorité administrative, qui se prononce dans les conditions prévues aux articles L. 1237-19-3 et L. 1237-19-4.

Article L. 1237-19-7 (Modifié par Loi n° 2018-217 du 29 mars 2018 - art. 11):
Le suivi de la mise en œuvre de l'accord portant rupture conventionnelle collective fait l'objet, s'il existe, d'une consultation régulière et détaillée du comité social et économique dont les avis sont transmis à l'autorité administrative.
L'autorité administrative est associée au suivi de ces mesures et reçoit un bilan, établi par l'employeur, de la mise en œuvre de l'accord portant rupture conventionnelle collective.

Article L. 1237-19-8 (Créé par Ordonnance n° 2017-1387 du 22 septembre 2017 - art. 10(V)):
L'accord collectif mentionné à l'article L. 1237-19, le contenu de l'accord portant rupture conventionnelle collective, et la régularité de la procédure précédant la décision de l'autorité administrative ne peuvent faire l'objet d'un litige distinct de celui relatif à la décision de validation mentionnée à l'article L. 1237-19-3.
Les recours contre la décision de validation sont formés, instruits et jugés dans les conditions définies à l'article L. 1235-7-1.
Toute autre contestation portant sur la rupture du contrat doit être formée, à peine d'irrecevabilité, avant l'expiration d'un délai de douze mois à compter de la date de la rupture du contrat.

Article L. 1237-19-9 (Modifié par Ordonnance n° 2017-1718 du 20 décembre 2017 - art. 1):
Lorsque les suppressions d'emplois résultant de l'accord collectif prévu à l'article L. 1237-19 affectent, par leur ampleur, l'équilibre du ou des bassins d'emploi dans lesquels ils sont implantés, les entreprises ou les établissements d'au moins mille salariés ainsi que les entreprises mentionnées à l'article L. 2331-1 et celles répondant aux conditions mentionnées aux articles L. 2341-1 et L. 2341-2, dès lors qu'elles emploient au total au moins mille salariés, sont tenus de contribuer à la création d'activités et au développement des emplois et d'atténuer les effets de l'accord portant rupture conventionnelle collective envisagé sur les autres entreprises dans le ou les bassins d'emploi.
Ces dispositions ne sont pas applicables dans les entreprises en redressement ou en liquidation judiciaire.

Article L. 1237-19-10 (Créé par Ordonnance n° 2017-1387 du 22 septembre 2017 - art. 10(V)):
Une convention entre l'entreprise et l'autorité administrative, conclue dans un délai de six mois à compter de la validation prévue à l'article L. 1237-19-3, détermine, le cas échéant sur la base d'une étude d'impact social et territorial prescrite par l'autorité administrative, la nature ainsi que les modalités de financement et de mise en œuvre des actions prévues à l'article L. 1237-19-9.
La convention tient compte des actions de même nature éventuellement mises en œuvre par anticipation dans le cadre d'un accord collectif relatif à la gestion prévisionnelle des emplois et des compétences ou prévues dans le cadre d'un accord collectif portant rupture conventionnelle collective établi par l'entreprise ou prévues dans le cadre d'une démarche volontaire de l'entreprise faisant l'objet d'un document-cadre conclu entre l'Etat et l'entreprise. Le contenu et les modalités d'adoption de ce document sont définis par décret. Lorsqu'un accord collectif de groupe, d'entreprise ou d'établissement prévoit des actions de telle nature, assorties d'engagements financiers de l'entreprise au moins égaux au montant de la contribution prévue à l'article L. 1237-19-11, cet accord tient lieu, à la demande de l'entreprise, de la convention prévue au présent article entre l'entreprise et l'autorité administrative, sauf opposition de cette dernière motivée et exprimée dans les deux mois suivant la demande.

Article L. 1237-19-11 (Créé par Ordonnance n° 2017-1387 du 22 septembre 2017 - art. 10(V)):
Le montant de la contribution versée par l'entreprise ne peut être inférieur à deux fois la valeur mensuelle du salaire minimum de croissance par emploi supprimé. Toutefois, l'autorité administrative peut fixer un montant inférieur lorsque l'entreprise est dans l'incapacité d'assurer la charge financière de cette contribution.
En l'absence de convention signée ou d'accord collectif en tenant lieu, les entreprises versent au Trésor public une contribution égale au double du montant prévu au premier alinéa.

Article L. 1237-19-12 (Créé par Ordonnance n° 2017-1387 du 22 septembre 2017 - art. 10(V)):
Les actions prévues à l'article L. 1237-19-9 sont déterminées après consultation des collectivités territoriales intéressées, des organismes consulaires et des partenaires sociaux membres de la commission paritaire interprofessionnelle régionale.
Leur exécution fait l'objet d'un suivi et d'une évaluation, sous le contrôle de l'autorité administrative, selon des modalités définies par décret. Ce décret détermine également les conditions dans lesquelles les entreprises dont le siège

n'est pas implanté dans le bassin d'emploi affecté par l'accord portant rupture conventionnelle collective contribuent aux actions prévues.

Article L. 1237-19-13 (Créé par Ordonnance n° 2017-1387 du 22 septembre 2017 - art. 10(V)) :
Les maisons de l'emploi peuvent participer, dans des conditions fixées par voie de convention avec les entreprises intéressées, à la mise en œuvre des mesures relatives à la revitalisation des bassins d'emploi.

Article L. 1237-19-14 (Modifié par Ordonnance n° 2017-1718 du 20 décembre 2017 - art. 1) :
Une convention-cadre nationale de revitalisation est conclue entre le ministre chargé de l'emploi et l'entreprise lorsque les suppressions d'emplois concernent au moins trois départements.
Il est tenu compte, pour la détermination du montant de la contribution mentionnée à l'article L. 1237-19-11, du nombre total des emplois supprimés.
La convention-cadre est signée dans un délai de six mois à compter de la décision de validation prévue à l'article L. 1237-19-3.
Elle donne lieu, dans un délai de quatre mois à compter de sa signature, à une ou plusieurs conventions locales conclues entre le représentant de l'Etat et l'entreprise. Ces conventions se conforment au contenu de la convention-cadre nationale.

Article L. 5421-1 (Modifié par Loi n° 2018-771 du 5 septembre 2018 - art. 49) :
En complément des mesures tendant à faciliter leur reclassement ou leur conversion, les personnes aptes au travail et recherchant un emploi ont droit à un revenu de remplacement dans les conditions fixées au présent titre.

Article D. 1233-40 (Modifié par Décret n° 2017-1724 du 20 décembre 2017 - art. 3) :
La convention mentionnée aux articles L. 1233-85 et L. 1237-19-10 comporte notamment :
1°) Les limites géographiques du ou des bassins d'emploi affectés par le licenciement collectif ou par la rupture conventionnelle collective et concernés par les mesures qu'elle prévoit ;
2°) Les mesures permettant la création d'activités, le développement des emplois et l'atténuation des effets du licenciement envisagé ou de la rupture conventionnelle collective sur les autres entreprises dans le ou les bassins d'emploi concernés, ainsi que, pour chacune d'entre elles, les modalités et les échéances de mise en œuvre et le budget prévisionnel et, le cas échéant, le ou les noms et raisons sociales des organismes, établissements ou sociétés chargés pour le compte de l'entreprise de les mettre en œuvre et les financements qui leur sont affectés ;
3°) La durée d'application de la convention qui ne peut dépasser trois ans, sauf circonstances particulières ;
4°) Le montant de la contribution de l'entreprise par emploi supprimé et le nombre d'emplois supprimés au sens de l'article D. 1233-43 ;
5°) Les modalités de suivi et d'évaluation des mesures mises en œuvre.

3. Les indemnités au moment de la rupture

Le préavis

Article L. 1234-5 (Version en vigueur depuis le 1er mai 2008) :
Lorsque le salarié n'exécute pas le préavis, il a droit, sauf s'il a commis une faute grave, à une indemnité compensatrice.
L'inexécution du préavis, notamment en cas de dispense par l'employeur, n'entraîne aucune diminution des salaires et avantages que le salarié aurait perçus s'il avait accompli son travail jusqu'à l'expiration du préavis, indemnité de congés payés comprise.
L'indemnité compensatrice de préavis se cumule avec l'indemnité de licenciement et avec l'indemnité prévue à l'article L. 1235-2.

Article L. 1234-1 (Version en vigueur depuis le 1er mai 2008) :
Lorsque le licenciement n'est pas motivé par une faute grave, le salarié a droit :
1°) S'il justifie chez le même employeur d'une ancienneté de services continus inférieure à six mois, à un préavis dont la durée est déterminée par la loi, la convention ou l'accord collectif de travail ou, à défaut, par les usages pratiqués dans la localité et la profession ;
2°) S'il justifie chez le même employeur d'une ancienneté de services continus comprise entre six mois et moins de deux ans, à un préavis d'un mois ;

3°) S'il justifie chez le même employeur d'une ancienneté de services continus d'au moins deux ans, à un préavis de deux mois.

Toutefois, les dispositions des 2° et 3° ne sont applicables que si la loi, la convention ou l'accord collectif de travail, le contrat de travail ou les usages ne prévoient pas un préavis ou une condition d'ancienneté de services plus favorable pour le salarié.

Article L. 7313-9 (Version en vigueur depuis le 1er mai 2008):

En cas de rupture du contrat de travail, la durée du préavis ne peut être inférieure à:

1°) Un mois durant la première année de présence dans l'entreprise;

2°) Deux mois durant la deuxième année;

3°) Trois mois au-delà.

Article L. 7112-2 (Version en vigueur depuis le 1er mai 2008):

Dans les entreprises de journaux et périodiques, en cas de rupture par l'une ou l'autre des parties du contrat de travail à durée indéterminée d'un journaliste professionnel, la durée du préavis, sous réserve du 3° de l'article L. 7112-5, est fixée à:

1° Un mois pour une ancienneté inférieure ou égale à trois ans;

2° Deux mois pour une ancienneté supérieure à trois ans.

Toutefois, lorsque la rupture est à l'initiative de l'employeur et que le salarié a une ancienneté de plus de deux ans et de moins de trois ans, celui-ci bénéficie du préavis prévu au 3° de l'article L. 1234-1.

Article L. 1225-34 (Version en vigueur depuis le 1er mai 2008):

La salariée en état de grossesse médicalement constaté peut rompre son contrat de travail sans préavis et sans devoir d'indemnité de rupture.

Article L. 1225-66 (Version en vigueur depuis le 1er mai 2008):

Pour élever son enfant, le salarié peut, sous réserve d'en informer son employeur au moins quinze jours à l'avance, rompre son contrat de travail à l'issue du congé de maternité ou d'adoption ou, le cas échéant, deux mois après la naissance ou l'arrivée au foyer de l'enfant, sans être tenu de respecter le délai de préavis, ni de devoir de ce fait d'indemnité de rupture.

Article L. 7112-5 (Version en vigueur depuis le 1er mai 2008):

Si la rupture du contrat de travail survient à l'initiative du journaliste professionnel, les dispositions des articles L. 7112-3 et L. 7112-4 sont applicables, lorsque cette rupture est motivée par l'une des circonstances suivantes:

1°) Cession du journal ou du périodique;

2°) Cessation de la publication du journal ou périodique pour quelque cause que ce soit;

3°) Changement notable dans le caractère ou l'orientation du journal ou périodique si ce changement crée, pour le salarié, une situation de nature à porter atteinte à son honneur, à sa réputation ou, d'une manière générale, à ses intérêts moraux. Dans ces cas, le salarié qui rompt le contrat n'est pas tenu d'observer la durée du préavis prévue à l'article L. 7112-2.

Article L. 1234-4 (Version en vigueur depuis le 1er mai 2008):

L'inexécution du préavis de licenciement n'a pas pour conséquence d'avancer la date à laquelle le contrat prend fin.

L'indemnité de précarité

Article L. 1243-8 (Version en vigueur depuis le 1er mai 2008):

Lorsque, à l'issue d'un contrat de travail à durée déterminée, les relations contractuelles de travail ne se poursuivent pas par un contrat à durée indéterminée, le salarié a droit, à titre de complément de salaire, à une indemnité de fin de contrat destinée à compenser la précarité de sa situation.

Cette indemnité est égale à 10 % de la rémunération totale brute versée au salarié.

Elle s'ajoute à la rémunération totale brute due au salarié. Elle est versée à l'issue du contrat en même temps que le dernier salaire et figure sur le bulletin de salaire correspondant.

Article L. 1243-9 (Modifié par Loi n° 2018-771 du 5 septembre 2018 - art. 45(V)):

En vue d'améliorer la formation professionnelle des salariés titulaires de contrat de travail à durée déterminée, une convention ou un accord collectif de branche étendu ou une convention ou un accord d'entreprise ou d'établissement peut également prévoir de limiter le montant de l'indemnité de fin de contrat à hauteur de 6 %, dès lors que des contreparties sont offertes à ces salariés, notamment sous la forme d'un accès privilégié à la formation professionnelle. Dans ce cas, la convention ou l'accord peut prévoir les conditions dans lesquelles ces salariés peuvent suivre, en dehors du temps de travail effectif, un bilan de compétences. Ce bilan de compétences est réalisé dans le cadre du plan de formation.

Article L. 1243-10 (Version en vigueur depuis le 1er mai 2008) :
L'indemnité de fin de contrat n'est pas due :
1°) Lorsque le contrat est conclu au titre du 3° de l'article L. 1242-2 ou de l'article L. 1242-3, sauf dispositions conventionnelles plus favorables ;
2°) Lorsque le contrat est conclu avec un jeune pour une période comprise dans ses vacances scolaires ou universitaires ;
3°) Lorsque le salarié refuse d'accepter la conclusion d'un contrat de travail à durée indéterminée pour occuper le même emploi ou un emploi similaire, assorti d'une rémunération au moins équivalente ;
4°) En cas de rupture anticipée du contrat due à l'initiative du salarié, à sa faute grave ou à un cas de force majeure.

Article L. 1243-11 (Version en vigueur depuis le 1er mai 2008) :
Lorsque la relation contractuelle de travail se poursuit après l'échéance du terme du contrat à durée déterminée, celui-ci devient un contrat à durée indéterminée.
Le salarié conserve l'ancienneté qu'il avait acquise au terme du contrat de travail à durée déterminée.
La durée du contrat de travail à durée déterminée est déduite de la période d'essai éventuellement prévue dans le nouveau contrat de travail.

L'indemnité légale de licenciement

Article L. 1234-9 (Modifié par Ordonnance n° 2017-1387 du 22 septembre 2017 - art. 39) :
Le salarié titulaire d'un contrat de travail à durée indéterminée, licencié alors qu'il compte 8 mois d'ancienneté ininterrompus au service du même employeur, a droit, sauf en cas de faute grave, à une indemnité de licenciement.
Les modalités de calcul de cette indemnité sont fonction de la rémunération brute dont le salarié bénéficiait antérieurement à la rupture du contrat de travail. Ce taux et ces modalités sont déterminés par voie réglementaire.

Article R. 1234-1 (Modifié par Décret n° 2017-1398 du 25 septembre 2017 - art. 1) :
L'indemnité de licenciement prévue à l'article L. 1234-9 ne peut être inférieure à une somme calculée par année de service dans l'entreprise et tenant compte des mois de service accomplis au-delà des années pleines. En cas d'année incomplète, l'indemnité est calculée proportionnellement au nombre de mois complets.

Article R. 1234-2 (Modifié par Décret n° 2017-1398 du 25 septembre 2017 - art. 2) :
L'indemnité de licenciement ne peut être inférieure aux montants suivants :
1°) Un quart de mois de salaire par année d'ancienneté pour les années jusqu'à dix ans ;
2°) Un tiers de mois de salaire par année d'ancienneté pour les années à partir de dix ans.

Article R. 1234-4 (Modifié par Décret n° 2017-1398 du 25 septembre 2017 - art. 3) :
Le salaire à prendre en considération pour le calcul de l'indemnité de licenciement est, selon la formule la plus avantageuse pour le salarié :
1°) Soit la moyenne mensuelle des douze derniers mois précédant le licenciement, ou lorsque la durée de service du salarié est inférieure à douze mois, la moyenne mensuelle de la rémunération de l'ensemble des mois précédant le licenciement ;
2°) Soit le tiers des trois derniers mois. Dans ce cas, toute prime ou gratification de caractère annuel ou exceptionnel, versée au salarié pendant cette période, n'est prise en compte que dans la limite d'un montant calculé à due proportion.
NOTA : Conformément à l'article 4 du décret n° 2017-1398 du 25 septembre 2017, ces dispositions sont applicables aux licenciements et mises à la retraite prononcés et aux ruptures conventionnelles conclues postérieurement à sa publication.

Article R. 1234-5 (Créé par Décret n° 2008-244 du 7 mars 2008 - art. (V)) :
L'indemnité de licenciement ne se cumule pas avec toute autre indemnité de même nature.

Article L. 1235-2 (Modifié par Ordonnance n° 2017-1718 du 20 décembre 2017 - art. 1) :
Les motifs énoncés dans la lettre de licenciement prévue aux articles L. 1232-6, L. 1233-16 et L. 1233-42 peuvent, après la notification de celle-ci, être précisés par l'employeur, soit à son initiative soit à la demande du salarié, dans des délais et conditions fixés par décret en Conseil d'Etat.
La lettre de licenciement, précisée le cas échéant par l'employeur, fixe les limites du litige en ce qui concerne les motifs de licenciement.

A défaut pour le salarié d'avoir formé auprès de l'employeur une demande en application de l'alinéa premier, l'irrégularité que constitue une insuffisance de motivation de la lettre de licenciement ne prive pas, à elle seule, le licenciement de cause réelle et sérieuse et ouvre droit à une indemnité qui ne peut excéder un mois de salaire.
En l'absence de cause réelle et sérieuse du licenciement, le préjudice résultant du vice de motivation de la lettre de rupture est réparé par l'indemnité allouée conformément aux dispositions de l'article L. 1235-3.
Lorsqu'une irrégularité a été commise au cours de la procédure, notamment si le licenciement d'un salarié intervient sans que la procédure requise aux articles L. 1232-2, L. 1232-3, L. 1232-4, L. 1233-11, L. 1233-12 et L. 1233-13 ait été observée ou sans que la procédure conventionnelle ou statutaire de consultation préalable au licenciement ait été respectée, mais pour une cause réelle et sérieuse, le juge accorde au salarié, à la charge de l'employeur, une indemnité qui ne peut être supérieure à un mois de salaire.
NOTA : Conformément à l'article 40-X de l'ordonnance n° 2017-1387 du 22 septembre 2017, ces dispositions entrent en vigueur à la date de publication du décret d'application et au plus tard le 1er janvier 2018.

5. Les documents liés au départ du salarié

Le reçu pour solde tout compte

Article L. 1234-20 (Modifié par Loi n° 2008-596 du 25 juin 2008 - art. 4) :
Le solde de tout compte, établi par l'employeur et dont le salarié lui donne reçu, fait l'inventaire des sommes versées au salarié lors de la rupture du contrat de travail.
Le reçu pour solde de tout compte peut être dénoncé dans les six mois qui suivent sa signature, délai au-delà duquel il devient libératoire pour l'employeur pour les sommes qui y sont mentionnées.

Article D. 1234-7 (Création Décret n° 2008-244 du 7 mars 2008 - art. (V)) :
Le reçu pour solde de tout compte est établi en double exemplaire. Mention en est faite sur le reçu. L'un des exemplaires est remis au salarié.

Article D. 1234-8 (Création Décret n° 2008-244 du 7 mars 2008 - art. (V)) :
Le reçu pour solde de tout compte est dénoncé par lettre recommandée.

Le certificat de travail

Article L. 1234-19 (Version en vigueur depuis le 1er mai 2008) :
A l'expiration du contrat de travail, l'employeur délivre au salarié un certificat dont le contenu est déterminé par voie réglementaire.

Article D. 1234-6 (Modifié par Décret n° 2014-1120 du 2 octobre 2014 - art. 3) :
Le certificat de travail contient exclusivement les mentions suivantes :
1°) La date d'entrée du salarié et celle de sa sortie ;
2°) La nature de l'emploi ou des emplois successivement occupés et les périodes pendant lesquelles ces emplois ont été tenus.

L'attestation Pôle Emploi

Article R. 1234-9 (Modifié par Décret n° 2019-1586 du 31 décembre 2019 - art. 2) :
L'employeur délivre au salarié, au moment de l'expiration ou de la rupture du contrat de travail, les attestations et justifications qui lui permettent d'exercer ses droits aux prestations mentionnées à l'article L. 5421-2 et transmet sans délai ces mêmes attestations à Pôle emploi.
Les employeurs d'au moins onze salariés effectuent cette transmission à Pôle emploi par voie électronique, sauf impossibilité pour une cause qui leur est étrangère, selon des modalités précisées par un arrêté du ministre chargé de l'emploi.

Article L. 5421-2 (Modifié par Loi n° 2018-771 du 5 septembre 2018 - art. 49) :
Le revenu de remplacement prend, selon le cas, la forme :
1°) D'une allocation d'assurance, prévue au chapitre II du présent titre ;
2°) Des allocations de solidarité, prévues au chapitre III ;

3°) De l'allocation des travailleurs indépendants et des autres allocations et indemnités régies par les régimes particuliers, prévues au chapitre IV.

Article R. 1234-10 (Modifié par Décret n° 2008-1010 du 29 septembre 2008 - art. 7) :
Un modèle d'attestation est établi par l'organisme gestionnaire du régime d'assurance chômage.

Article R. 1234-11 (Création Décret n° 2008-244 du 7 mars 2008 - art. (V)) :
Les entreprises de travail temporaire, pour leurs salariés titulaires d'un contrat de mission, et les associations intermédiaires, pour leurs salariés embauchés en contrat de travail à durée déterminée en vue d'être mis à disposition, peuvent ne remettre les attestations et justifications mentionnées à l'article R. 1234-9 que sur demande du salarié, à la condition que le contrat de travail mentionne le droit pour le salarié d'obtenir sans délai ces documents dès le jour d'expiration du contrat.

Article R. 1234-12 (Création Décret n° 2008-244 du 7 mars 2008 - art. (V)) :
Pour les entreprises de travail temporaire, les relevés mensuels des contrats de mission, prévus à l'article L. 1251-46, tiennent lieu d'attestation pour leurs salariés qui en sont titulaires, sous réserve de la production, par leur employeur, des informations complémentaires figurant dans le modèle d'attestation prévu à l'article R. 1234-10.

34/38, rue Camille-Pelletan - 92309 Levallois-Perret cedex
Imprimerie Evoluprint
Imprimé en France - 2e trimestre 2023

Service éditorial : Benjamin Dias Pereira, Deborah Lopez
Conception graphique : Loïc Pennanéac'h

Dépôt légal à parution
ISBN 978-2-7590-5262-2